Das Gebirgsjäger-Regiment 98 (1937-1945)

Soldaten im Zeichen des Edelweiß

Mit einer Studie zu Ferdinand Schörner

Inter arma enim silent leges.
Der Krieg schreibt seine eigenen Gesetze.
(Marcus Tullius Cicero, Pro T. Annio Milone)

Aller Boden musste einmal von der Vernunft urbar gemacht,
vom Gestrüpp des Wahns und des Mythos gereinigt werden.
(Walter Benjamin, „Das Passagen-Werk")

Kein Vormarsch ist so schwer wie der zurück zur Vernunft.
(Bertolt Brecht, „Leben des Galilei")

Unser Herrgott Jesus Christus musste viel leiden.
Aber bei den Gebirgsjägern war der nie!
(Ein Angehöriger des Gebirgsjäger-Regiments 98, Kaukasus 1942)

Man kann das Leben nur rückwärts verstehen,
aber leben muss man es vorwärts.
(Søren Kierkegaard)

Achtet und sucht die Wahrheit. Sie ist eine Schwester der Versöhnung.
(Bundespräsident Joachim Gauck in Lyngiades)

Erinnerung heißt das Geheimnis der Versöhnung.
(Talmud)

Der Friedhof des Marktes Mittenwald. Vor dem Hintergrund der Nordwestabstürze des Karwendels befindet sich das Grab von Generalfeldmarschall Ferdinand Schörner, 1937 als Oberstleutnant erster Kommandeur des neu aufgestellten Gebirgsjäger-Regiments 98. Von dem fanatischen Nationalsozialisten und seinen Nachfolgern geprägt, leisteten die Gebirgsjäger des 98. Regiments soldatisch Herausragendes. Die Beteiligung an Kriegsverbrechen in Griechenland und auf dem Balkan rückte den Elite-Verband jedoch in unrühmliches Zwielicht.

Ein anderer Friedhof im Werdenfelser Land. Vor herrlicher Bergkulisse ist auf einem alten Grab eine Porzellanplakette mit einem Foto angebracht. Es zeigt einen einheimischen Bauernjungen, der innig eine Kuh umarmt. Dieser Junge kam als Soldat im Zweiten Weltkrieg ums Leben. Er war einer von so vielen, die dem Ruf ihres Landes folgten, obwohl sie selbst den Krieg nie gewollt hatten.

Zwei Schlaglichter. Sie stehen symptomatisch für die ambivalente Geschichte des Gebirgsjäger-Regiments 98.

Diese Geschichte mahnt zu einem differenzierten Umgang mit der schwierigen Vergangenheit und zur Bewahrung des hohen Gutes von Frieden in Freiheit.

Andrea, Jana und Christian in Liebe gewidmet

Meiner Familie danke ich sehr für ihre Anregungen, verständnisvolle Begleitung und mannigfaltige Unterstützung beim Zustandekommen dieses Buches.
Stellvertretend für alle anderen Personen und Institutionen, die die Publikation konstruktiv und kritisch unterstützt und in der vorliegenden Form möglich gemacht haben, gilt mein herzliches Vergelt's Gott Herrn Josef Bader aus Grainau sowie meinem Freund und Kollegen Simon Wolff.

Mittenwald, im Winter 2024/25
Jürgen C. Wagner

Jürgen C. Wagner

Das Gebirgsjäger-Regiment 98 (1937-1945)

Soldaten im Zeichen des Edelweiß

Mit einer Studie zu Ferdinand Schörner

Bibliografische Information der Deutschen Nationalbibliothek
Die Deutsche Nationalbibliothek verzeichnet diese Publikation
in der Deutschen Nationalbibliografie; detaillierte bibliografische
Daten sind im Internet über http://dnb.d-nb.de abrufbar.

Umschlaggestaltung, Satz und Layout:
Simon Wolff

ISBN: 978-3-7693-4010-5

Verlag:

BoD · Books on Demand GmbH,
Überseering 33, 22297 Hamburg,
bod@bod.de

Druck:

Libri Plureus GmbH, Friedensallee 273, 22763 Hamburg

INHALT

Einleitung

Genese, Kontroversen, Reflexionen

„Tief ist der Brunnen der Vergangenheit. Sollte man ihn nicht unergründlich nennen?"[1] Mit diesen berühmten Sätzen aus dem programmatischen Vorspiel „Höllenfahrt" eröffnet Thomas Mann seine Roman-Tetralogie „Joseph und seine Brüder". Das Werk versteht sich als ein Projekt der Moderne, alte Mythen aufklärerisch zu dekonstruieren durch eine Psychologie, die den Lebensnutzen des Mythos betont. Jahre zuvor, im „Vorsatz" seines Romans „Der Zauberberg", gab Thomas Mann den Hinweis, dass der Vergangenheitscharakter einer zu erzählenden Geschichte desto tiefer sei, je dichter sie vor einer großen Zäsur spiele. Was im Sinne des Romanciers und Literaturnobelpreisträgers für das literarische Erzählen zutreffen mag, muss indes für die Betrachtung *historischer* Zeitläufe und Narrative verworfen werden: Die epochale Zäsur, die der 8. Mai 1945 für die deutsche und europäische Geschichte markiert, kann nicht darüber hinwegtäuschen, dass alte Kontinuitäten über das historische Schwellendatum hinaus fortbestanden – dem nachträglichen und verschleiernden Mythenkonstrukt der „Stunde Null" zum Trotz. Geschichte hat Prozesscharakter und muss in ihrer Dynamik und ihren Zusammenhängen wahrgenommen werden. So hat Bundespräsident Richard von Weizsäcker in seiner bedeutenden Rede zum 8. Mai 1945 zurecht darauf hingewiesen, dass das Epochendatum des 8. Mai 1945 nicht vom

---

[1] Mann, Thomas: Joseph und seine Brüder. Frankfurt a. Main 1990 (= Gesammelte Werke in dreizehn Bänden ; Bd. 4), S. 9

30. Januar 1933 getrennt werden darf. Es gilt zu ergänzen: Auch der 30. Januar 1933 ist nicht vom Himmel gefallen und ohne die grundstürzenden Ereignisse der Jahre 1914 bis 1923 und ab 1929 nicht hinreichend zu erklären.

Das in dem vorliegenden Buch dokumentierte Eintauchen in den Brunnen der jüngeren Militär- und Zeitgeschichte am konkreten Beispiel des Gebirgsjäger-Regiments 98 als einem besonderen Verband der Deutschen Wehrmacht war für mich gleichermaßen reizvoll, aufschluss- und erkenntnisreich – und dabei stets mehr als nur Beschäftigung mit dem Gewesenen. Die Auseinandersetzung mit diesem Nischenthema führte mir exemplarisch vor Augen und machte einmal mehr deutlich, wie wichtig ganz generell das Verstehen des Vergangenen für die Gestaltung unserer Gegenwart und das Funktionieren einer lebendigen Demokratie ist.[2] Historische Bildung und eine ehrliche Kultur des Erinnerns sind Voraussetzungen, ohne die es kein friedliches und menschenwürdiges Morgen geben kann.

Mythen und Erzählungen, Zeitzeugenberichte und Forschungserträge, Quellen und Artefakte verschiedenster, oft widersprüchlicher Art prägen das historische Bild späterer Generationen. Leicht verliert man sich dabei in den auftauchenden Komplexitäten und Unzulänglichkeiten, den vorhandenen toten Winkeln und gegebenen blinden Flecken der Materie. Es liegt dann an uns, diese Leerstellen der Geschichte auf der Grundlage informierten Wissens verantwortlich zu füllen oder zumindest angemessen einzuordnen.

---

[2] Vgl. Schwarz, Géraldine: Die Gedächtnislosen. Erinnerungen einer Europäerin. 3., aktual. Aufl. Zürich 2018.

Zum wichtigen Werkzeug des Historikers wird dabei die historische Vorstellungskraft, um die Kluft zwischen Vergangenheit und Gegenwart zu überbrücken und sich Gegenstand und historische Ereignisse in ihrer Komplexität und oft auch beunruhigenden Unabgeschlossenheit zu vergegenwärtigen.

Im Bestreben, die Widersprüchlichkeiten von vergangenen Ereignissen, Erzählungen und Erkenntnissen nachzuvollziehen, eröffnet sich die Chance, die gegebene *Mehrdimensionalität von Geschichte* zu erkennen und zu objektivieren. Hierbei gilt es zunächst, vorliegende Ambivalenzen zuzulassen und anzuerkennen. Des Weiteren ist es eine Frage der intellektuellen Redlichkeit, gesicherten Tatsachen zu ihrem Recht zu verhelfen und dem „klassischen" Rückschaufehler nicht aufzusitzen, sich vorrangig moralischer Wertung nicht zu enthalten. Denn „als Historiker bringen mich solche Werturteile keinen Schritt voran", stellt der britische Zeithistoriker und maßgebliche Hitler-Biograf Sir Ian Kershaw heraus.[3] Schon gar nicht darf man sich bei der Einordnung von Kriegshandlungen von moralischer Hybris zu einem allzu leichtfertigen Rigorismus im Urteil verführen lassen. Kershaws Fachkollege, der Militärhistoriker Sir Richard J. Evans, spitzt zu: „Nichts wäre arroganter oder leichtfertiger, als moralische Imperative für Menschen aufzustellen, die sich mit Entscheidungen und Situationen konfrontiert sahen, die mir zum Glück erspart geblieben sind."[4] Weil jede gewählte Perspektive immer auch Ergebnis und Ertrag

---

[3] „Dem Führer entgegen arbeiten". Der britische Historiker Ian Kershaw über das Zusammenspiel zwischen Hitler und den Deutschen sowie den Zusammenhang von Krieg und Holocaust. In: Der Spiegel 34 (2000), S. 56-63, hier: S. 56.

[4] Evans, Richard J.: Im Schatten Hitlers? Frankfurt a. Main 1991, S. 10.

disponiert, regrediert für den Historiker das rein moralische Werturteil ins Unangemessene: Eine solche Betrachtung hilft nicht weiter, denn ihre Distinktion in Gut und Böse – diese Kategorien verwischen und verkehren sich oft genug in Kriegen – ist eine wertende, sie reduziert Handeln auf Normativität, fokussiert auf Wahrhaftigkeit und nicht auf Wirklichkeit, ist insofern ungerecht und ahistorisch. Vor allem aber verhindert sie jeden Erkenntnisfortschritt. Die gegenwärtig mitunter festzustellende Verschiebung von geschichtsbewusster kritischer Selbstbesinnung hin zum moralischen Appell markiert dabei einen elementaren Umbruch in der Auseinandersetzung mit dem Nationalsozialismus und der deutschen Kriegsführung im Zweiten Weltkrieg. Nach dem konstatierten Verschwinden der Erlebnisgeneration erfolgte eine Transformation von „Aufarbeitung" in „Erinnerung" – und Erinnerung wurde zur auratischen Formel für vermeintlich gelungene Vergangenheitsbewältigung.[5] Es darf hier aber nicht übersehen werden, dass es neben der notwendigen Kultivierung und pädagogischen Begleitung der ungemein wichtigen *Erinnerungskultur* weiterhin dringend der historisch-kritischen Selbstreflexion im Licht von Geschichte und Erfahrung dieser Zeit von 1933 bis 1945 bedarf. Es muss also um *kritisch-reflexive Vergangenheitsvergegenwärtigung* gehen: „Konkretes historisches Wissen und reflexives Geschichtsbewusstsein sind unverzichtbar für die Sicherung und Stärkung der Kompetenz, sich gegen den Strich bürstend an Geschichte und

---

[5] Vgl. Knigge, Volkhard: Äußere Angriffe – innere Erosionen. Deutsche Erinnerungskultur 2025. In: Aus Politik und Zeitgeschichte 75 (2025), H. 1-5. S. 47-53, hier: S. 49.

Erfahrung des Nationalsozialismus in und für die Gegenwart nachhaltig orientieren zu können."[6] – Womit wir beim Thema dieses Buches sind.

Das Gebirgsjäger-Regiment 98 galt wie die gesamte 1. Gebirgs-Division als Eliteeinheit. Die Gebirgsjäger dieser – nach Hitlers Worten – „Garde-Division" gehörten zu den Verbänden der Deutschen Wehrmacht[7], die von Beginn an in die Kämpfe des Zweiten Weltkriegs eingebunden waren. Geprägt von Kommandeuren wie Ferdinand Schörner oder Josef Salminger, war das Regiment darauf eingeschworen, bedingungslos zu jedem Einsatz bereit zu sein und als Speerspitze im Gefecht die Entscheidung herbeizuführen. Dies waren keine leeren Worte. Die Offiziere und Mannschaften waren sich bewusst, einer Elitetruppe anzugehören, sie stellten handwerkliche Exzellenz unter Beweis und leisteten militärisch Herausragendes. Aber Offiziere, Teileinheiten und Angehörige dieses Regiments begingen insbesondere im Kontext des Partisanenkrieges auf dem Balkan und in Griechenland 1943/44 zahlreiche Verbrechen und Verstöße gegen das Kriegsvölkerrecht sowie Verbrechen gegen die Menschlichkeit.

Die Begeisterung fürs alpine Bergsteigen und mit „T1" die erforderliche Tauglichkeit im Gepäck, wollte ich nach dem Abitur meinen Wehrdienst unbedingt bei den Gebirgsjägern ableisten. Als Mitglied der OeAV-Sektion Innsbruck mit den nahen Tiroler Bergen zuvor

---

[6] Ebd., S. 51.

[7] In dieser Publikation wähle ich die präzisierende Großschreibweise „Deutsche Wehrmacht" zur Unterscheidung vom allgemeinen Begriff „Wehrmacht", der im damaligen Sprachgebrauch auch für Streitkräfte anderer Staaten verwendet wurde.

schon etwas vertraut, freute ich mich freilich besonders, dass mich mein Wunsch 1988 nach Mittenwald führte, wo ich beim Gebirgsjägerbataillon 233 zwischen Karwendel und Wettersteingebirge eine sehr intensive und prägende Zeit verbrachte. Sie begründete die seitherige Verbundenheit mit dem Werdenfelser Land als zweiter Heimat und initiierte, vom *Genius loci* inspiriert, das Interesse an der Geschichte der deutschen Gebirgsjäger im Zweiten Weltkrieg. Die vorliegende Abhandlung erhielt den ausschlaggebenden Schub jedoch erst Jahrzehnte später im Zusammenhang mit den Recherchen zu meiner 2018 in zweiter Auflage erschienenen militärgeschichtlichen Studie „Grenzüberschreitung" und nicht zuletzt auch durch die Kontroverse um die Verbandsgeschichte der früheren 1. Gebirgs-Division der Deutschen Wehrmacht samt ihrem seinerzeit in Mittenwald, Garmisch-Partenkirchen und Lenggries stationierten Gebirgsjäger-Regiment 98. Diese Kontroverse hatte sich zeitweise zu einem Politikum ausgeweitet.

Rückblende in die Achtzigerjahre: Die bestens ausgestattete Bundeswehr stand damals insgesamt auf dem Zenit ihrer Fähigkeiten und galt als beste Wehrpflichtarmee.[8] Sie wurde nicht als unterfinanzierte, inadäquate Streitkraft mit „freundlichem Desinteresse" (Bundespräsident Horst Köhler) betrachtet, nicht als „bewaffnetes THW" oder dysfunktionale „Trachtengruppe"[9] verspottet, sondern als schlagkräftige Armee innerhalb des transatlantischen Bündnisses der NATO

---

[8] So der Militärhistoriker Prof. Dr. Sönke Neitzel in der ZDF-Dokumentation „Wir Deutschen und die Bundeswehr" (2023).
[9] General a. D. Lothar Domröse, ebd.

wahrgenommen.[10] Zu meiner Dienstzeit war Mittenwald größter Standort der seinerzeit von Oberst Dr. Klaus Reinhardt[11]

---

[10] In den Nullerjahren bis in die Gegenwart des Jahres 2024 setzte sich der Wandel von Gesellschaft und Streitkräften fort. Das reduzierte Fähigkeitsprofil der Bundeswehr erodierte in den letzten Jahrzehnten weiter. Die umstrittene Aussetzung der Wehrpflicht 2011 forcierte die zunehmende Entkoppelung der Gesellschaft von der weiter schrumpfenden Bundeswehr. Als abgerüstete, kaputtgesparte „Einsatzarmee" geriet sie an die Grenzen ihrer Leistungsfähigkeit, während Politik und Gesellschaft zu lange der Illusion nachhingen, auch weiterhin kommod von der Friedensdividende der Nachwendezeit leben zu können. Erst der Realitätsschock des nach Absicht, Ziel und Methode verbrecherischen russischen Großkriegs gegen die Ukraine, der am 24.2.2022 schlagartig die europäische Nachkriegsfriedensordnung zerstörte, wurde zum Weckruf für die deutsche Politik. Putins von geschichtsmythologischem Revanchismus getriebener *„faschistischer Neoimperialismus mit stalinoidem Kern"* (so der Politikwissenschaftler Claus Leggewie im Deutschlandfunk am 18.2.2023) zielt auf die Bekämpfung des Westens und unserer Werte und ist längst multidimensional in hybrider Kriegsführung orchestriert. Wir müssen uns dessen bewusstwerden und Sicherheit wieder vor die Klammer ziehen. Es bedarf mithin der konsequenten Refokussierung vom internationalen Krisenmanagement zur Bündnis- und Landesverteidigung und des schnellen Schließens der Fähigkeitslücken. Mit oberster Priorität bedarf es in Anbetracht unserer objektiv kritischen Bedrohungslage der Verstärkung und Ertüchtigung der Bundeswehr wie der europäischen Streitkräfte, um unsere freiheitliche Werteordnung, Souveränität und territoriale Integrität resilient auch dann verteidigen zu können, wenn wir uns auf den wichtigsten Bündnispartner USA womöglich nicht mehr werden verlassen können. „Doch das ist die eigentliche Lehre aus der deutschen Geschichte: Nicht, dass Deutsche nie wieder Krieg führen dürfen, sondern dass sie eine besondere Verantwortung dafür haben, sich für die Freiheit einzusetzen und dabei auch Risiken einzugehen." (Anne Applebaum, Friedenspreisträgerin des Deutschen Buchhandels 2024. In: Die Rheinpfalz v. 21.10.2024)

[11] Dr. Klaus Reinhardt (geb. 15.1.1941 in Berlin, gest. 24.11.2021 in Starnberg) begann seine Laufbahn 1960 als Offiziersanwärter in der Gebirgstruppe in Mittenwald, setzte als Kommandeur der Gebirgsjägerbrigade 23 „Bayern" den Maßstab und kommandierte die über 50.000 Mann starke KFOR-Friedenstruppe. Reinhardt war schließlich Oberbefehlshaber der Alliierten Landstreitkräfte Europa-Mitte und als Vier-Sterne-General der ranghöchste Bundeswehrsoldat aus den Reihen der Gebirgstruppe. Als Historiker legte er eine viel beachtete Dissertation über die Wende vor Moskau 1941/42 vor, ein Standardwerk. Der Träger des Großen Verdienstkreuzes des Verdienstordens der Bundesrepublik Deutschland galt als brillanter Kopf, als ein militärisch wie intellektuell überaus fähiger Offizier mit sehr hoher Reputation und zeit seines Lebens

kommandierten Gebirgsjägerbrigade 23 mit den Gebirgsjägerbataillo-
nen 233 und 234, der Gebirgs- und Winterkampfschule Luttensee sowie Teilen des Gebirgsnachschubbataillons 8. Das Steingrau-Oliv und
sodann das hier erprobte und hier auch zuerst eingeführte heutige
Flecktarn der Uniformen, Ausrüstung und Fahrzeuge gehörte zum
Ortsbild Mittenwalds wie die charakteristische Lüftlmalerei oder die
zahlreichen Geigenbauwerkstätten. Unimogs auf dem Obermarkt waren lange so alltäglich wie Begegnungen von Zivilisten im Dammkar
oder am Wildensee mit schwer bepackten Edelweißsoldaten, die mit
schnellem Schritt an ihnen vorbeihetzten. Das durch hohe Identifikation und gute soziale, wirtschaftliche und kulturelle Vernetzung geprägte Verhältnis zwischen der lokalen Zivilgesellschaft und der Gebirgstruppe hatte in der damaligen CSU- (bei Landtagswahlen) bzw.
Freie Wähler-Hochburg auf kommunaler Ebene eine fast symbioti-
sche Ausprägung. Und bei „de Jager" wiederum zeigte sich vom Rekruten bis zum damaligen Bataillonskommandeur Oberstleutnant Eike
Grohmann ein traditionell stark ausgeprägter *Esprit de Corps*, ein
Korpsgeist. Mit Stolz und Selbstbewusstsein hielt man die militärische Tradition der Gebirgstruppe hoch, bei der Kameradschaft nicht
befohlen werden brauchte, weil sie bei der infanteristischen und vor
allem bei der Berg- und Skiausbildung ohnehin gelebt wurde. Es
prägt eben den Geist der Truppe, wenn am Berg Offizier und Haupt-
gefreiter in derselben Seilschaft einander Gesundheit und Leben anvertrauen. Das gibt es so nirgendwo sonst beim Militär. Der Gebirgsjägeroffizier führt von vorne und er marschiert mit demselben Gepäck

---

enger persönlicher Verbundenheit mit Mittenwald. Im Marktgemeinderat Mittenwald
fand der Vorschlag, die hiesige Karwendelkaserne nach General Klaus Reinhardt um-
zubenennen, trotz einiger Sympathien letztlich keine Mehrheit. (merkur.de v.
28.6.2024)

dieselben Strecken und Höhenmeter wie seine Männer. Der Unteroffizier nimmt den Rekruten zur Not huckepack und kraxelt mit ihm aus der Wand, wenn dieser nicht mehr kann (und freilich umgekehrt, gegebenenfalls). Das war schon bei der Gebirgstruppe der Deutschen Wehrmacht so. Der militärischen Exzellenz dieser Eliteverbände im Zweiten Weltkrieg war man sich bewusst und man kultivierte auch bei der Bundeswehr in Bayern das Narrativ ihrer besonderen Heimatverbundenheit, Kameradschaft, Tapferkeit und Härte. Den früheren Generalobersten Eduard Dietl zum Beispiel, der lange unhinterfragt nicht wenigen als *die* Symbolfigur der Gebirgstruppe galt, verehrten auch in den Achtzigerjahren noch so einige Soldaten.[12] Betrachtet man das offizielle *Leitbild der Gebirgsjägerbrigade 23 „Bayern"* von heute, erkennt man das überzeitliche *Traditionskontinuum* zu den altvorderen Kameraden (analog dem *More Majorum* der heutigen französischen Légion Étrangère). Das aktuelle Leitbild der Gebirgstruppe der Bundeswehr, das unter ihrem Brigadekommandeur Brigadegeneral Jared Sembritzki[13] entwickelt wurde, lautet:

„1. Wir sind bescheiden, leben unsere *Kameradschaft* stets wie am Berg, stehen füreinander ein. Wir lassen niemanden zurück.

---

[12] Darunter Oberfeldwebel K., der bei der französischen *Légion Étrangère* und den *Chasseurs Alpins* Erfahrungen sammeln konnte und in dessen Stube im Kompaniegebäude in Frakturschrift die plakative Losung „Klagt nicht, kämpft!" prangte.
[13] Brigadegeneral Jared Sembritzki (*1969) war in seiner weiteren Verwendung Chef des Stabes der U.S.Army Europe. Seit 2025 ist er Chef des Stabes im Kommando Heer (KdoH) der Bundeswehr. Er ist der erste Stabsoffizier, der mit dem Ehrenkreuz der Bundeswehr für Tapferkeit ausgezeichnet wurde, der höchstmöglichen Auszeichnung.

2. Die Ausbildung im Gebirge macht uns *robust* und leistungsstark. Im Verbund unserer Fähigkeiten sind wir überall erfolgreich.

3. Wir beherrschen unser soldatisches Handwerk, bestehen im Kampf, sind vielfach *einsatzbewährt*.

4. Wir leben mit der Natur. Wir meistern sowohl die Extreme im *Hochgebirge* und in Wüsten als auch im urbanen Umfeld.

5. Wir vereinigen Multinationalität in Einsatz und Ausbildung hierbei fest mit unserer bayerischen *Heimatverbundenheit*."[14]

Mittenwald war im Jahr 1956 wieder Gebirgsjägerstandort geworden – ein Jahr nach Gründung der Bundeswehr und zum zweiten Mal nach 1937. „Dienen, wo andere Urlaub machen", lautete ein nicht unzutreffender Werbeslogan für die landschaftlich herrlich an der oberen Isar zwischen Wettersteingebirge und Karwendel gelegene Marktgemeinde, die hauptsächlich vom Fremdenverkehr, aber nicht zuletzt auch von der Bundeswehr lebt.

Bereits 1957 war auf Initiative des von General Rudolf Konrad gegründeten „Kameradenkreises der Gebirgstruppe" die Errichtung des an Pfingsten eingeweihten Ehrenmals für die Gefallenen der Gebirgstruppe in 1.138 m Höhe auf dem Hohen Brendten erfolgt. Die Weihe des imposanten Ehrenmals mit seinen Doppelpylonen und dem großen Lärchenkreuz erfolgte an diesem 10. Juni 1957 durch Kardinal Joseph Wendel, den Erzbischof von München und Freising,

---

[14] https://www.zms.bundeswehr.de/resource/blob/5585396/
94f015a450645a01b4d8d1ae2c8da414/tradition-und-identitaet-der-gebjgbrig-23-2019--
data.pdf (3.5.2023)

früheren Bischof von Speyer und ersten Militärbischof der Bundeswehr.

01   Das Ehrenmal für die Gefallenen der Gebirgstruppe („Gebirgsjäger-Eh-
     renmal") auf dem Hohen Brendten bei Mittenwald.

Unter großer Anteilnahme der Bevölkerung wird dort in jedem Frühjahr der in tapferer Pflichterfüllung Gefallenen und Vermissten der
Gebirgstruppe gedacht. Mitte der Sechzigerjahre erhielten dann drei
Bundeswehr-Kasernen Namen von Generälen der Gebirgstruppe der
Wehrmacht: die Generaloberst-Dietl-Kaserne in Füssen, die General-
Konrad-Kaserne in Bad Reichenhall und die General-Kübler-Kaserne
in Mittenwald, die hier von 1981 bis zu seiner Auflösung 1992 das Gebirgsjägerbataillon 234 beheimatete. Die Benennung dieser Kasernen
ging auf den früheren Bundesverteidigungsminister und langjährigen
bayerischen Ministerpräsidenten Franz Josef Strauß zurück (dessen
politische Ausnahmestellung und Bedeutung für Bayern am ehesten
nachempfinden kann, wer beim beeindruckenden Trauerzug durch
München am 7. Oktober 1988 erlebt hat, *wie* die Bevölkerung und gerade auch die Gebirgsjäger der Bundeswehr von Strauß Abschied
nahmen).

In den *Neunzigerjahren* hatten sich Gesellschaft und Politik gewandelt.
Dietl, Konrad und Kübler galten jetzt offiziell als „falsche Helden".
Gemäß dem damaligen Traditionserlass hielt man diese früheren Generäle der Gebirgstruppe für nicht mehr traditionswürdig für Soldaten der Bundeswehr, und so setzte 1995 der damalige Bundesverteidigungsminister Volker Rühe (CDU) die Umbenennungen der Generaloberst-Dietl-Kaserne in Allgäu-Kaserne, der General-Konrad-Ka-
serne in Hochstaufenkaserne sowie der General-Kübler-Kaserne in
Karwendel-Kaserne durch. Diesem Schritt ging eine jahrelange lei-
denschaftlich geführte Kontroverse voraus, die verhärtete Fronten
hinterließ. „Das Traditionsverständnis, das bei Kameradenkreis und
aktiver Truppe lange Zeit herrschte, drückte Franz Josef Strauß in

einer Ansprache am 17. Februar 1986 anlässlich des 30-jährigen Jubiläums der 1. Gebirgs-Division so aus: ‚Für die deutsche Gebirgstruppe war General Kübler als Mensch und Soldat ein Vorbild. Ihm hat die Truppe bis auf den heutigen Tag viel zu verdanken.‘"[15] Nun, es sei der lakonische Hinweis gestattet: Seine Eigenschaft als menschliches Vorbild sprachen Kübler schon seine damaligen Offiziere ab. Edmund Stoiber, Strauß' Nachfolger im Amt des Bayerischen Ministerpräsidenten und – genau wie auch der spätere Verteidigungsminister Karl-Theodor zu Guttenberg – ein Ehemaliger der Mittenwalder Gebirgsjäger, war selbst Mitglied des Kameradenkreises, bescheinigte der Gebirgstruppe anlässlich der Feier zur Auflösung der 1. Gebirgsdivision der Bundeswehr 2001 eine ‚unangreifbare Traditionspflege‘.[16]

Diese Art der Traditionspflege wurde in den *Nullerjahren* allerdings massiv herausgefordert, denn nach und nach erfuhr eine breitere Öffentlichkeit auch von den unrühmlichen Taten der deutschen Gebirgsjäger im Zweiten Weltkrieg. Kriegsverbrechen unter maßgeblicher Beteiligung des Regiments 98 waren über Jahrzehnte unbekannt geblieben, auch mir. Sie wurden ausgeblendet, beschwiegen, relativierend als zwar bedauerliche, aber – *ja, mei!* – als *Kriegs*handlungen umgedeutet oder gar gänzlich geleugnet. Im strafrechtlichen Sinne gesühnt wurden sie jedenfalls nie. Einzelne Gebirgstruppenoffiziere, die für Massaker an Zivilisten oder Kriegsgefangenen verantwortlich oder mitverantwortlich waren, setzten nach dem Krieg ihre

---

[15] https://de.wikipedia.org/wiki/Gebirgstruppe_(Deutschland)#Kameraden-kreis_der_Gebirgstruppe (27.12.2019)
[16] Vgl. ebd.

militärische Karriere nahtlos fort. Sie wurden Kommandeur der 1. Gebirgsdivision der Bundeswehr und Kommandierender General des II. Korps, Bataillonskommandeur in Mittenwald oder militärischer Berater der FDP, stiegen in höchste Generalsränge der Bundeswehr auf und verbrachten ihren Lebensabend als honorige Veteranen. Der Mythos von der heimatverbundenen, kameradschaftlichen Eliteeinheit unter dem Edelweiß, der Nimbus ihrer verwegenen Haudegen und volksnahen Ritterkreuzträger überstrahlte lange Zeit alle Abgründe, die es aber eben auch gab.

Für das vermeintlich unbefleckte Heldentum der Gebirgsjäger stehen die tendenziell apologetischen Publikationen des Autors Roland Kaltenegger, die die neueren und zum Teil betont kritischen Forschungserträge konsequent ignorieren.[17] Am Thema „Deutsche Gebirgstruppe" Interessierte kommen dennoch nicht an den zahllosen einschlägigen Veröffentlichungen Kalteneggers vorbei. Sie schöpfen aus dem einzigartigen, über Jahrzehnte entstandenen privaten „Militär- und Gebirgstruppen-Archiv" des Experten, wenngleich man bei ihren Leerstellen stutzig bleiben muss. Diese Leerstellen sind auch das gravierendste Defizit in Kalteneggers 1981 erstveröffentlichter

---

[17] In Kalteneggers 2018 in zweiter Auflage erschienenem Buch „Die Todesinseln des Ionischen Meeres" bemüht der Autor im Prolog als vielsagende Leitlinie das Moltke-Zitat „Was man sagt, muss wahr sein, aber man braucht nicht alles zu sagen, was wahr ist!". Redlicher und sachlich dringend geboten wäre es indes gewesen, wenn Kaltenegger in der Einleitung dieser Sammlung von Dokumenten und Zeitzeugenberichten die unhintergehbar gewichtigen Erträge Meyers zum Thema ausgewiesen und integriert und nicht ignoriert bzw. verschwiegen hätte.

„Jubelmonografie"[18] (Deutschlandfunk) über die 1. Gebirgs-Division
der Wehrmacht (in der er für die Soldaten unterm Edelweiß mehrfach
die völlig deplatzierte Bezeichnung „Blumenteufel" verwendet). „Der
Verfasser bekannte sich [darin] ausdrücklich zur Kunst des Weglassens, angeblich, um den Umfang eines normalen Buches nicht zu
überschreiten. Doch dieser Kunst des Weglassens fiel vor allem all das
zum Opfer, was die Veteranen bei der Erinnerung an vergangene Hel-
dentaten hätte stören können. Jetzt gibt es eine neue Divisionsgeschichte, und die wird dem Kameradenkreis der Gebirgsjäger wenig
Freude machen. Enthält sie doch all das von Kaltenegger Weggelas-
sene: die unzähligen Gräueltaten, die diese Einheit mit dem Edelweiß-
abzeichen zur schlimmsten Truppe neben der Waffen-SS gemacht haben."[19] Diese These des Deutschlandfunk-Rezensenten Eberhard
Rondholz[20] bezieht sich auf Hermann Frank Meyers Buch „Blutiges
Edelweiß"[21] aus dem Jahr 2008, das die Öffentlichkeit ebenso erschüt-
terte wie das bis dato etablierte Narrativ über die Gebirgsjäger. Kein
Wunder also, dass sich in Anspielung auf Edmund Stoibers Diktum
von der „unangreifbaren Traditionspflege" nun der „Arbeitskreis Angreifbare Traditionspflege" gründete, der von 2002 bis 2009 die Gedenkfeier auf dem Hohen Brendten mit zahlreichen, politisch links zu
verortenden Protest- und Störaktionen überzog und die damals noch

---

[18] Kaltenegger, Roland: Die Stammdivision der deutschen Gebirgstruppe. Weg und
Kampf der 1. Gebirgs-Division 1935-1945. Graz/Stuttgart 1981. (Künftig zit.: „Kaltenegger: Stammdivision 1981, S. xy.")
[19] https://www.deutschlandfunk.de/die-verbrechen-der-gebirgsjaeger.730.de.html?
dram:article_id=103042 (26.6.2019)
[20] Vgl. Rezension des DLF vom 31.3.2008
[21] Meyer, Frank: Blutiges Edelweiß. Die 1. Gebirgs-Division im Zweiten Weltkrieg. Berlin 2008.

nicht umfassend erfolgte Aufklärung über die Verstrickung der Gebirgstruppe in Kriegsverbrechen des Zweiten Weltkrieges anpran-
gerte. Der Kameradenkreis der Gebirgstruppe wies seinerzeit entsprechende Vorhaltungen als ungerechtfertigt zurück.

Heute hat sich nach einem Umdenkprozess längst auch beim Kameradenkreis eine differenzierte Sichtweise der Kriegsgeschehnisse durchgesetzt. Er stellt seinen in der Tat aktiven und lobenswerten Beitrag
für Frieden und Völkerverständigung heraus und gedenkt alljährlich
nicht nur der vermissten und verstorbenen Kameraden (seit 2015
auch der im Einsatz gestorbenen Gebirgsjäger der Bundeswehr), sondern aller Opfer von Krieg, Gewalt und Terror. Der Kameradenkreis
der Gebirgstruppe setzte und setzt sich ideell und auch materiell etwa
durch Spenden für die Verständigung und Aussöhnung mit den ehemaligen Gegnern ein. Überhaupt darf man konzedieren, dass es die
ehemals verfeindeten Soldaten selbst waren, die schon bald nach dem
Krieg wieder die ersten Schritte aufeinander zu gemacht haben. 2019
nahmen dann erstmals sogar einstige Fundamentalkritiker des „Ar-
beitskreises Angreifbare Traditionspflege" im Beisein einer albanischen Überlebenden eines von Gebirgsjägern verübten Massakers an
der jährlichen Gedenkfeier am Hohen Brendten teil und legten einen
Kranz für die Opfer der Gebirgsjäger nieder. Brigadegeneral Jared
Sembritzki, der damalige Bundeswehr-Kommandeur der Gebirgsjägerbrigade 23, würdigte das Versöhnliche dieses Arrangements: „Wir
haben gemeinsam mit dem Kameradenkreis viel dafür getan, eine an-
gemessene Traditionspflege zu etablieren. Dazu gehört auch der

Umgang mit Kritik."[22] Jenseits dessen macht die Gebirgsjägertruppe der Bundeswehr angesichts der kritischen Sicherheits- und Bedrohungslage seit 2022 auch einen anderen Wandel durch: Im Rahmen des aktuellen „Zielbilds Heer" (2023) wechselt die Gebirgsjägerbrigade 23 „Bayern" zur „Division Schnelle Kräfte" (DSK), in deren Rahmen die robusten und neu ausgestatteten Gebirgsjäger als „Leichte Kräfte" mit hoher Spezialisierung für den infanteristischen Kampf in jedem schwierigen Gelände und bei voller Luftbeweglichkeit (gemeinsam mit dem KSK und den Fallschirmjägerbataillonen) operieren kann. Die überdurchschnittliche Einsatzbereitschaft der DSK unter ihrem Motto „einsatzbereit – jederzeit – weltweit" ist ein zentraler Identifikationspunkt aller Divisionsangehörigen.[23] Zuletzt regelmäßig bis zum Missionsende von MINUSMA im westafrikanischen Mali eingesetzt, üben nicht nur die Mittenwalder Gebirgsjäger der Bundeswehr 2024 im Rahmen der intensiven NATO-Großübung „Nordic Response" am Polarkreis. Doch kehren wir damit zurück zum Thema und der leitenden Fragestellung dieser Publikation:

Die hier vorliegende Abhandlung ist Ausdruck einer Vergewisserungsambition. Ihr Bestreben gilt der *Dokumentation und Einordnung* dessen, was man heute, achtzig Jahre nach Ende des Zweiten Weltkriegs, substanziell über den Werdegang des Gebirgsjäger-Regiments 98 der 1. Gebirgs-Division der Deutschen Wehrmacht weiß. Dies schließt die Integration der kontroversen Sichtweisen und Narrative

---

[22] Vgl. Süddeutsche Zeitung v. 5.6.2019 (https://www.sueddeutsche.de/bayern/bayern-mittenwald-gebirgsjaeger-gedenken-1.4474025)
[23] Vgl. https://www.bundeswehr.de/de/organisation/heer/organisation/division-schnelle-kraefte (24.10.2024)

ein, denn es kann wie oben ausgeführt ja nur darum gehen, Geschichte in ihrer Komplexität, Widersprüchlichkeit und Mehrdimensionalität anzunehmen und einzuordnen. Von den Anfängen des Regiments im Jahre 1937 bis zum Kriegsende 1945 werden die Entwicklung und militärischen Einsätze, die soldatischen Leistungen wie auch die dunklen Seiten der Verbandsgeschichte beleuchtet. Die Ausführungen stützen sich dabei auf Standardwerke der Forschung, Monografien, Fachaufsätze, Artikel und zahlreiche sonstige publizierte Quellen, wobei sich auch digitalisierte Dokumente und Archivbestände sowie einige qualifizierte Beiträge als hilfreich erwiesen, die man als Primärquellen im Internet recherchieren konnte.[24] Die truppengeschichtlichen Darlegungen werden dort, wo dies für das nähere Verständnis erforderlich ist, in den breit entfalteten militärischen Kontext und den Referenzrahmen der Zeit des Nationalsozialismus eingebunden.

Fällt für die von näherem Sachverstand unbehelligte Allgemeinheit das Urteil über die Soldaten des Gebirgsjäger-Regiments 98 der damaligen 1. Gebirgs-Division eher kritisch aus, so ist die geläufige Sichtweise auf Ferdinand Schörner, den ersten Kommandeur des Regiments 98 und letzten Oberbefehlshaber des Heeres, einschlägig negativ: Schörner wird gemeinhin als glühender Nazi-General und widerwärtige Unperson gesehen, weshalb man dem Verfemten nur mit völliger Abscheu begegnen könne. Jenes breit etablierte Paradigma

---

[24] Eine systematische Auswertung der einschlägigen Bestände des Militärarchivs im Bundesarchiv in Freiburg – ergänzend zu den ja nur fragmentarisch erhaltenen Kriegstagebüchern der 1. Gebirgs-Division – oder der bayerischen Archive in München und Ingolstadt bleibt Aufgabe weiterer Forschungen.

prozediert indes zu holzschnittartig, denn die gesicherten Fakten erlauben durchaus eine nuancierte, differenzierte Betrachtung des fraglos linientreuen, ambivalenten und schwierigen Offiziers. Dieser Perspektive sieht sich der Debattenbeitrag im abschließenden ausführlichen Exkurs über Ferdinand Schörner, der das Regiment 98 entscheidend formte und prägte, verpflichtet.

Der neunzigjährige Klaus von Dohnanyi zitierte seinen akademischen
Lehrer, den bedeutenden deutsch-jüdischen Soziologen Norbert
Elias, mit den Worten „Derjenige ist ein schlechter Historiker, der die
Vergangenheit beurteilt nach seinen heutigen Maßstäben".[25] Tatsächlich kann eine Bewertung losgelöst von Zeitumständen niemals zu einem wirklich angemessenen und gerechten Urteil führen. Wie oben
bereits ausgeführt, ist es also notwendig, damaliges Handeln und vergangene Geschehnisse nicht ausschließlich nach Maßstäben der Normativität zu bewerten (denen man ohnehin auch selbst kaum standhalten könnte), sondern dies zu tun unter Berücksichtigung der konkret gegebenen zeithistorischen, strukturellen und situativen Zusammenhänge und den daran geknüpften persönlichen Spielräumen der
Akteure. Genau diese dringend gebotene *Simultanthematisierung* aber
unterlässt Hermann Frank Meyer in seinem genannten Buch „Blutiges
Edelweiß". In dieser Divisionsgeschichte manifestiert sich dadurch
eine *strukturelle Dysbalance*, die für den Militärhistoriker Peter Lieb[26]

---

[25] ZDF-Sendung „Markus Lanz" vom 5.3.2019 (Erstausstrahlung)
[26] Oberstleutnant d. Res. Dr. Peter Lieb stammt aus Garmisch-Partenkirchen und ist
Leiter des Projektbereichs Geschichte der Bündnisse im *Forschungsbereich Militärgeschichte nach 1945* am Zentrum für Militärgeschichte und Sozialwissenschaften der Bundeswehr in Potsdam. Seinen Wehrdienst (W12) leistete er in der 3./Fallschirmjägerba-
taillon 251 in Calw. 2004 Beförderung zum Leutnant d. R., anschl. zahlreiche

eine weitere Hauptschwäche von Meyers – bei allen Verdiensten – unausgewogenem Buch ausmacht: Die einseitige Überbetonung verabscheuungswürdiger Geschehnisse in Griechenland und auf dem Balkan gegenüber den jahrelangen übrigen Einsätzen der 1. Gebirgs-Division. Bei seiner hauptsächlichen Fokussierung auf die Verbrechen von Angehörigen des Verbandes kommt es bei Meyer zu keiner nüchternen historischen Analyse und auch nicht zur *angemessenen Berücksichtigung der Faktoren Situation und Intention.*[27] *Dies scheint mir ein grundsätzliches Manko in der Beurteilung vergangener Kriegsgeschehnisse zu sein.* Hinzu kommt die bei Meyer mit leichter Hand hingeworfene schwerwiegende Vermutung, auch der bekannte Offizier Michael („Michl") Pössinger des Gebirgsjäger-Regiments 98 sei ein Kriegsverbrecher gewesen. Ohne eindeutige, beweiskräftige Fakten jedoch verbieten sich Verurteilungen wie die des 2003 verstorbenen Pössinger. Die *Erlebnisgeneration* der im Krieg Dabeigewesenen ist als Träger der Sicht auf die Vergangenheit aus eigenem Erleben von zentraler Bedeutung, denn die damaligen Geschehnisse waren bei ihren Vertretern aufs Engste an die persönliche Biografie angebunden. Da aber die Angehörigen der Erlebnisgeneration heute nicht mehr persönlich greifbar sind, treten an ihre Stelle meist – noch – *Zeitzeugen* einer als „Epoche der Mitlebenden" begriffenen Zeitgeschichte, die die Zeit des Zweiten Weltkriegs lediglich als Kind erlebt haben und Erinnerungen daran gewissermaßen aus „zweiter Hand" wiedergeben.[28]

Wehrübungen an der Gebirgs- und Winterkampfschule Mittenwald sowie im Bundesministerium der Verteidigung. Vgl. https://www.bundeswehr.de/de/organisation/weitere-bmvg-dienststellen/zentrum-militaergeschichte-sozialwissenschaften/wiss-oberrat-dr-peter-lieb-52162 (12.1.2022)

[27] Vgl. http://www.sehepunkte.de/2008/05/druckfassung/13468.html (12.12.2019)

[28] Vgl. https://www.ome-lexikon.uni-oldenburg.de/begriffe/zeitzeugen (20.7.2022)

Mit der Erlebnisgeneration aber haben wir die lebendige und berührende Verbindung zwischen Gestern und Heute verloren, die die *„Zweitzeugen"* nicht adäquat zu ersetzen vermögen. Auch reicht unsere menschliche Reaktion der Identifikation mit den Opfern nicht aus für ein Wissen und Resilienz förderndes Begreifen der wirkenden historisch-politischen, gesellschaftlichen, psychologischen oder situativen Ursachen und Prozesse.

Darüber hinaus sind auch die unterschiedlichen *Konjunkturen von Zeitgeist und Debattenströmungen* problematisch, weswegen sich eilfertige eindimensionale Zugriffe und Projektionen auf Kriegsgeschehnisse und eine nicht erlebte Vergangenheit disqualifizieren. Ohne also ein auf die Zeitzeugenschaft des Miterlebens begründetes Verständnis *zuzüglich* wissenschaftlicher Auswertung und Einordnung sowohl aller Primärquellen als auch der Forschungserträge muss die Rekonstruktion des angestrebten „ganzen Bildes" das bleiben, was sie ohnehin ist: eine Utopie. Eine Wahrheit, die unter jedweden Umständen und Perspektiven Bestand hat und bei der die Wirklichkeit sich mit den Behauptungen über sie vollständig deckt, wird es mithin nur in seltenen Fällen geben. Es gilt also, *„der Wahrheit so gut wir es können ins Auge zu sehen"* (Bundespräsident Richard von Weizsäcker).[29]

Bei der vorliegenden Abhandlung über das Gebirgsjäger-Regiment 98 als Teil der 1. Gebirgs-Division bin ich deshalb um einen unverstellten Blick, Sachlichkeit in der Darstellung und Fairness im kritischen Urteil bemüht. Im Sinne des Eingangszitats von Walter Benjamin soll es weder um überhöhende Heldengesänge oder beschönigende „G'schichten aus dem Paulanergarten" noch um Dämonisierung oder

---

[29] Vgl. https://www.bundespraesident.de/SharedDocs/Downloads/DE/ Reden/2015/ 02/150202-RvW-Rede-8-Mai-1985.pdf?blob=publicationFile&v=3 (1.10.2024)

halsstarrige Pauschalabrechnung gehen. *Es ist mir vielmehr in aller
Schlichtheit gelegen an einer militär- und verbandsgeschichtlichen Betrachtung und einer entsprechenden Einordnung des Gebirgsjäger-Regiments 98
in das größere Bild.* Beides erfolgt im Bewusstsein, dass das gewählte
Narrativ über die historischen Geschehnisse so wichtig ist und so wir-
kungsmächtig sein kann wie die vergangenen Ereignisse selbst.

1. Hitlers Wehrmacht – Armee im Totalitarismus

Die Gründung der deutschen Gebirgstruppe ist wie der Aufbau der Wehrmacht und der mit dem Überfall auf Polen begonnene Zweite Weltkrieg nicht losgelöst vom Referenzrahmen der nationalsozialistischen Diktatur und ihren ideologischen Zielsetzungen zu erklären.

Hitlers Ernennung zum Reichskanzler am 30. Januar 1933 war keine Machtergreifung, denn sie geschah auf verfassungsmäßigem Weg. Das Kalkül hinter dieser Machtübergabe oder Machtübertragung, Hitler „einzurahmen" und dadurch politisch einzudämmen, scheiterte schnell, wodurch die Nationalsozialisten bereits im Frühjahr 1933 den radikalen Umbau von Staat und Gesellschaft rücksichtslos ins Werk setzen konnten. Sie bedienten sich dabei insbesondere der Notverordnung „zum Schutz von Volk und Staat", mittels derer fundamentale Grundrechte außer Kraft gesetzt wurden, sowie des „Ermächtigungsgesetzes", das die Übertragung der gesetzgebenden Gewalt auf die Regierung bedeutete. Die NSDAP wurde zur Staatspartei erhoben, Deutschland zum zentralistischen SS- und Polizeistaat und die Gesellschaft rigoros gleichgeschaltet zur zwangshomogenisierten, von politischen Gegnern gesäuberten „Volksgemeinschaft". Das Wechselspiel von Verführung und staatlicher Gewalt, von Propaganda, Überwachung, Willkür und Terror führte zur Abschaffung der Weimarer Ordnung und zur Zerstörung der als schwächlich verachteten, krisenhaften Demokratie. Von den Nationalsozialisten durchgesetzt und etabliert wurde der Alptraum einer neuen Ordnung, die mit der Diskriminierung, Unterdrückung und Ausgrenzung von

Nachbarn und Mitmenschen begann, über die Verfolgung und Vertreibung einer Vielzahl von Opfergruppen zum monströsen Zivilisationsbruch des Holocaust führte und im Krieg apokalyptisch versank. Der fabrikmäßige, im industriellen Maßstab durchgeführte sechsmillionenfache Mord an den europäischen Juden muss hierbei als das Singuläre des NS-Totalitarismus herausgestellt werden. Das entsprechende „Singularitätsgebot" ist Teil der Staatsräson der Bundesrepublik Deutschland, weil von Deutschen und im deutschen Namen Menschen allein als Angehörige einer Gruppe – ohne Gnade, arbeitsteilig und unter Einsatz modernster Mittel – durch Ermordung, Aushungern und Auszehrung getötet wurden, um diese Gruppe vollständig auszutilgen, und zwar ohne Rücksicht auf deren Ausbeutbarkeit und die eigene Selbsterhaltung.[30] Der Holocaust resultierte aus dem Verlust der humanitären Orientierung, und er dokumentiert, wohin die Ideologie eines rassisch begründeten und zum Wahn gesteigerten Antisemitismus führen kann. *Vor dem Menschheitsverbrechen der Shoa, dem Unaussprechlichen, versagt die Sprache. Es herrschten elfeinhalb Jahre Totenstille, gedachte man jedes im deutschen Namen ermordeten jüdischen Menschen mit einer Schweigeminute.*

Die Verflechtung von Krieg und Vernichtung und ihrer Logik fungierte für das NS-Regime als Deckmantel zur Ermordung weiterer ethnischer und sozialer Gruppen, und zwar nicht, weil diese Opfer tatsächlich irgendetwas getan hätten, sondern allein aufgrund dessen, was sie für die Täter symbolisierten und was diese ihnen diffamierend

---

[30] Knigge, Volkhard: Äußere Angriffe – innere Erosionen. Deutsche Erinnerungskultur 2025. In: Aus Politik und Zeitgeschichte 75 (2025), H. 1-5. S. 47-53, hier: S. 53.

zuschrieben.[31] *In ihren mit Vorsatz geplanten Massenmordprogrammen tö-*
teten die Nationalsozialisten insgesamt ungefähr 13 Millionen Menschen,
eine monströse Zahl, doppelt so hoch, wie die Opferzahl des Massen-
mords am europäischen Judentum – und für „den Fall eines deutschen Sieges im Zweiten Weltkrieg existierten bereits Pläne für Gewalt in einem Umfang, der alles tatsächlich Geschehene weit übertroffen hätte."[32]

Im Inneren ihrer „Volksgemeinschaft" setzten die Nazis mit dem hie-
rarchischen Führerprinzip eine militärische Organisationsstruktur
durch und etablierten einen Führerkult. Maßgabe jedes politischen
und gesellschaftlichen Handelns wurde allein der artikulierte oder
vermeintliche Führerwille, den Hitler seinerseits von einer pseudo-
religiös überhöhten, mystifizierten „Vorsehung" ableitete. Seinem
Wesen nach war der nationalsozialistische Führerstaat als *„Doppel-*
staat" (Ernst Fraenkel) ausgebildet, in welchem die Simultanpräsenz
von „Normenstaat" und „Maßnahmenstaat" zu einem Wettbewerb
um die bestmögliche Erfüllung des Führerwillens führte und damit
einer politischen Radikalisierung Vorschub leistete. Dem britischen
Zeithistoriker Sir Ian Kershaw zufolge wollte man „dem Führer ent-
gegenarbeiten"[33], wählte im Zweifel die radikalste Option und konnte
sicher sein, dass selbst die rücksichts- und ruchlosesten Vorschläge in
der Regel das Placet aus Berlin erhielten. Ziel des alsbald ideologisch

---

[31] Vgl. Kay, Alex J.: Das Reich der Vernichtung. Eine Gesamtgeschichte des nationalsozialistischen Massenmordens. Darmstadt 2023. S. 11f.
[32] Ebd., S. 17
[33] Vgl. „Dem Führer entgegen arbeiten [sic!]" In: Der Spiegel 34/2000. https://www.spie-
gel.de/politik/dem-fuehrer-entgegen-arbeiten-a-80e79ec4-0002-0001-0000-
000017166429 (20.6.2023)

wie organisatorisch gleichgeschalteten, ethnisch „reinen" Volksstaats war letztlich die Kriegsbefähigung der deutschen Gesellschaft, deren äußeres Erscheinungsbild von Formierung, Uniformierung und Militarisierung geprägt war.

Die von Hitler und den Nationalsozialisten angestrebte Kriegsbereitschaft der Deutschen wurde erzielt durch Propaganda und eine sozialdarwinistische Pädagogik, die der Bevölkerung das Gedankengut vom Leben als einem permanenten Kampf, von der Überlegenheit der „arischen" Rasse und vom „jüdisch-bolschewistischen" Todfeind einimpfte (und dabei insbesondere auf die Jugend zielte). Mit der allgemeinen Militarisierung der Gesellschaft, die so nur in einem autoritären Führerstaat möglich war, erfolgte die Durchsetzung des Leitprinzips von Befehl und Gehorsam in der NS-Volksgemeinschaft. Die nach der Gründung der Wehrmacht entscheidenden Schritte aber waren die Wiedereinführung der Wehrpflicht als Fundament der militärischen Massenmobilisierung sowie die mit äußerstem Nachdruck betriebene Expansion sowohl der Streitkräfte als auch der Kriegswirtschaft. Bei der Ressourcenverteilung wurden die Bedürfnisse und Wünsche der neuen Streitkräfte allen anderen Anforderungen vorangestellt. Die konsequente Umsetzung dieser Richtungsentscheidungen muss man vor dem Hintergrund der außenpolitischen Zielsetzungen des NS-Regimes begreifen: Hitler wollte den Griff zur Weltmacht und nicht nur die Revision des für die Mehrheit der Deutschen inakzeptablen „Schanddiktats von Versailles". Der Kampf gegen das Trauma des Ersten Weltkriegs samt der Anti-Versailles-Narrative von „deutscher Opferlast, Ehre, parlamentarischem Verrat" gerieten zum entscheidenden Mobilisierungsfaktor für Hitlers Erfolg.[34] „Ohne das Versprechen, die Niederlage von 1918 und den ‚schandhaften' Friedensvertrag von Versailles zu tilgen, Deutschland wieder zu neuer – alter – Größe zu führen, die zwei Millionen Gefallenen des Krieges zu ehren und ihrem Tod für das Vaterland Sinn zu verleihen, hätte Hitler niemals die Unterstützung gefunden, die er dazu führte, dass er 1933 die Macht übertragen bekam."[35] Die Kriegsniederlage von 1918, die traumatische Furcht vor Instabilität in Krisen- und Kriegszeiten (1918/19-1923, 1929/30), die wirtschaftliche und soziale Abstiegsangst insbesondere der Mittelschicht sowie die entsprechenden rechtspopulistischen Erzählungen sind ein Schlüssel zum Verständnis der NS-Ideologie und legitimierten alsbald radikale Maßnahmen zur Verhinderung einer „Wiederholung von Niederlage und Chaos". Der Historiker Gerd Krumeich spricht von *„zwei Kulturen"*, nämlich einerseits „den überzeugten Nazis" und andererseits „den Deutschen", die mit der NS-Ideologie wenig zu schaffen hatten, deren Abermillionen Mitläufer aber ähnlich dachten und fühlten und ausschlaggebend für den Erfolg und die Etablierung des Nationalsozialismus waren.[36] Als Leit- und Letztziel strebte Hitler ein hegemoniales und blockadefestes „Großgermanisches Reich Deutscher Nation" in einem rassisch neu geordneten Europa vor. Massive Aufrüstung, konsequenter Kontinentalimperialismus und rücksichtslose Kriegführung sollten nach dem Willen Hitlers den Weltmachtstatus Nazideutschlands zementieren. Im Zentrum der außenpolitischen und ideologischen

---

[34] Vgl. Krumeich, Gerd: Als Hitler den Ersten Weltkrieg gewann. Die Nazis und die Deutschen 1921-1940. Freiburg 2024.
[35] Süddeutsche Zeitung v. 8.7.2024
[36] Vgl. Krumeich 2024.

Zielsetzungen stand dabei die Eroberung eines „Lebensraumes im Osten" sowie die „Germanisierung", „Arisierung" und Versklavung der eroberten Gebiete gemäß der erbarmungslos rationalen Logik des „Generalplans Ost" von 1941 und seiner Folgepläne.

Darüber, dass die Politik Hitlers und die nationalsozialistische Weltanschauung ihrer inneren Logik nach von Anfang an zwingend auf Krieg ausgerichtet waren, brauchte niemand zu spekulieren, denn dies war evident. Für wache Geister, die sich ihre humanitäre Orientierung bewahrt hatten, auch für die überwiegend tief im Katholizismus, seinen christlichen Werten und Traditionen verwurzelte ländliche Bevölkerung Bayerns, die traditionell die Bayerische Volkspartei (BVP) wählte, konnte über den Charakter des ganzen Regimes nicht der geringste Zweifel bestehen. An Beispielen wie der Gründung des Muster-Konzentrationslagers Dachau 1933, den Nürnberger Rassegesetzen 1935, den reichsweiten Novemberpogromen 1938 oder den ersten planmäßigen Deportationen von Juden aus Deutschland, nämlich den am 22.10.1940 erfolgten „Oktoberdeportationen" von 6.504[37] saarpfälzischen und badischen jüdischen Mitbürgern in das Internierungslager Gurs in den Pyrenäen, zeigte sich die allgemeine Eskalation dieser *Enthemmung des Unmenschlichen* aus der Mitte einer führenden Kulturnation heraus. Bereits am 30. Juni 1934 hatte die Mordaktion des sogenannten „Röhm-Putsches" die zuvor eigene

---

[37] So die Bezifferung des RSHA-Chefs Reinhard Heydrich am 29.10.1940. (Vgl. Brenneisen, Marco: Die Deportation der Jüdinnen und Juden aus der Vorderpfalz von Ludwigshafen in das Internierungslager Gurs. In: Die Tat im Bild. Die Deportationen von Jüdinnen und Juden aus der Pfalz nach Gurs. Fotografien aus Ludwigshafen vom 22. Oktober 1940. Hrsg. v. d. Stiftung Topographie des Terrors, dem MARCHIVUM u. dem Stadtarchiv Ludwigshafen. Berlin 2025, S. 26-51, hier: S. 41.)

Ansprüche anmeldende SA ausgeschaltet und dadurch die Großindustrie und vor allem die Reichswehr an Hitler gebunden. Dies war die entscheidende Voraussetzung, um den gewollten Krieg vorzubereiten. Neben der Reichswehr wurde die SS unter ihrem „Reichsführer SS und Chef der deutschen Polizei" Heinrich Himmler zum großen Gewinner dieser „Nacht der langen Messer". 1935, als die aus der Reichswehr hervorgegangene Wehrmacht gegründet und die allgemeine Wehrpflicht zunächst für ein Jahr (ab 1936 waren es dann zwei Jahre) eingeführt wurden, begann die äußerliche Manifestation der Kriegszielsetzung, die Umgruppierung von der reinen Defensiv- zur Angriffsarmee sowie deren Formierung zum Krieg. Am 16. März 1935 verkündete Hitler die deutsche „Wehrhoheit" und legte damit die bislang geheimen Maßnahmen der deutschen Militärpolitik gegenüber den Versailler Siegermächten offen. Die deutsche Militärführung kam daher zu der Auffassung, mit militärischen Sanktionen des Westens rechnen zu müssen. In diesem Fall hätte das Deutsche Reich von keinem Staat bewaffnete Hilfe oder militärischen Beistand erwarten können. Doch eine Intervention des Westens unterblieb.

Innerhalb des folgenden Jahrzehnts wurde Hitlers Wehrmacht zu einer *Armee im Totalitarismus*. Die Wehrmacht wandelte sich in dieser Dekade von einer elitären Kaderarmee zur Massenarmee. In ihr gab es den Fortbestand der konservativen Militärtraditionen Preußens ebenso wie eine „Teilidentität" der obersten Generalität mit den ideologischen Zielen Hitlers, wobei die Ideologisierung und Radikalisierung der Führung wie der Truppe im Kriegsverlauf zunahm. Die ungeheure militärische Kraftentfaltung des Deutschen Reiches führte hier zunächst zu überwältigenden Siegen. Die Expansion der von der

Wehrmacht eroberten und besetzten Gebiete reichte 1942/43 von Nordafrika bis zum Polarkreis und vom Atlantik bis zur Wolga. Nach einer Phase relativer Konsolidierung stellten sich aufgrund von Überdehnung, immer höheren Verlustzahlen, ökonomischer Schwächung und Erstarkung der Alliierten zunehmend Niederlagen ein, die schließlich zur Agonie und zum Untergang Hitler-Deutschlands in einem multidimensionalen *„Finis Germaniae"* führten. Frappierend und im Grunde unverständlich mutet heute die Tatsache an, dass nie zuvor in der Geschichte ein Volk so besinnungslos einem Diktator gefolgt ist wie die Deutschen Hitler bis in den Untergang im Mai 1945. Die wenigen Überlebenden des deutschen Widerstands hingegen, etwa Mitglieder des Kreisauer Kreises, der Roten Kapelle und des militärischen Widerstands, die unter Einsatz ihres Lebens für das Gute, Anständige und Richtige eingetreten waren, mussten nach dem Krieg zum Teil noch längere Zeit um ihre Rehabilitierung ringen (den meisten galten sie noch lange als Verräter).

In den Jahren ab 1935 machten die Streitkräfte des Heeres, der Luftwaffe und der Kriegsmarine die Deutsche Wehrmacht zum Hauptwaffenträger des NS-Staates. Im Zweiten Weltkrieg dann avancierte die Wehrmacht – hinter der Roten Armee – zur größten militärischen Streitmacht der Menschheitsgeschichte. Bis zum Kriegsende dienten in ihr etwa 18 Millionen Männer aus faktisch fast jeder deutschen Familie, „von denen zehn Millionen irgendwann zwischen 1941 und 1944 in dem Konflikt mit der Sowjetunion eingesetzt wurden, wo deutsche Kriegführung und Herrschaft in Gewalt versanken und Tod und Leid in noch nie dagewesenem Ausmaß verursachten."[38]

Neben der Wehrmacht etablierte sich seit Beginn des Krieges die Waffen-SS in zunehmender Konkurrenz zu den regulären Streitkräften. Sie zählte in ihren sechs Jahren etwa 900.000 Angehörige. Mitunter fälschlich als „vierter Wehrmachtsteil" apostrophiert, basierte die Waffen-SS vielmehr de facto auf weltanschaulichen Prämissen und verfolgte mit ihren „politischen Soldaten"[39] als „Hitlers Prätorianer"[40] die „Durchsetzung des Führerwillens im Felde". Die Angehörigen der Waffen-SS waren mithin *keine* „Soldaten wie andere auch"[41]. Unprofessioneller als das Heer geführt, aber materiell oft besser ausgestattet und im Laufe des Krieges u. a. durch ausländische Freiwillige zu einer Massenarmee heterogener Güte verwässert, wurde die Waffen-SS 1946 in Nürnberg – im Unterschied zur Wehrmacht – als verbrecherische Organisation verurteilt. Dies war der Tatsache geschuldet, dass die Waffen-SS *strukturell*, programmatisch und personell viel enger, ganz konkret und prinzipiell in das NS-Unrechtsregime eingebunden war. Als „Feuerwehr" in engen Situationen an der Front eingesetzt, zeigte sich die Waffen-SS fanatisch im Kampf und brutal gegenüber der Zivilbevölkerung, was ihre zahlreich verübten Massaker und Mordaktionen dokumentieren. Allerdings waren die Soldaten

---

[38] Kay 2023, S. 14.

[39] Vgl. Wegener, Bernd: Hitlers politische Soldaten. Die Waffen-SS 1933-1945. Leitbild, Struktur und Funktion einer nationalsozialistischen Elite 9. Aufl. Paderborn 2010.

[40] Vgl. Bremm, Klaus-Jürgen: Die Waffen-SS. Hitlers überschätzte Prätorianer. Darmstadt 2018.

[41] So der programmatische Buchtitel des Generalobersts der Waffen-SS Paul Hausser, der dieses Narrativ maßgeblich verbreitete.

kämpfender Wehrmachtsverbände in der Regel nicht unfroh darüber, wenn sie an der Front einen Verband von der Waffen-SS als Nachbareinheit wussten, mit der sie Fühlung hatten.

Bereits am 21. März 1933 hatten sich Hitler und Hindenburg vor der Königsgruft der Potsdamer Garnisonkirche die Hände gereicht. Seitdem steht der „Tag von Potsdam" für den Einzug der preußischen Militäreliten in den Faschismus. Zwischen 1933 und 1935 bildete das Potsdamer Infanterie-Regiment 9, unter dessen Offizieren sich zahlreiche antirepublikanische Adlige befanden, die Soldaten für die „Leibstandarte SS Adolf Hitler" (LSAH) aus.[42] Als sich Hitler nach dem „Röhm-Putsch" eindeutig deshalb für die Reichswehr ausgesprochen und zu ihr bekannt hatte, weil er für die Erreichung seiner außenpolitischen Ziele nicht auf die militärischen Profis der Streitkräfte verzichten konnte, begann für die Reichswehr und die sie beerbende Deutsche Wehrmacht ein geradezu leuchtendes Zeitalter. In einem *Prozess der Selbstgleichschaltung und des Schulterschlusses* fügten sich die Streitkräfte geräuschlos in den nationalsozialistischen Staat ein.[43] *Wehrgemeinschaft, Selbstgleichschaltung und Kriegsvorbereitung formierten sich zu einem Dreiklang, dessen integrativer Nukleus die NS-Ideologie des Kampfes bildete.*[44] Mit Gründung der Wehrmacht floss der Großteil der Mittel in deren alsbald exzessive Aufrüstung und Ertüchtigung, wovon ohne jeden Zweifel auch die deutsche Gebirgstruppe profitierte. Das jetzt hofierte Offizierskorps wurde massiv durch neue

---

[42] Vgl. Kaube, Jürgen: Ein Tag in Potsdam. In: Frankfurter Allgemeine Zeitung v. 22.8.2024

[43] Vgl. Neitzel, Sönke: Deutsche Krieger. Vom Kaiserreich zur Berliner Republik – eine Militärgeschichte. 2. Aufl. Berlin 2020, S. 116ff.

[44] Vgl. ebd., S. 111-127.

Planstellen und eine Welle von Beförderungen für die neuen Machthaber vereinnahmt, die Unteroffiziersränge in der Ausbildung weiterhin für die nächsthöhere Position befähigt und 1936 die nunmehr
zweijährige Wehrpflicht eingeführt, um in kürzester Zeit Dutzende
neuer Divisionen zu generieren. Nachdem Hitler bereits im Frühjahr
1935 explizit die Nichtanerkennung des Versailler Vertrags und seiner Restriktionen verkündet hatte, umfasste die Wehrmacht im
Herbst 1936 bereits 36 Infanterie- und drei Panzer-Divisionen, was einer Verdreifachung der Streitkräfte entsprach. Vor allem aber avancierte die Deutsche Wehrmacht der Vorkriegszeit zu einer Kaderarmee höchster Ausbildungsgüte, moderner Ausrüstung und Bewaffnung sowie überlegener Führung und Schlagkraft. Propagandistisch
forciert, galten in ihr jetzt die Panzertruppen, die Angehörigen der U-
Boot-Waffe und die Jagdflieger der Luftwaffe als neue Elite. Zieht
man vom Nimbus dieser Waffengattungen einmal die technisch-mo-
dernistische Komponente ab, wurde in der Wehrmacht die exzellente
Heeresinfanterie wieder zur „Königin der Waffen" – *und an ihrer
Spitze die besonders befähigte Gebirgstruppe.* Anknüpfend an die preußi-
sche und bayerische Armeetradition, wurde selbst im völlig durch-
uniformierten Deutschland das Feldgrau zum respektabelsten Waffenrock, der Soldat bzw. Offizier in der Wahrnehmung und Wertschätzung der Bevölkerung wieder zum „ersten Mann im Staat". „Der
Nationalsozialismus hatte den Soldaten zu einer privilegierten Position in der Gesellschaft verholfen. Der Landser konnte daraus Befrie-
digung gewinnen, Teil einer angesehenen Institution zu sein. Er
wurde ständig daran erinnert, dass ‚der Soldat seine seelische Kraft

aus den ewigen soldatischen und ethischen Werten der Nation' beziehe."[45]

Anders als bei der Reichswehr oder der kasernierten Bayerischen Landespolizei, die ursprünglich auf Verfassung, Volk und Vaterland vereidigt gewesen waren (was diese Eidpartner zu Wertschätzung, Schutz und Versorgung ihrer Soldaten verpflichtet hatte), mussten alle Wehrmachtsangehörigen ihren Fahneneid fatalerweise als *Führereid auf die Person* Adolf Hitlers leisten. Hitler hatte bereits unmittelbar nach dem Tode des zweiten Reichspräsidenten Paul von Hindenburg am 2. August 1934 auf Beschluss der Reichsregierung und somit unter Missachtung der Verfassung das Amt des Staatsoberhaupts usurpiert. Der „Führer und Reichskanzler", alsbald nur noch der „Führer", gewann durch diese Personalunion als NSDAP-Chef, Regierungschef, Staatsoberhaupt und Oberbefehlshaber der Streitkräfte uneingeschränkte, totale Macht. In seinem galoppierenden Größenwahn begriff sich Hitler immer stärker als Vollzugsorgan der Geschichte.

1937, zur Zeit der Aufstellung des Gebirgsjäger-Regiments 98, hatten alle Wehrmachtssoldaten bereits den durch Gesetz vom 20. Juli 1935 abermals abgeänderten und bis zu Hitlers Tod 1945 geltenden Eid zu leisten: „*Ich schwöre bei Gott diesen heiligen Eid, dass ich dem Führer des Deutschen Reiches und Volkes, Adolf Hitler, dem Obersten Befehlshaber der Wehrmacht unbedingten Gehorsam leisten und als tapferer Soldat bereit sein*

---

[45] Mazower, Mark: Militärische Gewalt und nationalsozialistische Werte. Die Wehrmacht in Griechenland 1941 bis 1944. In: Vernichtungskrieg. Verbrechen der Wehrmacht 1941 bis 1944. Hrsg. v. Hannes Heer u. Klaus Naumann. 10. Aufl. Hamburg 1997, S. 157-190, hier: S. 176 (Bezug: 164. Inf.-Div./Ic, „Weltanschauliche Erziehung und geistige Betreuung", 6.11.1941)

will, jederzeit für diesen Eid mein Leben einzusetzen.' Beide Formen des Eides waren verfassungswidrig zustande gekommen, denn der erste war ein Produkt des Chefs des neu geschaffenen Wehrmachtsamtes, Walter von Reichenau, und der zweite wurde von Hitler erschaffen, um mit der Änderung ‚Oberbefehlshaber' in ‚Oberster Befehlshaber' seinen militärischen Machtanspruch zu festigen. Eine Abstimmung mit dem Reichstag fand nicht statt."[46] Noch lange nach dem Krieg hielt sich bei den Veteranen daher die nicht zwingend apologetische Sichtweise: „Aber wer konnte damals [1935] schon ahnen, dass Hitler diesen Eid einmal benutzen würde, die Durchführung verbrecherischer Befehle zu erpressen? Die Raffinesse und Diabolik, mit der Hitler die Soldaten der deutschen Wehrmacht an seine Person gebunden hatte, war in ihrer Konsequenz damals [1935] für die meisten nicht erkennbar."[47] „Viele später betroffene Soldaten führten diesen persönlichen Eid als Begründung dafür an, keinen aktiven Widerstand gegen verbrecherische Befehle der Führung geleistet zu haben."[48] Bis auf vergleichsweise wenige Ausnahmen fühlten sich die Soldaten der Wehrmacht bis zuletzt an ihre „verdammte Pflicht"[49] gebunden. Unter Missachtung dieses Abkommens auf Gegenseitigkeit hatte Hitler den Eid seiner Soldaten selbst unzählige Male gebrochen und insofern an ihnen Verrat begangen.

---

[46] http://de.wikipedia.org/wiki/Wehrmacht (31.7.2011)

[47] Gersdorff, Rudolph-Christoph von: Soldat im Untergang. Frankfurt a. Main/Berlin/Wien 1979, S. 57.

[48] http://de.wikipedia.org/wiki/Wehrmacht (31.7.2011)

[49] „Die verdammte Pflicht", so lautet auch der Titel der „Erinnerungen 1932 bis 1945" Alexander Stahlbergs (seinerzeit persönlicher Ordonnanz-Offizier Mansteins), einem der erhellendsten Bücher eines relativ exponierten Angehörigen der Erlebnisgeneration über die Wehrmacht und die Ostfront.

Spielte die servile Wehrmachtsführung schon beim Zustandekommen des Führereids eine unrühmliche Rolle, so war sie bezüglich der
verbrecherischen Kriegsziele Hitlers früh eingeweiht und alsbald de-
tailliert im Bilde. Am 24. Juni 1937 erging die Weisung des Reichs-
kriegsministeriums für die einheitliche Kriegsvorbereitung der Wehrmacht. Hierdurch wurde die volle Kriegsbereitschaft aller damals
vorhandenen Wehrmachtsverbände hergestellt. Am 5. November
1937 expliziert Hitler in der Berliner Reichskanzlei nicht nur die Pläne
zur Niederwerfung Österreichs und der „Tschechei", sondern auch
alle weiteren Eskalationsziele seines Kriegs- und Expansionspro-
gramms. Oberst Friedrich Hoßbachs Niederschrift des Konferenzpro-
tokolls zu dieser Besprechung Hitlers mit der Wehrmachtsführung
und seinem Außenminister vom 5. November 1937 („Hoßbach-Protokoll") belegt, dass die wichtigsten militärischen und außenpolitischen
Repräsentanten des NS-Staats über die Umsetzung der expansionisti-
schen Kriegspläne Deutschlands expressis verbis informiert waren.
Eine Folge dieser Besprechung war mit Bezug zur Blomberg-Fritsch-
Krise[50] zu Jahresbeginn 1938 auch die Umgestaltung der Wehrmachtsführung, in der mit Gründung des OKW alle Kriegsskeptiker
an der Spitze der Teilstreitkräfte von Hitler eliminiert wurden. Die
später wieder aufkommende Kritik der Heeresführung, die sich im

---

[50] Reichskriegsminister Werner von Blomberg wurde nach verweigerter Annullierung
seiner Ehe mit der früheren Prostituierten Margarethe Gruhn entlassen. Werner von
Fritsch, der Oberbefehlshaber des Heeres, wurde fälschlich homosexueller Handlungen bezichtigt und zum Revirement gedrängt; er wurde später rehabilitiert und fiel im
Polenfeldzug als „einfacher" Regimentskommandeur. Da Blomberg, Fritzsch und auch
Außenminister Konstantin von Neurath Hitlers im Hoßbach-Protokoll dargelegten au-
ßenpolitische Kriegsziele nicht mittrugen, boten die Vorwürfe privater Affären Hitler
die Möglichkeit, sich dieser Personalien zu entledigen und sich zugleich durch die Etablierung des OKW den Oberbefehl über die Wehrmacht zu sichern.

Polenfeldzug 1939 noch gegen die verübten Exzesse und die Anma-
ßungen von SS und Polizei richtete, verstummte bald. Derselbe Ge-
sinnungswandel im Westen: War die Mehrheit der obersten Wehrmachtsgeneralität zunächst kritisch gegen den Westfeldzug eingestellt, erfüllte der Taumel über den glanzvollen, in Tat und Wahrheit
nicht anders als triumphal zu nennenden militärischen Sieg über die
Benelux-Staaten und vor allem Frankreich ihre kühnsten revisionistischen und revanchistischen Hoffnungen. „Man arrangierte sich immer mehr und sehenden Auges mit einem kriminellen System. Der
Sieg im Westen überdeckte dann vollends das unterdrückte Unbehagen."[51] Diese Positionselite der Wehrmachtsgeneralität entstammte
einer privilegierten konservativen Kaste mit anerzogenem Selbstge-
fühl. Geprägt vom Ersten Weltkrieg sowie von der Niederlage und
Revolution 1918, sah man spätestens seit 1940 im „Bolschewismus"
(der Projektion für alle linken Kräfte) den Haupt- und Todfeind. Die
Generale, die beim Krieg gegen die Sowjetunion an der Spitze der
AOKs und Heeresgruppen standen, bildeten trotz gradueller Unter-
schiede in den persönlichen Positionen weiterhin eine insgesamt ko-
härente Gruppe. Unter ihnen gab es gläubige Anhänger der Gesamt-
ideologie des Nationalsozialismus wie Walter von Reichenau, loyale
Gefolgsleute Hitlers wie Walter Model und Ferdinand Schörner, mo-
derat distanzierte Befehlshaber wie Johannes Blaskowitz, Wilhelm
Ritter von Leeb oder der katholische Georg von Küchler, sowie alsbald geläuterte Generale wie Rudolf Schmidt, Carl-Heinrich von
Stülpnagel oder Erich Hoepner. Das Gros jedoch bildete die Gruppe

---

[51] Hürter, Johannes: Hitlers Heerführer. Die deutschen Oberbefehlshaber im Krieg gegen die Sowjetunion 1941/42. 2. Aufl., München 2007 (= Quellen und Darstellungen zur
Zeitgeschichte ; Bd. 66), S. 188.

der indifferenten Generale, die sich als Produkte einer „Überpartei-lichkeit" perzipierten, als eine Funktionselite rein militärischer Pro-fessionals begriffen und in den Dienst der Sache stellten. Zu ihnen müssen Fedor von Bock, Gerd von Rundstedt, Erich von Manstein oder Heinz Guderian gezählt werden. Offiziere, die Rechtsempfinden und Moral über soldatisch-militärische Pflichterfüllung stellten, wa-ren in den höchsten Positionen in der Minderheit; aber es gab sie. Stellvertretend für sie alle sei Henning von Tresckow genannt, der Erste Generalstabsoffizier bei der Heeresgruppe Mitte. Zusammen-fassend kann man konstatieren, dass die Wehrmachtsgeneralität durchaus eine gewisse Ambivalenz und Anfälligkeit gegenüber dem Regime hatte und sie eine Bandbreite von politischen Haltungen er-kennen ließ, die von Fanatismus über Affirmation und Kooperation bis zu innerem und äußerem Widerstand reichte. Eine ideologiebe-dingte „universelle Verhaltensdeterminante" und einen homogenen „nationalsozialistischen Konsens" unter der Führungselite der Gene-ralität gab es damit nicht.[52] Bei der Masse der hohen und höchsten Offiziere aber löste sich im Ostkrieg, den man in Goebbels' Worten ja von Anfang an als „Kreuzzug gegen den Bolschewismus" betrieb, die Moral nach und nach auf, die ethischen Fundamente wurden brüchig und noch zu verantwortendes Handeln erodierte unter der normati-ven Kraft der Faktizität des eskalierenden Krieges und der Gewalt. Zu konstatieren ist mithin eine *déformation professionelle* im Offiziers-korps.

Für die Wehrmacht als Gesamtinstitution muss als *Fazit* festgehalten werden: Das Senken ihrer Fahnen und Standarten in einem

---

[52] Vgl. Mazower 1997, S. 162.

pathetischen Akt der Huldigung bei der gigantischen Parade anlässlich von Hitlers 50. Geburtstag am 20.4.1939 in Berlin war die symbolisch vollendete *Selbstentmachtung*, welche die Wehrmacht seit 1935 in Stufen vollzogen hatte.[53] Schon als Hitler am 30. Januar 1939 in einer Reichstagsrede für den Fall eines „Weltkriegs" mit der „Vernichtung der jüdischen Rasse in Europa"[54] gedroht hatte, konnte die Wehrmachtsführung ihre spätere *Handlangerschaft* bei der „Endlösung der Judenfrage" und anderer Mordkampagnen antizipieren. Der Polenfeldzug brachte sodann den Auftakt zum tatsächlichen Vernichtungskrieg im Osten. Als die deutsche Kriegsführung einen immer stärker verbrecherischen Charakter anzunehmen begann, zeigte sich die multidimensional katastrophale Entwicklung der Deutschen Wehrmacht im Zeichen des Primats mörderischer Politik. Es ergab sich die moralische Frage, ob die Gehorsamspflicht des Soldaten noch gegeben war, wobei die übergroße Mehrheit der Wehrmachtsangehörigen diese Frage bejahte und sich insofern auf diese Weise mitschuldig machte.[55]

Die apologetischen, zum Teil revisionistischen Memoiren hoher ehemaliger Befehlshaber von Halder über Guderian bis Manstein leugnen allesamt die tatsächliche persönliche Verantwortung dieser ehemaligen Herren über das Los hunderttausender Menschen und können *diesbezüglich* getrost als nachträgliche Rechtfertigungslegenden verworfen werden. Unter diesem Gesichtspunkt müssten im Grunde alle Kriegsmemoiren in der vorliegenden Form verworfen und in der

---

[53] Vgl. Stürmer, Michael: Die Grenzen der Macht. Berlin 1990, S. 127.
[54] Zit. nach: Hildebrand, Klaus: Das vergangene Reich. Deutsche Außenpolitik von Bismarck bis Hitler. 2. Aufl. Stuttgart 1996, S. 428.
[55] Vgl. Förster, Stig: Deutsche Militärgeschichte. Von der Frühen Neuzeit bis zur Gegenwart. München 2025, S. 854.

Tat neu geschrieben werden. Denn diese Memoiren sind *„strategische Erinnerungen"*, aus diversen Gründen selektiv und jedenfalls nicht einfach gleichzusetzen mit dem, was und wie die jeweilige Person damals das Geschehen gesehen, erlebt, gefühlt und gedacht hat. Es handelt sich also um ausgewählte und *instrumentelle* Beschreibungen von nach Jahren noch vorhandenen Erinnerungen bzw. um *Wirklichkeitskonstrukte*. Schließlich wollte jeder vormalige Akteur später in möglichst günstigem Licht erscheinen – und in Memoiren manifestiert sich die Möglichkeit, Geschichte noch einmal zu gestalten.[56] Philipp von Boeselager (1917-2008), Mitverschwörer des innersten Kreises um Hennig von Tresckow und Claus Schenk Graf von Stauffenberg gegen Hitler, urteilte über die deutschen Generale, dass sie politisch den Herausforderungen, die man mit ihrem Namen verband (General ist dem Wortsinne nach einer, der für alles verantwortlich ist), nicht gewachsen waren. Im Gegenteil. Die oberste Wehrmachtsführung und die Oberbefehlshaber der Armeen und Heeresgruppen dienten sich Hitler aus Prestigesucht und Karriereopportunismus an und ließen sich von ihm und dem Regime im Laufe der Zeit mehr oder weniger korrumpieren. „Schon nach dem Frankreichfeldzug war es kein Geheimnis mehr, dass die Generale ‚mit Titeln, Ritterkreuzen und Dotationen gemästet' würden. Für diese Beförderungen, Zuwendungen und Ehrungen [...] erwartete der Diktator als Gegenleistung von seinen Heerführern Loyalität und Gefolgschaft."[57] Ihr militärisches

---

[56] Vgl. Gerstenberger, Friedrich: Strategische Erinnerungen. Die Memoiren deutscher Offiziere. In: Vernichtungskrieg. Verbrechen der Wehrmacht 1941 bis 1944. Hrsg. v. Hannes Heer u. Klaus Naumann. 10. Aufl. Hamburg 1997, S. 620-629.

[57] Hassell, nach: Hürter, Johannes: Hitlers Heerführer. Die deutschen Oberbefehlshaber im Krieg gegen die Sowjetunion 1941/42. 2. Auflage. München 2007 (= Quellen und Darstellungen zur Zeitgeschichte ; Bd. 66), S. 175.

Urteil unterlag häufig den persönlichen Befehlen ihres Führers und Obersten Befehlshabers. Die führenden Militärs verweigerten sich seinen völker- und menschenrechtswidrigen Befehlen nicht. Sie fühlten sich zuerst und vor allem an ihren Eid auf Hitler und ihre Pflicht gebunden, zogen sich auf den apolitischen Standpunkt des Nur-Soldaten zurück oder praktizierten mutlosen bis willfährigen Gehorsam. Kaum jemand von ihnen wagte es, trotz Rang und profunderer Expertise, Hitler auch nur zu widersprechen. Guderian und Model („Mein Führer, befehligen Sie die 9. Armee oder ich?") bildeten hier Ausnahmen in bekannt gewordenen Einzelfällen, während sich ausgerechnet der fanatische Gebirgsjägergeneral Ferdinand Schörner in der zweiten Kriegshälfte kraft seiner Hitler imponierenden Persönlichkeit eine ganze Reihe *substanzieller* Eigenmächtigkeiten herausnehmen konnte.

Nicht nur die frontfernen Generalstäbler aus Hitlers unmittelbarer persönlichen Umgebung forderten von jedem Landser bedingungslosen Gehorsam und Heldenmut – nötigenfalls bis zum „Opfertod" für „Führer, Volk und Vaterland". Gerade auch die Kommandierenden Generale der Gebirgstruppe Ludwig Kübler, Ferdinand Schörner, Eduard Dietl, Georg Ritter von Hengl oder Walter Stettner Ritter von Grabenhofen, die allesamt überzeugte und stramme Nationalsozialisten waren, *forderten von ihren Soldaten absolute Einsatz- und Opferbereitschaft ein.* Dasselbe galt für Regiments- oder Kampfgruppenkommandeure wie Josef Salminger oder Harald von Hirschfeld. Der Unterschied zu den zentralen Köpfen der übergeordneten militärischen Führung von OKW und OKH, der Heeresgruppen und AOKs bestand bei diesen Gebirgsjägergeneralen und -obersten jedoch darin, dass sie fast alle Frontoffiziere waren, Kämpfer, die sich auch ganz persönlich an ihren eigenen Maßstäben messen ließen und zumindest insofern Kameraden der ihnen anbefohlenen Soldaten waren, als sie deren Schicksal oft auch in der HKL teilten – der so „schneidige" wie parkettsichere Hirschfeld und der bei seinen Männern verehrte Draufgänger Salminger, ein „Ur-Bazi", in stärkerem Maß als der in der „Edelweiß-Division" gänzlich unbeliebte Stettner. Aufgrund ihres Ranges und ihrer militärischen Position waren sie jedoch *alle* am deutschen Vernichtungskrieg beteiligt und zumindest mittelbar dafür auch mitverantwortlich.

Im Unterschied zur Positionselite der Wehrmachtsgeneralität müssen Spielräume, Verhalten und Verantwortung für eine ganze Reihe Kommandierender Generale auf Divisions- und Korpsebene, für zahllose Troupiers unter den höheren Offizieren auf Regiments-, Bataillons- und selbst Kompanieebene differenziert betrachtet werden. So ist es beispielsweise bemerkenswert, in welchem Umfang es den vielen Truppenführern durch persönliches Vorbild und Führungskompetenz im Kriegseinsatz gelang, in ihren Einheiten und Verbänden weitgehend ein „soldatisches Anstandsgesetz" aufrechtzuerhalten, das sich in dauerndem Konflikt mit den Nazi-Ideen Hitlers und den Befehlen des OKW und OKH befand. Während etwa in der Deutschen Wehrmacht Plünderung oder Vergewaltigung grundsätzlich kriegsgerichtlich mit dem Tode sanktioniert wurde, stachelten Kommissare und Offiziere der Roten Armee ihre Truppen zu solchen Verbrechen häufig geradezu auf. Bei der Wehrmacht hing das Verhalten der Truppe entscheidend von dem hier äußerst starken Vertrauensverhältnis sowie der Loyalität zwischen Offizieren, Unteroffizieren und

Mannschaften ab. Vor allem aber spielten Typus, Führung und persönliches Vorbild des befehligenden Offiziers eine wichtige Rolle. War dieser Offizier eine verantwortungsbewusste Persönlichkeit mit intaktem Wertekompass, folgten seine Männer loyal seinem Beispiel. Handelte es sich bei ihm hingegen um einen gläubigen Nationalsozialisten, fand dessen kompromisslose Linie ebenfalls die entsprechende Gefolgschaft. Letztere Ausprägung dominierte beim „Hitlerischen"[58] (Josef Salminger) Gebirgsjäger-Regiment 98, wo Untergebene die verbrecherischen Befehle der tonangebenden höheren und auch rangniedrigeren Offiziere exekutierten. Doch beim 98er-Regiment existierten daneben auch die althergebrachten Tugenden sittlichen Soldatentums und Normen der Humanität als Richtschnur und angewandte Praxis gegenüber dem Feind: *Beide Ausprägungstendenzen gab es beim Gebirgsjäger-Regiment 98, beide entsprechen insofern der Wahrheit, müssen allerdings nach Kriegsschauplatz und -phase sowie situativ durchaus unterschiedlich veranschlagt werden.* In Anbetracht der hochgradig komplexen Gemengelagen sind daher Pauschalurteile über einzelne Soldaten als Angehörige ihrer Einheit meist unterkomplex und fallen problematisch aus. Auch auf der grundsätzlichen Strukturebene des „Doppelstaats" Hitlers waren diese divergenten Ausprägungen teils chaotisch miteinander verquickt: Der *„Normenstaat"* mit seinen tradierten und neuen Rechtsvorschriften, Gesetzen und Verwaltungsakten, der auf Berechenbarkeit hin angelegt war, wurde von der zweiten Ausprägung des Doppelstaats, nämlich dem sogenannten *„Maßnahmenstaat"* sukzessive überwuchert. Dieser *„Maßnahmenstaat"* „orientierte sich nicht an Rechten, sondern ausschließlich an

---

[58] Vgl. Mazower, Mark: Griechenland unter Hitler. Das Leben während der deutschen Besatzung 1941-1944. Frankfurt a. Main 2016, S. 236 ; Meyer 2008, S. 104.

Überlegungen der situativ-politischen Zweckmäßigkeit. Entscheidungen würden ‚nach Lage der Sache' getroffen. In diesem Sektor ‚fehlen die Normen und herrschen die Maßnahmen'. Fraenkel betonte, dass der *Maßnahmenstaat* sich im Zweifel gegen den *Normenstaat* durchsetzen könne – die Judenverfolgung im NS-Staat sei dafür ein zentrales Beispiel. Was als politisch gelte und damit dem *Maßnahmenstaat* zugehöre, entschieden nicht Gerichte, sondern politische Instanzen."[59] Mit der Eskalation vor allem des Ostfeldzugs erodierten die grundlegenden Regeln des „Normenstaats" immer weiter.

Anders als für die verantwortliche Generalität muss das Urteil über das Unteroffizierskorps und die Mannschaften ausfallen, die ja in der Hauptsache den konkreten Krieg führten. Man sitzt keiner unstatthaften Apologie auf, wenn man konstatiert: Diese Soldaten hatten keinen Einblick in die tatsächlichen Motive, wahren Absichten und eigentlichen Letztziele von Hitlers Eroberungs- und Vernichtungskrieg. Häufig übersehen wird darüber hinaus, dass der normale Soldat im Kriegseinsatz stets nur auf *das extrem Ausschnitthafte* seines unmittelbaren Wahrnehmungs- und Erlebensbereiches im Rahmen seiner Gruppe, seines Zuges, der Kompanie oder des Bataillons beschränkt war. Der einfache Mann erfuhr nichts Konkretes. Er konnte deshalb Ziel und Sinnhaftigkeit des jeweiligen Auftrags oder Einsatzes nicht einschätzen und schon gar nicht den übergeordneten Kontext erkennen. Verunsichert durch wilde Spekulationen und permanent irritiert durch galoppierende Gerüchte hinsichtlich der eigenen militärischen Lage, musste er den Informationen, der Fürsorge und der Redlichkeit der Offiziere vertrauen. Und die berühmte Lage, das militärische (und

---

[59] Vgl. https://de.wikipedia.org/wiki/Der_Doppelstaat (1.10.2019)

inzwischen fast sprichwörtliche) „Leben in der Lage" änderte sich für ihn zudem ständig. Aufgrund dieser Kleinteiligkeit und Volatilität hatte der Landser eine wahrheitsgemäße Kenntnis vom Kriegsgeschehen mithin nur von dem selbst Wahrgenommenen und den eigenen Verlusten. Einen tatsächlichen militärischen Überblick hatte er hingegen nie.

Evident ist jedoch, dass in dem Maße, wie die Wehrmacht insgesamt zu einem Instrument für die Durchsetzung nationalsozialistischer Politik geriet und als solches fungierte, auch der einzelne Wehrmachtssoldat zu einem Verstrickten wurde (was als Argument allerdings nicht ohne Weiteres zur Exkulpierung einer etwaigen höchstpersönlichen Schuld herhalten kann). Trotz ihrer strukturellen Instrumentalisierung, trotz all ihrer auf Dauer abverlangten Entbehrungen und noch in aussichtsloser Lage kämpfte die Truppe bis zum bitteren Ende. Die Forschungs- und Zeitzeugenliteratur belegt dabei deutlich, dass die Minderheit der deutschen Frontsoldaten dezidiert für die politischen Ziele des Nationalsozialismus einstand, in den sie durch ihren persönlichen Eid auf Hitler ja auch dann tragisch verstrickt waren, wenn sie persönlich unschuldig und anständig geblieben sein mochten. Ab etwa 1943 erfolgte zur Kompensation der erlittenen Verluste die zunehmende Auffrischung der Wehrmachtseinheiten mit immer jüngeren Soldaten, die aufgrund ihrer NS-Sozialisation bei der HJ wesentlich stärker ideologisiert waren. *Die sukzessive weitere Radikalisierung und Erosion von Rechtsempfinden und Moral insbesondere der Kommandeure und auch der rangniederen Offiziere resultierte aus der immer prekärer werdenden Lage an allen Fronten.* 1939 war dies noch anders gewesen: Zu Kriegsbeginn war – ganz anders als im Sommer 1914 –

niemand mit frenetischem Hurra in den Krieg gezogen, man ahnte damals in der Regel, dass mit dem Krieg vor allem etwas Schlimmes, Ungewisses bevorstand. Manipuliert durch Propaganda und Desinformation und von der Rechtmäßigkeit des eigenen Handelns überzeugt, sah man sich gleichwohl von seinem Vaterland zu dessen Verteidigung gefordert. Die Generation der Wehrmachtssoldaten glaubte – gleichviel unter welchen Vorzeichen – als Patrioten tapfer und gehorsam ihre Pflicht tun zu müssen. Der Einzelne konnte dabei durchaus, wie in vielen Fällen, die Politik und Weltanschauung des Nationalsozialismus persönlich als falsch und böse ablehnen, und setzte trotzdem sein Leben und seine Gesundheit ein für den als übergeordnet empfundenen und im Übrigen alternativlosen Dienst am Vaterland. Ein solcher Patriotismus, wie er im Übrigen bei den Soldaten aller kriegführenden Nationen zu konstatieren war, muss unterschieden werden von einem Ressentiments bedienenden und zur Radikalisierung tendierenden tumben Nationalismus. Denn dieser gründet sich auf Herabwürdigung und Hass anderer Menschen. Letzterer war in seiner rassistischen Extremform ein Kernelement des eskalierenden Nationalsozialismus und ein Movens für seine gläubig Überzeugten. Patriotismus im erläuterten, ehrenhaften Sinn hingegen wurde seinerzeit perzipiert und empfunden als etwas von der Alltagspolitik und dem System Entkoppeltes, gewissermaßen Erhabenes. Die damit verknüpfte zugeschriebene oder angenommene Pflichtschuldigkeit bedeutete für jeden Soldaten dann an der Front und bei Kampfhandlungen eine bittere, ganz persönliche und existenzielle Prüfung. Gefragt worden waren sie sowieso nicht, und die Schleifspuren all der schrecklichen Kriegserlebnisse zogen sich als nagende Traumata durch ihre weitere Nachkriegsbiografie – allen Versuchen zu verdrängen und zu vergessen zum Trotz. Auch weiß man heute um die Epigenetik der *transgenerationalen Traumaweitergabe* an die Kinder- und Enkelgeneration in der Nachkriegszeit. Zahllose Wehrmachtssoldaten erkannten die bestehenden Widersprüche und die Verflechtungen ihres Soldatseins und Patriotismus' zum Nationalsozialismus zunächst nicht scharf oder nicht rechtzeitig genug, oder sie maßen ihnen womöglich nicht eine entsprechende Bedeutung zu. Erst als man immer mehr erkannte, in was man da hineingeraten war, als zu klarem Bewusstsein kam, *welchen* Krieg man da *selbst* eigentlich *aktiv* führte und dass man in ihm seelisch wie physisch zugerichtet wurde, begriff man den Verrat, den der Oberste Befehlshabe und Eidnehmer Hitler, das OKW und das OKH an einem und seinen Idealen begangen hatte. Für die Ostfront gilt, dass schon in der Winterkrise vor Moskau 1941 und dann seit 1943 die Wehrmachtssoldaten desillusioniert ums blanke eigene Überleben kämpften, darum, unbedingt der sowjetischen Kriegsgefangenschaft zu entgehen, die als das denkbar schlimmste Schicksal angesehen wurde, und um die ersehnte Heimkehr in die Heimat. Heute lautet das Urteil der internationalen Forschung, dass die Wehrmachtsangehörigen exzellente und überaus tapfere Soldaten waren, denen gerade ehemalige Gegner sowie ausländische Militärhistoriker hohen Respekt entgegenbringen. Auf den besten Militärakademien wie West Point (*United States Military Academy*), Sandhurst (*Royal Military Academy*) und Saint-Cyr (*École spéciale militaire*), wo noch heute Moltke, Clausewitz und Guderian gelehrt werden, fungieren die Soldaten der Wehrmacht als militärisches *Role Model*. Die deutsche Forschung hingegen ist vor dem Hintergrund der deutschen Geschichte naturgemäß grundsätzlich kritisch, allenfalls zurückhaltend und eher an den Schuld- und Verstrickungsfragestellungen interessiert.

Es war vor allem der *Geist der Truppe,* der die Basis für die Disziplin und die Schlagkraft der Wehrmacht bildete. Dieser Korpsgeist muss insbesondere innerhalb der Gebirgstruppe mit ihren alpinen und kämpferischen Fähigkeiten als außerordentlich hoch veranschlagt werden. Die hinzutretende *besondere Kohäsion der Gebirgstruppe* kann *mustergültig bei den Soldaten des Gebirgsjäger-Regiments 98* besichtigt werden. Gleiches gilt für die soldatische Härte und den Angriffs- bzw. Kampfgeist der Gebirgssoldaten. Für die enorme Kampfkraft der deutschen Armee insgesamt, die ihr wesentlichstes Alleinstellungsmerkmal ausmachte, waren eine Reihe struktureller, strategischer und operativer Faktoren ausschlaggebend: In dem „Auftragstaktik" genannten *Führen mit Auftrag* manifestierte sich die erfolgreiche zentrale Führungsdoktrin der Wehrmacht, die sich von allen gegnerischen Armeen unterschied (und noch heute, wo sie weiterhin an den Akademien der Bundeswehr unterrichtet wird, die Praxis bei der Bundeswehr von jener der meisten NATO-Partner unterscheidet). Führen mit Auftrag verbindet Initiative und Disziplin und meint das „Führungsverfahren, in dem der Unterstellte im Rahmen der Absicht des Befehlenden weitgehend Freiheit in der Ausführung seines Auftrages hat. Die Aufträge sollen nur die Bindungen enthalten, die für das Zusammenwirken mit anderen unerläßlich sind und müssen mit den Kräften, Mitteln und Befugnissen des Unterstellten erfüllbar sein. Führen mit Auftrag verlangt Einheitlichkeit im Denken, Urteils- und Entschlußkraft sowie verantwortungsbewußtes Handeln auf allen

Ebenen."[60] *Weitere spezifische Faktoren für die militärische Stärke Wehrmacht* sollen hier nur schlagwortartig genannt werden: die Dezentralisierung der Streitkräfte, die weitgehend homogene landsmannschaftliche Zusammensetzung der Stammdivisionen (wie bei den Regimentern der 1. Gebirgs-Division zum Zeitpunkt ihrer Aufstellung 1937), der dynamische Bewegungskrieg als Leitdoktrin, das diszipliniert orchestrierte Gefecht der verbundenen Waffen auf Basis des taktischen Funknetzes, der geschlossene Einsatz großer Panzerverbände in Raids, raumgreifende Zangenbewegungen zwecks Einkesselung des Feindes sowie nicht zuletzt grundsätzliche Schwerpunktbildungen im strategischen, operativen und taktischen Maßstab zur Erzwingung der militärischen Entscheidung, der stets alles andere untergeordnet blieb. Die geläufige Propaganda-Metapher vom „Blitzkrieg" rekurriert dabei auf die deutsche Kriegsführung des Bewegungskriegs in den ersten Kriegsjahren, wobei „Blitzkrieg" im Kern die raschen, dynamischen und koordinierten Angriffe der verbundenen Waffen und ihre hieraus resultierende zerstörerische Effizienz meint. „Innerhalb der durch ihre Größe gesetzten Grenzen entspricht der Wert einer Armee als militärisches Instrument der Qualität und Quantität ihrer Ausrüstung, multipliziert mit ihrer ,Kampfkraft' […]. Sie beruht auf geistigen, intellektuellen und organisatorischen Grundlagen und findet ihren Ausdruck in Disziplin und Zusammenhalt, Kampfmoral und Initiative, Mut und Härte, im Willen zum Kampf und der Bereitschaft notfalls zu sterben. Die Kampfkraft lässt sich, kurz gesagt, als die Summe der geistigen Qualitäten definieren, die

---

[60] http://www.lexikon-der-wehrmacht.de/Zusatz/Heer/taktischegrundbegriffe.htm (11.4.2012)

Armeen zum Kämpfen bringen."[61] Der Ruf der Kampfkraft der Deutschen Wehrmacht, die stärker aus ihrer systemimmanenten Effizienz resultierte als aus der nationalsozialistischen Ideologie[62], beruhte auf der im Vergleich zu all ihren Gegnern *höchsten Einsatzeffektivität*, in der Hauptsache übrigens nicht auf ihren glänzenden Siegen, sondern auf Gefechtssituationen, in denen sie einer häufig vielfachen Überlegenheit des Gegners ausgesetzt war – und trotzdem nicht davonlief („Feigheit vor dem Freund") oder sich auflöste, sondern verbissen bis zum Untergang weiterkämpfte.[63] – Dies allerdings für eine moralisch nicht zu rechtfertigende Sache. Bei den Nürnberger Hauptkriegsverbrecherprozessen klagten die Alliierten neben NSDAP, SA, SS, SD und Gestapo auch das Oberkommando der Wehrmacht und den Generalstab des Heeres als verbrecherische Organisationen an. Die Deutsche Wehrmacht und ihre Soldaten wurden hingegen nicht angeklagt. Gerade das Ostheer blieb aber alles andere als „unbefleckt". Die Forschung zeigt, dass die Legende von der in toto „sauberen Wehrmacht" ebenso haltlos ist wie die Vorstellung, Partei und Wehrmacht seien wie Paralleluniversen zwei verschiedene Säulen des NS-

---

[61] Ebd., S. 17.

[62] Vgl. Wegner, Bernd: Deutschland am Abgrund. In: Das Deutsche Reich und der Zweite Weltkrieg. Hrsg. v. Militärgeschichtlichen Forschungsamt. Bd. 8: Die Ostfront 1943/44. München 2007, S. 1165-1224, hier: S. 1219.

[63] „Den Nachteil, einen ‚Arme-Leute-Krieg' führen zu müssen, glich die Wehrmacht durch die Entwicklung eines hohen Maßes an Kampfkraft aus, die sie dazu befähigte, Frankreich trotz zahlenmäßiger und materieller Unterlegenheit innerhalb von sechs Wochen zu besiegen, im Gegensatz zu den vier Monaten, die die erdrückend überlegenen alliierten Kräfte benötigten, um sie wieder zu vertreiben. In Russland brauchte eine stark unterlegene Wehrmacht nur fünf Monate, um die Tore Moskaus zu erreichen; um sie auf ihre Ausgangslage zurückzuwerfen, brauchte der bis dahin grenzenlos überlegene Gegner volle zweieinhalb Jahre." (Creveld, Martin van: Kampfkraft. Militärische Organisation und Leistung der deutschen und amerikanischen Armee 1939-1945. 4. Auflage. Graz 2009, S. 19.)

Regimes gewesen. Im Referenzrahmen des Krieges bildeten beide Säulen vielmehr ein einziges tragfähiges Fundament, sodass die Wehrmacht in der Perzeption mancher Historiker weniger eine Stütze als vielmehr das Regime selbst war.[64] Mit dem Militärhistoriker Rolf-Dieter Müller vom Militärgeschichtlichen Forschungsamt in Potsdam kann man als *Fazit* ziehen:

Die Deutsche Wehrmacht, deren Epoche lediglich eine Dekade umfasst, war im Zeitalter der Weltkriege die größte und kampfkräftigste konventionelle Armee, die unter gleichen Bedingungen jeden Gegner zu schlagen vermochte und auch bei Überlegenheit des Feindes zu siegen verstand.[65] „Die kurze Episode der Wehrmacht hat zu einer ungeheuren militärischen Kraftentfaltung des Deutschen Reiches geführt, zu überwältigenden Siegen und katastrophalen Niederlagen, zugleich zur Mitverantwortung für eine verbrecherische Kriegführung, wie sie in der deutschen Geschichte ohne Beispiel ist.“[66] Bundespräsident Richard von Weizsäcker hatte deshalb in seiner epochalen Rede anlässlich des 40. Jahrestags des Kriegsendes recht damit, dass man den 8. Mai 1945 nicht getrennt vom 30. Januar 1933 betrachten darf. Als ehemaliger und an der Ostfront eingesetzter junger Offizier des elitären Potsdamer Infanterie-Regiments 9 wusste er, wovon er sprach.

---

[64] Vgl. Förster, Jürgen: Die Wehrmacht im NS-Staat. Eine strukturgeschichtliche Analyse. München 2007.
[65] Vgl. Müller, Rolf-Dieter: Hitlers Wehrmacht 1935-1945. München 2012, S. 49.
[66] Vgl. ebd., Coverzitat.

2. Entstehung und Gliederung des Gebirgsjäger-Regiments 98

Die Gebirgstruppe der Wehrmacht steht in der Tradition des erst 1915[67] nach österreichisch-ungarischem Vorbild aufgestellten Deutschen Alpenkorps, einer etwa 26.000 Mann starken spezialisierten verstärkten Infanteriedivision, die vorrangig aus Soldaten der Ski- und Schneeschuhbataillone bestand.[68] Der Gründungsvater und erster Kommandeur des Deutschen Alpenkorps war der bayerische General der Artillerie Konrad Krafft von Dellmensingen (1862-1953). Beim Deutsche Alpenkorps handelte es sich um den ersten Großverband einer deutschen Gebirgstruppe überhaupt. Das Deutsche Alpenkorps zeichnete sich im Ersten Weltkrieg auf dem Balkan, bei Verdun, in den Dolomiten, den westlichen Hochalpen und in den Schlachten am Isonzo in den Julischen Alpen besonders aus. Aus Dankbarkeit für die nach dem italienischen Kriegseintritt geleistete Hilfe in höchster Not und die Abwehr der italienischen Offensiven im österreichisch-ungarischen Alpenraum wurde im Oktober 1915 den Männern des Deutschen Alpenkorps das Edelweiß der k. k. Gebirgstruppe verliehen. Dies erfolgte namens des Landesverteidigungskommandos Tirol durch den Kommandierenden General der österreichischen

---

[67] Italien verfügte mit seinen *Alpini* bereits seit 1872 über eine Gebirgstruppe, Frankreich mit den *Chasseurs Alpins* seit 1888 und Österreich-Ungarn seit 1900 über eine k.k. Gebirgstruppe.
[68] Vgl. Heyn, Oliver: Gipfelstürmer. Der Erste Weltkrieg ist die Geburtsstunde der deutschen Gebirgstruppe. In: DWJ (2023), H. 10, S. 50-57.

Südwestfront, Erzherzog Eugen, im Hotel Elefant in Brixen.[69] *Seither ist das Edelweiß das traditionelle Waffengattungsabzeichen der deutschen Gebirgstruppe sowohl der Wehrmacht als auch der Bundeswehr.* Das als Ärmelabzeichen und an der charakteristischen Bergmütze getragene Edelweiß – bei der deutschen Gebirgstruppe der Wehrmacht mit dem Stiel nach vorne, bei der österreichischen mit dem Stiel nach hinten – wählte man als Erkennungszeichen, weil diese typische Hochgebirgsblume[70] aus den alpinen und nivalen Zonen der Alpen *symbolisch hochgradig aufgeladen* ist: *Das seltene Alpen-Edelweiß steht für Heimatverbundenheit, Treue und Beständigkeit, aber auch für Zähigkeit, Tapferkeit und Härte.*

Die Wehrmacht stellte bis 1945 insgesamt elf Gebirgsdivisionen nebst weiteren selbstständigen Bataillonen und Einheiten sowie eine Ski-Jäger-Division auf. (Ab 1941 existierten auch fünf Gebirgs-Divisionen der Waffen-SS, zwei davon hauptsächlich aus ausländischen Freiwilligen zusammengesetzt, die aber qualitativ nicht mit jenen der Wehrmacht vergleichbar und überwiegend im Partisanenkrieg eingesetzt waren.) *Im Zeichen des Edelweiß kämpften die Soldaten der deutsche Gebirgstruppe während des Zweiten Weltkriegs an allen Kriegsschauplätzen und in allen Klimazonen zwischen Sahara und Nordkap:* Sie waren eingesetzt in Polen und Frankreich, in Norwegen, Finnland und den Tundren Lapplands, auf dem Balkan und in Griechenland samt Kreta, in der Sowjetunion – dort im Norden am Wolchow, im Südabschnitt bei

---

[69] Vgl. https://de.wikipedia.org/wiki/Gebirgsj%C3%A4gerbrigade_23 (12.1.2020)

[70] Das Alpen-Edelweiß (*Leontopodium nivale*) erblüht von Juli bis September und bevorzugt Kalksteinfelsen auf Höhenlagen von 1.800 bis über 3.000 Meter. Es handelt sich um eine seltene und inzwischen gefährdete bzw. geschützte Gebirgspflanze.

Charkow sowie insbesondere im Hoch- und Waldkaukasus –, auf dem nordafrikanischen Kriegsschauplatz als Teil des Deutschen Afrikakorps, am Monte Cassino und in den Westalpen, in Rumänien und Ungarn, am Semmering, in Tirol und Bayern. Ihr Kampf im Gebirge und im unwegsamen Gelände stellte sie von vornherein vor ganz andere Herausforderungen als die übrige Heeresinfanterie, und in manchen Phasen forderten die Gefahren der Berge und die extreme Witterung mehr Verluste als der Gegner. *Die 1. Gebirgs-Division mit ihrem Gebirgsjäger-Regiment 98 bildete die Stammdivision dieser Waffengattung und wurde wegen ihres Truppenkennzeichens, dem weißen Edelweiß, oft auch nur als die „Edelweiß-Division" bezeichnet.*

Im Juni 1935 entstand durch Abgaben aus vorhandenen Einheiten und durch Übernahme gebirgserfahrener Angehöriger der Bayerischen Landespolizei zunächst eine geschlossene Gebirgsjäger-Brigade unter dem Kommando des 45-jährigen Obersts Ludwig Kübler (1889-1947), der in der Folge zum maßgeblichen Architekten und Organisator der deutschen Gebirgstruppe der Wehrmacht werden sollte.

Generalleutnant Kübler

02　General der Gebirgstruppe Ludwig Kübler (1889-1947), der Begründer
　　und Organisator der Gebirgstruppe der Deutschen Wehrmacht (hier als
　　Generalleutnant).

Der Brigadestab, mit Kübler und dessen Ersten Generalstabsoffizier (Ia) Major Max-Josef Pemsel an der Spitze, befand sich im Bayerischen Kriegsministerium in der Ludwigstraße 14 in München, wo heute das Bayerische Hauptstaatsarchiv, das Staatsarchiv München und das Institut für Bayerische Geschichte untergebracht sind. In den der Gebirgsjäger-Brigade zugewiesenen Friedensstandorten im Allgäu und dem Werdenfelser Land, dem Chiemgau sowie dem Berchtesgadener Land wurden moderne, äußerst massive und nachgerade kolossale Kasernenanlagen errichtet, die noch heute von den Bataillonen der Gebirgsjägerbrigade 23 „Bayern" der Bundeswehr genutzt werden. „Aus Tarnungsgründen trugen die Truppenteile der Übergangszeit die Namen ihrer Standorte. Bei Übernahme des Befehls rief der Brigadekommandeur seiner Truppe zu: *,Die Brigade wird, des bin ich gewiss, ein Kernstück des deutschen Heeres sein, ein Vorbild im Frieden, siegreich und unüberwindlich im Krieg!'"*[71] In pathetischem Ton ergänzt der spätere Divisions-Kommandeur: *„Im höchsten Maße erfüllten alle, die das Edelweiß mit Stolz trugen, diese Worte bis zum bitteren Ende."*[72] Und tatsächlich waren die Soldaten im Zeichen des Edelweißes höchst motivierte, selbstbewusste und tapfere Soldaten. Das überzeichnete Klischee vom zähen Bergbauernburschen mit „Pferdelunge, Kampfwaden und Mulikreuz" fand dabei durchaus seine Entsprechungen in der Wirklichkeit. Von seinem äußeren Typus her war der Gebirgssoldat wohl am ehesten vergleichbar mit Soldaten der modernen französischen *Légion Étrangère*, die der dort sehr verehrte deutsche Lieutenant-Colonel Hans Eberle im persönlichen Gespräch als „trockene

---

[71] Pemsel, Max: Gebirgsbrigade und 1. Gebirgs-Division 1935 – 1939. In: Hubert Lanz: Gebirgsjäger. Die 1. Gebirgsdivision 1935-1945. Bad Nauheim 1954, S. 13-48, hier: S. 15.
[72] Ebd.

Schakale, *sec, rustique et endurant"* zu charakterisieren pflegte. Hinzu trat bei der deutschen Gebirgstruppe auch eine mentale Stärke, eine geistige Kondition, die das „Leben auf Befehl" annahm. Zu den charakteristischsten Ausrüstungsgegenständen der Gebirgssoldaten gehörten der Bergschuh und der Rucksack. Im Unterschied zu anderen Wehrmachtseinheiten ergibt sich durch diese Attribute der Hinweis auf die oben bereits herausgestellte besondere Befähigung der Truppe: *Gebirgsjäger sind überall einsetzbar und getrimmt auf die Bewältigung herausfordernden bis extremen Geländes.* Hinzu kommt ihre Befähigung, sich im anspruchsvollen Gelände bis hin zum vergletscherten Hochgebirge zu bewähren und die unwirtlichen Elemente zu bändigen, sofern dies im Rahmen des militärisch Notwendigen und überhaupt Menschenmöglichen liegt. Noch heute ist eine militärische Einsatzbefähigung dort, wo Menschen und Gerät an ihre Grenzen kommen, von entscheidender Bedeutung, um Konflikt- und Gefechtsszenarien zu bewältigen. Auch am althergebrachten Grundsatz *„Höhen beherrschen, Täler kontrollieren"*, einschließlich der Fähigkeit, ein Gefecht sommers wie winters aufwärts und abwärts führen zu können und die Versorgung anderer Truppen zu gewährleisten, hat sich bis heute nichts geändert. Aus all diesen Spezifika ergibt sich die Schlagkraft und Effizienz der Waffengattung in Angriff und Verteidigung.

Für die Bedeutung und die Fähigkeiten der deutschen Gebirgstruppe im Kriegseinsatz ist der Einsatzwerdegang des Gebirgsjäger-Regiments 98 symptomatisch: Während des gesamten Krieges wurden der Kampfverband als schlagkräftige Speerspitze und seine Soldaten als alpine Spezialkräfte in heikle Einsätze befohlen und an die Orte geschickt, wo man stirbt. Ruhiger Phasen oder Abschnitte in der sogenannten

Etappe gab es für diese Truppe nicht. Die Gebirgsjäger waren leidensfähig, sie konnten durchhalten und sich durchsetzen. Sie konnten also „hinlangen". Ihre *Raison d'Être* war der *Kampf.* Und ihre Verlustrate war entsprechend hoch, sehr hoch. Die gesamte deutsche Gebirgstruppe war bestens organisiert und gut geführt (unrühmliche Ausnahmen bei einzelnen Verbänden auf einzelnen Kriegsschauplätzen bestätigen diese Regel, s.u.). Je intensiver man sich mit den Kriegseinsätzen insbesondere des Regiments 98 und der 1. Gebirgs-Division beschäftigt, je klarer tritt auch ein Zusammenhang als Erkenntnis vor Augen: *Diese Soldaten mit dem Edelweiß mussten stets mit ganz besonderen Härten zurechtkommen, was ihnen eine besondere Härte gegenüber sich selbst abverlangte.* Darin lag ein absolut wesentlicher Grund für die besondere interne Kameradschaft und eine Kampfentschlossenheit, die den Feind nicht schonte und einen entsprechenden Nimbus ausbildete. Die fortwährende Beanspruchung an der Front und alles, was den Soldaten täglich abgefordert wurde, steigerte gewissermaßen von selbst ihre militärische Güte. Sie bekamen die Härten des Kommandos ihrer Offiziere in aller Unerbittlichkeit zu spüren. Unter den Gebirgsjägern herrschten analog zur Schinderei gleichwohl eine Solidarität und eine Kohärenz sondergleichen. Zum Stellenwert ihrer Kameradschaft hielten Veteranen des Regiments 98 daher immer wieder fest: Kameraden im Stich zu lassen, die auf einen so angewiesen waren, wie man auf sie, das wäre undenkbar gewesen. „Mann und Ross gaben alles, was sie konnten."

Zunächst bestand die Gebirgs-Brigade aus zwei Regimentern, deren Aufstellung Kübler zum 15. November 1935 befohlen worden war. Es handelte sich bei ihnen um das Gebirgsjäger-Regiment 99 unter

Oberst Eduard Dietl mit Garnisonen in Garmisch-Partenkirchen, Füssen und Sonthofen und das Gebirgsjäger-Regiment 100 unter Oberstleutnant Rudolf Konrad mit den Standorten Bad Reichenhall, Brannenburg und Lenggries (später Berchtesgaden). Die Regimenter 99 und 100 umfassten je drei Bataillone zu je vier Kompanien mit je einer 13. (Minenwerfer-) und einer 14. (Panzerabwehr-)Kompanie. Jedem Bataillon wurde ein Ersatztruppenteil angegliedert. Hinzu kam je Regiment eine aus drei Batterien bestehende Gebirgs-Artillerie-Abteilung (die später im Gebirgs-Artillerie-Regiment 79 zusammengefasst wurden). Die beiden Gebirgsjäger-Regimenter wurden aus strategischen Gründen entlang der Alpenfront des Deutschen Reiches, nämlich in den Allgäuer Alpen (GebJägRgt. 99) und in den Bayerischen Alpen zwischen Inn und Salzach (GebJägRgt. 100) stationiert. Für den mittleren Abschnitt zwischen dem Werdenfelser Land und der oberen Isar, der die Ammergauer Alpen, das Estergebirge, die Walchenseeberge, das Karwendelgebirge und das Wettersteinmassiv umfasst, war als dritter Pfeiler der Gebirgs-Brigade ein später aufzustellendes Gebirgsjäger-Regiment vorgesehen. Dieser finale Schritt erfolgte im Rahmen der deutschen Aufrüstung, die unentwegt forciert wurde, *als zum 1. Oktober 1937 die Aufstellung des Gebirgsjäger-Regiments 98 angeordnet und am 12. Oktober 1937 vollzogen wurde.* Das Personal des Gebirgsjäger-Regiments 98 stammte aus Teilen der beiden Schwesterregimenter. Mittenwald wurde Standort des Regimentsstabes, Garmisch-Partenkirchen erhielt das I. Bataillon aus Abgaben des Gebirgsjäger-Regiments 99 und Lenggries wurde Garnison des II. Bataillons aus Abgaben des Gebirgsjäger-Regiments 100.

03   2./Gebirgsjäger-Regiment 98 bei der Mai-Parade in Garmisch-Partenkirchen 1937.

Hierdurch erreichte die Brigade de facto Divisionsstärke, sodass General der Gebirgstruppe Hubert Lanz den 1. Oktober 1937 als den eigentlichen Geburtstag der 1. Gebirgs-Division bezeichnete.[73]

Erster Kommandeur der „98er Jäger" wurde mit Oberstleutnant Ferdinand Schörner ein ausgesuchter Offizier, der im Ersten Weltkrieg mit dem Pour-le-Mérite ausgezeichnet worden war.

---

[73] Vgl. Ebd., S. 17.

04   Oberstleutnant Ferdinand Schörner (1892-1973), der 1. Kommandeur
      des Gebirgsjäger-Regiments 98.

Dass Schörner nicht Kommandeur eines beliebigen Infanterieregiments, sondern ganz bewusst aus der Masse von Kommandeuren
herausgehoben und Befehlshaber des Gebirgsjäger-Regiments 98
wurde, lag einerseits an seinem im Ersten Weltkrieg erworbenen
Nimbus, in erster Linie jedoch an seiner erkennbar nationalsozialistischen Ausrichtung, für die die Führer der Gebirgstruppe in der Tat
besonders empfänglich waren (was frühe Regimentskommandeure
wie Eduard Dietl, Karl von Le Suire oder ex-SS-Obersturmbannführer

Georg Ritter von Hengl verdeutlichen).[74] Sie verbreiteten den erwünschten Geist ihrer Truppe. Für Schörner war seine Position als Regimentskommandeur die erste einer Reihe immer bedeutenderer militärischer Verwendungen bis hin zum letzten Oberbefehlshaber des Heeres der Wehrmacht als Hitlers „Generalfeldmarschall der letzten Stunde". Am Ende des Krieges hatte Schörner eine der steilsten Karrieren in der deutschen Militärgeschichte erlebt und war einer von nur 27 Trägern des Ritterkreuzes mit Eichenlaub, Schwertern und Brillanten. Seinen Aufstieg und seine größtmögliche Militärkarriere verdankte er – im Unterschied zu manch anderem Offizier – allein seinem Können *als Soldat*. Wie Erwin Rommel zählte er zu den Feldmarschällen der Deutschen Wehrmacht, die auch die höchste persönliche Tapferkeitsauszeichnung des Ersten Weltkrieges, nämlich den Orden Pour le Mérite erhalten hatte. Ausgehend von diesen Sachverhalten, werde ich auf Schörner ausführlich im abschließenden separaten Exkurs dieses Buchs eingehen.

Da anfangs die im Mai 1937 begonnene Jäger-Kaserne (die heutige Edelweißkaserne) auf dem weitläufigen, von der oberen Isar durchflossenen Areal „In der Kofel" noch nicht fertiggestellt war, bezogen der Regimentsstab und die 13. und 14. Kompanie zunächst die Liegenschaften des nahegelegenen Gebirgstruppen-Übungsplatzes Lager Luttensee.

---

[74] Vgl. Kaltenegger, Roland: Generalfeldmarschall Ferdinand Schörner. Teil 1: Vom Pour le Mérite zum Ritterkreuz 1892-1943. Würzburg 2014, S. 148.

05   Die 1937 errichtete Jägerkaserne in Mittenwald (Sitz Regimentsstab und
Garnison III./98).

Im Zusammenhang mit dieser aus einer SA-Sportschule hervorgegangenen Liegenschaft spricht die Mittenwalder Chronik sogar bereits
vom 7. Januar 1936 als Geburtsstunde der Garnison Mittenwald, da
an diesem Tag das I. Bataillon des Gebirgsjäger-Regiments 99 aus
Kempten zum Winterschießen in das Lager Luttensee verlegt wurde.
Am 6. Oktober 1936 zog dann das Gebirgs-Pionierbataillon 54 vorübergehend dort ein, bevor es im November in die in den Jahren
1935/36 erbaute Kaserne „Am Hirtbichl" (ab 1964 „Pionierkaserne",
ab 1965 „General-Kübler-Kaserne" und seit 1995

„Karwendelkaserne") verlegte.[75] Am 5. November 1937 wurden die ersten Rekruten in das Gebirgsjäger-Regiment 98 aufgenommen.

06   Blick auf die Jägerkaserne mit angetretenen Truppenteilen des Regiments 98 (1938).

Bereits am 10. November 1937 wurden sie unter der neuen Regimentsflagge vereidigt und am Sonntag, den 13. November 1937, zog Schörners Regiment zu den Klängen des *Kaiserjägermarsches*[76] offiziell in Mittenwald ein – durchaus im doppelten Sinne des Wortes.

---

[75] Vgl. Auszug aus der Geschichte der Garnison Mittenwald. In: 50 Jahre Ortskameradschaft Mittenwald im Kameradenkreis der Gebirgstruppe. Festschrift [o. O.] 2006, S. 9.
[76] Der im Jahr 1914 von Karl Mühlberger komponierte Kaiserjägermarsch war ursprünglich der Truppenmarsch der Tiroler Kaiserjäger und ist bis heute der Traditionsmarsch der österreichischen und deutschen Gebirgstruppe; jeder Gebirgsjäger kennt den Text seines Liedteils. Der Marsch wurde 1933 als Nr. 141 in die Sammlung II

07   Vereidigung der ersten Rekruten des Gebirgsjäger-Regiments 98 in Garmisch-Partenkirchen (1937).

(„Paradenmärsche für Fußtruppen") der deutschen Armeemarschsammlung übernommen. Das musikalisch herausragende Gebirgsmusikkorps der Bundeswehr mit Sitz in Garmisch-Partenkirchen brachte diesen Truppenmarsch der Gebirgsjäger insbesondere unter der musikalischen Leitung (2014-2022) des in Mittenwald beheimateten Oberstleutnants Karl Kriner (vulgo „Bacher Martl") stets vollendet zu Gehör.

In der Bahnhofstraße nahmen General der Infanterie Eugen Ritter von Schobert, Befehlshaber im Wehrkreiskommando VII, und Oberst Kübler die Parade ab. Unter der Überschrift „Mittenwalds großer Tag" berichteten die Innsbrucker Nachrichten über diesen Tag wie folgt: „Gebirgsjäger beziehen ihre neue Garnison. Mittenwald, 13. Nov.: Das festlich geschmückte Mittenwald beging am Sonntag einen großen Tag: Das Gebirgsjägerregiment 98 hielt Einzug in seine neue Garnison unter lebhafter Anteilnahme der Bevölkerung, der Partei, ihrer Formationen und Gliederungen. Zu dem Truppeneinzug war der Kommandierende General des VII. Korps, General der Infanterie Ritter von Schobert, mit hohen Offizieren des Wehrkreises VII in Mittenwald eingetroffen, wo auf dem Platz vor der neuerbauten Adolf-Wagner-Schule die Truppen angetreten waren. Nachdem Bürgermeister Sailer die Gäste und die Garnison willkommen geheißen hatte, gab Oberstleutnant Schörner als Kommandeur der Garnison der Freude der Truppe Ausdruck, in einem so schönen Ort einziehen zu können, bezeichnete unsere Wehrmacht als den mächtigsten Ausdruck unseres Volkstums und schloss mit einem Hurra auf den schönen Standort Mittenwald. Nach einem Vorbeimarsch der Truppe und der Parteiformationen vor dem Kommandierenden General folgte eine Sondersitzung des Gemeinderats Mittenwald, der in feierlicher Urkunde die Verpflichtung übernahm, nach bestem Willen dem Ausbau und der Weiterentwicklung der Garnison zu dienen. Hierauf erfolgte durch den Kommandierenden General mit einer kurzen Ansprache die Übergabe der Kaserne an das Regiment. Die Flaggen der Wehrmacht stiegen an den Fahnenmasten hoch. Mit dem Siegheil auf den Führer und Obersten Befehlshaber fand die für den Ort

Mittenwald denkwürdige Feier ihr Ende."[77] Oberstleutnant Ferdinand Schörner gab in besagter Ansprache die künftige Leitlinie des Regiments vor: *„Der Geist der Kameradschaft und ein bedingungsloser militärischer Gehorsam bilden die Grundpfeiler, auf denen unser Regiment aufgebaut wird."* Er bezog später mit seiner Familie das nach ihm benannte „Schörner-Haus" im Mittenwalder Viererspitzweg 4 (heute Viererspitzstraße 2b).

Währenddessen betrieb der rastlose und von seinem Auftrag motivierte Kübler mit voller Energie den Aufbau, die Ausrüstung und Ausbildung der Regimenter. Kübler (1889-1947), ein Arztsohn aus dem Münchener Ortsteil Unterdill, beschäftigte sich privat mit Geschichte, Clausewitz und der klassischen Literatur der Antike. Er war überdies wohl ein guter Cellist und mit trockenem Mutterwitz ausgestattet. Nach außen jedoch war er eine verschlossen-eigensinnige, herrschsüchtige und insgesamt schwierige Persönlichkeit mit überaus positiver Einstellung zum Nationalsozialismus. Von seinen Offizieren wurde er eher gefürchtet[78], und nicht nur sein Nachfolger Hubert Lanz hegte geradezu eine Abneigung gegen ihn. „Trotz einer im Ersten Weltkrieg erlittenen schweren Gesichtsverletzung zeigte er [Kübler] sich immer als unermüdliches Vorbild, egal ob auf Skiern, zu Fuß im Gebirge oder zu Pferde. [...] Bei den zahlreichen Mobilmachungsübungen stand Kübler bis zum feldmarschmäßigen Antreten des Bataillons mit der Stoppuhr auf dem Kasernenhof, kontrollierte genau den Anzug, den Rucksackinhalt, die Sattelung der Tragtiere usw.,

---

[77] Innsbrucker Nachrichten Nr. 264 vom 14. November 1938. S. 2.
[78] Vgl. https://de.wikipedia.org/wiki/Ludwig_K%C3%BCbler (14.1.2020)

immer auf der Suche nach Fehlern und Verbesserungsmöglichkeiten."[79] Die Zähigkeit, Kraft und außergewöhnliche körperliche Fitness des drahtigen Kübler war seinen Gebirgssoldaten bekannt – sie nannten ihn „Latschen-Nurmi" in Anspielung auf den legendären finnischen Weltrekordläufer und neunfachen Olympiasieger Paavo Nurmi. Die scharfe Gesichtsphysiognomie („A Nordwand-Gsicht") und das gesamte äußere Erscheinungsbild des mittelgroßen Brigade-Kommandeurs spiegelte wie wohl bei keinem anderen hohen Wehrmachtsoffizier die Brutalität und rücksichtslose Härte, zu der der spätere General der Gebirgstruppe sich selbst und seinen Soldaten gegenüber fähig war. Nach Kaltenegger hielt selbst der hartgesottene Schörner den unbeliebten Kübler an der Front für einen eiskalten und knallharten militärischen Führer.[80] Wegen seiner drakonischen Maßnahmen während des Ostfeldzugs und seiner Verantwortung für auf dem Balkan begangene Kriegsverbrechen wurde Kübler 1947 in Ljubljana (Laibach) zum Tode verurteilt und hingerichtet.[81] Dasselbe Ende fand in Jugoslawien aus denselben Gründen Küblers jüngerer Bruder, Generalleutnant Josef Kübler, der die 1. Gebirgs-Division vom 17. Dezember 1944 bis Mitte März 1945 führte.[82] Kaltenegger bezeichnet die beiden Küblers als „Opfer der Partisanenjustiz"[83].

Seit 1. Januar 1938 zum Generalmajor ernannt, gelang es Ludwig Kübler jedenfalls, die Gebirgsjäger-Brigade zu einem schlagkräftigen Kaderverband erster Güte aufzubauen. Hatte die Gebirgs-Brigade im

---

[79] Meyer 2008, S. 15.
[80] Vgl. Kaltenegger: Schörner. Bd. 1, 2014, S. 191.
[81] Vgl. https://de.wikipedia.org/wiki/Ludwig_K%C3%BCbler (14.1.2020)
[82] https://de.wikipedia.org/wiki/Josef_K%C3%BCbler (14.1.2020)
[83] Kaltenegger: Stammdivision 1981, S. 345.

Februar 1936 die Organisation und Durchführung des 25 km-Skipatrouillenlaufs der Winter-Olympiade von Garmisch-Partenkirchen durchgeführt und die erste Rekrutenausbildung zum April desselben Jahres planmäßig abgeschlossen, folgten nun anderthalb Monate Bataillons- und Regimentsgefechtsübungen im Gebirge. Es wurden „Marsch- und Gefechtsübungen" (z. B. vom Lager Luttensee nach Lenggries) durchgeführt, des Weiteren Gebirgsübungen am Luttensee bei Mittenwald und in Ruhpolding sowie Herbstübungen am Herzogstand und im Graswangtal bei Ettal bzw. Oberammergau abgehalten, deren Rahmenbedingungen und Vorgaben höchste Anforderungen an die Gebirgsjäger stellten und ihren Ausbildungsstand dokumentierten. Für die aktiven Offiziere und Unteroffiziere ergänzten jährliche Sommer- und Winterlehrgänge zur Hochgebirgsausbildung die fundierte infanteristische Ausbildung. „Hochalpine Leistungsmärsche forderten den ganzen Mann. Die sportlichsten und talentiertesten Gebirgsjäger schickte Schörner auf die Kletter- und Eiskurse [...]"[84], wodurch sich eine kleine bergsteigerische Elite innerhalb von Schörners elitärem Regiment 98 herauskristallisierte, die als Heeresbergführer (wie bspw. die Generale Kübler, Dietl, Konrad, Utz) und Alpinspezialisten zur Bewältigung schwieriger Aufgaben im Hochgebirge besonders befähigt war. Dies ist vergleichbar mit den Soldaten der Hochgebirgsjägerzüge in den derzeit [2025] drei Gebirgsjäger-Bataillonen der Bundeswehr. Für die Heeresbergführer der Wehrmacht und deren Anwärter fand eine spezifische Ausbildung am Blaueisgletscher und auf der ehemaligen Blaueishütte im Hochkalter-Stock statt. „Auf seinem Gebirgsstützpunkt im Karwendelgebirge, den er

---

[84] Kaltenegger: Schörner Bd. 1, 2014, S. 149.

von der Porta Claudia aus als eine Art Kaserne erbauen ließ, achtete Schörner peinlich genau darauf, dass seine Gebirgsjäger den hohen körperlichen Anforderungen des Gebirges gewachsen und mit seinen Besonderheiten vertraut waren, um ihre schwierigen Aufgaben im Frieden und ihren Kampfauftrag im Krieg optimal erfüllen zu können."[85] Da er seine Aufsichtspflicht sehr ernst nahm, verteufelte so mancher den strengen Kommandeur. Unabhängig von solch persönlichen Aspekten muss hinsichtlich der generellen militärischen Ausbildung an dieser Stelle auf ein Spezifikum anderer Art hingewiesen werden: Die Gebirgstruppe der Wehrmacht stand dem Exerzierdienst und dem Drill in der andernorts in der deutschen Armee zum Fetisch erhobenen Formalausbildung preußischer Prägung vergleichsweise fern. Der spätere Generalleutnant Max-Josef Pemsel, als erster Ia der 1. Gebirgs-Division Küblers rechte Hand, erläutert diesbezüglich: *„Die deutsche Gebirgstruppe war in ihrer Ausbildung durchaus modern. Den übertrieben formellen Dienst des Kasernenhofs lehnte sie ab, er war ihrem Wesen fremd.* Es lockten ja auch die nahen Berge in Fenster und Hof der schmucken Kasernen. Ein hochwertiger, selbständiger Kämpfer, der Waffen und Gelände bestens zu nutzen wußte, wurde in individueller Ausbildung geformt. Gemeinsames Erleben am Berg, im Fels in Schnee und Eis, das Nächtigen auf gleichem, harten Lager, das Tragen des gleichen Gepäcks – ob Mann oder Offizier –, das schuf eine Autorität, die nicht auf äußerlichem Abstand oder Distinktion, sondern auf *Können, Leistung und Charakter* beruhte. Diesen schon im Frieden erprobten Führern konnte man sich getrost auch im Feuer

---

[85] Ebd.

anvertrauen!"[86] Es genügte den „Jagern" nicht, etwas zu wollen; sie mussten auch „Können können". Und dies taten sie. Parallel dazu fand beim Deutschen Alpenverein (DAV) seit seiner Eingliederung in den Nationalsozialistischen Reichsbund für Leibesübungen (NSRL) im Jahr 1938 eine Reorganisation mit Schwerpunkt auf die Nachwuchsrekrutierung für die militärischen Gebirgseinheiten statt.[87]

Ab 12. März 1938 erfolgte die Annexion Österreichs (vgl. Kapitel 3), bei der die Schwesterregimenter in stärkerem Maße eingesetzt wurden als das Gebirgsjäger-Regiment 98. Nach der Rückverlegung in die Heimatstandorte bereits am 23. März wurde die Gebirgsjäger-Brigade am 1. April 1938 jetzt *offiziell* in 1. Gebirgs-Division umbenannt. *Zu ihrem internen Wahlspruch wurde „Taktik ist Glückssache. Herz ist Hauptsache."*

Das junge Gebirgsjäger-Regiment 98 wurde weiter zu einer Stammeinheit der Division ausgebaut und umfasste seit Herbst 1938, wie seine beiden Schwesterregimenter, ebenfalls drei Bataillone samt entsprechender Stellenvermehrung. Das III. Bataillon (III./98) sowie der Regimentsstab wurden in der Jäger-Kaserne in Mittenwald stationiert, während das für die Ergänzung des Regiments zuständige Ersatz-Bataillon in Memmingen aufgestellt wurde. Im Unterschied zu den normalen Infanterie-Divisionen war mit der „Edelweiß-Division" im Wehrkreis VII ein spezialisierter, spezifisch untergliederter sowie besonders ausgebildeter und ausgerüsteter Großverband des Heeres entstanden. *Unter Oberstleutnant Schörner wurde der Verband zum*

---

[86] Pemsel 1954, S. 16.
[87] Vgl. Eichner, Solveig/Godt, Jo: Jugendarbeit und Nationalsozialismus. In: Panorama. Das Magazin des Deutschen Alpenvereins 76 (2024) H. 6, S. 48f.

elitären Regiment. Dieser war nicht nur ein besonders harter und nationalsozialistisch linientreuer Offizier, sondern durchaus auch ein fürsorglicher und kameradschaftlicher Regimentskommandeur mit einer starken inneren Verbundenheit zu seinen Feld- und Ersatztruppenteilen. Von seinem rigorosen Vorgehen gegen eigene Soldaten, für die er später in der Agonie NS-Deutschlands von der eigenen Truppe so gefürchtet war wie vom militärischen Gegner, war er in diesen Jahren noch entfernt. Das 98er-Regiment genoss durch Schörners Prägung und Führung ein solches Renommee, dass bspw. der Befehlshaber im Wehrkreis VII, Generaloberst Wilhelm Adam, die Uniform von Schörners (und nicht von Dietls) Regiment mit den Abzeichen eines Generals trug.[88] Innerhalb der Gebirgstruppe trugen die Männer der Gebirgsartillerie die Waffenfarbe Hochrot, die Gebirgspioniere Schwarz und die Gebirgsjäger Hellgrün.

Der im Folgenden abgebildete Uniformrock eines Oberleutnants des Gebirgsjäger-Regiments 98 illustriert als *Pars pro toto* den Gegenstand dieses Buches.

---

[88] Vgl. Kaltenegger: Schörner Bd. 1, 2014, S. 150f.

08 „Geschönte Feldbluse" eines Oberleutnants des Gebirgsjäger-Regiments
    98 (Originalstück in Privatbesitz).

09 Gesticktes „Edelweiß"-Ärmelabzeichen und Regiments-Nr. „98" auf
    den Schulterstücken.

10   Uniformvorstöße und Unterlegungen in der Waffenfarbe „Jägergrün"
     der Gebirgstruppe.

Bei diesem Offiziersrock handelt es sich um ein privates Originalstück in bestem Erhaltungszustand. Diese „Feldbluse mit Vorstößen", die man im Militärjargon bzw. in der Uniformkunde fachlich üblicherweise als „geschönte Feldbluse" bezeichnet, „durfte zu allen Gelegenheiten getragen werden, zu denen sonst der Waffenrock üblich war, mit Ausnahme des Paradeanzugs und des großen Gesellschaftsanzugs. Das Muster entsprach der Feldbluse des Offiziers, war aber entlang der Vorder- und Unterkante des Kragens in Waffenfarbe vorgestoßen, ebenso um die Ärmelaufschläge und entlang der vorderen Knopfleiste. Kragenpatten, Litzen, Stickereien, Schulterstücke, Hoheitsabzeichen und Knöpfe wie am Waffenrock. Seit Mai 1941, wie bei der regulären Feldbluse, fünf statt bisher sechs Vorderknöpfe."[89] Das konkrete Stück wurde 1942 in grüngrauem Feldgrau gefertigt und unterscheidet sich neben seiner Stoffqualität (feine Gabardine) von der gewöhnlichen Feldbluse der Wehrmacht durch Vorstöße in der hellgrünen Waffenfarbe „Jägergrün" der Gebirgsjäger. Der Uniformrock, dessen Knöpfe wie beim Waffenrock in Silber ausgeführt sind, weist entlang der Knopfleiste und umlaufend um die Ärmelstulpen eine hellgrüne Paspelierung auf. Auch die Schulterstücke und die Kragenspiegel sind in der Waffenfarbe unterlegt. Gut zu erkennen sind des Weiteren die goldene Regimentsnummer „98" auf den Schulterstücken des Oberleutnants und das charakteristische Edelweiß-Abzeichen in feiner, handgestickter Ausführung für Offiziere auf dem rechten Ärmel. Bei besonderen Anlässen oder auf Befehl wurde diese Feldbluse dann mit der Fangschnur und anderen Effekten getragen.

---

[89] https://de.wikipedia.org/wiki/Uniformen_der_Wehrmacht (23.3.2022)

Wie jede Militäruniform, ist die geschönte Feldbluse Ausdruck des Korpsgeistes und symbolisiert die Funktion und Position des Trägers. Bei der Wehrmacht fungieren die Uniformarten Paradeanzug, Dienstanzug, Ausgehanzug sowie Waffenrock und geschönte Feldbluse als *komplexes System von Codierungen*, das es jedem Kundigen ermöglichte, sofort und exakt zu erkennen, wen er vor sich hatte (Effekten, Laufbahngruppe, Rang, Waffenfarbe, Waffengattung, Funktion, ggf. Werdegang und Dienstzeit, Tätigkeiten und Befähigungen, Auszeichnungen i. S. v. Orden- und Ehrenzeichen). Der abgebildete Uniformrock des Oberleutnants des Gebirgsjäger-Regiments 98 zeigt folgende Auszeichnungen seines Trägers: Eisernes Kreuz von 1939 erster Klasse (EK I), Eisernes Kreuz von 1939 zweiter Klasse (EK II), Nahkampfspange in Silber, Infanteriesturmabzeichen in Silber, Verwundetenabzeichen in Silber, Medaille „Winterschlacht im Osten", Kriegsverdienstkreuz (KVK) zweiter Klasse mit Schwertern. Die Bandspange über der linken Brusttasche zeigt die Bänder des EK II, der Ostmedaille und des KVK. Bemerkenswert ist, dass der Oberleutnant Träger der silbernen Nahkampfspange war, die insgesamt nur etwa 9.500 Angehörige des Heeres, der Luftwaffe, Marine und Waffen-SS verliehen bekamen und dann – hochgradig symbolisch – über dem Herzen oberhalb der linken Brusttasche der Uniform getragen wurde. Die erst am 25. November 1942 von Hitler gestiftete Nahkampfspange war die höchste deutsche infanteristische Kriegsauszeichnung „als sichtbares Zeichen der Anerkennung des mit der blanken Waffe und Nahkampfmitteln Mann gegen Mann kämpfenden Soldaten, zugleich aber auch als Ansporn zur höchsten

Pflichterfüllung."[90] Voraussetzung für die Verleihung der Stufe Silber (NKSiS) waren mindestens 30 dokumentierte, beglaubigte und bestätigte Kampftage, an denen der im Wortsinn ausgezeichnete Gebirgsjägeroffizier des 98. Regiments sich zu Fuß und ungeschützt seinem Gegner angenähert, „das Weiße im Auge des Feindes" gesehen und im Kampf Mann gegen Mann bis zur letzten Entscheidung gestanden haben musste. Unter den deutschen Soldaten war das Ansehen eines NKSiS-Trägers deshalb oftmals höher als das eines Ritterkreuzträgers. Allergrößter soldatischer Verehrung konnte sich der hochdekorierte Gebirgsjäger-Offizier Michael („Michl") Pössinger sicher sein, der Träger des Eichenlaubs zum Ritterkreuz des Eisernen Kreuzes und zugleich der Nahkampfspange in Gold (NKSiG) war, einer tatsächlich extrem seltenen Kombination an höchsten Auszeichnungen.

Auch auf dem abgebildeten Gemälde ist eine bemerkenswerte Uniform eines Gebirgsjägeroffiziers zu sehen.

---

11 Das Gemälde zeigt Wolf Hagemann (1898-1983) als Oberst der Gebirgstruppe (1941) mit Narvikschild als Ärmelabzeichen (Privatbesitz).

Das Porträt zeigt den späteren Generalleutnant Wolf Hagemann (geb.
1898 in Glashütte/Elsass, gest. 1983 in Murnau, beiges. in Évian-les-
Bains) im Rang eines Obersts der Gebirgstruppe. Oberst Hagemann
war als Oberstleutnant Kommandeur des Gebirgsjäger-Regiments
139 und nach Verwendungen als Divisionskommandeur zuletzt Befehlshaber des XXXXVIII. [sic!] Panzer-Korps. Der Uniformrock der
in „Jägergrün" umfassten geschönten Feldbluse des dekorierten Ritterkreuzträgers hat auf dem rechten Ärmel das gestickte Edelweiß in
der Ausführung für Offiziere, während auf dem linken Ärmel der me-
tallene Narvikschild zu sehen ist. Hagemann, der sowohl bei der
Schlacht von Narvik 1940 als auch bei der Eroberung der Krim
1941/1942 als Kommandeur von Truppenverbänden maßgeblich beteiligt war, erhielt das Eichenlaub zum Ritterkreuz am 4. Juni 1944
und war unter den Eichenlaub-Trägern der einzige hohe Offizier aus
der Gebirgstruppe, dem neben dem Narvik- auch der Krimschild verliehen wurde.

Bei der Felduniform der Mannschaften, Oberjäger (ausschließlich bei
der Gebirgstruppe wurden so die unteren Unteroffiziere bezeichnet)
und Offiziere wurde zur Feldbluse[91] mit dem Edelweißabzeichen die
typische feldgraue Keilhose – ein weiteres Spezifikum – und von den
Offizieren auch Breeches-Hosen getragen. Eine kurze Wickelgama-
sche am Beinabschluss der Keilhose verhinderte, dass Fremdkörper

---

[91] Zum taschenlosen Waffenrock mit seinen hellgrünen Ärmelpatten der Gebirgsjäger
trug man die zugehörige dunkelgraue Tuchhose.

oder Schnee in die Bergschuhe gelangten (diese Gelenkbinden wurden in der Truppe gerne als „Knöchelwetzstreifen" verballhornt). Die dicken Laufsohlen der robusten Bergschuhe – deutlich besseres Schuhwerk als die gewöhnlichen Marschstiefel („Knobelbecher") der Wehrmacht – waren mit Zugnägeln und eisernen Stiften beschlagen, um einen besseren Griff insbesondere auf Schnee zu gewährleisten und die Haltbarkeit der entsprechend strapazierten Sohlen zu verlängern. Das bekannteste Attribut der Gebirgsjägeruniform[92] sämtlicher Dienstgradgruppen war jedoch unzweifelhaft die feldgraugrüne bzw. graue Bergmütze mit dem metallenen Edelweißabzeichen an der linken Mützenseite, die in Abwandlung noch heute das Erkennungszeichen für Soldaten der Gebirgstruppe der Bundeswehr ist. Das Foto auf dem Frontcover dieses Buches zeigt eine für die deutsche Gebirgstruppe charakteristische Feldmütze eines Offiziers des Gebirgsjäger-Regiments 98. Zur weiteren sogenannten persönlichen Ausrüstung zählten neben dem besonderen Bergrucksack ein funktionelles Sortiment von Sommer- und Winterbekleidung, darunter ein zweiseitiger Wendeanorak, Windjacken und Schneetarnbekleidung.

Als Standardwaffe der Wehrmacht war auch bei der Gebirgstruppe der Karabiner K 98k eingeführt, dem Patronen im Kaliber 7,92 x 57 mm IS (Vollmantelgeschoss „Infanterie Spitz") jeweils in 5-Patronen-Streifen zugeführt wurden. Dieser von Mauser entwickelte und

---

[92] Neben der Felduniform gab es Ausgehuniformen, bei denen unterschieden wurde zwischen Parade-Waffenrock (Waffenrock mit Stahlhelm, Feldbinde (Offz.), Orden, Säbel (Offiziere, Unteroffiziere) bzw. Seitengewehr (Mannschaften), Stiefel, Großer Dienstanzug (Waffenrock, Schirmmütze, Orden, Säbel, Hosen, Schuhe) und Kleiner Dienstanzug (Waffenrock, Schirmmütze oder Bergmütze, Ordensspange, Hosen, Schuhe).

produzierte, aber auch von Steyr, den Waffenwerken Brünn und anderen mittelständischen Waffenschmieden hergestellte Karabiner war robust, verfügte über den besten Repetierverschluss sowie über hervorragende ballistische Eigenschaften, was trotz der nicht optimalen Visierung eine sehr hohe Schusspräzision auch auf große Distanzen gewährleistete. Die 7,92 x 57 mm-Patrone brachte bei einer Mündungsgeschwindigkeit von gut 800 m/s und einem maximalen Gasdruck von 3.900 Bar eine Geschossenergie von etwa 4.000 Joule zur Wirkung – für ungedeckte Weichziele war dies selbst auf große Entfernung meist letal. Aufgrund der Erfahrungen mit der extremen Kälte des ersten russischen Winters wurde der Karabiner K 98k dann nur noch mit der verzugs- und verwindungssteiferen sowie wesentlich robusteren Schichtholzschäftung produziert. Die Gebirgstruppe erhielt daneben ab 1940 den kürzeren Gebirgskarabiner „Gewehr 33/40" aus tschechischer Fertigung, wobei hier die Ausstattung mit Zielfernrohr-Gewehren (etwa dem ZF 41) für die Gebirgstruppe besonders wichtig war. Die persönliche Bewaffnung fiel ansonsten analog zur restlichen Heeresinfanterie der Wehrmacht aus (Pistole P 38, Pistole P 08, MP 40 für Zugführer, ab 1944 dann der erstklassige 30-schüssige Maschinenkarabiner Sturmgewehr 44 (StGw 44). Besonders aber muss das deutsche Maschinengewehr MG 42 herausgehoben werden. Wegen des durch Gasdruck optimierten Rückstoßladesystems verfügte es über eine extreme Feuergeschwindigkeit und schreckliche Waffenwirkung, und da es über nicht so geringe Fertigungstoleranzen wie sein Vorgänger, das ebenfalls bewährte MG 34 verfügte, war es weniger frostanfällig und funktionierte unter allen Einsatzbedingungen äußerst zuverlässig. Das gefürchtete MG 42, nach dem Krieg als leicht modifiziertes MG 3 bei der Bundeswehr bis heute im Dienst, ist eine Waffenikone und gilt als bestes Maschinengewehr überhaupt. Eine Darstellung der weiteren Ausrüstung der Gebirgstruppe, der mitgeführten und zerlegbaren Gebirgsgeschütze, der verschiedenen Typen von Kraftfahrzeugen sowie der notwendigen alpinen Geräte und Ausrüstungsgegenstände von den Skiern, über die mit Celluloid-Blendschutz versehenen Schneebrillen bis zu den Steigeisen oder Seilen findet sich u. a. in einem Sonderheft der Zeitschrift „Waffen-Arsenal".[93]

Die folgende Übersicht zeigt die Gesamtgliederung der 1. Gebirgs-Division zum 1. April 1938 mit dem Gebirgsjäger-Regiment 98 als numerisch erstem der drei Gebirgsjäger-Regimenter sowie sämtlichen sonstigen Truppenteilen der „Edelweiß-Division":

— Divisionskommandeur: Generalmajor Ludwig Kübler

— Ia (Erster Generalstabsoffizier): Major Max-Josef Pemsel

— Ib (Zweiter Generalstabsoffizier): Hauptmann Josef Kimbacher

— Divisionsarzt: Oberstarzt Dr. Bingler

— Divisionsveterinär: Oberstabsveterinär Dr. Rasberger

---

[93] Kaltenegger, Roland: Waffen und Ausrüstung der deutschen Gebirgstruppe im Zweiten Weltkrieg. In: Waffen-Arsenal. Sonderband S-31. Friedberg 1993. Eine kompakte Übersicht hierzu findet sich in: Kaltenegger, Roland: Gebirgsjäger 1939-1945. Die große Bildchronik. Stuttgart 2002, S. 31-49.

— Gebirgsjäger-Regiment 98, Kommandeur: Oberstleutnant Ferdinand Schörner, Regimentsstab, III. Batl. und 16. (Pz. Abw.) Kp. Mittenwald, I. Batl. Garmisch-Partenkirchen, II. Batl. Lenggries, ErsatzBatl. Memmingen

— Gebirgsjäger-Regiment 99, Kommandeur: Oberstleutnant Hermann Kreß, Regimentsstab, II. Batl. und 16. (Pz. Abw.) Kp Füssen, restliche Einheiten Sonthofen

— Gebirgsjäger-Regiment 100, Kommandeur: Oberstleutnant Hubert Lanz, Regimentsstab, III. Batl. und 16. (Pz. Abw.) Kp Bad Reichenhall, I. Batl. Brannenburg, II. Batl. Berchtesgaden, Ersatzbatl. Laufen

— Gebirgs-Artillerie-Regiment 79, Kommandeur: Oberst Karl Wintergerst, Regimentsstab und II. Abt. Garmisch-Partenkirchen, I. Abt. Bad Reichenhall, III. Abt. Sonthofen, IV. Abt. mit 14. Batt. Murnau

— Panzer-Abwehr-Abteilung 44, Kommandeur: Major Rudolf Lang, Standort: Murnau

— Gebirgs-Pionier-Bataillon 54, Kommandeur: Oberstleutnant Zimmer, Standort: Mittenwald

— Gebirgs-Nachrichten-Abteilung 54, Kommandeur: Oberstleutnant Kleinschroth, Standort: Oberammergau

— Gebirgs-Sanitäts-Abteilung 41, Kommandeur: Oberstabsarzt Bingler, Standort: Garmisch-Partenkirchen

„Die *Gebirgs-Jäger-Regimenter* bestanden aus drei Bataillonen mit je vier Kompanien, bewaffnet mit je neun leichten und zwei schweren MGs und drei leichten Granatwerfern; zwei schwere Kompanien, davon eine mit Pionierzug und vier schweren MGs bewaffnet, die anderen mit sechs mittleren Granatwerfern und zwei leichten Infanteriegeschützen sowie einer 16. Panzerabwehr-Kompanie mit zwölf 3,7-cm-Pak. Die leichte *Artillerie* der Division war hauptsächlich mit der 6,5-cm-Gebirgskanone L/17, dem 7,5-cm-Gebirgs-Infanterie-Geschütz 18, dem 7,5-cm-Gebirgsgeschütz 36 sowie mit der 10,5-cm-Gebirgshaubitze 40 ausgestattet. An schweren Artilleriewaffen verfügte die Division über schwere 15-cm-Feldhaubitzen. Die Gliederung und Bewaffnung der Artillerie änderte sich während des Krieges einerseits durch die Einführung neuer Waffen, andererseits durch den Mangel an Geschützen und die Verwendung von Beutegeräten. Die *Panzerabwehrabteilung* der Division bestand aus Stab und Nachrichten-Zug (mot.) sowie aus drei Kompanien (mot.) zu je zwölf Pak. Weiter war als 4. Kompanie eine MG-Fla-Kompanie mit zwölf 2-cm-Flak-Geschützen (mot.) zugeteilt. Das *Gebirgs-Pionier-Bataillon* setzte sich – neben dem Stab mit Nachrichten-Zug (mot.) und Musikkorps – aus zwei Kompanien (je 9 lMG) und einer leichten Pionierkompanie (mot.) mit neun lMG sowie einer Brückenkolonne B und C (mot.) und einer leichten Gebirgspionierkolonne (mot.) zusammen. Die *Gebirgs-Nachrichten-Abteilung* setzte sich aus Stab, zwei Fernsprechkompanien, einer Funk-Kompanie sowie einer leichten Nachrichtenkolonne (mot.) zusammen. Bei der Mobilmachung bestand der *Sanitätsdienst* unter dem Divisionsarzt aus der Gebirgssanitätskompanie (mot.), einem Feldlazarett und zwei Krankenkraftwagenzügen. Zu diesen Kampf- und Unterstützungseinheiten kamen noch die Versorgungsteile. Zu den *Versorgungsdiensten* gehörten die Nachschubdienste, die Verwaltungsdienste, die Sanitätsdienste, die Veterinärkompanie sowie das Feldpostamt. Bei der Mobilmachung 1939 bestanden die Nachschubdienste der 1. Gebirgs-Division aus dem Stab, vier kleinen Kraftwagenkolonnen (30 t), acht Gebirgsfahrkolonnen, einer kleinen Kraftwagenkolonne für Betriebsstoff (25 m³), Werkstattkompanie (mot.), Gebirgsnachschubkompanie und einer Gebirgsträgerbataillon mit sechs Trägerkompanien.

Personell verfügte die Division gemäß dem Mobilmachungsplan 1939/40 über eine *Gesamtsollstärke von 24.956 Mann* (davon 640 Offiziere, 91 Beamte, 3.032 Unteroffiziere und 21.193 Mannschaften). Die Waffen-Soll-Stärke betrug: 5.708 Pistolen, 17.568 Gewehre, 396 leichte MG, 96 schwere MG, 12 Flak 2 cm, 72 Pak 3,7 cm, 81 lGrW 5 cm, 54 mGrW 8 cm, 18 leichte Gebirgsinfanteriegeschütze 7,5 cm, 36 Gebirgsgeschütze 7,5 oder 10,5 cm sowie 12 schwere Haubitzen 18 (15 cm). An Kraftfahrzeugen waren der Division zugeteilt: 391 Solo-Kräder, 345 Beiwagen-Kräder, 374 Pkw, 793 Lkw, 84 einachsige und 6 mehrachsige Anhänger. Hinzu kamen noch 1.007 bespannte und 37 unbespannte Fahrzeuge. Das Gesamt-Soll an Tieren betrug aufgrund ihres Verwendungszweckes im gebirgigen und unwegsamen Gelände 7.405 Tiere. Diese setzten sich aus 1.333 Reitpferden, 4.224 Tragtieren, 1.836 leichten und 12 schweren Zugpferden zusammen."[94]

Besonders herauszuheben ist der im Vergleich zu einer normalen Infanterie-Division deutlich höhere Personalumfang der 1. Gebirgs-Division. Nach *Kriegsstärkenachweis* (KStN) umfasste eine klassische

---

[94] https://de.wikipedia.org/wiki/1._Gebirgs-Division_(Wehrmacht) (18.1.2020)

Infanterie-Division der 1. Aufstellungswelle 534 Offiziere, 102 Beamte, 2.701 Unteroffiziere und 14.397 Mannschaften, woraus sich eine Gesamtstärke von 17.734 Mann ergab.[95] Die 1. Gebirgs-Division hingegen des Jahres 1939 hatte gemäß Kriegsstärkenachweis eine Stärke von knapp 25.000 Mann (später jedoch meist deutlich weniger). Von 1934 bis 1945 kamen bei der Wehrmacht insgesamt 35 Aufstellungswellen zum Einsatz, die sich aufgrund wechselnder Personal-, Material- und Ausbildungslage bezüglich des Kriegsstärkenachweises (Personal) bzw. des Kriegsausrüstungsnachweises (Material) unterschieden. Die Infanterie-Divisionen einer Aufstellungswelle waren in Stärke und Ausstattung identisch. Wie erwähnt, war das Heer der Deutschen Wehrmacht grundsätzlich auf landsmannschaftlicher Basis aufgestellt, d. h. von der Division abwärts normalerweise[96] aus Männern des gleichen Landesteils, der gleichen Region konfiguriert. Folglich sprach die Truppe gleichen Dialekt, sie war ähnlich sozialisiert, hatte eine recht homogene Mentalität und insofern eine vergleichbare Sicht auf die Dinge des Lebens. Durch die landsmannschaftliche Rekrutierung der Wehrmacht entstand auch eine enge Bindung der Bevölkerung an „ihre" Truppe, ein hohes Maß wechselseitiger Identifikation sowie eine entsprechende Traditionspflege. Letzterer Punkt ist bei bayerischen Verbänden traditionell stark ausgeprägt,

---

[95] Vgl. http://www.lexikon-der-wehrmacht.de/Zusatz/Heer/Infanterie-Division.htm (18.1.2020)

[96] In der 1. Gebirgs-Division dienten neben zahlreichen Rheinländern auch *ein paar hundert Pfälzer.* Hinweis: Die Pfalz wurde nach den Beschlüssen des Wiener Kongresses 1816 zum „Bayerischen Rheinkreis" mit Speyer als seiner Hauptstadt und gehörte zu Bayern, bis Hitler die Länder 1933 de facto auflöste; *de jure* blieb die Pfalz allerdings bayerisch bis nach dem Untergang des Deutschen Reiches 1945/46.

was ganz besonders für die oberbayerische und alpenländische Brauchtumspflege der Gebirgstruppe gilt.

Die *Division* nahm im Spektrum der militärischen Organisationen der Wehrmacht eine Sonderstellung ein. Als Großverband ist sie in mehrere Waffengattungen ausdifferenziert und bildet gewissermaßen eine Armee im Kleinen. Gemäß Heeres-Dienstvorschrift H.Dv. 300/1 galten Divisionen als „die kleinsten Heereskörper, die durch ihre organische Zusammensetzung zu operativer Selbständigkeit befähigt sind."[97] *Die kampfstarke 1. Gebirgs-Division konnte im Kriegseinsatz militärische Initiative zeigen und das Gefecht verbundener Waffen führen – bei höchster Durchhaltefähigkeit sowie unabhängig von den klimatischen oder Geländebedingungen.*

---

[97] Vgl. Hartmann, Christian: Wehrmacht im Ostkrieg. Front und militärisches Hinterland 1941/42. 2. Auflage. München 2010 (= Quellen und Darstellungen zur Zeitgeschichte ; Bd. 75), S. 30.

3. Expansion des Deutschen Reiches und „Blumenkriege"

Kommen wir zunächst zu den politischen und militärischen Geschehnissen im einordnenden Überblick: Im Frühjahr 1935 verkündete Hitler explizit die Nichtanerkennung des Versailler Vertrags und seiner Restriktionen. Deutschland führte die allgemeine Wehrpflicht ein, verstärkte die Wehrmacht in einem ersten Zug auf 300.000 Mann und baute nun offiziell die Luftwaffe auf. Da Großbritannien und Frankreich es versäumten, gegen diese Politik wirksam vorzugehen, gewann Hitler den Eindruck, den maßgeblichen demokratischen und als risikoscheu perzipierten Mächten fehle der Wille zum Handeln. „Die Aufrüstung kann also vor aller Augen vor sich gehen. Im Herbst 1936 verfügt das Heer bereits über 36 Infanterie- und drei Panzerdivisionen. Im Kriegsfall können 73 Divisionen mobilisiert werden. Die offene Aufrüstung zieht indes starke Belastungen der Wirtschaft nach sich. […] Die Ruhr wird wieder zur ersten Rüstungsschmiede. Um sie zu schützen, wird eine Besetzung der entmilitarisierten Rheinlandzone notwendig."[98] Im März 1936 besetzte die Wehrmacht das *Rheinland* – die Westmächte ließen Hitler gewähren. Zwei Jahre später, im März 1938, folgte die sprachlich als ‚*Anschluss' Österreichs verharmloste Annexion der Alpenrepublik.*[99] Von einer Mehrheit der deutschen und der österreichischen Bevölkerung gebilligt, geschah dies ohne Blutvergießen – erneut unter Bruch internationaler Verträge und ohne Anstrengung Großbritanniens und Frankreichs, die Annexion zu

---

[98] Masson, Philippe: Die deutsche Armee. Geschichte der Wehrmacht 1935-1945. Vorwort und Anmerkungen von J. A. Graf Kielmansegg. 5. Auflage. München 2000, S. 35.
[99] Empfehlenswert hierzu: Flügge, Manfred: Stadt ohne Seele. Wien 1938. Berlin 2018.

verhindern. Entgegen allen Warnungen waren die britische und französische Regierung entschlossen, den fragilen Frieden um jeden Preis zu wahren und ihre Beschwichtigungspolitik fortzusetzen. Hitler setzte genau darauf, als er sich im Spätsommer 1938 in die inneren Angelegenheiten auch der Tschechoslowakei einmischte, indem er die Abtretung des sogenannten Sudentenlandes mit seinen ca. 3 Millionen Deutschen an das Reich forderte, weil diese Bevölkerungsgruppe von den Tschechen verfolgt und in ihren Rechten als Volksgruppe beschnitten wurde. Die anglofranzösische *Appeasement*-Politik führte zu einer kaum für möglich gehaltenen Konzilianz der Westmächte gegenüber dem Nazi-Regime, was sich im sogenannten Münchener Abkommen dokumentierte:

Das *Münchner Abkommen* wurde in der Nacht zum 30. September 1938 von den Regierungschefs Großbritanniens, Frankreichs, Italiens und des Deutschen Reiches unterzeichnet, die zur Lösung der Sudetenkrise zur *Münchner Konferenz* (29. September) im sogenannten Führerbau am Königsplatz zusammengekommen waren. „Vertreter der Tschechoslowakischen Republik waren nicht eingeladen. Unter Vermittlung des italienischen Diktators Benito Mussolini, den Hermann Göring eingeschaltet hatte, gaben der britische Premierminister Neville Chamberlain und der französische Ministerpräsident Édouard Daladier mit dem Abkommen dem Diktator Adolf Hitler ihre Zustimmung zur Eingliederung des Sudetenlandes, dessen Bevölkerung überwiegend deutschsprachig war […] und den staatlichen Anschluss an den übrigen deutschen Sprachraum – wie vor dem Ersten Weltkrieg – mehrheitlich wünschte. Obwohl im Abkommen nicht vereinbart, bedeutete das *Münchner Abkommen* faktisch das Ende der

1918 entstandenen multinationalen Tschechoslowakei, da auch andere Volksgruppen beziehungsweise Nachbarstaaten wie Polen und Ungarn die Gunst der Stunde zu Gebietsbesetzungen nutzten, im Gegensatz zu Deutschland jedoch ohne Zustimmung von Großbritannien und Frankreich."[100]

Durch das Münchener Abkommen erhielt Hitler freie Hand in der „Lösung der Sudetenfrage" (so die NS-Sprachregelung). Als Prag daraufhin die tschechischen Truppen mobilisierte, intervenierten Großbritannien und Frankreich – ganz so, wie Hitler dies erwarten konnte. Die „ehrenvolle" Lösung, die den „Frieden in unserer Zeit" (*„Peace in our time"* lautete Neville Chamberlains bekannte Parole nach seiner Rückkehr nach London) garantieren sollte, bestand in der Abtretung des Sudetenlandes mit all seinen tschechischen Verteidigungsanlagen an das Deutsche Reich, womit eine mögliche Bedrohung von dessen Südostflanke ausgeschaltet wurde. Erneut war Hitler darin bestätigt worden, dass er von Großbritannien, Frankreich und auch den USA, deren Führung er einwickeln konnte, nichts zu befürchten habe. Erst als im März 1939 mit der *„Zerschlagung der Rest-Tschechei"* (NS-Sprachregelung) die nächste expansionistische Aggression Deutschlands erfolgte, erkannten die westlichen Demokratien die wahren Beweggründe und Ziele Hitlers, und sie begannen nach Jahren der Inaktivität aufzurüsten. Inzwischen war Hitler mit seiner insbesondere auch durch die Ressourcen der hinzugekommenen tschechischen Rüstungsindustrie erstarkten und kampfkräftigen Wehrmacht bereit, über sein nächstes Opfer herzufallen: Polen. Der sogenannte Danziger Korridor, der Ostpreußen vom Hauptterritorium des Reichs trennte,

---

[100] http://de.wikipedia.org/wiki/M%C3%BCnchner_Abkommen (30.7.2019)

lieferte ihm den willkommenen Vorwand zur militärischen Intervention.

Dem „Anschluss" Österreichs war eine Krise vorausgegangen, nachdem Bundeskanzler Engelbert Dollfuß infolge des gescheiterten Juliputschs (25.7.1934) österreichischer Nationalsozialisten gegen das autoritäre Ständestaatssystem des Landes getötet worden war. Anschließend unterwanderten deutsche Nationalsozialisten Österreich, während Mussolini nach dessen Abessinien-Abenteuer außenpolitisch an die Seite Hitlers gedrängt wurde und es zur „Achse Berlin-Rom" kam, wodurch Italien als Garantiemacht für ein unabhängiges Österreich ausfiel. In seinem Bestreben, das Verhältnis zu Hitler-Deutschland zu verbessern, nahm der neue Bundeskanzler Kurt Schuschnigg NS-Vertrauensleute wie Arthur Seyß-Inquart in sein Kabinett auf. Am 5. November 1937 erläuterte Hitler der Wehrmachtsführung seine im „Hoßbach-Protokoll" dokumentierten Annexionspläne, wobei er der Hoffnung auf einen unblutigen Anschlussprozess Ausdruck verlieh. Schuschnigg, der weder Großbritannien noch Frankreich oder Italien als Schutzmacht gewinnen konnte, wurde zu einem Canossa-Gang genötigt: Bei seinem Treffen mit Hitler am 12. Februar 1938 auf dem Obersalzberg bei Berchtesgaden sah er sich einem erpresserischen Ultimatum konfrontiert. „Hitler drohte mit dem Einmarsch der Wehrmacht, sollte Schuschnigg nicht die Forderungsliste unterschreiben. Forderungen waren unter anderem die Aufhebung des Parteiverbots für die österreichischen Nationalsozialisten und deren volle Agitationsfreiheit, die verstärkte Einbindung in die Regierung sowie, dass Seyß-Inquart Innenminister, Glaise-Horstenau Kriegsminister und Hans Fischböck Finanzminister werden sollte.

Hitler lehnte es ab, über eine Änderung des Textes zu verhandeln. Als Schuschnigg erklärte, er sei zwar zur Unterzeichnung bereit, könne aber die Ratifizierung nicht garantieren, rief Hitler General Keitel herbei. Hitler erklärte sich jetzt bereit, den Österreichern drei Tage Frist bis zur Unterzeichnung des Dokumentes zu geben. Schuschnigg unterschrieb […]. In Begleitung Papens fuhr er zur Grenze und erreichte in Salzburg wieder Österreich. Schuschnigg beugte sich den Drohungen und glaubte, mit dem Berchtesgadener Abkommen die Selbständigkeit Österreichs sichern zu können. Wie von Hitler gefordert, wurde Seyß-Inquart am 16. Februar zum Innenminister ernannt und erlangte damit die Kontrolle über die österreichische Polizei."[101]

„Der Anschluss lässt sich erzählen als die Geschichte eines Augenblicks. Eine obszöne Geschichte […] mit einem Vorher und einem Nachher. Und hernach zählt das Vorher nicht mehr, die vielen Worte des Vorspiels waren nur Lug und Trug, auch Selbstbetrug, um vom eigentlichen Ziel abzulenken. Der Tag, auf den es ankommt, ist der 11. März 1938. Irgendwann im Laufe des Nachmittags jenes Freitags fiel die Entscheidung: Der amtierende Kanzler gab den Kampf um Österreichs Unabhängigkeit auf. Die Dynamik, die er am 9. März in Gang gesetzt hatte, als er beschloss, eine Entscheidung durch Entscheid herbeizuführen, nämlich durch ein Referendum über den Fortbestand eines unabhängigen Staates Österreich, hatte dessen Untergang beschleunigt. Das Volk hatte sich in den Jahren zuvor entmündigen lassen, nun konnte es die drohende Entwicklung nicht mehr stoppen. Die Nazis mobilisierten ihrerseits das Volk in Gestalt begeisterter Massen, um den Anschein jubelnder Zustimmung zu erzeugen.

---

[101] https://de.wikipedia.org/wiki/Anschluss_%C3%96sterreichs (18.1.2020)

Der Anschluss wurde nicht ohne Mitwirkung von Österreichern vollzogen, doch er geschah, weil die deutschen Machthaber ihn aus öko-
nomischen und militärstrategischen Gründen wollten."[102]

Als Schuschnigg am 9. März die für den 13. März besagte Volksab-
stimmung für ein unabhängiges Österreich anberaumen wollte, ließ
Hitler die 8. Armee unter General der Infanterie Fedor von Bock mo-
bilmachen und über Göring ultimativ die Absage des Plebiszits und
den Rücktritt Schuschniggs fordern, der aufgrund massiver Drohungen am 11. März allen Forderungen entsprechen musste. Seyß-Inquart
übernahm die Regierung, während in Wien und allen Landeshaupt-
städten unverzüglich und konzertiert die vorbereitete Machtübernahme der österreichischen Nationalsozialisten implementiert
wurde.

Nachdem Hitler am 11. März 1938 die Militärische Weisung für den
Einmarsch in Österreich unter dem Decknamen „Unternehmen Otto"
ausgestellt hatte, ließ er am 12. März 1938 Soldaten der Wehrmacht
und Polizisten – insgesamt rund 65.000 Mann [nach anderen Quellen
105.000 Mann] mit teils schwerer Bewaffnung – in Österreich einmarschieren, die von Teilen der Bevölkerung vielfach mit spontanem Jubel empfangen wurden. In einer deutschen Proklamation wurde verkündet, Hitler habe sich entschlossen, sein Heimatland zu befreien
und den notleidenden Brüdern zu Hilfe zu kommen. Somit stand er
als Vollender der großdeutschen Sehnsucht da, die viele Österreicher
in der Zwischenkriegszeit empfanden. Gegenwehr gab es nirgends

---

[102] Flügge 2018, S. 16.

[…]."[103] In der Weisung hieß es „Nach meinen Weisungen führen: der Oberbefehlshaber des Heeres die Operationen zu Lande mit der achten Armee in der mir vorgeschlagenen Zusammensetzung und Stärke […]. Das Ziel für das Heer ist zunächst die Besetzung von Oberösterreich, Salzburg, Niederösterreich, Tirol, die schnelle Besitznahme von Wien und die Sicherung der österreichisch-tschechischen Grenze. […] Das Verhalten der Truppe muß dem Gesichtspunkt Rechnung tragen, daß wir keinen Krieg gegen ein Brudervolk führen wollen. Es liegt in unserem Interesse, daß das ganze Unternehmen ohne Anwendung von Gewalt in Form eines von der Bevölkerung begrüßten friedlichen Einmarsches vor sich geht. Daher ist jede Provokation zu vermeiden. Sollte es aber zum Widerstand kommen, so ist er mit größter Rücksichtslosigkeit durch Waffengewalt zu brechen. Österreichische Verbände treten sofort unter deutschen Befehl. […]."[104]

Nach vorangegangener Teilmobilisierung des VII. und XIII. Armeekorps als Teile der 8. Armee wurde die Heeresdienststelle 10 als Grenzschutz-Abschnitts-Kommando 10 mobil gemacht und tags darauf dem AOK 8 unterstellt. Für den Einmarsch in Österreich verfügte das Grenzschutz-Abschnitts-Kommando 10 über folgende unterstellte Einheiten: verstärktes Gebirgsjäger-Regiment 98 mit II./Artillerie-Regiment 79 und 1./Gebirgs-Pionier-Bataillon 54 in Mittenwald zur Besetzung von Innsbruck und des Raumes östlich davon sowie verstärktes Infanterie-Regiment 61 mit II./Artillerie-Regiment 7 und einer Pionier-Kompanie im Inntal und nördlich von Kufstein zur Besetzung von Wörgl. Die Marschziele beider Marschgruppen wurden

---

[103] https://de.wikipedia.org/wiki/Anschluss_%C3%96sterreichs (18.1.2020)
[104] http://www.documentarchiv.de/ns/1938/weisung-nr01_otto.html (18.1.2020)

noch am 12. März 1938 erreicht.[105] Die Gebirgs-Brigade der Wehrmacht erreichte der Aufmarschbefehl inmitten ihrer Winterausbildung. „Im Morgengrauen des 11. März 1938 rückten die deutschen Gebirgsjäger an die bayerisch-österreichische Grenze vor. Die gesamte Gebirgsbrigade – mit Ausnahme des verst. Gebirgs-Jäger-Regiments 98 mit II./Gebirgs-Artillerie-Regiment 79 und 1./Gebirgs-Pionier-Bataillon 54, die den mittleren und westlichen Teil des deutschen Alpenraums sicherten – versammelte sich im Ruperti-Winkel[106] und nahm dort die Befehle für den Einmarsch in das Bruderland entgegen."[107] Das VII. Armeekorps unter General Eugen Ritter von Schobert, zu welchem die Gebirgs-Brigade gehörte, erhielt den Befehl, mit Ausnahme des Gebirgsjäger-Regiments 98 bei Salzburg die österreichische Grenze zu überschreiten und später über Steyr, die Obersteiermark und Graz zum Endziel Kärnten zu marschieren. Zunächst sollte dazu das verstärkte Gebirgsjäger-Regiment 99 auf Hallein, das Regiment 100 auf Salzburg und eine verstärkte Gebirgsjäger-Kompanie durch die Röth über das Blühnbachtörl (2.028 m) auf Werfen vorgehen. Um 5.30 Uhr wurden die Grenzübergänge bei Lindau, Mittenwald und Kiefersfelden sowie die unversehrten Grenzbrücken von Freilassing, Burghausen und Schärding widerstandslos besetzt. Die Gebirgs-Artillerie-Abteilung aus Garmisch-Partenkirchen stieß über Innsbruck und Landeck nach Bludenz vor, während das Gebirgsjäger-Regiment 98 den oben skizzierten Sonderauftrag erhielt:

---

[105] Vgl. http://www.lexikon-der-wehrmacht.de/Gliederungen/Grenzschutzabschnitts-kommandos/GAK10.htm (18.1.2020)
[106] Der voralpine Rupertiwinkel erstreckt sich im äußersten Südosten von Oberbayern über Teile der heutigen Landkreise Altötting, Traunstein und Berchtesgadener Land.
[107] Kaltenegger, Stammdivision 1981, S. 58.

Schörners Einheit hatte im Rahmen des Grenz-Abschnitts-Kommandos 10 Befehl, im Verband mit dem II./Gebirgs-Artillerie-Regiment 79 und der 1./Gebirgs-Pionierbataillon 54 sowie einem zur späteren Sicherung vorgesehenen Sturmbann des SS-Totenkopfverbands „Dachau" über den nahen deutsch-österreichischen Grenzübergang Scharnitz durch Tirol zum Brennerpass vorzurücken.[108] Ihr gegenüber lag die Innsbrucker Division Nr. 6 des österreichischen Heeres. Die deutsche Vorausabteilung ‚Velhorn' hatte in der Grenznähe bei Scharnitz Aufstellung zu nehmen und handstreichartig über Seefeld und Zirl nach Innsbruck vorzustoßen. […] Mit der Masse der Regimentstruppe verharrten Schörner und [Oberstleutnant Egbert] Picker währenddessen rund eineinhalb Kilometer nördlich der Staatsgrenze. […] Zunächst besetzte die 1. Kompanie des Gebirgspionierbataillons 54 um 05.30 Uhr ohne besondere Vorkommnisse den Grenzübergang Scharnitz […]. Dann überschritt das II. Bataillon des Gebirgsjägerregiments 98 bei Scharnitz die Grenze nach Tirol und marschierte nach Innsbruck. […] Während die Masse seines verstärkten Gebirgsjägerregiments 98 langsam auf die Tiroler Landeshauptstadt vorrückte, fuhr Schörner mit der motorisierten Vorausabteilung ‚Velhorn' nach Innsbruck, wo er zwischen 11.00 und 12.00 Uhr eintraf."[109] Nachts wurde Schörner von Generalleutnant Doehla folgender Befehl übermittelt: „Das Oberkommando Heer hat befohlen, dass ein Offizier der einmarschierenden deutschen Truppen zur österreichisch-italienischen Grenze (Brenner) fährt, dort einem italienischen Offizier aufsucht und ihm kameradschaftlich die Hand schüttelt. Durch diese

---

[108] Vgl. ebd., S. 64
[109] Kaltenegger, Roland: Major Michael Pössinger. Vom Ritterkreuzträger des Frankreichfeldzugs zum Eichenlaubträger im Kampf um Ostpreußen. Würzburg 2018, S. 37.

Geste soll das besonders gute, freundschaftliche Verhältnis Deutschland-Italien in aller Öffentlichkeit unterstrichen werden. Für die Ausführung dieses ehrenvollen Auftrags bestimme ich Sie."[110] Als Oberstleutnant Schörner um 12.45 Uhr am *Brennerpass* eintraf, begrüßte er den Kommandanten der italienischen Passbesatzung und hielt eine kurze diplomatische Rede in italienischer Sprache, die er ausgezeichnet beherrschte. Er sagte: „Ich habe die Auszeichnung, zu versichern, dass alle Unternehmungen heute in einem durchaus kameradschaftlichen Geiste vor sich gehen, in einem Geiste, der den freundschaftlichen Beziehungen zwischen dem faschistischen Italien und nationalsozialistischen Deutschland und der beiderseitigen Armeen entspricht. Ich bitte Sie, diese Empfehlung dem Befehlshaber an der Grenze im Auftrag meines Kommandierenden Generals zu übermitteln."[111] „In seiner Antwort gab der italienische Offizier in freundschaftlichem Ton seine Bewunderung für das große deutsche Heer zum Ausdruck. Aber er schmeichelte insbesondere Schörner, von dem er wusste, dass dieser anno 1917 für seinen tollkühnen Einsatz am Isonzo mit dem Pour le Mérite, den er fortan stets am Halse trug, ausgezeichnet worden war."[112]

Ab 15.00 Uhr hieß in Innsbruck eine große Menschenmenge Schörners Verbände willkommen, gegen 20.15 Uhr nahm eine Ehrenformation des Tiroler Jägerregiments und des leichten Artillerieregiments Nr. 6 auf der Maria-Theresia-Straße Aufstellung, Hitlers Rede in Linz

---

[110] Schmidl, Erwin A.: März 38. Der deutsche Einmarsch in Österreich. Wien 1987, S. 198.
[111] Schuschnigg, Kurt: Im Kampf gegen Hitler. Die Überwindung der Anschlussidee. Wien/München/Zürich 1969, S. 308.
[112] Kaltenegger: Schörner Bd. 1, 2014, S. 179.

wurde im Rundfunk übertragen und gegen 21.15 Uhr traf die Marsch-gruppe des Gebirgsjäger-Regiments 98 in Innsbruck ein. Während der Stab des Grenzschutz-Abschnitts-Kommandos 10 am 13. März hier seinen neuen Garnisonsort bezog[113], wurden die Unterkünfte für das 98er-Regiment bis 15. März für den Raum Imst-Landeck-Innsbruck festgelegt. Das Verhältnis der Quartiergeber zu den Gebirgsjägern wurde von diesen als sehr gastlich, ja überaus herzlich beschrieben[114], was während des folgenden dreimonatigen Aufenthalts so blieb, als Schörner seine Truppe in Tirol, den Stubaier-, Ötztaler- und Zillertaler Alpen einer intensiven Gefechtsausbildung unterzog. Der später eu-phemistisch als „Fahrt in den Frühling" verklärte, fast ausbildungs-mäßige Vormarsch der übrigen deutschen Gebirgsjägereinheiten nach Wien und über noch tief verschneite Alpenpässe in die Steier-mark nach Graz hatte als wichtige Etappen die Orte Vöcklabruck, Gmunden, Kirchdorf a. d. Krems, Liezen, Rottenmann, Leoben und Bruck a. d. Mur.[115]

Am 15. März verkündete Hitler auf dem Heldenplatz in Wien, wo er wie ein siegreicher Feldherr empfangen wurde, unter dem Jubel von rund 250.000 Menschen pathetisch „den Eintritt meiner Heimat in das Deutsche Reich". Der Jubel auf dem Heldenplatz spiegelte die begeis-terte Stimmung in einem großen Teil der Großstadtbevölkerung wi-der. Der hochdekorierte, einst aus der k. u. k. Doppelmonarchie her-vorgegangene Generaloberst Lothar Rendulic, ein bekennender Nazi

---

[113] Vgl. http://www.lexikon-der-wehrmacht.de/Gliederungen/Grenzschutzabschnitts-kommandos/GAK10.htm (18.1.2020)
[114] Vgl. [o. A.] Geschichte des Gebirgs-Jäger-Regiments 98. Berlin 1938, S. 1f.
[115] Vgl. Kaltenegger: Stammdivision 1981, S. 62.

und Augenzeuge jenes Ereignisses, schrieb: „Den Empfang der Truppen in Wien wiederzugeben wollen, scheitert an den Grenzen meiner Feder. Ich hätte es nicht für möglich gehalten, daß Menschen gleichgültig welchen Alters in eine derartige Ekstase geraten können."[116] Ganz anders war dies bei den Bergbauern und der ländlichen Bevölkerung in den streng katholischen Bergtälern der neuen „Ostmark". Hier war die Stimmung bezüglich der neuen politischen Ordnung deutlich reservierter.

Einen Eindruck von den tatsächlichen Folgen der militärischen Okkupation Österreichs unter der geschilderten Beteiligung der deutschen Gebirgstruppe gibt der folgende Bericht: „Bereits in den ersten Tagen nach der Machtübernahme inhaftierten die neuen Machthaber unter Mithilfe österreichischer Anhänger rund 70.000 Menschen, insbesondere in Wien. Darunter waren viele Politiker und Intellektuelle der Ersten Republik und des Ständestaates sowie vor allem Juden. Der Terror hatte aber bereits vor dem Einmarsch der Wehrmacht begonnen: In einer ‚Orgie der Gewalt ohnegleichen' (Hans Mommsen) entfesselten die Nazis unmittelbare und bis dahin unvorstellbare Ausschreitungen. Gleich am 12. März wurden Tausende jüdische Einrichtungen und Geschäfte geplündert, Juden öffentlich misshandelt und gedemütigt. So wurden sie unter anderem gezwungen, in sogenannten Reibpartien Bürgersteige von anti-nationalsozialistischen Slogans zu reinigen. Dieser lancierte Ausbruch antisemitischen Hasses erfolgte spontan und war in seiner Blindwütigkeit von keiner Seite vorhergesehen worden. Insgesamt gingen über 8.000 jüdische Einzelhandelsgeschäfte in ‚arischen' Besitz über oder mussten ganz schließen.

---

[116] Rendulic, Lothar: Soldat in stürzenden Reichen. München 1965, S. 203.

Insbesondere Angehörige der österreichischen NSDAP und ihrer angeschlossenen Organisationen bereicherten sich schamlos. Gauleiter Josef Bürckel versuchte im April 1939 vergeblich, von ihnen eine Arisierungsabgabe einzutreiben. Der österreichische Pogrom vom März 1938 übertraf in Ausmaß und Brutalität die Verhältnisse in Deutschland bei weitem. Er gab der antijüdischen Politik im ‚Altreich' neuen Schub, die im selben Jahr in den Novemberpogromen einen neuen Höhepunkt erreichte. [...] Der ‚Anschluss' wurde als weiterer persönlicher Erfolg Hitlers angesehen, der dem Führermythos erneute Nahrung gab und Hitlers charismatische Herrschaft weiter legitimierte. Hitlers Popularität reichte nun an die Begeisterung heran, die Otto von Bismarck nach der Reichseinigung genossen hatte, die von dem Erfolg, alle deutschsprachigen Menschen in einem Staat versammelt zu haben, in den Schatten gestellt zu werden schien."[117] Nach der Vertreibung der Juden, politischen Gegner und kritischen Intellektuellen aus der Öffentlichkeit verarmte nicht nur Wien sozial und kulturell. Die multikulturell geprägte Hauptstadt des früheren Kaiserreichs mutierte insbesondere ohne die jüdische Intelligenz fortan zu einem „internationalen Dummheitsmuseum"[118].

Nach Rückkehr in die Heimatstandorte schlossen die Verbände der Gebirgs-Brigade ihre Ausdifferenzierung zur Division ab und professionalisierten das Zusammenspiel der Truppenteile ihrer verschiedenen Waffengattungen. Offiziere und Unteroffiziere der „Edelweiß-Division" fungierten als „Geburtshelfer" der im Gau Tirol in

---

[117] https://de.wikipedia.org/wiki/Anschluss_%C3%96sterreichs (18.1.2020)
[118] Flügge 2018, S. 32 nimmt mit dieser Formulierung Bezug auf Hugo Bettauers prophetischen Roman „Die Stadt ohne Juden" aus dem Jahre 1922.

Aufstellung begriffenen 2. Gebirgs-Division (General Valentin Feurstein) und der 3. Gebirgs-Division (General Eduard Dietl), die aus Soldaten der Steiermark und Kärntens gebildet wurde: Das verstärkte I./Gebirgsjäger-Regiment 98 übernahm die Ausbildung des Stammpersonals der in Innsbruck, Hall und Salzburg stationierten Neuaufstellungen der Gebirgstruppe des nunmehrigen *Großdeutschen Reichs*.

Am 18. September 1938 zieht das Gebirgsjäger-Regiment 98 in Kriegsstärke, d. h. mit voller Mannstärke und allen Ergänzungsmannschaften, aufmunitioniert mit scharfer Munition, mit sämtlichen Fahrzeugen, Pferden, Tragtieren sowie allem Gerät und Material ins Herbstmanöver in den Bayerischen Wald zwischen Passau und der Grenze zum Sudetenland.

Nach der Annexion Österreichs sah sich die erst 1918 gegründete Tschechoslowakische Republik auf drei Seiten von deutschem Gebiet umklammert. Die rund dreieinhalb Millionen Sudentendeutschen – daneben gab es 2,5 Millionen Slowaken und über eine Million Angehörige der ruthenischen, polnischen oder ungarischen Minorität – wurden dort von der tschechischen Bevölkerungsmehrheit (ca. 6,5 Millionen Menschen) unterdrückt und drangsaliert. Diese Minderheitenproblematik spitzte sich zur ernsten politischen Krise zu, als die nervös gewordene tschechische Regierung aus Angst vor einem vermeintlich unmittelbar bevorstehenden Angriff der Wehrmacht am 20. Mai 1938 mobilmachte. Hitler begegnete dieser für ihn perfekten Vorlage am 30. April 1938 mit seiner Weisung für den *„Fall Grün"*, dem Angriff auf die Tschechoslowakei. Der „Fall Grün" sah eine Kräfteeinteilung für den Einmarsch deutscher Verbände ein, die sich auf fünf Gebietszonen erstreckte. Das Gebirgsjäger-Regiment 98 war dem

„Heeresgruppenkommando z. b. V." (12. Armee mit den Verbänden der 1. Geb.-Div., der 7., 9., 45. Inf.-Div. sowie einem Inf.-Rgt. der 5. Inf.-Div.) unterstellt. Es war für die Besetzung der Gebietszone 1 („Südwest") längs der niederbayerischen Grenze angesetzt[119] und lag hierfür bereits in seinen Bereitstellungsräumen entlang der tschechischen Grenzabschnitte. Die Gebirgsjäger des 98. Regiments befanden sich bis 24. September in den Ortsquartieren um Untergriesbach und bis 25. um die Ortschaften Wegscheid und Breitenberg. Als das Regiment am Abend des 29. September gerade wieder Richtung Breitenbach unterwegs war, erreichte die Führung die überraschende Nachricht vom Münchner Abkommen, das die Abtretung der sudetendeutschen Randgebiete der Tschechischen Republik an das Deutsche Reich garantierte. Dadurch wurde ein Krieg einstweilen vermieden. Am 30. September gab es mittags Alarm, worauf die 6. Kompanie des Gebirgsjäger-Regiments 98 und die Vorausabteilung des Leutnants von Braun aus der 14. Kompanie an die Grenze bei Aigen und zum Zollhaus Diendorf vorrückten, das die Tschechen um 20.30 Uhr räumten.

Bei der kampflosen *„Wiedereingliederung" des Sudetenlands* ins Großdeutsche Reich bis zum 10. Oktober rückte Schörners Gebirgsjäger-Regiment 98 am 1. Oktober 1938 via Passau in den Bayerischen Wald vor. Von dort wies die Hauptmarschrichtung des Regiments zum Blansker Wald, dem nordöstlichen Vorgebirge des Böhmerwalds, mit dem 1.083 m hohen Schöninger als höchstem Gipfel. Speziell das Bataillon von Oberstleutnant Egbert Picker (II./98) wurde dabei von der

---

[119] Vgl. u. a. Pössel, Detlef: Sudeteneinmarsch 1938. […] Ahrensburg 2023, S. 70.

deutschstämmigen Bevölkerung, die aufgrund des ihr bislang vorent-
haltenen Selbstbestimmungsrechts (im Gegensatz zu der im März
1939 erfolgten Annexion der „Rest-Tschechei") „rechtens" in das
Großdeutsche Reich eingegliedert wurde, herzlich empfangen. Die
Gebirgsjäger wurden mit Blumen überhäuft. Die Kommando-Stand-
orte des Gebirgsjäger-Regiments 98 von Oberstleutnant Schörner wa-
ren: 30.9.1938 Aigen, 1.10. Grenze bei Diendorf, 2.10. Unter-Moldau
(Dolni Vltavice), ab 2.10.1938 Höritz (Hořice na Šumavě), 8.10. Krenau
(Křenov), Kalsching (Chvalšiny), 17.10. Rückzug und Ersatz durch
Inf.-Rgt. 135, 20.10.1938 Passau.[120]

Die Ereignisse beschreibt die Fragment gebliebene, lediglich neunsei-
tige „Geschichte des Gebirgs-Jäger-Regiments 98", die bereits 1938 erschienen war und später nicht mehr fortgeführt wurde: „Am 1. Oktober 14.00 Uhr überschreitet das Regiment 98 – die erste deutsche
Truppe im Sudetenland! – die *Grenze bei Diendorf* und rückt mit vordersten Teilen bis 1.500 Meter an die Moldau heran. Der Divisionskommandeur General Kübler nimmt an der Grenze den Vorbeimarsch der verstärkten Vorhut ab, an die sich das sudetendeutsche
Freikorps angeschlossen hatte. Am 2. Oktober Besetzung der Zone I.
Um 13.00 Uhr überschreitet das Regiment mit der Spitze die Moldau
bei der Ortschaft Untermoldau. 7. Kompanie ist Vorhut. Vorausabteilung von Braun, die durch einen Panzerspähtrupp und Pioniere verstärkt wurde. In Schwarzbach treffen die vordersten Teile auf den
tschechischen Parlamentär. In Mugrau kurzer Halt bis 16.00 Uhr,
dann Marsch auf Höritz. Sitz des Regimentsstabes für die nächsten
Tage. Die Vorhut rückt noch weiter über Neusiedl nach Gojau und

---

[120] Vgl. ebd, S. 126.

stellt dort Sicherungen auf. 1.500 Meter gegenüber am Fuße des über-
ragenden ‚Vlansker Waldes', auch ‚Schöninger' genannt, liegen die
Tschechen. Deutlich sieht man die Bunker und Gräben. Die folgenden
Tage bis zum 7. Oktober wird im nahe gelegenen Krenau immer noch
geschanzt. Nachts hört man Schießereien. […] Der Gruppe Schörner
waren in dieser Zeit unterstellt: I. Abteilung/Gebirgsartillerieregi-
ment 79 (ohne 3. Batterie); 3. (motorisierte) Kompanie/Gebirgspionier-
bataillon 54; leichte Pionierkolonne; I. Bataillon schweres Flakregiment 24; 2. Batterie schweres Flakregiment 5; Panzerspähtrupp der
Aufklärungsabteilung 7. Fünf Tage lag die so verstärkte Gruppe
Schörner in ihren Quartieren und Stellungen. Während der Zeit
herrschte in dem noch nicht besetzten sudetendeutschen Gebiet weiterhin schärfster Terror. Krumau war Schauplatz ernster Zusammen-
stöße. Immer noch kamen Flüchtlinge und bald auch die aus dem
tschechischen Militär entlassenen Sudetendeutschen. Durften die
deutschen Truppen auch den letzten Abschnitt des sudetendeutschen
Gebietes – die Zone V – besetzen. Regimentsstab und Nachrichten-
zug, 14. Kompanie und I. Bataillon rückten vor nach Kalsching und
Schloss Rothenhof. In Kalsching Vorbeimarsch am Regimentskommandeur. Vorderste Sicherungen liegen bei Richterhäuser. Eine Kompanie des II. Bataillons besetzt den ‚Schöninger', strategisch wichtigs-
ter Punkt dieses Gebietes, der gleichzeitig einen großartigen Blick
nach Budweis und bis zu den Alpen bietet. Am 9. Oktober bereitet die
Kalschinger Bevölkerung dem Kommandeur des Regiments 98,
Oberstleutnant Schörner, und seinen Soldaten in einer abendlichen
Kundgebung mit Fackelzug eine Ehrung, die den tief empfundenen
Dank dieser Sudetendeutschen zum Ausdruck bringt. Das Regiment
richtet sich in diesen Tagen auf einen längeren Aufenthalt im

Sudetenland ein. Die Einheiten verbessern ihre Unterkünfte und treiben Gefechtsausbildung. Die vielen tschechischen Bunkersysteme bieten dazu ein willkommenes Übungsgelände. Nebenher helfen die Jäger der Bevölkerung beim Einbringen der Ernte und Bestellen der Felder. Durch die tschechische Besatzungszeit hatte hier fast alles brachgelegen. Doch nur noch einige schöne Herbsttage blieben dem Regiment im schönen Böhmerwald. Mit Beginn eines neuen Jahres in der Geschichte des Gebirgs-Jäger-Regiments 98 kam der ‚Einsatz Sudetenland' für die Jäger zum Abschluß."[121] Die Truppe atmete angesichts des abgewendeten Krieges erleichtert auf und kehrte Ende Oktober in ihre Heimatgarnisonen zur weiteren Ausbildung zurück. Zuvor feierte das 98er-Regiment noch sein einjähriges Bestehen. In Schörners am 11. Oktober erlassenen Regimentssonderbefehl stellt er vielsagend die Bedeutung der NS-Weltanschauung für die *„Erziehung"* seiner Truppe heraus:

„Am 12. Oktober 1938 begeht das Gebirgsjägerregiment 98 den ersten Jahrestag seiner Gründung. Das Regiment hatte das große Glück, sich im ersten Jahr seines Bestehens bei zwei geschichtlichen Ereignissen der großdeutschen Entwicklung beteiligen und bewähren zu können und damit in kurzer Zeit eine Tradition zu erwerben. Die gemeinsam erlebten Tage haben uns alle, Führer und Mannschaften, Reservisten und aktive Soldaten zu einer engen Kameradschaft zusammengeschlossen. Die auf den Krieg gerichtete Ausbildung bleibt entscheidend; das haben uns vor allem die letzten Wochen deutlich gemacht. Sie muss uns befähigen, die kommenden größeren Aufgaben in der Zukunft des Reiches erfolgreich zu lösen. Mit den höheren Zielen wächst

---

[121] [o. A.] Geschichte des Gebirgs-Jäger-Regiments 98. Berlin 1938, S. 8.

die Erziehungsarbeit, die auf die Weltanschauung des nationalsozialistischen Staates gründet und unsere moralische Kampfkraft stärkt. Wer von uns geht und wer zu uns kommt, muss immer klar erkennen, dass die Wehrmacht die höchste Erziehungsschule des neuen Staates bildet. Stolz auf unser Regiment und seine hohe Berufung, innerlich geschlossen und pflichtbewusst sind wir als Soldaten Großdeutschlands nach den Worten unseres Führers jederzeit zum Einsatz bereit.   Heil Hitler!   gez. Schörner"[122]

Den Feierlichkeiten zum Jahrestag wohnten ranghohe Wehrmachtsgenerale bei, darunter der Kommandierende General des VII. Armeekorps Eugen Ritter von Schobert, der Generalstabschef der Heeresgruppe Generaloberst List sowie Generalquartiermeister Generalmajor Karl Weisenberger und Generalleutnant Erich von Manstein. Manstein, List und Schörner sollten im Verlauf des späteren Kriegs noch Generalfeldmarschälle werden. „Am 15. Oktober 1938 besuchte der Oberbefehlshaber des Heeres, Generaloberst Walther von Brauchitsch, das Gebirgsjägerregiment 98. Oberstleutnant Schörner erstattete ihm am ‚Schöninger' Bericht über den Verlauf der deutschen und tschechischen Stellungen und über den günstigen Verlauf der zukünftigen Grenzziehung. Bereits zwei Tage später wurden die Gebirgsjäger zurückgezogen und durch das I. Bataillon des Infanterieregiments 135, das bis dahin in Krumau gelegen hatte, abgelöst. Über den Raum Breitenberg und Hauzenberg erreichte Picker mit seinem Gebirgsjägerbataillon am 20. Oktober Passau und den Raum westlich davon. ‚Ein glänzender Empfang in seinen Standorten Mittenwald, Garmisch und Lenggries am 22. Oktober schließt diese erlebnisreiche schöne

---

[122] Kaltenegger: Pössinger 2018, S. 42f.

Zeit ab', heißt es abschließend in der Regimentschronik."[123] Die Soldaten des Gebirgsjäger-Regiments 98 erhielten zwei Erinnerungsmedaillen für den 13. März 1938 (Einmarsch in Österreich) und für den 1. Oktober 1938 (Einmarsch in das Sudetenland).

Nach der Rückkehr des Sudetenlandes war es Hitler zum zweiten Mal gelungen, ohne Blutvergießen das deutsche Reichsgebiet zu vergrößern. Doch in der territorial amputierten Rest-Tschechei spitzte sich die politische Lage immer dramatischer zu. Als am 14. März 1939 die Slowaken die Umwandlung der verbliebenen Tschechoslowakei in einen Bundesstaat mit getrennten Nationalparlamenten für Tschechen, Slowaken und Ruthenen (Ukrainer) forderten, wurde dem greisen Staatspräsidenten Hacha von Göring ein Protektoratsvertrag oktroyiert. Am Morgen des nächsten Tages begann mit dem Einmarsch der Deutschen Wehrmacht von allen Seiten die sogenannte *„Zerschlagung der Rest-Tschechei" unter Bruch des Münchner Abkommens*. Bereits um 9 Uhr wurde von deutschen Truppen Prag erreicht, Böhmen und Mähren als „Reichsprotektorat" dem Großdeutschen Reich unterstellt und am 23. März 1939 aufgrund eines Abkommens mit Litauen auch noch das Memel-Gebiet mit dem Reich „wiedervereinigt". Der eingesetzte Reichsprotektor Konstantin von Neurath und der verhasste „Stellvertretende Reichsprotektor in Böhmen und Mähren", SS-Obergruppenführer Reinhard Heydrich, der mit der „Führung der Geschäfte" betraut war, residierten fortan auf der Prager Burg und knechteten von hier aus die Bevölkerung. Heydrich war als Chef des Reichssicherheitshauptamts (RSHA), engster Mitarbeiter und „Hirn" Himmlers einer der mächtigsten und gefährlichsten Männer des NS-Regimes.

---

[123] Ebd., S. 43.

Der einst unehrenhaft aus der Marine entlassene Massenmörder, ein virtuoser Violinist und sehr guter Sportler (Schwimmen, Segeln, Sportfechten), lenkte mit kalter Intelligenz den NS-Terrorapparat und war Hauptorganisator des Holocausts bis zu dem am 27. Mai 1942 in Prag auf ihn verübten Attentat, an dessen Folgen er kurz danach verstarb. Das erfolgreiche Attentat führte zum berüchtigten Massaker von Lidice und ein bizarrer Ehrenkult um den „Blutzeugen". Hitler benannte im Übrigen das SS-Gebirgsjäger-Regiment 11 der 6. SS-Gebirgs-Division „Nord" nach Heydrich.[124]

Wenngleich an den militärischen Einsätzen, die zur Erschaffung des „Reichsprotektorats" geführt haben, die Verbände der 1. Gebirgs-Division nicht beteiligt waren, ging auch für ihre Angehörigen mit dem Abschluss der „Blumenkriege" die fragile Friedenszeit zu Ende.

---

[124] Vgl. Gerwarth, Robert: Reinhard Heydrich. Biographie. München 2011.

4. Personal und Strukturen des 98. Regiments 1939/1940

Offiziersstellenbesetzung des Gebirgsjäger-Regiments 98 zum 1. März 1939, geordnet nach Dienststellung:[125]

Stab GebJägRgt. 98/Mittenwald

      Kommandeur: Oberstleutnant Ferdinand Schörner

      Adjutant: Hauptmann Julius Wölfinger

      Ordonnanzoffizier: Oberleutnant Anton Leeb

      Rgt.-Veterinär: Stabsveterinär Dr. Hermann Schmidt

I. Bataillon (I./GebJägRgt. 98)/Garmisch-Partenkirchen

      Kommandeur: Major Franz Aldrian

      Offizier z.b.V. Hauptmann Friedrich Velhorn

      Adjutant: Leutnant Hans Daumiller

      Veterinär: Oberveterinär Selinger

    1.   Kompanie

        Chef: Hauptmann Zorn (zuvor: Oberleutnant Scanzoni von Lichtenfels)

        Zugführer: Leutnant Günther Dietzel

        Zugführer: Leutnant Andreas Esterer

    2.   Kompanie

---

[125] http://gliederungundstellenbesetzung.blogspot.com/2008/05/gebirgsjger-regiment-98-gebjgrgt98-d.html (20.1.2020)

Chef: Hauptmann Klaus Dauner

Zugführer: Leutnant Karl Niessner

Zugführer: Leutnant Raimund Feser

3. Kompanie

Chef: Hauptmann Friedrich Übelhack

Zugführer: Leutnant Beyer

4. Kompanie (Schw)

Chef: Hauptmann Stefan Kostanjec

Zugführer: Leutnant Seidel

5. Kompanie

Chef: Oberleutnant Friedrich (Fritz) Bader (zuvor: Hauptmann Josef Salminger)

Zugführer: Leutnant Franz Nordhoff

II. Bataillon (II./GebJägRgt. 98)/Lenggries

Kommandeur: Oberstleutnant Egbert Picker

Adjutant: Leutnant Harald von Hirschfeld

Offizier z.b.V.: Hauptmann Emil Telebo

Veterinär: Unterveterinär Dr. Haydn

6. Kompanie

Chef: Hauptmann Martin Merxmüller

Zugführer: Leutnant Johannes Freiherr von Hertling

7. Kompanie

Chef: Oberleutnant Schirmer (zuvor: Hauptmann Johann Giehl)

Zugführer: Leutnant Martin Neuner

8. Kompanie

Chef: Hauptmann Eugen Baumgartner

Zugführer: Leutnant Florian Kofler

9. Kompanie (Schw.)

Chef: Oberleutnant Josef Kozubowski

Zugführer: Leutnant Martin Laßkorn

Zugführer: Leutnant Fritz Willer

10. Kompanie (St.)

Chef: Leutnant Hermann Süßmann

Zugführer: Leutnant Heinrich Wildzeisz

Zugführer: Leutnant Koch

III. Bataillon (III./GebJägRgt. 98)/Mittenwald

Kommandeur: Major Albert Kaiser

Adjutant: Leutnant Engelbert Mayr

11. Kompanie

Chef: Hauptmann Scanzoni von Lichtenfels

Zugführer: Leutnant Küspert

Zugführer: Leutnant Nusser

12. Kompanie

Chef: Hauptmann Josef („Sepp") Salminger
Zugführer: Leutnant Hans Schlicht

13. Kompanie
Chef: Oberleutnant Alfred Artmann
Zugführer: Leutnant Wilhelm Spindler

14. Kompanie (Schw.)/Garmisch-Partenkirchen
Chef: Hauptmann Karl Hohe
Zugführer: Leutnant Edler von Braun
Zugführer: Leutnant Günther Lucas

15. Kompanie (St.)
Chef: Hauptmann Alfred Neumayr
Zugführer: Leutnant Braun

16. Kompanie (PzAbw.)/Mittenwald
Chef: Leutnant Joachim Thumser
Zugführer: Leutnant Claus Honigmann

Ersatz-Bataillon (Ers.Btl./GebJägRgt. 98)
Kommandeur: Major (E) Freiherr von Gise
Adjutant: Leutnant Herterich

1. Kompanie
Chef: Oberleutnant Jacob
Zugführer: Leutnant Praxmarer

2. Kompanie

    Chef: Hauptmann Juen

    Zugführer: Leutnant Baumann

4. Kompanie

    Chef: Hauptmann Fleischmann

    Zugführer: Leutnant Jäger

Offiziersstellenbesetzung des Gebirgsjäger-Regiments 98 zum 1. März 1939, geordnet nach Dienstgrad und Rangdienstalter:[126]

Dienst-grad	Name	Rang seit	Rgt.-Einheit	RDA
Obstlt.	Schörner, Ferdinand	1.3.1937	Rgt.-Kdr.	(5)
Obstlt.	Picker, Egbert	1.1.1938	II. Btl.	(12)
Maj.	Kaiser, Albert (Inf.Reg. 134)	1.6.1935	III. Btl.	(39)
Maj. (E)	Freiherr von Gise, Ernst-August	1.9.1935	Ers.-Btl.	(13)
Maj.	Aldrian, Franz (Geb.Jäg.Rgt. 100)	1.10.1936	I. Btl.	(142)
Hptm.	Telebo, Emil (Inf.Reg, 135)	1.6.1934	Stab II.	(245)
Hptm.	Zorn, Eduard (Gen.St.d.H.)	1.7.1934	1. Kp.	(2)
Hptm.	Juen	1.8.1934	2. Kp. (E)	(58)

[126] Daten aus interner Übersicht des Regiments, vgl. Kaltenegger: Schörner Bd. I 2014, S. 152f.

Hptm.	Kostanjec, Stefan	1.11.1934	4. Kp. (schw)	(51)
Hptm.	Velhorn, Friedrich	1.12.1934	St. I	(17)
Hptm.	Fleischmann, Josef	1.5.1935	4. Kp. (EMG)	(241)
Hptm.	Dauner, Klaus	1.5.1935	2. Kp.	(30)
Hptm.	Wölfinger, Julius	1.1.1936	Reg.-Adj.	(10)
Hptm.	Baumgartner, Eugen (Geb.Jäg.R.100)	1.8.1936	8. Kp.	(21)
Hptm.	Salminger, Josef	1.10.1936	12. Kp.	(110)
Hptm.	Scanzoni von Lichten-fels, Friedrich	1.1.1938	11. Kp.	(72)
Hptm.	Merxmüller, Martin	1.3.1938	6. Kp.	(10)
Hptm.	Hohe, Karl	1.3.1938	14. Kp.(schw)	(140)
Hptm.	Übelhack, Friedrich	1.4.1938	3. Kp.	(55)
Hptm.	Neumayr, Alfred	1.10.1938	15. Kp. (St)	(96)
Oblt.	Bader, Friedrich	1.10.1935	5. Kp. (St)	(129)
Oblt.	Schirmer (Geb.Jäg.Rgt. 99)	1.10.1935	7. Kp.	(170)
Oblt.	Kozubowski, Josef (Geb.Jäg.Rgt. 136)	1.10.1935	9. Kp. (schw)	(305)
Oblt.	Artmann, Alfred	1.6.1938	13. Kp.	(65)
Oblt.	Leeb, Anton	1.10.1938	Reg.-Stab	(147)
Oblt.	Jacob, Hans-Peter	1.10.1938	1. Kp. (E)	(259)
Lt.	Mayr, Engelbert	1.4.1936	Adj. III.	(229)
Lt.	Süßmann, Hermann	1.4.1936	10. Kp. (St)	(257)
Lt.	Thumser, Joachim	1.4.1936	16. Kp.PzAbw	(547)
Lt.	Herterich (Geb.Jäg.Rgt. 99)	1.4.1936	Adj. E	(1023)
Lt.	Daumiller, Hans	1.9.36	Adj. I.	(5)
Lt.	Edler von Braun	1.10.1936	14. Kp.(schw)	(3)
Lt.	Nordhoff, Franz	1.4.1937	5. Kp. (St)	(1079)

Lt.	Niessner, Karl	1.4.1937	2. Kp.	(1672)
Lt.	Wildzeisz, Heinrich	1.4.1937	10. Kp. (St)	(1708)
Lt.	Praxmarer	1.4.1937	1. Kp. (E)	(1721)
Lt.	Kofler, Florian	1.4.1937	8. Kp.	(1756)
Lt.	Jäger (Geb.Jäg.Rgt. 99)	1.4.1937	4. Kp. EMG	(1757)
Lt.	Honigmann, Claus	1.9.1937	16. Kp.PzAbw	(4)
Lt.	Küspert	1.1.1938	11. Kp.	(6)
Lt.	Laßkorn, Martin	1.1.1938	9. Kp. (schw)	(164)
Lt.	Dietzel, Günther	1.1.1938	1. Kp.	(439)
Lt.	Lucas, Günther	1.1.1938	14. Kp.(schw)	(486)
Lt.	Seidel	1.1.1938	4. Kp. (schw)	(995)
Lt.	Koch	1.1.1938	10. Kp. (St)	(1144)
Lt.	von Hirschfeld, Harald	1.1.1938	Adj. II.	(1794)
Lt.	Spindler, Wilhelm	1.10.1938	13. Kp.	(66)
Lt.	Schlicht, Hans	1.10.1938	12. Kp.	(154)
Lt.	Beyer	Ern. 1.9.1938	3. Kp.	(362)
Lt.	Feser, Raimund	Ern. 1.9.1938	2. Kp.	(478)
Lt.	Geyer, Rudolf	Ern. 1.9.1938	12. Kp.	(507)
Lt.	Freiherr von Hertling, Johannes	Ern. 1.9.1938	6. Kp.	(676)
Lt.	Braun	Ern. 1.9.1938	15. Kp. (St)	(792)
Lt.	Neuner, Martin	Ern. 1.9.1938	7. Kp.	(822)
Lt.	Willer, Fritz	Ern. 1.9.1938	9. Kp. (schw)	(933)

Lt.	Nusser	Ern. 1.9.1938	11. Kp.	(1053)
Lt.	Esterer, Andreas	Ern. 1.9.1938	1. Kp.	(1124)
Lt.	Baumann	Ern. 1.9.1938	2. Kp. (E)	(1573)

Unterstellung und Binnengliederung des Gebirgsjäger-Regiments 98:

Heeresgruppe 3

Wehrkreis VII

     Kommandositz: München

     Umfasste Gebiete: Oberbayern, Niederbayern, Schwaben, Oberpfalz

VII. Armee-Korps

     Kommandierender General: General der Infanterie Eugen Ritter von Schobert

1. Gebirgs-Division

     Divisionsstab: München

Kommandeure der 1. Gebirgs-Division:

Dienstgrad	Name	Zeitraum
Generalmajor	Ludwig Kübler	1. April 1938 – 25. Oktober 1940
Generalmajor	Hubert Lanz	25. Oktober 1940 – Februar 1943
Generalleutnant	Walter Stettner	1. März 1943 –

	Ritter v. Grabenhofen	Oktober 1944
Generalmajor	August Wittmann	Oktober 1944 – 17. Dezember 1944
Generalleutnant	Josef Kübler	27. Dezember – 17. März 1945
Generalleutnant	August Wittmann	17. März 1945 – 12. Mai 1945

Zur Kriegsgliederung der 1. Gebirgs-Division (Stand 9. Mai 1940) siehe Anhang.

Regimentsgliederung des Gebirgsjäger-Regiments 98 (seit Herbst 1938 bis Mai 1945):

Bataillon	Zugehörige Kompanie	Garnison
Regimentsstab	Stabskompanie und leichte Gebirgsjäger-Kolonne 98	Mittenwald
I. Bataillon (I./98)	1.-5. Kompanie (1./98 – 5./98)	Garmisch-Partenkirchen
II. Bataillon (II./98)	6.-10. Kompanie (6./98 – 10./98)	Lenggries
III. Bataillon (III./98)	11.-15. Kompanie (11./98 – 15./98	Mittenwald
	16. (Panzerjäger-)Kompanie (16./98)	Mittenwald

Feldpostnummern des Gebirgsjäger-Regiments 98 ab der Mobilmachung (25.8.1939):[127]

---

[127] http://www.lexikon-der-wehrmacht.de/Gliederungen/Gebirgsjagerregimenter/GJR98.htm (18.1.2020)

Die Einheiten wurden als Teile vom Gebirgsjäger-Regiment 98 in der Feldpostübersicht eingetragen. Ab Mitte 1940 hatten die Bataillone nur noch je eine gemeinsame Nummer. 1943 wurde die Kolonne in 5. Kraftfahr-Kompanie Gebirgs-Divisions-Kolonne 54 umbenannt. Dafür wurde gleichzeitig die 4. Fahrkolonne Gebirgs-Divisions-Kolonne 54 in Kolonne vom Regiment umbenannt. Am 8. Januar 1944 wurde das I. Bataillon gestrichen. Am 24. März 1944 wurde das I. Bataillon bei der gleichen Nummer wieder eingetragen, hatte jetzt aber nur noch 4 Kompanien.

Einheit	Feldpostnummer	Nummer ab 1940
Regimentsstab	07820	07820
Stab I. Bataillon	19147	19147 A gestr. Jan/44 ab Mär/44 19147 A
1. Kompanie	25333	19147 B gestr. Jan/44 ab Mär/44 19147 B
2. Kompanie	19875	19147 C gestr. Jan/44 ab Mär/44 19147 C
3. Kompanie	08394	19147 D gestr. Jan/44 ab Mär/44 19147 D
4. Kompanie	12234	19147 E gestr. Jan/44 ab Mär/44 19147 E
5. Kompanie	18637	19147 F gestr. Jan/44
Stab II. Bataillon	25331	25331 A

6. Kompanie	29091	25331 B
7. Kompanie	28901	25331 C
8. Kompanie	12477	25331 D
9. Kompanie	19245	25331 E
10. Kompanie	18050	25331 F
Stab III. Bataillon	05705	05705 A
11. Kompanie	07719	05705 B
12. Kompanie	21663	05705 C
13. Kompanie	12509	05705 D
14. Kompanie	21222	05705 E
15. Kompanie	05104	05705 F
16. Kompanie	28180	28180
Kolonne	00815	00815 bis 1943 ab 1943 29465

5. Das Gebirgsjäger-Regiment 98 im Polenfeldzug 1939

Sieben Tage vor dem militärischen Überfall auf Polen und damit der Entfesselung des Zweiten Weltkrieges kam es zur verhängnisvollen „Allianz der Antipoden"[128] Hitler und Stalin. Der *Hitler-Stalin-Pakt* vom 24. August 1939 mit seinem berüchtigten geheimen Zusatzprotokoll, das die Aufteilung Polens zwischen dem Deutschen Reich und der Sowjetunion festlegte, bot Hitler die Chance, politischen Handlungsspielraum zu gewinnen, nachdem es ihm nicht gelungen war, Polen zum „Juniorpartner" seiner Kriegspolitik zu machen und Großbritannien von der geplanten Neuordnung Osteuropas fernzuhalten. Das mit einigen Zugeständnissen erkaufte temporäre Zweckbündnis mit Stalin sicherte Hitler die indirekte Rückendeckung Moskaus für den Krieg gegen Polen. Dieses sollte als deutsches Aufmarschgebiet dienen für die Umsetzung des nach wie vor gültigen strategischen Ost-Programms der „Zerschlagung des Bolschewismus" sowie der „Eroberung des Lebensraums im Osten" und seiner „rücksichtslosen Germanisierung".[129] Die Gefahr einer militärischen Eskalation hing wie ein Damoklesschwert über der deutschen Politik dieser Zeit. Die meisten Oberbefehlshaber der deutschen Armeen fanden im Auf und Ab von Zurückhaltung und Begeisterung, Zweifel und Jubel hinsichtlich der Kriegsfrage letztlich zu einem breiten Konsens der

---

[128] Vgl. Winkler, Heinrich August: Geschichte des Westens. Die Zeit der Weltkriege 1914-1945. Sonderausgabe. München 2016, S. 868-889.

[129] Vgl. Ueberschär, Gerd R./Bezymenskij, Lev A. (Hrsg.): Der deutsche Angriff auf die Sowjetunion 1941. Die Kontroverse um die Präventivkriegsthese. 2., erw. Auflage. Darmstadt 2011, S. 2-11.

Zustimmung zu einem *isolierten Krieg* gegen Polen. Bedenken hinsichtlich eines möglichen Zweifrontenkriegs suchte Hitler („wenig wahrscheinlich") unter Hinweis auf den Hitler-Stalin-Pakt zu zerstreuen, sodass diese Bedenken alsbald professioneller Geschäftigkeit bei den Generalen wichen.[130]

„Hitlers Überfall auf Polen war der Auftakt eines Weltkrieges, dessen Folgen die politischen Koordinaten in Europa bis heute bestimmen. *Der 1. September 1939 markiert zudem den Übergang von der Zivilisation zur Barbarei: Die Brutalität und die Geschwindigkeit des Überfalls auf Polen spiegelten eine neue Dimension der Kriegführung, die auch vor der Zivilbevölkerung nicht haltmachte."*[131] War bereits der Erste Weltkrieg aufgrund des Einbezugs der Zivilbevölkerung insbesondere an den „Heimatfronten" der erste totale Krieg, so galt dieses Signum jetzt umso mehr für den Polenfeldzug, in welchem nun z. T. auch *dezidiert* gegen die Zivilbevölkerung Krieg geführt wurde. Befähigt wurde Hitler dazu von der Wehrmacht, deren militärisches Arsenal gemessen am 100.000-Mann-Heer von 1933 gewaltig gewachsen war: Es zählte 1939 rund 109 Divisionen mit einer Kriegsstärke von 2,75 Millionen Mann, über 10.000 Geschützen, 3.200 Panzern und 4.000 Flugzeugen – wobei sich die Wehrmacht (und insbesondere die Kriegsmarine) zu diesem Zeitpunkt noch *im Aufbau* befand. Die Endplanungen waren auf das Jahr 1943/44 abgestellt.[132]

---

[130] Vgl. Hürter, Johannes: Hitlers Heerführer. Die deutschen Oberbefehlshaber im Krieg gegen die Sowjetunion 1941/42. 2. Auflage. München 2007, S. 155-157.

[131] Böhler, Jochen: Der Überfall. Deutschlands Krieg gegen Polen. Frankfurt a. Main 2009. (Einbandtext)

[132] Vgl. Kriegstagebuch des Oberkommandos der Wehrmacht. Wehrmachtführungsstab. Bd. 1. Teilbd. 1. Hrsg. v. Percy. E. Schramm. Augsburg 2005, S. 52E.

Am Morgen des 1. September trat Hitler in der Berliner Krolloper vor den längst von anderen Parteien „gesäuberten" Reichstag und hielt eine apologetische Ansprache vor der Weltöffentlichkeit, die vor dem Hintergrund der wahren Intentionen, Zusammenhänge und Ereignisse einer Schmierenkomödie glich. Um 10 Uhr wurde die Ansprache im Reichsrundfunk übertragen. Hitler sagte darin: *„Ich habe mich daher nun entschlossen, mit Polen in der gleichen Sprache zu reden, mit der Polen nun seit Monaten mit uns spricht! [...] Unsere Ziele: Ich bin entschlossen: Erstens die Frage Danzig, zweitens die Frage des Korridors zu lösen und drittens dafür zu sorgen, dass im Verhältnis Deutschlands zu Polen eine Wendung eintritt, eine Änderung, die ein friedliches Zusammenleben sicherstellt. [...] Polen hat heute Nacht zum ersten Mal auf unserem eigenen Territorium auch mit bereits regulären Soldaten geschossen. Seit 5.45 Uhr* [in Wirklichkeit 4.45 Uhr ; J.C.W.] *wird jetzt zurückgeschossen! Und von jetzt an wird Bombe mit Bombe vergolten! [...] Ich habe nun über sechs Jahre am Aufbau der deutschen Wehrmacht gearbeitet. Es sind in dieser Zeit über 90 Milliarden für den Aufbau dieser Wehrmacht angewendet worden. Sie ist heute die bestausgerüstete, und sie steht weit über jedem Vergleich mit der des Jahres 1914. Mein Vertrauen auf sie ist unerschütterlich. [...]."*[133]

Die Deutsche Wehrmacht also wurde am schönen Spätsommertag des 1. September 1939, dem Freitag nach Ende der Sommerferien, gewissermaßen von der Kette gelassen. *Der Krieg gegen Polen war ein völkerrechtswidriger Überfall ohne Kriegserklärung, und er war insgesamt und von Anfang an ein Krieg zwischen ungleichen Gegnern.* Bei der Kriegseröffnung wurde das Schmierentheater eines angeblichen polnischen

---

[133] Ebd., S. 72f.

Überfalls auf den deutschen Sender Gleiwitz inszeniert. Der Militärhistoriker Rolf-Dieter Müller vom Militärgeschichtlichen Forschungsamt in Potsdam erläutert: „Dahinter verbarg sich das Bemühen, die Entfesselung des Kriegs als Akt der Notwehr zu tarnen und so die eigene Bevölkerung wie die Weltöffentlichkeit zu täuschen. Der Eindruck, dass es sich eigentlich nur um eine Polizeiaktion handelte, sollte den Tabubruch, 20 Jahre nach dem Ende des Ersten Weltkriegs wieder einen Krieg in Europa zu beginnen, verdecken und den Westmächten einen Vorwand liefern, ihre Verpflichtungen zum Schutz Polens zu suspendieren. Hitler war es letztlich gleichgültig, ob man ihm den propagandistischen Vorwand glaubte oder nicht. [...] Hitler glaubte fest daran, mit seinem Vabanquespiel wieder einmal davonkommen zu können."[134] Von den 4,6 Millionen Mann, die Deutschland in 103 Divisionen des Feldheeres mobilisiert hatte, sicherten 43 Infanterie-Divisionen die Westgrenze des Deutschen Reiches auf der Basis des Westwalls, während 55 Großverbände im Osten eingesetzt und gebunden waren. Hierbei waren *rund zwei Millionen Mann für den beweglichen Kampfeinsatz zur Niederwerfung Polens angesetzt.*[135] Außer ihrem Mut der Verzweiflung hatte die von den Westalliierten faktisch im Stich gelassene rückständige Armee Polens der Deutschen Wehrmacht nichts entgegenzusetzen. Es kam sogar vor, dass Ulanen (Kavalleristen) der polnischen Armee mutig versuchten, gegen motorisierte Infanterieregimenter der hoch technisierten, militärisch in allen Belangen weit überlegenen Wehrmacht anzukommen. Nach zwei Wochen war Warschau eingeschlossen, nach knappen vier Wochen des Blitzkriegs – die NS-Propaganda sprach vom *„Feldzug der 18 Tage"*

---

[134] Müller, Rolf-Dieter: Hitlers Wehrmacht 1935 bis 1945. München 2012, S. 159.
[135] Vgl. ebd.

– war der Krieg für Polen verloren. Etwas später, am 6. Oktober 1939 kapitulierten die letzten polnischen Truppen, nicht jedoch die ins englische Exil geflohene polnische Regierung. Unmittelbar nach Kriegsbeginn war es insbesondere in Oberschlesien zu einem „Bürgerkrieg" gekommen, wo der Nationalitätenkonflikt zwischen Deutschen und Polen schnell offen zutage getreten war. Ein sogenannter „Volksdeutscher Selbstschutz" wurde zum Hilfsorgan des SS-Terrors. Ermordungen von Volksdeutschen (etwa beim „Bromberger Blutsonntag") wurden brutal an der polnischen Zivilbevölkerung vergolten. Die Wehrmacht entwickelte einen „Freischärlerwahn" (Jochen Böhler) und war an rund 60 % der Massaker beteiligt.[136] Sie ging nicht nur gegen Freischärler und mit geplantem Terror gegen Zivilisten mit großer Brutalität vor, auch Kriegsgefangene fielen Massenerschießungen zum Opfer. Beispielsweise verübten Angehörige des Infanterie-Regiments 42 in Tschenstochau ein Massaker[137], wozu sie sich aufgrund Hitlers expliziter Weisung vom 22. August 1939 berechtigt sahen: *„Ich werde propagandistischen Anlass zur Auslösung des Krieges geben, gleichgültig, ob glaubhaft. Der Sieger wird später nicht danach gefragt, ob er die Wahrheit gesagt hat oder nicht. Bei Beginn und Führung des Krieges kommt es nicht auf das Recht an, sondern auf den Sieg. Herz verschließen gegen Mitleid. Brutales Vorgehen. 80 Mill.[ionen] Menschen müssen ihr Recht bekommen. Der Stärkere hat das Recht. Größte Härte. [...] Restlose Zertrümmerung Polens ist das militärische Ziel. Schnelligkeit ist die Hauptsache. Verfolgung bis zur völligen Vernichtung."*[138] Andere Wehrmachtseinheiten kollaborierten (wie beim Massaker von Przemysl) mit den

---

[136] Vgl. http://de.wikipedia.org/wiki/Polenfeldzug (28.8.2019)
[137] Vgl. Böhler 2009, S. 145-149.
[138] Aufzeichnungen von Admiral Canaris über den zweiten Teil der Ansprache Hitlers an die Oberbefehlshaber am 22. August 1939, nach: Böhler 2009, S. 57.

Einsatzgruppen der Sicherheitspolizei und ließen z. T. unkontrollierte Racheakte an Polen und Juden zu. „Gleichwohl blieb die Wehrmachtsführung gegenüber Ausschreitungen von Heer, Polizei und SS nicht gänzlich tatenlos. Doch maßregelnd eingegriffen wurde nur, wenn man meinte, im Interesse der eigenen Truppe handeln zu müssen."[139]

Insgesamt sollte außer der Sowjetunion (und hier am stärksten Weißrussland) kein anderes Land so unter dem Krieg zu leiden haben, wie das in seiner Geschichte schon oft geteilte, okkupierte, als Verfügungsmasse fremder (Sieger-) Mächte verschacherte oder aufgelöste Polen. In dieser Hinsicht ist die Geschichte Polens eine in ihrer Tragik wohl einmalige. Warschau sollte noch infolge der systematischen Zerstörung nach der Niederschlagung des Warschauer Aufstands 1944 zur am stärksten zerstörten Stadt des Zweiten Weltkrieges in Europa werden. „Mit der Errichtung der Vernichtungslager 1941/42 nahm die Verfolgung bisher unerreichte Ausmaße an. Die Bevölkerungsverluste, die Polen unter deutscher Besatzung erlitt, sind nicht exakt zu bestimmen. […] Heute geht man von 2,35 bis 3 Millionen polnischen Juden und etwa 1,4 Millionen ethnischen Polen aus, die unter der deutschen Besatzung ihr Leben ließen – jeder siebte Bürger der Zweiten Republik."[140]

Zu Beginn des Krieges setzte die Wehrmacht Dutzende Divisionen, aufgeteilt auf die beiden Heeresgruppen Süd (Generaloberst Gerd von Rundstedt) und Nord (Generaloberst Fedor von Bock), ein. Bei

---

[139] Böhler 2009, S. 220.
[140] Ebd., S. 248.

der Heeresgruppe Süd massierten sich 38 Divisionen zu einer ganz Westpolen umfassenden Operation, darunter neben fünf Panzer- und vier weiteren motorisierten Divisionen alle drei Gebirgs-Divisionen: die 1. Gebirgs-Division unter General Kübler, die „Zweite" unter General Feurstein und die „Dritte" unter General Dietl. Unter dem Kommando des XVIII. Gebirgs-Armee-Korps (General der Infanterie Eugen Beyer) wurden alle Gebirgs-Divisionen auf dem äußerst rechten Heeresflügel im Bereich der Hohen Tatra und des südpolnischen Wald- und Hügellandes, einer lieblichen Landschaft mit Mittelgebirgscharakter, eingesetzt. Ihr Auftrag bestand darin, den äußersten polnischen Südflügel zu zerschlagen und ein Ausweichen der feindlichen Kräfte über den Raum von Lemberg hinaus nach Ungarn zu verhindern. *Es sollte sich zeigen, dass dabei vor allem die 1. Gebirgs-Division sehr harte Kämpfe zu bestehen hatte.*

Am 26. August war das Gebirgsjäger-Regiment 98 mit sämtlichen anderen Einheiten der „Edelweiß-Division" mobil und rollte Ende August zunächst via Bahntransport über Wien und Pressburg in die Slowakei in den Aufmarschraum zum Vorstoß nach Galizien. Die Gebirgsjäger wurden zunächst in den Beskiden westlich des *Dukla-Passes* eingesetzt. Zur Erfüllung des Gesamtauftrags bildete General Kübler eine südliche und eine nördliche motorisierte Verfolgungsgruppe, die als Speerspitze fungierten. Das Gebirgsjäger-Regiment 98 überschritt als Teil der dynamischen Südgruppe am 5. September vom slowakischen *Presow* aus östlich der Hohen Tatra die polnische Grenze. Die Masse der Division folgte am 7. September, wo sie in den frühen Morgenstunden die polnische Grenze von Polanka Niz aus überschritt, um dann in nordöstliche Richtung gegen Zmigrod vorzugehen und sich am Folgetag mit den restlichen Divisionsteilen zu vereinigen. Damit das führende Regiment 98 bereits am 6. September Bardejov erreichen konnte, hatten die Marschkolonnen der Gebirgsjäger Tagesmarschleistungen von bis 40 Kilometern auf den staubigen Vormarschwegen Galiziens zu absolvieren. Das Gebirgsjäger-Regiment 100 hatte am 7. September die erste Feindberührung der Division, die Kübler entschlossen von vorne führte. Das Gebirgsjäger-Regiment 98 traf zunächst auf keinen nennenswerten Feindwiderstand, sodass bei den Männern *gewaltige Tagesmarschleistungen von jetzt bis zu 60 Kilometern* zustande kamen.[141] Zunächst zur Gewinnung des San-Übergangs angesetzt, wurde am 8. September der San überschritten, doch noch am gleichen Tag wurde das Gebirgsjäger-Regiment 98 bei *Dukla* in ein schweres Gefecht mit erbitterten Orts- und Straßenkämpfen mit polnischen Truppen verwickelt, bei dem Schörners Gebirgsjäger jedoch die Oberhand behielten und es für sich entscheiden konnten.[142]

Im Verband mit den anderen Truppenteilen der südlichen Vorausabteilung traf das Regiment bei *Rymanow* auf eine von verbissen kämpfenden Verbänden zäh verteidigte Höhenstellungen der Polen, die gemeinsam mit dem II./GebJägRgt. 99 im Angriffsschwung jedoch geworfen wurde. Noch am Abend des 8. September konnte dadurch *Sanok* erreicht werden. Südlich dieser Stadt wurde der San überwunden und ein Brückenkopf gebildet, wodurch den polnischen Kräften der Rückzug über Sanok bzw. über den Fluss abgeschnitten wurde.

---

[141] Vgl. http://www.lexikon-der-wehrmacht.de/Gliederungen/Gebirgsjagerregimenter/GJR98.htm (19.1.2020)

[142] Vgl. https://de.wikipedia.org/wiki/1._Gebirgs-Division_(Wehrmacht) (19.1.2020)

Am Abend des 9. September war *Sambor* in deutscher Hand, am 10. erreichten beide Verfolgungsgruppen den operativ bedeutenden San-Abschnitt, hinter den sich die polnischen Infanterie-divisionen zurückgezogen hatten. „Diese Kräfte einzuschließen und auszuschalten, war das Ziel des XVIII. Gebirgs-Armee-Korps, die frühestmögliche Inbesitznahme des großen Verkehrsknotenpunkts Lemberg hierfür eine wesentliche Voraussetzung. Demgemäß erging an die 1. Gebirgs-Division am 10. September der Befehl, nach dem nächsten erfolgreichen Gefecht mit bereitgehaltenen mot. Reserven und mot. Verbänden ohne weitere Rücksichten auf Lemberg vorzustoßen und die Infanterie in großen Märschen nachzuführen'. [...] Noch am 10. September erließ Kübler den berühmten *Befehl zur 'Sturmfahrt auf Lemberg'*, demzufolge dem Feind der Rückzug nach Osten verwehrt und dieser dadurch zur Kapitulation gezwungen werden sollte. Damit war der Anstoß zum schlachtenentscheidenden Kampf gegeben."[143] Erforderlich war laut Küblers Befehl das Erreichen eines operativen Doppelziels: Angriff auf Lemberg unter gleichzeitiger Rückendeckung in der Seenenge von Grodek. Dieses kühne Unternehmen führten die Gebirgsjäger zum militärischen Erfolg, doch dieser wurde sehr teuer bezahlt. „Mit dem Auftrag betraute er [Kübler ; JCW] den unter Mannschaften als 'knüppelharten Hund' verschrienen Kommandeur des 98. Regiments, Oberstleutnant Ferdinand Schörner. Schörner bildete aus jeweils dem I. und II. Bataillon der Regimenter 98 und 99 eine Kampfgruppe, an deren Spitze in Ermangelung von Panzerspähwagen ein Kübelwagen fuhr. Dahinter folgten 25 Motorräder mit Beiwagen, in denen jeweils ein Maschinengewehrschütze saß. Immer wenn die Spitze auf den Feind stieß, wurde abgestiegen und der

---

[143] Kaltenegger: Stammdivision 1981, S. 98f.

Widerstand des Feindes gebrochen. Zerstörte Brücken wurden im Flußbett umfahren."[144] Einer dieser mit MG 34 bewaffneten Maschinengewehrschützen war der bereits an den Einmärschen in Österreich und der Tschechoslowakei beteiligte junge Leutnant Michael „Michl" Pössinger, der später vielen als *„Urgestein des Gebirgsjäger-Regiments 98"*[145] (so auch die Titulierung auf seinem Nachruf 2003) galt. Pössinger war bei Kriegsende einer der insgesamt gerade einmal *zehn* hochdekorierten Wehrmachtssoldaten, die als Träger des Eichenlaubs zum Ritterkreuz des Eisernen Kreuzes auch noch mit der äußerst selten verliehenen Nahkampfspange in Gold (NKSiG) ausgezeichnet wurden. Von 1938 bis 1943 gehörte der Leistungssportler der deutschen Skinationalmannschaft an, von 1948 bis 1957 nahm er als Angehöriger der Skibobnationalmannschaft an acht Weltmeisterschaften teil. 1951 wurde er Weltmeister mit Anderl Ostler, Lenz Nieberl und Xari Leitl. Bei den Olympischen Winterspielen von 1952 in Oslo und 1956 in Cortina d'Ampezzo war er zusammen mit Anderl Ostler und Hans Rösch Gewinner der Bronze-, Silber- und Goldmedaille, 1960 Delegationsleiter bei den IV. Internationalen Militärskiweltmeisterschaften im österreichischen Saalfelden und Delegationschef der Bundeswehr bei den Internationalen Militärskiweltmeisterschaften 1962 in Mittenwald. Von Pössinger wird im Kontext „seines" Gebirgsjäger-Regiments 98 noch häufiger zu reden sein.

Am 11. September befand sich Schörners Kampfgruppe etwa 120 Kilometer vor den nachfolgenden Divisionen. Bis nach Lemberg, der

---

[144] Meyer 2008, S. 28.
[145] Gehring, Egid (Hrsg.): Der Stoß in Frankreichs Herz. Der Feldzug einer Gebirgs-Division in Frankreich. München 1941. S. 60f.

galizischen Hauptstadt, waren es jetzt nur noch siebzig Kilometer. In seinem „Verfolgungsbefehl Nr. 1" wies Schörner jetzt *„Schärfstes Vordringen auf Lemberg"* an. „Nun begann die eigentliche Sturmfahrt nach Lemberg. Der zurückmarschierende Feind wurde völlig überrascht durchfahren und aus den Kraftfahrzeugen heraus feuerspeiend mit Maschinengewehren bekämpft und zersprengt. [...] Beiderseits der Straße warf der Gegner seine Waffen weg und ergab sich. Rudki, um das später noch ernsthafte Kämpfe entbrannten, wurde ebenso energisch durchfahren wie zuvor die feindlichen Kolonnen. Alles kam darauf an, den Gegner in der Seenenge bei Malowanta und Grodek zu überraschen, was Schörner auch in hohem Maße gelang."[146] Über die durch deutsche Luftwaffenangriffe mit Toten, Trümmern und zerstörtem Gerät übersäte Straße eilte das Gebirgsjäger-Regiment 98 nach Osten, das Marschtempo steigerte sich bis zur Leistungsgrenze, sodass die Einheit noch am Nachmittag des 12. September in die südwestlichen Bezirke der Stadt eindrangen, als Erster Michael Pössinger[147]. Dadurch wurden die polnischen Truppen, die nach vernichtenden Schlachten im Norden und der Einnahme von Przemysl im Westen von den nachstoßenden Deutschen Richtung Lemberg gedrängt wurden, von dem Eisenbahn- und Verkehrsknotenpunkt abgeschnitten. „Am nächsten Morgen trat Schörner mit den vier Bataillonen zum Angriff an, um sie im Sturm zu nehmen. Doch der Angriff wurde unter fürchterlichen Verlusten auf beiden Seiten zurückgeschlagen.

Zwar gelang es den Gebirgsjägern in den folgenden Tagen, in überaus harten Kämpfen mit den polnischen Verteidigern einen Ring um die

---

146 Kaltenegger: Schörner Bd. 1 2014, S. 189.
147 Vgl. Kaltenegger: Pössinger 2018, S. 49.

Stadt zu schließen, ihre Einnahme blieb ihnen aber verwehrt. Denn
gleichzeitig drängten zwei weitere polnische Divisionen nach Lemberg, um ihre Kameraden zu entsetzen. So mußte die Gruppe Schörner an zwei Fronten kämpfen, die oft nur 300 Meter voneinander entfernt waren. Die Entscheidung zum schnellen Vorstoß rächte sich
nun: Die Gebirgsjäger waren von ihren rückwärtigen Verbindungen
abgetrennt."[148] Der Vorsprung dieser Speerspitze der 1. Gebirgs-Division vor allen anderen deutschen Verbänden betrug jetzt 120 Kilometer. Dietls 3. Gebirgs-Division war zudem aus dem Verband des XVIII.
Gebirgs-Armeekorps herausgelöst und an die Westfront verlegt worden, wo ein französischer Angriff und damit ein Zweifrontenkrieg befürchtet wurde. Am 13. September traten die vier genannten Bataillone um 10.00 Uhr zum Angriff auf die wichtigen Höhen von Ho-
loskow und Zboiska entlang des West- und Nordwestrands von Lemberg an, wobei bereits abends das Angriffsziel Zboiska erreicht
wurde.[149] Berühmt wurde in diesem Zusammenhang die als „Schin-
derberg" titulierte Höhe 374 nördlich von Lemberg, die am 13. September von der Gruppe Schörner genommen und besetzt wurde. Der von
der Wehrmacht inzwischen bei Przemysl geschlagene Gegner wich
Richtung Lemberg zurück, wo drei polnische Divisionen Schörners
Flanke bedrohten und nach Südosten durchzustoßen versuchten.
Durch Aufbau einer Verteidigungsfront konnten sie die Gebirgsjäger
daran hindern. Dass es trotz teilweise fehlender Verpflegung und aus-
gehender Munition vor der Stadt gelang, zahlreiche feindliche Aus-
fall- und Entsatzversuche zu unterbinden, muss Kübler, Schörner und
ihren Bataillonskommandeuren zugeschrieben werden. Allerdings:

---

[148] Meyer 2008, S. 28f.
[149] Vgl. Kaltenegger: Schörner Bd. 1 2014, S. 190.

Obwohl der gesamte Polenfeldzug bereits klar zugunsten Deutschlands entschieden war, befahlen diese Offiziere ihren Einheiten immer neue Angriffe auf Lemberg – doch auch am neunten Tag war der Verteidigungsring um Lemberg für die Deutschen nicht zu sprengen. Am Nachmittag des 19. September kam der Befehl zum konzentrischen Angriff aller Gebirgsjägerverbände, der am 21. September erfolgen sollte. Aber dazu kam es nicht mehr. Denn völlig unerwartet erschienen am 20. September, dem zehnten Kampftag, sowjetische Panzer vor der Stadt. Infolge des „Geheimen Zusatzprotokolls" des Hitler-Stalin-Paktes rückte die Rote Armee jetzt in den ihr zugeschlagenen Interessensbereich ein, womit für die konsternierten Gebirgsjäger-Regimenter 98 und 99 die Kampfhandlungen in Polen abrupt zu Ende waren. „Für eine rückschauende Beurteilung der Frage, ob der Einsatz der 1. Gebirgs-Division vor Lemberg richtig und überhaupt notwendig war, ist es wichtig zu wissen, daß die militärischen Kommandostellen und damit auch der Divisionskommandeur *keine Kenntnis* erhalten hatten, daß mit einem Eingreifen der Roten Armee im Rücken der Polen zu rechnen wäre. Hitlers Art war es, die politische Führung gegen die Militärs auszuspielen. Der Leidtragende blieb der Soldat."[150] Die letzten polnischen Verteidiger ergaben sich am 21. September den Gebirgsjägern – zur Übergabe der Polen an die Russen. Von der Politik um den Sieg gebracht, so empfand es die Truppe, mussten die Einheiten der Gebirgsjäger-Regimenter 98 und 99 Lemberg den Sowjets überlassen. Manche Soldaten fragten sich verbittert, ob ihre vielen toten Kameraden nicht gar für Stalins Interessen gefallen waren. „Unterdessen ließ Generalmajor Kübler an seine

---

[150] Pemsel, Max: Der Feldzug in Polen. In: Lanz, Hubert: Gebirgsjäger. Die 1. Gebirgsdivision 1935-1945. Bad Nauheim 1954. S. 49-71, hier: S. 56.

Gebirgssoldaten den letzten Divisions-Tagesbefehl des Polenfeldzugs verteilen. Dann dankte er seiner tapferen Truppe und prägte jenen Ausspruch, der schon sehr schnell zum geflügelten Wort werden sollte: ‚*Das Edelweiß*', heißt es darin, ‚*ist der Schrecken des Feindes geworden!*'"[151]

Der Preis dafür war hoch, sehr hoch. Während des „Feldzugs der 18 Tage" hatte die Deutsche Wehrmacht 10.572 Tote, 30.322 Verwundete und 3.409 Vermisste zu beklagen. Die überproportional hohen Verluste der 1. Gebirgs-Division betrugen davon 1.402 Mann. Gefallen waren 23 Offiziere, 69 Unteroffiziere und 313 Mannschaften (4,6 % der dt. Gesamtgefallenenanzahl), 8 Unteroffiziere und 71 Mannschaften galten als vermisst und 42 Offiziere, 150 Unteroffiziere sowie 726 Mannschaften wurden verwundet (3 % der dt. Gesamtverwundetenanzahl).[152] „Damit entfielen knapp 5,5 % der gefallenen Offiziere im Polenfeldzug auf Küblers Division, welche vorläufig nicht mehr frontverwendungsfähig war. In den Reihen der Bataillons- und Regimentskommandeure regte sich Kritik wegen der hohen Verluste, für welche nach Oberst Schörner hauptsächlich Küblers ‚rücksichtslose Vorwärtstaktik' verantwortlich war. Auch spätere Autoren kamen zu dem Schluss, dass dieses brutale und rücksichtslose Vorgehen mit erheblichen Risiken verbunden war und angesichts eines stärkeren, weniger angeschlagenen und resignierten Kontrahenten oder mit etwas weniger Glück zur Vernichtung der Division hätte führen können. In jener Zeit wurde in der Truppe für Kübler der Name ‚Bluthund von Lemberg' geprägt und die ‚Sturmfahrt auf Lemberg' erhielt den

---

[151] Kaltenegger: Bildchronik 2002, S. 52.
[152] https://de.wikipedia.org/wiki/1._Gebirgs-Division_(Wehrmacht)(21.1.2020)

Beinamen *,Langemarck der Gebirgsjäger'."*[153] Dessen ungeachtet und der aus Ruhmsucht und falschem Elitedenken resultierenden hohen eigenen Verluste zum Trotz, wurde Kübler von Hitler am 27. Oktober 1939 als einer der Ersten und als einziger Kommandeur einer Heeresdivision mit dem begehrten Ritterkreuz ausgezeichnet. Wenig später wurde er zum Generalleutnant befördert. Die Auszeichnung mit dem Ritterkreuz galt dem Aufbau und seiner Führungsleistung der 1. Gebirgs-Division und ihrer Leistungen im ersten „Blitzkrieg" der Militärgeschichte. 27 Soldaten erhielten das Eiserne Kreuz 1. Klasse, 16 weitere die Spange dazu. 1.129 Soldaten wurde das Eiserne Kreuz 2. Klasse und 72 weiteren die Spange dazu verliehen.[154]

Nach Ende des verlustreichen Polenfeldzugs wurden die Hoffnungen der Männer auf das Ende des Krieges und eine direkte Rückkehr in die Heimatstandorte jedoch schnell enttäuscht. Denn statt in seine Friedensstandorte, verlegte das Gebirgsjäger-Regiment 98 wie die meisten Wehrmachtsverbände in den Westen des Reiches. In Tagesmarschetappen von erneut bis 40 km ging es zunächst via Przemysl in die Slowakei und von dort per Bahntransport *ins Ahrtal und in die Eifel*, wo über Winter und bis weit in den Frühling hinein Quartier an der Kyll im Raum Hillesheim genommen wurde. Ersatz aus dem Wehrkreis VII wurde herangeführt, daneben Fahrzeuge, Waffen und neues Gerät. Im äußerst kalten Winter 1939/40 folgte in der Region zwischen Nürburg und dem Eis führenden Rhein eine intensive Ausbildungstätigkeit mit Manövern, Gefechts-, Verlege- und Marschübungen. Bereits zwei Tage nach dem deutschen Überfall auf Polen,

---

[153] https://de.wikipedia.org/wiki/Ludwig_K%C3%BCbler (20.1.2020)
[154] https://de.wikipedia.org/wiki/1._Gebirgs-Division_(Wehrmacht) (21.1.2020)

am 3.9.1939, hatten die polnischen Beistandsmächte Frankreich und Großbritannien Deutschland den Krieg erklärt. Und durch Hitlers Weisung Nr. 6 vom 9. Oktober 1939 für die Kriegführung im Westen war dem Regiment klar, dass das Kämpfen, Töten und Sterben schon sehr bald weitergehen würde.

6. Der Frankreichfeldzug. Siegeslauf 1940

Der „Fall Gelb": Zunächst gilt es, einen quantitativen Stärkevergleich beider Seiten zu Beginn des Westfeldzugs anzustellen: Am 10. Mai 1940, als Hitler in den frühen Morgenstunden sein Hauptquartier „Felsennest" in Münstereifel-Rodert bezog, von wo aus der „Fall Gelb" (die Chiffre für den Angriff auf die Niederlande, Belgien und Luxemburg) geleitet wurde, verfügte die Wehrmacht über eine *theoretische* Gesamtstärke von ca. 5,4 Millionen Mann (Heer 4,2 Mio., Luftwaffe ca. 1 Mio., Kriegsmarine ca. 180 Tsd., Waffen-SS ca. 100 Tsd.), die auf 157 Divisionen verteilt waren. Von diesen waren 135 Divisionen für die Westoffensive vorgesehen, wobei zum unmittelbaren Angriff nur 93 Divisionen eingesetzt wurden. Diesen standen 117 französische Divisionen (davon alleine 104 an der französischen Nordfront, da die Franzosen im Süden der Maginot-Linie vertrauten) gegenüber.[155] Die Mobilität der Wehrmacht war seinerzeit jedoch nicht so, wie von der deutschen Propaganda suggeriert, denn faktisch bestand die Wehrmacht hier im Grunde aus zwei verschiedenartigen Streitkräften: Es gab zum einen die 10 vorhandenen Panzer-Divisionen und 6 motorisierten Infanterie-Divisionen, die als Eliteverbände der „schnellen Truppen" die eigentlichen „Blitzkrieg-Divisionen" bildeten. Die restlichen 90 Prozent der Infanterie-Divisionen des Heeres jedoch bewegten sich im Tempo der marschierenden Fußsoldaten und der Pferdegespanne. Mit anderen Worten: *Gerade einmal 10*

---

[155] Vgl. Frieser, Karl-Heinz: Blitzkrieg-Legende. Der Westfeldzug 1940. 4. Auflage. München 2012, S. 42f.

Prozent aller deutschen Truppen konnten und mussten den modernen operativen Bewegungskrieg gegen Frankreich führen, als welcher der Westfeldzug in die Militärgeschichte eingegangen ist.[156] Artilleristisch waren die Westmächte (F, NL, BEL, unterstützt von der „British Expeditionary Force" (BEF)) Deutschland fast um das Doppelte überlegen (ca. 14.000 gegen 7.378 deutsche Geschütze). Auch bei den Panzern gab es eine quantitative und v. a. auch qualitative Unterlegenheit der Wehrmacht (2.439 Panzer gegen 3.254 bessere französische). Bei der Luftwaffe hingegen standen einer deutschen Übermacht von 2.589 einsatzfähigen Maschinen (insbesondere der Flugmuster Messerschmitt Bf 109 und Bf 110, Junkers Ju 52, Ju 87 und Ju 88 sowie Heinkel He 111) lediglich 879 einsatzfähige französische Maschinen (von insgesamt 3.562 vorhandenen) gegenüber.[157]

Der Angriff der deutschen Heeresgruppe B begann an diesem 10. Mai 1940 um 05:35 Uhr mit Aktionen des Luftlandekorps von General Student, das das strategisch wichtige belgische Fort Eben Emael am Albert-Kanal im Handstreich nahm. Neben Teilen der Grenzbefestigungen der Belgier am Albert-Kanal wurden vor allem Brücken und Flugplätze in der Tiefe des Raumes angegriffen und besetzt. Der rasche Zugriff sollte zumindest in Holland ein Eingreifen der Alliierten unterbinden und die Verteidigungskräfte aufsplittern. Die Inbesitznahme der Ziele gelang fast überall, aber oft nur unter schweren Verlusten. Kommandoeinsätze kleiner Trupps von deutschen Fallschirmjägern und Sturmpionieren unmittelbar vor Beginn der Offensive bereiteten die Lage bis zum Eintreffen deutscher Bodentruppen vor, die

---

[156] Vgl. ebd., S. 37.
[157] Vgl. ebd., S. 44-54.

die Entscheidung brachten. Die 18. Armee erreichte bereits am ersten Tag das Ijsselmeer und am 12. Mai mit der 9. Panzerdivision Moerdijk und schnitt damit Holland auf dem Landweg ab. Am 4. Mai erfolgte ein verheerender Bombenangriff auf Rotterdam, was neben der Androhung eines weiteren Angriffes auf das ebenfalls zäh verteidigte Utrecht und der nahezu hoffnungslosen militärischen Gesamtlage entscheidend für die niederländische Gesamtkapitulation am 15. Mai war. Tags darauf wurde die Dyle-Stellung durchbrochen, einen Tag später fiel Brüssel; die belgische Armee wurde im Raum Brügge eingekesselt und ergab sich am 28. Mai 1940.

Nun lief der Angriff auf Frankreich an, das auf dem Papier noch immer über die seinerzeit stärkste Landstreitmacht des Kontinents verfügte. Zentrales Moment des legendären *Sichelschnitt*-Plans[158] der

---

[158] Der Begriff *Sichelschnitt* ist eine von Winston Churchill erfundene Bezeichnung für den von der Wehrmacht durchgeführten Offensivplan im Westen. Er geht zurück auf den späteren Generalfeldmarschall Erich von Manstein, den an West- und Ostfront wohl fähigsten Strategen in der deutschen Generalität (so beispielsweise das Urteil Guderians): Von Manstein entwarf den „Neuen Plan" und forderte, den Schwerpunkt von der Heeresgruppe B im Norden zur Heeresgruppe A im Süden zu verlagern und mit starken Panzerkräften durch die dichten Wälder der Ardennen auf den Unterlauf der Somme vorzustoßen. Gelänge es, im Überraschungsangriff die Maas bei Sedan zu überschreiten, so könnten die deutschen Panzerdivisionen durch das französische Hinterland bis zur Kanalküste vordringen. Alle in Nordfrankreich und Belgien stehenden alliierten Truppen seien dadurch in einem Kessel eingeschlossen. Der gleichzeitige Angriff der 16. Armee in Richtung Südwesten sollte die Flanke der vorgehenden Truppen zum Kanal decken und das Bilden einer neuen, geschlossenen Front der Alliierten schon in den Ansätzen zerschlagen. Der von Halder auf Befehl Hitlers ausgearbeitete Manstein-Plan implizierte, mit der Heeresgruppe B die Niederlande, Belgien und Luxemburg ohne eigene Kriegserklärung anzugreifen. Das Hauptgewicht der Offensive lag in den Ardennen bei der Heeresgruppe A mit Stoßrichtung nach Sedan, wobei das Kräfteverhältnis der Wehrmacht hier nicht wie beim Schlieffen-Plan bei eins zu sieben (linke Flanke zu rechter Flanke), sondern eher umgekehrt lag. Die Heeresgruppe C stand am Westwall und am Rhein in der ersten Feldzugsphase in der Defensive. Nach

Wehrmacht war nun der „kühne Durchstoß" massierter schneller Panzerverbände ausgerechnet durch das unwegsame und gebirgige Waldgelände der Ardennen, der die Franzosen überrumpelte. Die Erfolgsaussichten dieses Ardennenstoßes waren eng mit dem Faktor Zeit verbunden und hingen davon ab, dass den belgischen und französischen Kräften keine Zeit verblieb, ihren Einsatz in den Ardennen zu koordinieren und Verstärkungen heranzuführen. Trotz Friktionen in der deutschen Planungsumsetzung (wie dem bis heute längsten Kolonnenstau von zeitweise 250 km von der Maas über französisches, belgisches, luxemburgisches und deutsches Gebiet)[159] erreichten die Spitzen Guderians schon am Abend des 12. Mai, also bereits 57 Stunden nach dem Angriffsbeginn, die Maas bei Sedan. Möglich war dies unter anderem dadurch, dass die Besatzungen der deutschen Panzertruppen und mechanisierten Verbände zuvor mit dem Amphetamin Pervitin aufgeputscht worden waren, was ihnen drei Tage Fahrt ohne jeden Schlaf ermöglichte. Der Angriff über die Maas – zentral war die *Schlacht von Sedan* – wurde von General von Kleist auf den 13. Mai festgelegt. Er wurde mit schweren Bombenangriffen der Luftwaffe eingeleitet. Nach der Verlegung der Lufteinsätze in die Tiefe gelang es der Infanterie und den Sturmpionieren der 1. Panzerdivision rasch, Brückenköpfe über die Maas zu errichten. Neben dem Korps Guderian überschritt an diesem Tag auch das Panzerkorps Reinhardt bei *Monthermé* die Maas (vgl. hierzu meine Publikation

---

dem Vormarsch sollten sich die Verbände leicht nach Norden in Richtung Amiens bewegen, um somit den Sichelschnitt einzuleiten.
Vgl. http://de.wikipedia.org/wiki/Sichelschnittplan (5.1.2019)
[159] Vgl. Müller, Rolf-Dieter/Volkmann, Hans-Erich (Hrsg.): Die Wehrmacht. Mythos und Realität. München 2012, S. 188. Ausführlich dargelegt sind die Gründe und Folgen dieses „heillosen Wirrwarrs" vom 10. bis 12. Mai 1940 in: Frieser 2012, S. 130-135.

„Grenzüberschreitung"[160]). Dem Panzer-Korps Hoth war der Übergang 30 km weiter nördlich bereits am 12. Mai gelungen, der durch Rommels 7. Panzer-Division beträchtlich ausgeweitet wurde.

Da sich bei der französischen Armee die Überzeugung, dass die Ardennen für Panzer unpassierbar seien (*„Les Ardennes sont impérmeables aux chars!"*), zum Dogma entwickelt hatte, maß man diesem Abschnitt eine eher geringe Bedeutung bei. Der geschilderte Durchbruch der Wehrmacht an der Maas bei Sedan und die Einnahme der Stadt markierte das Ende der deutschen Detailplanung des „Falles Gelb". Nach dem psychologischen Überraschungseffekt samt der französischen „Panik von Bulson" „kam der entscheidende Moment des Westfeldzuges. Am 14. Mai, einen Tag nach dem Durchbruch bei Sedan, warf General Guderian in der Euphorie des Erfolges alle Befehle seiner Vorgesetzten über den Haufen. Er stieß eigenmächtig mit seinen Panzern aus dem Brückenkopf heraus nach Westen vor – Richtung Kanalküste. Dadurch löste er einen Lawineneffekt aus, denn er riss auch die übrigen Panzerdivisionen mit sich. Die Generalität auf der oberen Führungsebene verlor zeitweilig die Kontrolle, sodass die Operation zunehmend an Eigendynamik gewann. Sie entwickelte sich schließlich so, wie es Manstein geradezu visionär vorhergesehen hatte. Nun nahm der deutsche Panzervorstoß, da der Flankenschutz durch die Infanterie fehlte, die Form einer schmalen Sichel an."[161] Während also Guderian zum Schutz des Brückenkopfes Sedan

---

[160] Vgl. Wagner, Jürgen C.: Grenzüberschreitung. Karl Schall, das Mannheimer Pionier-Bataillon 33 und das Pionier-Bataillon 112 im militärgeschichtlichen Kontext 1935-1945 unter besonderer Berücksichtigung des Krieges an der Ostfront. 2., überarb. u. erweiterte Aufl. Neustadt a. d. Weinstraße 2018.
[161] Ebd., S. 190.

lediglich die 10. Panzer-Division und etwas Infanterie zurückließ, ging er mit der 1. und 2. Panzer-Division auf Montcornet vor, wo er am 16. Mai auf das Panzer-Korps Reinhardt traf, das den Ort bereits am Vortag genommen hatte. Weiter nördlich rieb das Panzer-Korps Hoth am 15. Mai die 1. französische Panzer-Division bei Flavion auf; in der Nacht zum 17. Mai stieß Rommel bis Le Cateau durch, was der um Konsolidierung ringenden 9. französischen Armee (Corap) den Todesstoß versetzte. Während Generalleutnant von Manstein und Guderian, der als Panzerexperte Manstein beriet, eine Gesamtoperation in einem Zuge geplant hatten, nämlich den isolierten Panzervorstoß von Luxemburg bis zur Kanalküste in Höchstgeschwindigkeit, kam es in dieser Phase zu einem Stimmungsumschwung in der obersten Führung. Während sich im Oberkommando des Heeres (OKH) plötzlich Siegeszuversicht breit machte und aufs Tempo gedrückt wurde, wuchs Hitlers Furcht vor Flankenangriffen ebenso wie der Ärger über ungehorsame Panzerführer, die in Panzerraids mit maximalem Tempo voranpreschten und den Gegner vor sich hertrieben. Einer scharfen Kontroverse zwischen OKH und Hitler folgte der erst am 18. Mai aufgehobene *„Haltebefehl von Montcornet"*, der den französischen Streitkräften eine unverhoffte Atempause verschaffte. Gleichwohl erreichte zwei Tage später die deutsche 6. Panzer-Division ohne ernsthafte Gegenwehr die Kanalküste bei Noyelles. Die 7. Panzer-Division hingegen wurde am 20. Mai bei Arras in einen heftigen, aber schlecht koordinierten Gegenangriff des britischen Expeditionskorps verwickelt, der unter erheblichen Verlusten abgewehrt werden konnte. Am 24. Mai waren die deutschen Verbände bis auf 15 Kilometer an Dünkirchen herangekommen. Am frühen Nachmittag kam dann *der zweite Haltebefehl, jener von Dünkirchen* – und er zeitigte gravierendere

Folgen als der Haltebefehl von Montcornet. Das OKH, das jetzt alle Risiken des Sichelschnittplanes in Kauf zu nehmen bereit war, plädierte für einen raschen, ungebremsten Vorstoß zum Kanal und die unverzügliche Einschließung und Vernichtung der alliierten Kräfte nördlich der Somme. Hitler und von Rundstedt aber wollten das Risiko des ungebremsten Vorgehens nicht auf sich nehmen und verboten die Weiterführung des Angriffes auf Dünkirchen. *Dieser Schritt war in der Tat eine der größten Fehlentscheidungen auf operativem Gebiet im gesamten Krieg Deutschlands:* Briten und Franzosen errichteten in diesen Tagen einen Verteidigungsring um die Hafenstadt zur Sicherstellung der „Operation Dynamo", der Evakuierung der bei Dünkirchen eingeschlossenen Truppen. Obwohl diese Operation praktisch erst am 28. Mai anlief, konnten bis 4. Juni von hier und anderen Häfen insgesamt rund 370.000 alliierte Soldaten nach Großbritannien übergesetzt werden, davon etwa 250.000 britische Soldaten. Die besondere Bedeutung der (aus deutscher Sicht fatalen) Rettung des britischen Expeditionskorps lag in der Tatsache, dass es sich ausschließlich um Berufssoldaten handelte, ohne die der rasche Aufbau eines schlagkräftigen britischen Heeres auf Basis der allgemeinen Wehrpflicht nur schwer vorstellbar gewesen wäre. *In der militärgeschichtlichen Forschung wird gar die Frage aufgeworfen, ob der Halt-Befehl von Dünkirchen womöglich den Zweiten Weltkrieg entschied.*

Der „Fall Rot": Als die deutschen Truppen Anfang Juni in die Bereitstellungsräume zur Fortführung des Angriffes Richtung Süden einrückten, hatte sich ein asymmetrisches Kräfteverhältnis zugunsten der Wehrmacht weiter manifestiert. Die Alliierten konnten der Wehrmacht in der Weygand-Linie an Somme und Aisne nur mehr die neue

Heeresgruppe 3 entgegensetzen, die kaum mehr über gepanzerte Kräfte verfügte. Die Masse der noch verfügbaren französischen 66 Divisionen blieb weiterhin in der Maginot-Linie gebunden, die sich damit nicht nur als ungeeignet zur Verteidigung Frankreichs, sondern sogar als absolut kontraproduktiv erwies. Das starre gigantische Befestigungssystem entlang der deutsch-französischen Grenze konnte letztlich der modernen dynamischen Kriegsführung der verbundenen Waffen und insbesondere den Stuka-Angriffen der Wehrmacht nicht standhalten, die 104 Divisionen aufbieten konnte und über 19 weitere Großverbände als Reserve verfügte. „Die zehn Panzerdivisionen haben ihre Bestände total aufgefüllt und verfügen zusammen über 2.500 Panzer. Der französische Generalissimus Weygand kann ihnen nur [...] 1.500 Panzer entgegenstellen."[162] Für den Angriff hatte man der *Heeresgruppe B* (Generaloberst Fedor von Bock) den Abschnitt zwischen Reims und der Kanalküste zugeordnet. Sie sollte mit ihren gepanzerten Speerspitzen (Panzergruppe Kleist mit zwei Korps, Panzerkorps Hoth) nach dem Durchbruch durch die Weygand-Linie über Paris nach Süden vorstoßen. Die *Heeresgruppe A* (Generaloberst Gerd von Rundstedt) stellte sich zwischen Reims und Sedan zum Angriff bereit. Sie hatte den Auftrag, mit der Panzergruppe Guderian voraus entlang der Marne in Richtung der Schweizer Grenze vorzugehen. Der Angriff begann am 5. Juni. Nach dem Durchbruch durch das tief gestaffelte Stellungssystem der Weygand-Linie konnte die Heeresgruppe B bereits am 14. Juni das unverteidigte Paris nehmen, während die Heeresgruppe A am 17. Juni bei Pontarlier die Grenze zur Schweiz erreichte und damit die Verteidiger der Maginot-Linie (über 500.000 Mann) einkesselte. Am Folgetag suchte die neue französische

---

[162] Masson 2000, S. 126.

Regierung unter Marschall Pétain um Waffenstillstand nach. Am 22. Juni wurde in Compiègne der *Waffenstillstand* geschlossen, der am 25. Juni um 1:35 Uhr in Kraft trat. Zur Demütigung der Franzosen ließ man sie ihre Kapitulation bekanntlich im selben Eisenbahnwaggon unterzeichnen, in welchem die Deutschen 1918 den Waffenstillstand unterzeichnen mussten. Symbolische Politik. Bereits am 14. Juni rückten ab 9 Uhr deutsche Truppen in Paris ein.[163] Noch am selben Tag marschierte eine Infanteriedivision der Wehrmacht unter grauem und regnerischem Himmel die Champs-Élysées hinunter.[164] Nach den Bestimmungen des Waffenstillstandsvertrags blieben etwa 60 Prozent Frankreichs besetzt, das alle Kriegsfolgekosten zu tragen hatte. Elsass-Lothringen wurde unter deutsche Verwaltung gestellt. 1,2 Millionen französische Soldaten gerieten in deutsche Kriegsgefangenschaft.

Der Erfolg des lediglich vierwöchigen Feldzuges gegen Frankreich, der die kräftemäßig keineswegs unterlegenen Franzosen mitnichten überraschend traf, ist nicht zuletzt den operativ *modern* denkenden Generalen, nämlich jenen Panzerführern zuzuschreiben, die wie Rommel und insbesondere Guderian *gegen* Befehle handelten. *Guderians operative Richtschnur („Klotzen, nicht kleckern!") führte im Kontext von Mansteins „Sichelschnitt"-Plan zum militärischen Sieg.* Das starre Maginot-Denken mit seiner völlig defensiven Ausrichtung war die größte Schwäche der Alliierten gegenüber dem dynamisch geführten Blitzkrieg, bei dem die deutschen Generäle als Frontoffiziere intelligent ihre Truppen von vorne führten. Das Übrige tat das

---

[163] Vgl. Guderian, Heinz: Erinnerungen eines Soldaten. 18. Auflage. Stuttgart 2003, S. 115.
[164] Vgl. Masson 2000, S. 127.

Zusammenspiel der deutschen Luftflotten mit den Heeresgruppen bis hinunter auf die taktische Ebene, wodurch eine effiziente Luftunterstützung sichergestellt und die zahlenmäßige Schwäche durch Schwergewichtsbildung ausgeglichen wurde.[165]

„Der ‚Sichelschnitt' stellt die wohl gewaltigste Umfassungsoperation der Militärgeschichte dar. Durch das Zusammenwirken zweier Heeresgruppen bildete sich ein überdimensionaler Kessel, der die drei Benelux-Staaten sowie Nordfrankreich von Sedan bis zur Sommemündung umfaßte. In die Falle gerieten: die niederländische Armee […], die belgische Armee, die britische Expeditionsarmee, der Nordflügel des französischen Heeres, dabei die 1. Armee sowie große Teile der 2., 6., 7. und 9. Armee."[166] Der „Fall Rot" (Ausschaltung des alliierten Südflügels entlang der Maginotlinie von Sedan bis zur Schweiz) stellte gemäß der Zwei-Phasen-Konzeption Mansteins nur noch den Epilog des durch den „Fall Gelb" („Sichelschnitt" zur Einschließung des Gros der alliierten Streitkräfte an der Kanalküste) bereits entschiedenen Westfeldzugs dar.[167] Friesers pointierte Gesamteinordnung des deutschen West- und Ostkriegs lautet: „Um den Unterschied zwischen dem Westfeldzug 1940 und dem Ostfeldzug von 1941 auf eine einfache Formel zu bringen: *Der Westfeldzug war ein nicht geplanter, aber erfolgreicher ‚Blitzkrieg', der Ostfeldzug hingegen ein geplanter, aber erfolgloser ‚Blitzkrieg'.*"[168]

---

[165] Vgl. Frieser, Karl-Heinz: Die deutschen Blitzkriege: Operativer Triumph – strategische Tragödie. In: Die Wehrmacht. Mythos und Realität. Hrsg. v. Rolf-Dieter Müller u. Hans-Erich Volkmann. Sonderausgabe. München 2012, S. 183-196, hier: S. 191.

[166] Frieser 2012, S. 398f.

[167] Vgl. ebd., S. 395.

[168] Ebd., S. 193.

Das Gebirgsjäger-Regiment 98 im Westfeldzug

Die 1. Gebirgs-Division lag noch im Raum Ahrweiler – Hillesheim – Steinborn – Boos – Dümpelfeld, als am 9. Mai 1940 fernmündlich der Marschbefehl zur Vorverlegung an die Reichsgrenze gegeben wurde. Jeder Soldat erhielt initial sechzig Schuss Infanteriemunition. Nachdem die Pferde angeschirrt, die Mulis gesattelt und mit Gerät und Waffen verlastet worden waren, erfolgte der Aufbruch der Pferdekolonnen, bespannten Artillerie und der Tragtierteileinheiten um Mitternacht. Auch die Infanterie brach nachts auf, wie überhaupt vorwiegend nachts marschiert wurde. Mit einer *Durchschnittsmarschleistung von erneut 40 Kilometern* (in Österreich war insgesamt durchschnittlich 300 km, in Polen bis 600 km zu Fuß bewältigt worden) ging es aus den Bereitstellungsräumen der Eifel über Prüm, Romersheim, Leudersdorf und Nohn in die Positionen, von denen aus man zum Westfeldzug anzutreten hatte. Die 1. Gebirgs-Division mit ihrem Gebirgsjäger-Regiment 98 war in den Verband der 12. Armee eingegliedert, die der Heeresgruppe A unterstand. Diese sollte den Hauptstoß durch die Ardennen auf Sedan und zur Maas führen, sodann in den Rücken der französischen Hauptkräfte eindrehen und diese von der übrigen Front abschneiden. Hierzu waren zunächst die deutsch-luxemburgische, die luxemburgisch-belgische und schließlich die belgisch-französische Grenze zu überschreiten. Bei *Dasburg*, dem letzten Dorf auf Reichsgebiet, passierte das Regiment 98 die deutsch-luxemburgische Grenze und stieß in Hauptrichtung Maas durch die bald flacher werdende Wiesenlandschaft vor.

12   Karte: Marschweg der 1. Gebirgs-Division im Westfeldzug 1940.

Der Divisionsbefehl gab vor, bis zum Vormittag des 12. Mai (Pfingst-
samstag) Bertogne zu erreichen und dann über Lavacherie abends auf
St. Hubert vorzustoßen. Die Gegend um *St. Hubert* erreichte man mit

dem Gros bis zum 13. Mai 1940 nach der Überwindung einiger Gelän-
deschwierigkeiten und noch immer ohne Feindberührung.[169] Die motorisierte Vorausabteilung unter Schörner, aber auch Kübler persönlich erkundeten Übergangsmöglichkeiten und etwaige Uferwechsel-
stellen über die Maas, welche am 15. Mai bei *Fumay* und *Revin* nachts
über gesprengte Brückentrümmer (hierbei Verluste durch Ertrinken)
sowie mittels Fähren und zweier Kriegsbrücken überschritten wurde.
Hier erfolgte die „Feuertaufe" der Gebirgsjäger im Westfeldzug. Nach dem
Vorstoß auf das noch zwanzig Kilometer entfernte und im Ersten
Weltkrieg heftig umkämpfte *Rocroi*, das als Festung Teil der Maginot-
Linie war, wurden Tausende Gefangene gemacht. Die Vorausabteilung und das restliche Regiment stießen über Signy-le-Petit und St-
Michel auf *Hirson* zur 6. Panzer-Division vor, die den Maasübergang
beim operativ wichtigen Monthermé erzwungen hatte. Bei St. Michel,
einem Ort vor Hirson, und bei Mondrepuis waren die ersten Gefallenen der Division zu beklagen. Hier wurden nach kurzem, heftigem
Kampf eine Bunkerlinie aufgerollt und einige Hundert Franzosen
samt ihrem General gefangengenommen sowie Geschütze erbeutet.
Nachdem in Rienne und sodann bei *Signy-le-Petit* der Divisionsgefechtsstand errichtet worden war und nach weiteren Gewaltmärschen
konnte das durch Marschleistung, Marschtempo und Feindkontakt
arg strapazierte Regiment 98 am 18. Mai 1940 einen Ruhetag einle-
gen. Der Divisionsgefechtsstand wurde nach *Vervins* verlegt. In der
Folge wurde die Marschrichtung der Regimenter von Westen nach
Südwesten geändert, es ging über Landouzy-la-Ville, St. Gobert und
Lèpinette dem Oise-Aisne-Kanal zu. „Der unerwartet rasche

---

[169]   Vgl. http://www.lexikon-der-wehrmacht.de/Gliederungen/Gebirgsjagerregimen-
ter/GJR98.htm (22.1.2020)

Durchbruch der deutschen Panzerdivisionen zwischen Hirson und Sedan, in Richtung Amiens, hatte die französische Front aufgerissen und eine tiefe Flanke geschaffen. Bereits am 17. Mai hatten die deutschen Truppen die Oise östlich von St-Querentin, am 19. Mai die Aisne bei Réthel und tags darauf die Sommemündung erreicht [...] Die 1. Gebirgs-Division hatte auf dem inneren Flügel der 4. und 6. Armee noch am 19. Mai die Gegend von *Vervin* und am 20. Mai das Waldgebiet nördlich des Kanals zu nehmen und den Raum La Fere – Saint Gobain – Crépy zu erreichen. Am 20. Mai wurde um 05.15 Uhr der Weitermarsch über Marle bis Crécy-sur-Serre angetreten. Als die 1. Gebirgs-Division über Concy-le-Château zum *Oise-Aisne-Kanal* vordrang, stieß sie am Kanal auf starken Feindwiderstand."[170] Die motorisierte Vorausabteilung erreichte um 10.00 Uhr Mesbrecourt, während die Pioniere der Division bei Pont-à-Boucy eine 8-Tonnen-Kriegsbrücke und einen Floßsacksteg errichteten. Der ringsumher dschungelartige Sumpfwald war von massiven Feindkräften besetzt und musste in tagelangen Einzelgefechten unter schwerem Beschuss durch französische Artillerie und Granatwerfer erkämpft werden, ehe sich die Division bei Vervin unterhalb des Höhenzugs des Chemins des Dames am circa zwei Meter tiefen und zehn bis fünfzehn Meter breiten Kanal zur Verteidigung einrichten konnte. Die Gebirgsartillerie schoss Sperrfeuer, um feindliche Gegenstöße zu unterbinden. Zwischenzeitlich wurde der Divisionsgefechtsstand in *Saint Gobain* errichtet.

Als der deutsche Vormarsch temporär zum Stehen kam, brachte eine Landung unmittelbar hinter der Front von Lanz und Generalleutnant

---

[170] Kaltenegger: Stammdivision 1981, S. 126.

Hermann Ritter von Speck, dem als draufgängerisch beschriebenen Kommandeur der 33. Infanterie-Division, keine belastbare Lageauskunft. „Unzufrieden mit den erhaltenen Auskünften, ergriff Ritter von Speck ein Gewehr und Munition, befahl Lanz, dasselbe zu tun, und stürzte mit lautem Hurra in einem Hagel feindlicher Geschosse vorwärts. Die völlig überraschten Männer nahmen sich wieder ein Herz und stürmten ihren Offizieren nach. Ähnlich überrascht waren die Franzosen und flohen in wilder Unordnung. Für diese einzigartige Tat erhielten Ritter von Speck und Lanz das Ritterkreuz. Die Deutschen drangen nun weiter vor und nahmen Soissons ein, wo Ritter von Speck persönlich half, die deutsche Flagge auf der Kathedrale am 9. Juni zu hissen."[171] Am 15. Juni wurde General von Speck fünf Kilometer hinter Pont-sur-Yonne [bei Burdick fälschlich „Pont-le-Yonne" ; JCW] bei der Erkundung einer Brückenstelle durch einen Schuss getroffen. Lanz trug den Verwundeten nach hinten, auf dem Weg starb Speck, der damit der erste gefallene deutsche General im Zweiten Weltkrieg war.[172] Die Gebirgsjäger, die es im Sumpfwald neben Myriaden von Schnaken auch mit zahlreichen französischen Baumschützen zu tun hatten und sich fast nur bei Dunkelheit bewegen konnten, hielten am Oise-Aisne-Kanal vom 22. Mai bis zum 4. Juni im Stellungskrieg einen Frontabschnitt von 32 Kilometern und gewährleisteten so die Flankendeckung der anderen deutschen Heeresverbände. Nachdem die Gebirgsjäger die kinntiefe Ailette durchwatet hatten, konnten sie am 24. Mai die intakte Kanalbrücke von Guny in ihre Hand bringen. Am 2. Juni wurde die Division dem

---

[171] Burdick, Charles B.: Hubert Lanz. General der Gebirgstruppe 1896-1982. Osnabrück 1988, S. 87.

[172] http://www.lexikon-der-wehrmacht.de/Personenregister/S/Speck-R.htm (22.1.2020)

XXXXIV. Korps unterstellt und operierte fortan am linken Flügel der 6. Armee. Ihr Angriffsstreifen wurde auf 7 Kilometer verengt. Am 4. Juni erging von Coucy-le-Château aus, einem Ort, dessen mächtige Schlossruine den zur Hauptkampflinie bestimmten Kanal und die weit geschwungene Landschaft überragte, um 18.20 Uhr die Ausgabe des „Divisions-Befehls Nr. 38" für den Angriff des Kanals am Folgetag. Dies markierte den Beginn der oben skizzierten zweiten Phase des Westfeldzugs („Fall Rot"), der nach der wichtigen *Durchbruchsschlacht der Gebirgsjäger am Oise-Aisne-Kanal* zum weiteren Vorstoß über die Marne und Seine zur Loire führte. „In diesem bis dato für die Gebirgssoldaten wichtigsten Divisionsbefehl des Frankreichfeldzuges wurde unter anderem festgelegt, dass die ‚Erste' als linke Division des XXXXIV. Armeekorps nach einer halbstündigen Feuervorbereitung auf die gegnerischen Stellungen am Morgen des 5. Juni 1940, um 05.30 Uhr, anzugreifen und den Übergang über den strategisch bedeutenden Oise-Aisne-Kanal zu erzwingen habe."[173] Am 5. Juni 1940 erfolgte der Angriff der ersten Stoßtrupps der Jäger um 05.30 Uhr nach einer halbstündigen Feuervorbereitung der Divisionsartillerie auf die gegnerischen Stellungen synchron zur Luftunterstützung durch Stukas und Jagdflugzeuge. Die zum anschließenden Sturm eingesetzten Gebirgsjäger-Regimenter 99 unter Oberst Hermann Kreß und 100 unter Oberst Willibald Utz trafen auf einen sehr hartnäckig verteidigenden Feind, der der „Edelweiß-Division" mit 139 gefallenen Offizieren und Mannschaften und 430 Verwundeten – das waren 16 Prozent ihrer Angriffsstärke[174] – die schlimmsten Verluste seit

---

[173] Kaltenegger, Roland: Generalleutnant Egbert Picker. Vom Gebirgsjägeroffizier der Wehrmacht zum Kommandeur des deutschen Verbindungskommandos bei Mussolini. Würzburg 2013, S. 57.
[174] Zahlen und Statistik vgl. Kaltenegger: Stammdivision 1981, S. 133.

Kriegsbeginn beibrachte, während das Regiment 98 unter Oberst Ferdinand Schörner mit dem ihm zugewiesenen MG-Bataillon 2 am Kanal im Raum Barisis und Septvaux als Reserve blieb. Hauptgegner war die 87. Nordafrikanische Division, die wie die berittenen Spahis[175] zu den zähsten und besten Einheiten auf französischer Seite gehörten. Von besonderer Bedeutung wurden nun die Gebirgspioniere, die durch den Bau von Schnellstegen und mittels Floßsackfähren (auf schweren 12-Mann-Schlauchbooten) die Kampfkompanien übersetzten, während die 3./Geb.Pi.Btl. 54 frühzeitig mit einer 4 t- und einer 8 t-Kriegsbrücke begann, um das Übersetzen der nachfolgenden Fahrzeuge zu ermöglichen. Der spätere Divisionskommandeur General Hubert Lanz schreibt: „Zur Sicherung der linken Divisionsflanke, wo die Nachbardivision etwas abhängt, wird das bisher in Reserve gehaltene Regiment 98 eingesetzt, wobei es der 11./98 unter Oberlt. Daumiller nach erbittertem Häuserkampf gelingt, das stützpunktartig ausgebaute *Béthancourt* zu nehmen."[176] Der Heeresbergführer und spätere Hauptmann *Hans Daumiller* wurde am 24.8.1910 in Kempten geboren und starb am 12.1.1942 an den Folgen eines Unglücksfalls

---

[175] Die Spahis, ursprünglich eine leichte Kavallerieeinheit und später Panzeraufklärer, hatten eine herausragende Rolle in den *Forces françaises libres* (dt. „Streitkräfte für ein freies Frankreich") unter General Charles de Gaulle inne. De Gaulle überquerte gemeinsam mit Général d'Armée Jean de Lattre de Tassigny, Général de Brigade Robert Dromard sowie Ministre de la Guerre André Diethelm am 7.4.1945 den Rhein bei Speyer, nachdem dies bereits am 31.3.1945 die Truppen des 3° Régiment de Tireilleurs Algériens (3° RTA) getan hatten, woran das sogenannte Spahi-Denkmal in Speyer erinnert. (Vgl. Führer, Christian: Das Kriegsende in Speyer. In: Speyer 1933-1945. Die Domstadt im Nationalsozialismus. Hrsg. v. Angela Borgstedt u. Christiane Pfanz-Sponagel. Münster 2024. S. 611-622, hier: S. 619ff.) Das 1er Régiment de Spahi („1 RS") war von 1961 bis 1984 in *Speyer* stationiert, bevor es nach Valance verlegt wurde. Das Regiment ist bis heute die am höchsten dekorierte gepanzerte Einheit der *Armée française* (bzw. *der Armée de terre*) und trägt 14 Kampfehren auf seinen Farben.
[176] Lanz 1954, S. 81.

beim Hantieren mit einer Maschinenpistole im Lazarett Roslawl an der Ostfront. Von seinen Soldaten verehrt, erhielt der beliebte Chef der 11./Gebirgsjäger-Regiment 98 das Ritterkreuz „verliehen für die am 6.6.1940 selbständige und an der Spitze seiner Kompanie erfolgte Wegnahme der zur Festung ausgebauten Ortschaft Béthancourt am Aisne-Oise-Kanal, die für die Division und im besonderen für den linken Nachbarn von entscheidender Bedeutung war", so die Begründung[177] von Oberst Egbert Picker, Schörners Nachfolger als Kommandeur des Gebirgsjäger-Regiments 98.

Dem Angriff auf Béthancourt waren mehrere Spähtruppunternehmen der 98er-Jäger vorausgegangen. Von den Franzosen ebenso hartnäckig verteidigt wie Béthancourt wurde Juvigny, „aus dem Flankenfeuer schlägt. Die 98er sollen es nehmen. Während am 6. Juni die Regimenter Utz und Kress seit 08.00 Uhr früh im weiteren Angriff nach Süden auf die Aisne stehen, während der Div.Kdr. bereits den Befehl zur Verfolgung gibt, kämpft das Regiment Schörner um Juvigny und gegen die von dort angreifenden Panzer. Leutnant Pössinger schießt sie mit seinen Pak zusammen, und am Abend stürmen die 98er das rauchende Nest, dessen starke Besatzung den Auftrag hatte, uns nachts in den Rücken zu fallen. Ein ganzes Regiment samt 35 Panzern bleibt in unserer Hand, eine hervorragende Waffentat!"[178] In Josef Baders grundlegendem Pössinger-Buch werden die *Ereignisse des 6. Juni 1940 vom Protagonisten Pössinger* ausführlich wie folgt geschildert:

---

[177] Vgl. Regimentstagesbefehl Nr. 50 v. 2.10.1940, in: Thomas/Wegmann I 1993, S. 65.
[178] Lanz 1954, S. 81.

13 Oberleutnant Michael „Michl" Pössinger (1919-2003), I./98 (1943).

„Ich war als Panzerjäger-Zugführer dem Bataillon Salminger zugeteilt und wurde von ihm mit einem Motorrad vor die Frontlinie geschickt. Ich sagte zu meinen Leuten, sie sollten an Ort und Stelle bleiben, und fuhr auf einer Beiwagenmaschine zwischen Wiesen und Getreidefeldern mit einem Pak-Geschütz [...] und Besatzung in Richtung Juvigny, zehn Kilometer nördlich der Aisne, um zu erkunden, was da los sei. Gegen Mittag ließ ich an einem Hang das Geschütz stehen und fuhr den Hügel hoch. Von oben herab konnte ich in ein paar hundert Metern Entfernung den Ort Juvigny sehen. Ich nahm das Fernglas zur Hand und beobachtete, wie deutsche Soldaten über eine Wiese gingen und erblickte plötzlich die französischen Panzer, die direkt in das Anmarschgebiet unseres Bataillons hineinfuhren. Sofort ließ ich meine Männer das 3,7 cm-Pak-Geschütz den Hang hinaufschieben bis zur

Kuppe und gab ihnen den Befehl, die Panzer bis auf etwa 300 Meter herankommen zu lassen und dann von oben herab das Feuer zu eröffnen. Den Melder schickte ich zurück, um den Rest des Zuges als dringend benötigte Verstärkung nachzuholen. Als die Panzer nahe genug waren, lag ich neben dem Geschütz und leitete das Feuer. Der Richtschütze hat die Visiereinrichtung bedient, der Ladeschütze geladen, und die beiden Munitionsträger reichten Munition zu. Ziele hatten wir genug, so schossen wir, was das Rohr hergab. Ich rannte ebenfalls nach hinten, um Munition nachzuholen, da hörte das Feuer plötzlich auf. Als ich mit der schweren Kiste keuchend zurück war, sah ich, daß der Schutzschild von einem Panzergeschoß getroffen worden war und alle vier Mann der Besatzung mit Splitterverwundungen am Boden lagen. Einem von ihnen hatte es die halbe Gesäßbacke weggerissen, die Panzerabwehrkanone war aber noch funktionsfähig. Ich überlegte nicht lange. Die Situation war gegeben, und es war selbstverständlich, daß ich mich nun alleine hinter das Geschütz kniete und die feindlichen Panzer bekämpfte. Panzergeschosse und Maschinengewehrgarben pfiffen mir um die Ohren, doch wo hätte ich auch hinlaufen sollen, abgesehen davon, daß der Melder ja mit der Beiwagenmaschine bereits auf dem Weg zum Bataillon war. Da ich weder einen Munitionsträger noch einen Ladeschützen hatte, mußte ich immer wieder zurück zum Fahrzeug und Munition nachholen. So eine Munitionskiste wog etwa 50 Pfund. Munition herschleppen, laden, zielen, schießen, erneut Munition holen – das ging so lange, bis der Zug nachkam. Bis meine anderen zwei Pak-Geschütze an Ort und Stelle eingetroffen waren und in den Kampf eingreifen können, war die Sache bereits erledigt. Endlich konnte nun auch die verwundete Pak-Besatzung, die während des Kampfes in Deckung gelegen hatte, von Sanitätern versorgt und ins Lazarett abtransportiert werden. Es war alles so schnell gegangen. Innerhalb von 40 Minuten hatte ich sieben der französischen ,Bourasque' (,Sturm') ab- und vier weitere kampfunfähig geschossen und damit einen Flankenstoß gegen unser Regiment verhindert. Die Infanterie in diesem Abschnitt der französischen Verteidigungslinie konnte nicht aktiv werden, da sie keine Panzerunterstützung mehr hatte."[179] Pössinger nahm anschließend an der Erstürmung des „rauchenden Nestes" Juvigny teil. Für seine soldatische Glanztat wurde ihm als erstem Soldaten des Gebirgsjäger-Regiments 98 und überhaupt als erstem der gesamten 1. Gebirgs-Division im Westfeldzug das Ritterkreuz verliehen. Er erhielt die hohe Auszeichnung am 19. Juli 1940 aus den Händen seines Duzfreunds und engen Offizierskameraden Hauptmann Josef „Sepp" Salminger, dem Bataillonskommandeur des Mittenwalder III./GebJägRgt. 98.

Am 8. Juni 1940 um 07.30 Uhr traten befehlsgemäß die Regimenter 98 und 99 zum Angriff über die Aisne an, während das Regiment 100 ab 08.20h folgte.[180] In dieser Phase erreichte den Kommandeur des Gebirgsjäger-Regiments 98, Oberst Ferdinand Schörner, ein Anruf des Heerespersonalamts, dass er aufgrund zu übernehmender wichtiger neuer Aufgaben vom Kommando seines altvertrauten Regiments entbunden sei. „Das Oberkommando des Heeres hat befohlen, dass Sie,

---

[179] Bader, Josef: Michl Pössinger. Lebensbilder eines Gebirgsjägers. 2. Aufl. Grainau 1998, S. 26f.
[180] Vgl. Gehring, Egid (Hrsg.): Der Stoß in Frankreichs Herz. Der Feldzug einer Gebirgs-Division in Frankreich. München 1941. S. 60f.

Herr Oberst, bis zum 10. Juni 1940 die 6. Gebirgs-Division aufzustellen und marschbereit zu melden haben!"[181]

Schörners Nachfolger als Kommandeur des Gebirgsjäger-Regiments
98 wurde der bereits erwähnte Oberst Egbert Picker. Picker, 1895 in
Nürnberg geboren und 1960 in Ingolstadt gestorben, galt als warm-
herziger und fürsorglicher Offizier. Anders als sein in jeder Hinsicht
extremer Vorgänger Schörner, mit dem er jedoch zeitlebens in großer
Wertschätzung und Freundschaft verbunden war, galt Picker als eher
still und bescheiden, als tapfer, aber eben nicht als fanatisch. Der Ritterkreuzträger und spätere Generalleutnant kommandierte das Regiment 98 bis zum 6. Januar 1943, war später zeitweiliger Kommandeur
der 3. Gebirgs-Division und in seiner letzten Verwendung Kommandeur des deutschen Verbindungskommandos 184 zur italienischen 4.
Alpini-Division „Monte Rosa" (die auf dem Truppenübungsplatz
Münsingen aufgestellt und dort von Mussolini besucht worden war).
Bei seinen Soldaten war Picker – eher ein „traditioneller" bayerischer
Offizier und kein glühender Nazi – beliebt.[182] Das Gebirgsjäger-Regiment 98 wurde später, wie seit dem Russlandfeldzug üblich, häufig
nur als „Kampfgruppe Picker" oder „Gefechtsgruppe Picker" bezeichnet.

Nach weiteren deutschen Angriffen wurden die am 6. Juni erreichten
französischen Uferbefestigungen der Aisne am 8. Juni von allen drei
Gebirgsjäger-Regimentern unter dem Schutz der eigenen Artillerie

---

[181] Kaltenegger: Schörner Bd. 1, S. 194.
[182] Vgl. Kaltenegger, Roland: Generalleutnant Egbert Picker. Vom Gebirgsjägeroffizier
der Wehrmacht zum Kommandeur des deutschen Verbindungskommandos bei Mussolini. Würzburg 2013; Thomas/Wegmann 1994, S. 156-160.

und bei seit Tagen brütender Hochsommerhitze im Sturm genommen und die *Aisne* überschritten. Auch die Nachbardivisionen konnten jetzt mit dem Übersetzen mittels Pontonbrücken über die Aisne beginnen. Der von der Luftwaffe beharkte Gegner wurde weiterverfolgt, wobei die Männer des Gebirgsjäger-Regiments 98 die rechte Flanke gegen die großen Wälder von Villers Cotterêts sicherten. In der Folge wurde der Divisionsgefechtsstand nach Villers-Helon verlegt, während die Masse der Division zunächst noch auf einem Höhenrücken ostwärts Chouy lag.[183] Am 9. Juni konnten die Gebirgspioniere mittels Floßsackstegen der Truppe den Übergang über den *Ourcq* ermöglichen. Die Regimenter der 1. Gebirgs-Division konnten auf der ganzen Linie den Ourcq überschreiten und den Feind vernichten. Nachdem um 13 Uhr die Linie Bonnesvalyn – Grisolles erreicht wurde, begann am 10. Juni der energische „Wettlauf" zur Marne mit dem Ziel, zunächst die Marne-Brücke bei Azy sowie die Eisenbahnbrücke westlich Château-Thierry in Besitz zu nehmen. Hierbei konnten die eigens aus verschiedenen Teileinheiten umgegliederten Angriffsspitzen westlich an Château-Thierry vorbei so schnell zur Marne vorstoßen, dass die Fernmelder keine Verbindung mehr zum Divisionsstab aufbauen konnten. Bei diesem *Vorstoß auf die Marne* am 11. Juni 1940 lag bei der 1. Gebirgs-Division der Schwerpunkt der Armee, und das Gebirgsjäger-Regiment 99 bildete die Spitze. Die weitere Operation wurde vom Divisionsgefechtsstand in Latilly geführt. Dem Gebirgsjäger-Regiment 98 oblag nun die linke Flankensicherung des Schwesterregiments 100, das von Monthiers durch die Wälder von Rochets, dann über die Linie Crogis - Montcourt und Bois du Loup zur Marne vorstieß, die die 98er bei Azy erreichten und

---

[183] Vgl. Gehring 1941, S. 66.

überschritten.[184] Durch die Vorarbeit der Pioniere konnte die Marne bis zum Abend des 12. Juni bei *Château-Thierry* in der südlichen Picardie zügig von der gesamten „Edelweiß-Division" überwunden werden, nachdem die Höhe 204 („Denkmalhöhe") mit dem imposanten, pfeilergetragenen amerikanischen „Ehrenmal Château-Thierry" zum Teil im Nahkampf erobert worden war. Da aber das ganze Marnetal noch in den Händen der Franzosen war, musste der Feind ab dem 13. Juni weiter hangauf, hangab nach Süden verfolgt werden. Gleichwohl hatte sich für die Wehrmacht das „Wunder an der Marne" eingestellt – unter maßgeblicher Beteiligung der dynamischen und entschlossenen Operationsführung der Gebirgsjäger-Regimenter 98, 99 und 100. Anders als im Kriegsjahr 1914, lag das Kriegsglück diesmal auf Seiten der Deutschen. „Die Tage vom 13. bis zum 18. Juni 1940 gestalteten sich für das Gebirgsjäger-Regiment 98 stattdessen zu einem wahren Siegeslauf nach Süden, wenn sich auch zuweilen der demoralisierte Gegner nochmals wie ein letztes Aufbäumen zu einer kurzen Gegenwehr Picker und seinen Männern entgegenstellte."[185] Bei großer Hitze und drückender Schwüle waren damit enorme Marschleistungen der Jäger verbunden.

Als am 14. Juni deutsche Truppen in Paris einmarschierten, bedeutete dies für die Gebirgsjäger noch nicht das Ende des Feldzugs. Mit den Regimentern 98 und 100 vorneweg, stießen sie über den Petit Morin sowie die rund 60 km lange Strecke vom Grand Morin über das Städtchen *Provins* zur *Seine* vor, wo eine Vorhut die noch intakte Seine-Brücke von Nogent einnehmen konnte. Weiter in Richtung Südwesten

---

[184] Vgl. ebd., S. 71ff.
[185] Kaltenegger: Picker 2013, S. 59f.

wurde am 15. Juni Louan und Provins genommen und St. Colombe erreicht. Spätabends stand die Vorhut bei Misy an der Yonne, wo der Divisionsgefechtsstand eingerichtet wurde und General Kübler am 16. Juni um 07.00 Uhr die von den Gebirgspionieren (Gebirgs-Pionier-Bataillon 54) errichtete Kriegsbrücke als Erster überschritt.[186]

Der folgende *Vorstoß auf Gien* zur Sicherstellung der dortigen Loire-Brücke stellte neben den Kämpfen am Oise-Aisne-Kanal die „bedeutendste Waffentat der [1. Gebirgs-]Division in Frankreich"[187] dar. Es kam zu entsetzlichen Szenen, als die zwischen die Fronten geratenen und sich hier stauenden Flüchtlinge aus dem Raum Paris in das Feuer einer französischen Artillerie-Abteilung gerieten, während die Gebirgsjäger vorwärts den Weg zur teilweise gesprengten Brücke auch gegen feindliche Panzer freikämpften. „Die Franzosen benutzen ihre eigenen Flüchtlingskolonnen als Widerstandsnester. Einige Male kommt es zu Nahkämpfen innerhalb der Fahrzeughaufen."[188] Während Teile des Regiments 98 zur Verstärkung der Vorhut nach vorne verlegt wurden, erreichte die Division die Nachricht, dass Marschall Henri Philippe Pétain Deutschland um Waffenstillstand ersucht hatte – wobei die Kampfhandlungen noch nicht eingestellt wurden. Die Altstadt des für ihre Porzellanmanufaktur berühmten Orts *Gien* an der Loire war inzwischen durch Stuka-Angriffe und Artillerie völlig zerstört und in Brand geschossen worden. Das zum Angriff über die Loire vorgesehene Gebirgsjäger-Regiment 98 trat mit dem Gros der „Edelweiß-Division" im Rücken am 19. Juni zu einem klassischen

---

[186] Vgl. Gehring 1941, S. 92.
[187] Lanz 1954, S. 86.
[188] Gehring 1941, S. 96.

Angriff nach Vorbereitung an, und zwar zunächst über die Reste der gesprengten Stadtbrücke, dann mittels zwei Fähren und Schlauchbooten (Floßsäcke). Später errichteten die Pioniere des Gebirgs-Pionier-Bataillons 54 noch eine Pontonbrücke. Am Ende ergaben sich den Gebirgsjägern bei Gien zehn französische Offiziere und 673 Mann. Auch die unbeschädigte Cher-Brücke bei Quincy konnte noch am selben Tag ohne eigene Verluste eingenommen werden. Die Sicherung des gesamten Cher-Abschnitts Unter- und Oberstrom war Aufgabe von Pickers Regiment 98. Die Artillerie der Division wurde in Stellung gebracht und der Divisionsgefechtsstand in *Château Prefonds* eingerichtet. Weiterhin mit dem Gebirgsjäger-Regiment 98 an der Spitze, wurde anschließend die Feindverfolgung via Aubigny zum Cher-Abschnitt westlich von *Bourges* fortgesetzt. „Fast zur gleichen Zeit, da die Mittenwalder sich bei Quincy einrichten, kommt von Korps der Befehl, das weitere Vorgehen einzustellen. Die 1. Gebirgs-Division bekomme eine neue Aufgabe. Sie soll mit möglichst starken Teilen auf Kraftwagen verladen zur Abgabe bereitgehalten werden. Die bereits am Cher eingesetzten Kräfte werden durch die 72. Division herausgelöst."[189] Nach einem Ruhetag am 21.6. wurde das Regiment bereits am 22. Juni aus dem Cher-Abschnitt herausgezogen, auf LKW verladen und weit nach Südwesten in den Raum ostwärts Lyon verlegt, das am 25. Juni erreicht wurde. Die weiteren Pläne, die auf die Sperrung der Pässe zwischen Montmelion und Annecy zielten, um den restlichen französischen Streitkräften den Rückzug abzuschneiden und sie zwischen den Fronten zu zerreiben, brauchten nicht mehr umgesetzt werden:[190] Nach der französischen Kapitulation am 24. Juni mit

---

[189] Lanz 1954, S. 88.
[190] Vgl. Gehring 1941, S. 104ff.

Waffenstillstandsvereinbarung zum 25. Juni um 06.35 Uhr entfiel für das Regiment 98 der geplante Einsatz bei Annecy. In Fußmärschen ging es in den *Jura nördlich von Genf*, wo die Truppe Sicherungsaufgaben entlang der Demarkationslinie vom unbesetzten Vichy-Frankreich zum besetzten Frankreich bzw. zur Schweiz übernehmen musste. Am 5. Juli 1940 verlegten die Gebirgsjäger des Regiments 98 an die *Schweizer Grenze* in den Raum Jougne, Neufs, Les Hopitaux und Vaux.

Zum Abschluss der Kampfhandlungen erließ General der Gebirgstruppe Ludwig Kübler am 20. Juni bei Presly folgenden Tagesbefehl an seine 1. Gebirgs-Division:

„Soldaten! Die 1. Gebirgs-Division beendet, zu neuen Taten berufen, diesen Feldzug. Es war ein Siegeslauf ohnegleichen.

In neuntägiger Durchbruchsschlacht vom 5. bis 13. Juni habt Ihr den Feind vernichtend geschlagen. Ihr habt ihn angegriffen und durchbrochen an der Ailette bei Coucy-le-Château, an der Aisne bei Soissons, am Ourcq bei Vichel und an der Marne bei Château-Thierry.

Als Ihr bis zum Grand Morin 90 km tief vorgedrungen wart, war die entscheidende Bresche geschlagen, durch die sich nunmehr die Panzerkorps in die Weite des Landes ergießen konnten.

In siebentägiger Verfolgung vom 14. bis 20. Juni habt Ihr den Feind immer wieder eingeholt und erneut geschlagen.

Über die Seine, die Yonne, die Loire und den Cher seid Ihr 220 km weit vorgestoßen, bis Euch höherer Befehl Halt gebot. 11.000 Gefangene sind eingebracht, die Beute ist unübersehbar.

Wir neigen uns in Ehrfurcht vor unseren Toten, die ihr Leben, wir grüßen unsere Verwundeten, die ihre Gesundheit geopfert haben.

Soldaten! Wieder, wie in Galizien und vor Lemberg, habt Ihr Eure Pflicht erfüllt. Wieder, wie in Polen, war die 1. Gebirgs-Division allen anderen weit voraus an der Spitze der Armee.

Ich danke Euch, weil Ihr tapfer wart und treu.

Unsterblicher Ruhm krönt die 1. Gebirgs-Division.

Seid stolz!

Wir grüßen die Heimat.

Es lebe der Führer!"[191]

Für die Verbände der 1. Gebirgs-Division „schien der Krieg damit beendet zu sein. Aber schon kurze Zeit später wurden sie zur Vorbereitung des Unternehmens ‚Seelöwe' an die Kanalküste und dann zur Vorbereitung des Unternehmens ‚Felix' in den Raum von Besançon verlegt. Beim ersten Unternehmen handelte es sich um die Landungsoperation gegen die britischen Inseln, beim zweiten um die Wegnahme des Felsennestes von Gibraltar […]. Die Mitwirkung der ‚Ersten' bei diesen beiden Unternehmungen, die jedoch nicht zu Stande kamen, zeigt zum einen, welch hohen Stellenwert man der Gebirgstruppe im Oberkommando […] des Heeres zugemessen hatte; zum anderen ergab es sich einfach aus den topographischen Gegebenheiten."[192] Zu gerne hätte Hitler England, seinen letzten Gegner im Westen und den Beherrscher des Atlantiks, mittels „Seelöwe" aus

---

[191] Kaltenegger: Stammdivision 1981, S. 146 und Lanz 1954, S. 88f. (dort bezeichnenderweise ohne die vier letzten Sätze)
[192] Kaltenegger: Bildchronik 2002, S. 90.

dem Weg geräumt, doch er nahm schließlich Abstand von diesem di-
lettantisch geplanten Vorhaben, das an den fehlenden Grundvoraus-
setzungen scheiterte: den für den Truppentransport erforderlichen
und geeigneten Schiffsraum und der nicht vorhandenen Lufthoheit
der deutschen Luftwaffe. Dem Gebirgsjäger-Regiment 98, dessen Jäger auf Prähmen bereits Erkundungsvorstöße im Ärmelkanal unter-
nommen hatten und sich scherzhaft als „reitende Gebirgsmarine"
wähnten, blieb der geplante Einsatz als erste Angriffswelle auf die Ca-
lais gegenüberliegende britische *Steilküste zwischen Folkstone und Do-
ver* jedoch erspart. Leutnant Michael Pössinger vom Regiment 98 erinnert sich: „Ausgerechnet bei dem geschichtsträchtigen Ort Has-
tings, von wo aus sich 1066 Wilhelm der Eroberer die Insel unterwor-
fen hatte, sollten wir an Land gehen und es ihm gleichtun. Alle unter
diesen Umständen einsetzbaren Waffen, wie die leichten Gebirgsgeschütze, Granatwerfer und die 3,7er-Pakgeschütze sollten bei der Landung in den großen Pionierschlauchbooten mitgeführt werden. Immer wieder fuhren wir mit sogenannten Prähmen aufs Meer hinaus.
Wenn wir weit genug draußen waren, wurden die darauf mitgeführten Schlauchboote mit einer Art Kran von Deck aus wie Rettungs-
boote aufs Wasser gesetzt. Wir sprangen dann jedesmal in die schau-
kelnden Untersätze, in denen wir die Geschütze zuvor schon festge-
zurrt hatten. Aus ungefähr zwei bis drei Seemeilen Entfernung mußten wir die Boote mit ihrer schweren Last dann wieder zur Küste zu-
rückrudern und die Landung simulieren. […] Ans Klettern im harten
Fels gewohnt, war diese wacklige Art der Kriegsführung für uns Gebirgsjäger ziemlich unangenehm. Sobald wir landen konnten und
endlich wieder festen Boden unter den Füßen hatten, mußten wir die
Geschütze in Stellung bringen und die Steilküste hochsteigen –

dieselbe Aktion haben dann unter umgekehrtem Vorzeichen drei Jahre später an gleicher Stelle die Alliierten durchgeführt."[193]

Die am 7. Dezember 1940 Hitler vorgelegte Planung von Kübler und Lanz zu „Felix" sah vor, dass vorrangig die Gebirgsjäger im Verband mit dem Grenadier-Regiment „Großdeutschland" und spezialisierten Kampfunterstützungsverbänden nach konzentriertem Luftangriff und Dauerbeschuss durch Artillerie schwerster Kaliber im Angriff die Verteidigungsstellungen der Briten auf dem 425 m hohen *Gibraltar-Felsen* ausschalten sollten. Nach persönlicher Inspektion Gibraltars vom Schiff aus war Lanz jedoch überzeugt, dass Küblers Plan geändert werden müsste. Er meinte jetzt, „dass der Schlüssel zum Erfolg ein Angriff mit wenigen, hochspezialisierten Kräften durch einen Felskamin sei, der an der Nordostecke zur Spitze führt. Dort in einem ‚toten Winkel' an der Schulter des Felsens, sah er durch seinen Fernstecher [sic!] die Achillesferse der Festung. Das war die Stelle, an der er nach ‚stärkster Feuerkonzentration durch Artillerie' angreifen wollte. Nach seiner Rückkehr erarbeitete Lanz einen ausführlichen, über 100 Seiten umfassenden Bericht mit zahlreichen Karten, Dokumenten und Fotos. Darin stellte er sich zum ersten Mal offen gegen seinen wenig geliebten Vorgesetzten Kübler, der trotz der neuen Erkenntnisse stur auf seinem ursprünglichen Plan beharrte. Zu einer weiteren Auseinandersetzung über die unterschiedlichen Auffassungen kam es jedoch nicht mehr: Franco verweigerte sich geschickt dem Werben Hitlers, in den Krieg einzutreten, und damit war auch seine Zustimmung zum Unternehmen ‚Felix' hinfällig. Das Projekt wurde

---

[193] Bader 1998, S. 35f.

ad acta gelegt, und Lanz bedauerte, daß ‚die ganze Arbeit umsonst'
gewesen sei."[194] Doch zurück zum Westfeldzug.

Nach dessen Abschluss übernahm General Kübler das Kommando
über das bei Besançon neu aufgestellte XXXXIX. Gebirgs-Armee-
korps, während der spätere *General Hubert Lanz* (*22.6.1896 in Entrin-
gen/Schönbuch, gest. 12.8.1982 in München) nun mit der Führung der
1. Gebirgs-Division betraut wurde. Lanz, der Württemberger mit der
heiseren Stimme, sollte die 1. Gebirgs-Division als ihr *beliebtester Kommandeur* stark prägen. Die Division musste jedoch ihr Stammregiment
100 sowie Teile des Gebirgs-Artillerie-Regiments 79 zur Neuaufstel-
lung der 5. Gebirgs-Division abgeben. Das Verhältnis zwischen Lanz
und Kübler blieb spannungsgeladen und überlebte laut Burdick trotz
vorhandenen gegenseitigen Respekts nur durch die strikte Einhal-
tung des Protokolls.[195] „Gegen Ende des Frankreichfeldzugs wurde
auch noch die von General Schörner aufgestellte und mit eiserner
Hand geführte 6. Gebirgs-Division im Rahmen der Heeresgruppe Süd
(= C, Ritter von Leeb) an der Oberrheinfront eingesetzt. Sie erhielt ihre
Feuertaufe nach ihrem Durchbruch durch die am linken Rheinufer
[sic!] liegenden Befestigungen der Maginot-Linie sowie bei den
Kämpfen in den Vogesen und bei St. Dié, wo sie erfolgreich eingriff.
Am 20. Juni fiel der im Ersten Weltkrieg so heiß umkämpfte Hart-
mannsweilerkopf wieder in deutsche Hand. Zwei Tage später streck-
ten die in Elsass-Lothringen eingeschlossenen Feindkräfte die Waffen.
Bleibt noch nachzutragen, dass am 10. Juni 1940 – gegen den Willen
der deutschen Führung – Mussolinis Truppen die italienisch-

---

[194] Meyer 2008, S. 36ff.
[195] Vgl. Burdick, S. 89.

französische Grenze überschritten, um sich auf diese Weise ein Stück des ‚Siegeskuchens' abzuschneiden. *Damit trat Italien aktiv in den Krieg ein.*"[196]

Rein militärisch betrachtet, fiel die Bilanz des West- bzw. Frankreichfeldzugs für die „Edelweiß-Division" erfolgreich aus. Der Verband brachte 11.000 französische Gefangene ein und erbeutete eine enorme Anzahl an Waffen, Ausrüstung und Gerät: „Die Gesamtverluste der 1. Gebirgs-Division beliefen sich auf 1.826 Mann. Davon waren 17 Offiziere, 76 Unteroffiziere und 353 Mannschaften gefallen [1,65 % der dt. Gesamtgefallenenanzahl], 47 Offiziere, 209 Unteroffiziere und 1.106 Mannschaften verwundet [1,23 % der dt. Gesamtverwundetenanzahl], 1 Offizier, 3 Unteroffiziere und 14 Mannschaften vermisst [0,1 % der dt. Gesamtvermisstenanzahl]. Rund 1.810 Kilometer wurden im Schnitt von jedem Soldaten zu Fuß zurückgelegt, 445 Kilometer motorisiert und 2.950 Kilometer mit der Bahn, den Transport vom polnischen zum französischen Kriegsschauplatz mitgerechnet. Während und nach dem Frankreichfeldzug wurde 5 Mal das Ritterkreuz, 166 Mal das EK I, 18 Mal die Spange zum EK I, 2.939 Mal das EK II und 47 Mal die Spange zum EK II verliehen."[197] *Die fünf Ritterkreuzträger der Division* im Frankreichfeldzug waren neben Leutnant Michael Pössinger (Zugführer 16./98, Mittenwald) Major Adolf Seitz (Kommandeur II./99), Oberleutnant Hans Daumiller (Chef 11./98, Mittenwald), Feldwebel Anton Mosandl (Zugführer 6./99) sowie Oberst und Chef des Generalstabes des XVIII. Armee-Korps Hubert Lanz, der am 25. Oktober 1940, wie geschildert, Küblers Nachfolger als

---

[196] Kaltenegger: Bildchronik 2002, S. 90.
[197] https://de.wikipedia.org/wiki/1._Gebirgs-Division_(Wehrmacht) (23.1.2020)

Kommandeur der 1. Gebirgs-Division wurde. „Als Lanz am 1. Oktober 1940 das Patent zum Generalmajor erhielt, war der 43-jährige zum jüngsten General der Wehrmacht aufgestiegen."[198]

---

198 Ebd.

7. Balkanfeldzug 1941 – Intermezzo der „Garde-Division"

Anstelle der ursprünglich intendierten deutschen Invasion Großbritanniens trat die Luftschlacht um England. Hierbei kam die deutsche Luftwaffe unter hohen Verlusten nicht über ein Patt hinaus. Als Hitler erkannte, dass seine Versuche, Großbritannien durch die „Operation Seelöwe" in die Knie zu zwingen, gescheitert waren, konzentrierte er sich auf sein wichtigstes Kriegsziel, nämlich die Vorbereitung der Invasion der Sowjetunion. Um hierzu rechtzeitig die nördliche und südliche Flanke zu sichern, nahm er Verhandlungen mit Finnland auf und er versuchte Rumänien unter Marschall Antonescu zu gewinnen. Neben der gewünschten Verstärkung durch rumänische Truppen wollte er aus kriegswirtschaftlichen Gründen in erster Linie an die Ölfelder von Ploisti, derer er zur Sicherstellung der Mobilität der Wehrmacht bedurfte. Innerhalb dieses Settings *wurde Deutschland Anfang April 1941 durch seinen Bündnispartner Italien allerdings in den nächsten Kriegsschauplatz hineingezogen.* Mussolini, der für sein Land ein hegemoniales Mittelmeer-Imperium anstrebte, hatte im Herbst 1940 Griechenland angegriffen, was ohne Abstimmung mit Berlin erfolgte, den primären Interessen Hitler-Deutschlands widersprach und völlig missglückte. In Überschätzung der italienischen Fähigkeiten verspekulierte sich Mussolini. Trotz personeller und materieller militärischer Überlegenheit konnten sich seine Truppen nicht gegen Griechenland durchsetzen, das bereits im April 1939 britische Unterstützung zugesichert bekommen hatte. Die Griechen, die sich zwar zutrauten, es mit den Italienern aufzunehmen, nicht jedoch mit der Deutschen Wehrmacht, drangen im Winter 1940/41 in das von Italien besetzte Albanien ein. „Hitler dachte inzwischen über einen eigenen Einmarsch in Griechenland nach. Er wollte die Demütigung Italiens beenden, die ein schlechtes Licht auf die ganze ‚Achse' warf, vor allem aber Rumänien schützen. Am 12. November gab er dem OKW Weisung, eine Invasion über Bulgarien zu planen, um die Küste der nördlichen Ägäis zu sichern. Das Unternehmen erhielt den Codenamen ‚Marita'. Luftwaffe und Kriegsmarine überzeugten Hitler bald, das gesamte griechische Festland ins Visier zu nehmen. […] Der deutsche Angriff auf Griechenland sollte Anfang April beginnen, da brach in Jugoslawien unerwartet eine Krise aus."[199] Hitler, der das Land schließlich mit Erfolg erpresste, sich dem Dreimächtepakt anzuschließen, provozierte damit am 26./27. März in Belgrad einen gewaltsamen Umsturz der vordergründig deutschfreundlichen jugoslawischen Regierung durch General Simowitsch. Für Hitler war dadurch jetzt der Bogen überspannt. Am 6. April 1941 ließ er im „Unternehmen Strafgericht" Belgrad zerbomben und die Wehrmacht entgegen seiner ursprünglichen Absicht jetzt sowohl in Jugoslawien als auch in Griechenland einmarschieren.

In einer vergleichsweise hektischen und unkoordinierten Operation wurde hierfür die noch in Frankreich stehende 1. Gebirgs-Division per Bahntransport und mittels Lastkraftwagen in den 1.200 km entfernten Sammelraum Klagenfurt verlegt, wo ihr Gros zwischen dem 5. und 8. April eintraf, das Gebirgsjäger-Regiment 98 zunächst aber noch in Frankreich wartete. Die 1. Gebirgs-Division, die im Verband von Küblers XXXXIX. Gebirgs-Armee-Korps der 2. Armee (Generaloberst Maximilian von Weichs) angehörte, hatte den Auftrag,

---

[199] Beevor, Antony: Der Zweite Weltkrieg. 2. Auflage. München 2014, S. 183.

zwischen Bleiburg und Lavamünd die Grenze nach Slowenien zu überschreiten und nach Einnahme der zahlreichen Bunkerbefestigungen in zwei Angriffskeilen, die von den Obersten Rudolf Lang und Hermann Kreß (Gebirgsjäger-Regiment 99) befehligt wurden, auf die fast sechzig Kilometer von der Grenze entfernte Stadt Cilli vorzustoßen. Danach wurden die starken jugoslawischen Stellungen bei Misbach und an der reißenden, Hochwasser führenden Drau überwunden. Das lediglich teilmobilisierte jugoslawische Heer hatte dem folgenden Ansturm der deutschen Panzer- und Infanterieverbände wenig entgegenzusetzen. Zur Überraschung der Gebirgsjäger wurde die Vorausabteilung von Oberst Lang von der überwiegend deutschen Bevölkerung in Hohenegg begeistert empfangen. Im weiteren Verlauf wichen die jugoslawischen Kräfte kampflos zurück, sodass am 14. April (Karfreitag) die kroatische Hauptstadt Agram (heute Zagreb) von Wehrmachtsverbänden in einer Zangenoperation umschlossen wurde und via Karlstadt schließlich auch Bihac in Bosnien erreicht werden konnte. Bereits am 11. April hatte die faschistische kroatische Ustascha-Bewegung das unabhängige Kroatien proklamiert, am 13.4. war Belgrad gefallen, am 14. Sarajewo besetzt. Das Gebirgsjäger-Regiment 98 hatte währenddessen mit logistischen Friktionen zu tun, weshalb es seinen Angriff erst am 9. April beginnen konnte. Als Kroatien für unabhängig erklärt wurde, befand sich das Regiment 98 noch auf Achse: Als das Gros der Division schon 100 km in Jugoslawien vorgedrungen war, wurden noch immer Teile der aus Frankreich abgezogenen Divisionsverbände in Wiener Neustadt entladen: „Das Regiment 98 war als letztes aus dem Raum von Besançon mit der Bahn abtransportiert worden und fuhr westlich der Vogesen nach Norden, dann über das Rheinland [sic!] und durch Mitteldeutschland nach

Wien und Wiener Neustadt. Seine vorderen Teile erreichen noch *Cilli*, die rückwärtigen die Gegend von Unterdrauburg. Einige motorisierte Einheiten waren zur Gruppe Lang vorgezogen. Oberst Picker befand sich beim Divisionsstab."[200] „Als Jugoslawien am 17. April kapitulierte [Gefangennahme von 350.000 jugoslawischen Soldaten ; JCW], befand sich die [1. Gebirgs-] Division bereits auf dem Rückmarsch nach *Klagenfurt* [mit Ruhequartieren an den Wörther Seen], wo Lanz am 27. April von Hitler in dessen Sonderzug empfangen wurde, ‚um der 1. Gebirgs-Division, die er eine *Garde-Division* nennt, seine Anerkennung auszusprechen' [...]. Zu diesem Anlaß war vor dem Klagenfurter Bahnhof das von Hauptmann Josef (Sepp) Salminger kommandierte III. Bataillon des 98. Regiments (III./98) angetreten."[201] Leutnant Schulz hielt im KTB des Bataillons hierzu fest: „Wir stehen vor dem Bahnhof Spalier und jeder einzelne Mann des Bataillons kann dem Führer ins Auge schauen. Aufrecht stehend fährt er durch unsere Reihen, scheint uns alle mit seinen klaren Augen zu durchdringen. Die Blicke unserer Männer verraten Herzen, die gläubig an ihrem Führer hängen. Als er unserem Divisions-Kommandeur sagt: ‚*Ihre Division macht den Eindruck einer Garde-Division*', sind wir sehr stolz darauf."[202]

Beträchtliche Marschleistungen lagen nach diesem Feldzug wieder hinter den Gebirgsjägern [...] rund 2.000 Kilometer mit der Bahn, 1.880 Kilometer motorisiert und 410 Kilometer zu Fuß. An Verlusten hatte die 1. Gebirgs-Division im Jugoslawienfeldzug zu beklagen: 15

---

[200] Lanz, S. 123.
[201] Meyer 2008, S. 38.
[202] Ebd., S 39.

Gesamtverluste, davon 1 Unteroffizier und 5 Mannschaften gefallen sowie 3 Unteroffiziere und 6 Mannschaften verwundet. [...] Glücklicherweise war Offizier, Unteroffizier und Mannschaft zu jener Zeit noch nicht bewußt, daß ihnen der schwerste Abschnitt des Zweiten Weltkrieges, nämlich der Rußlandfeldzug, noch bevorstand."[203]

Auch wenn die 1. Gebirgs-Division mit ihrem Gebirgsjäger-Regiment 98 nicht mehr am weiteren Verlauf des Balkanfeldzugs von 1941 beteiligt war, soll hier nur knapp skizziert werden, was tatsächlich eine eigene Publikation erfordern würde:

Der Oberbefehlshaber der 12. Armee, Generalfeldmarschall Wilhelm List, führte seine Verbände jetzt gegen Griechenland. Zu ihnen zählte das XVIII. Gebirgs-Armee-Korps unter General Franz Böhme, dem die 5. Gebirgs-Division (General Julius ‚Papa' Ringel) und die 6. Gebirgs-Division unter Ferdinand Schörner angehörten. Die Gebirgstruppen hatten mit ihrem Durchbruch der stark befestigten und entscheidenden Metaxas-Linie bei der Struma-Enge den größten Anteil an der Besetzung des gesamten griechischen Festlandes, die bis 27. April 1941 abgeschlossen war. „Der Durchbruch der 5. Gebirgs-Division am Rupl-Pass entlang der Struma, über die noch schneebedeckten kahlen Kämme der Rhodopen, und der 6. Gebirgs-Division, über das winterliche Belasicagebirge westlich des tief eingeschnittenen nach Saloniki führenden Strumatales, zählte zu den herausragenden Gebirgsoperationen dieses Feldzugs. Am Olymp, wo schon die Reichskriegsflagge gehisst wurde, und auf dem historischen Schlachtfeld der Thermopylen wurden die britischen Landungstruppen unter

---

[203] Kaltenegger: Stammdivision 1981, S. 186f.

der wesentlichen Mitwirkung der Gebirgstruppen geschlagen und zum Verlassen des griechischen Festlandes gezwungen. Damit war der Weg in die griechische Hauptstadt frei. Dort zog die ‚Sechste' am 27. April 1941 nach dreiwöchigem Kampf und einer Marschleistung von 600 Kilometern ein. Schörner wurde zum ‚*Sieger von Athen*' ausgerufen. Er und zehn weitere Gebirgssoldaten der […] 6. Gebirgs-Division wurden mit dem Ritterkreuz des Eisernen Kreuzes ausgezeichnet."[204] Es folgte mit dem *Unternehmen Merkur* die Landung deutscher Truppen ab dem 20. Mai 1941 auf dem vor allem von Briten und Neuseeländern massiv verteidigten Kreta. Die luft- und seegelandeten Gebirgsjäger der 5. und 6. Gebirgs-Division erkämpften mit den Fallschirmjägern in härtesten und sehr verlustreichen Kampfeinsätzen bei tropischer Hitze die gebirgige Mittelmeerinsel, wo das Gebirgsjäger-Regiment 100 allein 10.000 Briten, Alliierte und Griechen gefangen nahm. Am 31. Mai wurde Heraklion (Iraklion) besetzt und die Gebirgsjäger dann bis Oktober 1941 als Besatzungstruppen auf Kreta eingesetzt. Mit Blick auf die folgenden Ereignisse in Griechenland und auf dem Balkan sei darauf hingewiesen, dass auf Kreta 1941 wesentlich mehr Fallschirmjäger an Kriegsverbrechen und Erschießungen von Zivilisten beteiligt waren als die dort eingesetzten Angehörigen der Gebirgstruppe.[205]

---

[204] Kaltenegger: Bildchronik 2002, S. 110.

[205] Vgl. u. a. Kellerhoff, Sven Felix: Die Wehrmacht warf ihren Fallschirmjägern „Landsknecht-Mentalität" vor. Ein Gespräch mit dem Militärhistoriker Peter Lieb über Kriegsverbrechen. In: Welt v. 8.7.2021
(https://www.welt.de/geschichte/zweiter-weltkrieg/article232370003/Kriegsverbrechen-Fallschirmjaeger-hatten-Landsknecht-Mentalitaet.html) (19.8.2022)

8. Hybris und Nemesis: Die Ostfront oder der Anfang vom Ende

„Der deutsch-sowjetische Krieg war kein Krieg wie andere Kriege. Keiner hatte solche Dimensionen, keiner wurde so unerbittlich geführt, keiner hatte solche fundamentalen Auswirkungen und keiner hat je auch nur annähernd so viele Opfer gekostet. „Außergewöhnlich war schließlich auch der Charakter dieses Kriegs: Es war ein Existenzkampf zwischen den beiden großen totalitären Bewegungen des 20. Jahrhunderts. Entsprechend radikal handelten die Kontrahenten. Beide, das nationalsozialistische Deutschland wie auch die stalinistische Sowjetunion, haben diesen Kampf wie einen Kreuzzug geführt. Die Folge war eine Orgie der Gewalt, selbst wenn das Geschehen an der Front über weite Strecken auch einen konventionellen Charakter haben konnte. Entscheidend aber war, dass sich hier ein Krieg neuen Typs abzeichnete, ein totaler, zunehmend ideologisierter Krieg, der fast schon zu seinen atavistischen Ursprüngen zurückfand."[206]

Hitler entfesselte den Krieg gegen die Sowjetunion ohne Not, und er konzipierte ihn von vornherein als rassenideologischen Vernichtungskrieg mit drei Hauptzielen: der Vernichtung des Bolschewismus', der Zertrümmerung und Germanisierung des Großrussischen Reiches sowie der Kolonialisierung zu Siedlungszwecken und zur wirtschaftlichen Ausbeutung. Unabhängig von allen praktisch-strategischen Argumenten, die 1941 aus seiner Sicht für die Invasion sprachen, hat Hitler nie ein Hehl daraus gemacht, dass der militärische

---

[206] Hartmann 2011, S. 4.

Konflikt für ihn eine weltanschauliche Dimension hatte. Er sah darin die unvermeidliche Auseinandersetzung zwischen Barbarentum und Zivilisation, eine Entscheidungsschlacht, die schon 1936 in seinen Überlegungen eine wichtige Rolle spielte.[207] Dieser Zweck, die Vernichtungsintention, verleiht dem Krieg in den „Bloodlands"[208] des Ostens seine *Singularität im Gesamtkontext des Zweiten Weltkriegs*. Die Brutalität der entgrenzten Kriegsführung war nur vergleichbar mit dem Wüten der Japaner während der Besetzung Chinas im Zweiten Japanisch-Chinesischen Krieg (1937-1945).

Mit dem 22. Juni 1941, fast auf den Tag genau 129 Jahre nach Napoleons Angriff auf Russland, begannen Wehrmacht und Rote Armee einen *Krieg jenseits der Genfer Konvention und der Haager Landkriegsordnung* zu führen. Der renommierte amerikanische Historiker Timothy Snyder schreibt in seinem beeindruckenden Standardwerk „Bloodlands" über den 22. Juni 1941: *„Es war der Beginn einer Katastrophe, die sich der Beschreibung verweigert."*[209] Sein deutscher Fachkollege Stig Förster bestätigt: „Tatsächlich fällt es schwer in Worte zu fassen, welch ungeheure Verbrechen mit dem Unternehmen ‚Barbarossa' verbunden waren. Es handelt sich um Dimensionen, die sich der Vorstellungskraft entziehen. […] Der Zweite Weltkrieg beendete nicht nur […] die deutsche Militärgeschichte im herkömmlichen Sinne, sondern die in diesen Jahren begangenen Kriegsverbrechen stellten einen fundamentalen Bruch mit dem militärischen Selbstverständnis und

---

[207] Vgl. Overy, Richard: Russlands Krieg 1941-1945. Reinbek b. Hamburg 2011, S. 140.
[208] Vgl. Snyder, Timothy: Bloodlands. Europa zwischen Hitler und Stalin. München 2011.
[209] Snyder, Timothy: Bloodlands. Europa zwischen Hitler und Stalin. München 2011, S. 169.

den traditionellen Ehrbegriffen der Vergangenheit dar."[210] Die im Krieg gegen die Sowjetunion bereits im Juli 1941 zu konstatierende Gewalteruption ungekannten Ausmaßes war allerdings vorherzusehen, denn die Feldzugsplanung setzte von vornherein auf eine entgrenzte Kriegführung. Die Verantwortung für die Gesamtplanung lag beim Ostkrieg nicht beim Wehrmachtsführungsstab (WFSt des OKW) unter Generaloberst Alfred Jodl, sondern bis zum 24.9.1942 beim Generalstabschef des OKH, dem aus der bayerischen Artillerie hervorgegangenen Generaloberst Franz Halder.[211] *Beim Angriff auf die Sowjetunion handelte es sich insgesamt um ein Unternehmen, das von der verantwortlichen Führung waghalsig, alternativ- und verantwortungslos angelegt worden war.* Obwohl die Wehrmacht über erstklassige Soldaten, nämlich die besten, verfügte, wurde sie hier vom ersten Tage an vor eine absehbar unlösbare Aufgabe gestellt, was nach der militärischen Logik *„Inter arma enim silent leges"*[212] *faktisch eine stets weiter eskalierende Kriegsführung zur Notwendigkeit machte. Da für den Feldzug schlicht kein Alternativplan existierte, war die Wehrmacht von vornherein zum Siegen verdammt.* Eine moralische Legitimation als Verteidigungskrieg gegen einen Aggressor konnte das Großdeutsche Reich kein weiteres Mal für sich zurechtlügen, als es das in jeder Hinsicht unterschätzte Riesenreich der Sowjetunion im Sommer 1941 überfiel – auch wenn die NS-Propaganda im Vorfeld nicht müde wurde, ihre siegverwöhnten Streitkräfte dahingehend zu manipulieren, dass man einen

---

[210] Förster 2025, S. 915f.

[211] Nachfolger Halders in dieser Position war Generaloberst Kurt Zeitzler (später wurden noch Heusinger, Guderian, Krebs, Keitel und Jodl mit der Wahrnehmung der Geschäfte betraut).

[212] „Unter den Waffen schweigen nämlich die Gesetze". Das römische Sprichwort, das einer Rede Ciceros entlehnt ist, dient als vermeintliche Legitimation des Bruchs sittlicher Gesetze in Kriegszeiten.

aufgenötigten Präventivkrieg gegen den Bolschewismus führe, um einem unmittelbar bevorstehenden Angriff der Sowjetunion in letzter Minute zuvorzukommen. Eifrig wurde das Narrativ vom Verrat und Treuebruch Stalins verbreitet, das den in die wahren Verhältnisse und Absichten Hitlers uneingeweihten Soldaten und Truppenführern angesichts der in Frontnähe massierten sowjetischen Verteidigungstruppen klar zu bestätigen schien, dass man Stalin nur knapp zuvorgekommen sei. In Wahrheit ist diese *Präventivkriegsthese längst widerlegt*, und zwar bereits dadurch, dass Hitler ja bereits seit dem 2. Juni 1940 gegenüber der Wehrmachtsführung das strategische Ziel des Angriffs auf die Sowjetunion[213] darlegte. Auch seine Order nach dem 31. Juli 1940, die Vorbereitungen für den Angriff auf die UdSSR einzuleiten[214], zeigen, dass das „Unternehmen Barbarossa" für die NS-Führung kein Präventivkrieg war. Und auf sowjetischer Seite gab es vor dem Juni 1941 keine konkreten Angriffsvorbereitungen der Moskauer Führung, die mit denen des deutschen Generalstabes vergleichbar gewesen wären, zumal die Sowjetunion militärtechnisch und von der Ausbildung her für einen solchen Krieg nicht vorbereitet war.

Der konkrete Krieg an der Ostfront dokumentierte den Extremfall dessen, zu was der Mensch gegenüber anderen Menschen fähig ist. Zu den schlimmsten Kapiteln gehörten Kriegshandlungen aufgrund verbrecherischer Befehle wie dem Kriegsgerichtsbarkeitserlass oder dem Kommissarbefehl. Mit dem „Erlass über die Ausübung der Kriegsgerichtsbarkeit im Gebiet ‚Barbarossa' und über besondere Maßnahmen der Truppe"

---

[213] Vgl. https://de.wikipedia.org/wiki/Unternehmen_Barbarossa (7.11.2015)
[214] Vgl. Ueberschär, Gerd R./Bezymenskij, Lev A. (Hrsg.): Der deutsche Angriff auf die Sowjetunion 1941. Die Kontroverse um die Präventivkriegsthese. 2., erw. Auflage. Darmstadt 2011, S. 12.

vom 13. Mai 1941, kurz *Kriegsgerichtsbarkeitserlass* genannt, ließ Hitler durch OKW-Chef Keitel anordnen, dass Straftaten von Zivilpersonen, die in den Ostgebieten gegen die deutsche Wehrmacht erfolgten, nicht durch ordentliche Verfahren vor Standgerichten oder Kriegsgerichten geahndet werden durften. Dies kam einem Freibrief gleich, Verbrechen gegen die sowjetische Bevölkerung begehen zu dürfen. Flüchtende Personen sollten unverzüglich, Tatverdächtige konnten auf Geheiß eines Offiziers erschossen werden; Wehrmachtsangehörige mussten nur in Ausnahmen bzw. bei besonderen Fällen damit rechnen, sich nach einem Übergriff vor einem Militärgericht verantworten zu müssen.[215] Dieser Kriegsgerichtsbarkeitserlass war für die Kriegführung und Besatzungsherrschaft im Osten von richtungweisender und dauerhafter Bedeutung, da er potenziell viele Millionen Zivilisten betraf und diese häufig der deutschen Besatzungsmacht nahezu schutz- und rechtlos auslieferte (was sie oft zu Partisanen machte bzw. man sie zu solchen erklären und entsprechend behandeln konnte).[216] Im *Kommissarbefehl* („Richtlinie für die Behandlung politischer Kommissare") vom 6. Juni 1941 wurden die Streitkräfte dazu angewiesen, gefangen genommene Politkommissare der Roten Armee nicht als Kriegsgefangene zu behandeln, sondern sie ohne Verhandlung „mit der Waffe zu erledigen", was zur Ermordung von geschätzten neuntausend Kommissaren führte, ehe der Kommissarbefehl im Mai 1942 außer Kraft gesetzt wurde. Gar Millionen Menschen fielen dem Krieg hinter dem Krieg zum Opfer: Nachdem die kämpfende Truppe der Wehrmacht Territorialgewinne gemacht und anschließend deutsche Sicherungsdivisionen das sogenannte

---

[215] Vgl. http://de.wikipedia.org/wiki/Kriegsgerichtsbarkeitserlass (15.7.2012)
[216] Vgl. Hürter 2007, S. 256ff.

Rückwärtige Heeresgebiet besetzt hatten, wurde dieses der Verantwortung der NS-Zivilverwaltung unterstellt. Danach wurden in diesen Gebieten die Schergen der Einsatzkommandos der Sicherheitspolizei (SiPo), des SD, der Ordnungspolizei (OrPo) und der Waffen-SS
tätig, indem sie systematisch Deportationen und Massenmorde im
Sinne ihrer rassenideologischen Zielsetzungen durchführten. In der
Praxis lief dies hinaus auf hunderttausendfache Massenerschießungen von Juden und anderen verfolgten Gruppen, die blutige „Ent-
flechtung" imaginierter Rassen und die als „Germanisierung" bezeichnete Versklavung ganzer Bevölkerungsgruppen. Haupttäter waren die vier von SS-Obergruppenführer Reinhard Heydrich eingesetzten Einsatzgruppen A, B, C und D mit zusammen und rund dreitausend Mann sowie verschiedene Polizeibataillone. Im südlichen Frontabschnitt mit Stoßrichtung Richtung Krim und Kaukasus beging die
Einsatzgruppe D unter Otto Ohlendorf ihre Verbrechen. An der Entfesselung dieser *„genozidalen Mordkampagne"*[217] *als integralem Teil des
Holocausts* waren auch Einheiten der Wehrmacht beteiligt, allerdings
keine Verbände der kämpfenden Fronttruppe, wie das Gebirgsjäger-
Regiment 98 oder dessen Schwesterverbände der 1. Gebirgs-Division.
Das schlimmste Verbrechen Nazideutschlands außerhalb des Holocausts war indes der Umgang der Wehrmacht und der nachgeordne-
ten Verwaltung mit den insgesamt *5,7 Millionen sowjetischen Kriegsgefangenen* nach Maßgabe der NS-Ziele.[218] Der Rotarmist war für den
deutschen Soldaten nach seiner Gefangennahme in der Regel kein Kamerad. Dies rekurriert auf Hitlers unmissverständliche Weisung an

---

[217] Gerwarth, Robert: Reinhard Heydrich. Biographie. München 2011, S. 351.
[218] Vgl. Streit, Christian: Keine Kameraden. Die Wehrmacht und die sowjetischen
Kriegsgefangenen 1941-1945. Stuttgart 1981.

die höhere Generalität vom März 1941, deren Leitlinie Generalstabschef Franz Halder in seinem Kriegstagebuch vom 30.3.1941 dokumentiert. Apodiktisch heißt es dort: *„Wir müssen von dem Standpunkt des
Kameradentums abrücken. Der Kommunist ist vorher kein Kamerad und
nachher kein Kamerad. Es handelt sich um einen Vernichtungskampf."*[219]
Hitler begründete die Ideologisierung der Kriegsführung gegen die
Rotarmisten im Vorfeld mehrfach auch damit, dass die Sowjetunion
nicht der Genfer Konvention (1929) beigetreten sei. In der Praxis
konnten die kämpfenden Fronttruppen ihre eingebrachten Gefangenen stets nur nach „hinten" abgeben – was in der Regel bedeutete,
dass diese ihrem Schicksal, meist dem qualvollen Hungertod, überlassen wurden (oder sie nach Deutschland deportiert wurden). Dabei
war der verantwortlichen Wehrmachtsführung schon bei der Planung
von „Barbarossa" als Blitzkrieg klar, dass man bei 5 Millionen gegnerischen Kombattanten mit Millionen von Kriegsgefangenen rechnen
musste, um deren Schicksal man sich nicht würde kümmern können.
Man erachtete sie (nicht zuletzt aufgrund der Kampferfahrungen mit
ihnen als unerbittlichem Gegner, der seinerseits oft keine Gefangenen
machte) nicht mehr als Kameraden und überließ sie gleichgültig ihrem Schicksal. Von den 3,3 Millionen sowjetischen Kriegsgefangenen
bis Ende Herbst 1941 waren im Frühjahr 1942 zwei Millionen tot, die
meisten mangels Versorgung regelrecht verhungert oder an Entkräftung und Krankheiten zugrunde gegangen. Dieses Verbrechen war
Teil des von SS-Gruppenführer Herbert Backe konzipierten „Hunger-
plans", der eine kriegswirtschaftlich und rassenideologisch begründete Hungerpolitik ins Werk setzte und zum Ziel hatte, der russischen
Bevölkerung ihre Lebensmittel zu entziehen. War der deutsche

---

[219] Vgl. ebd., S. 9; desgleichen Hartmann: Halder 2010, S. 242.

Landser von der Fürsorge und Versorgung der eigenen Führung selbst im Stich gelassen worden, wurde der sowjetische Kriegsgefangene ans Ende der Nahrungskette gedrängt, wo sich dann kaum noch einer für ihn verantwortlich fühlte bzw. fühlen konnte. *„Er oder ich"* – einmal mehr verengte und reduzierte sich die brutale Logik des Krieges auf diese im Wortsinn existenzielle Frage. Im Unterschied zur *logistischen Assistenz der Wehrmacht beim Holocaust* zeigen die Beispiele der entsetzlichen *900tägigen Belagerung von Leningrad* mit ihren bis zu einer Million Todesopfern oder der von Wehrmacht und Roter Armee praktizierten Verbrannte-Erde-Taktik, *dass die Barbarisierung der Kriegsführung im Osten nicht primär im Ideologischen, sondern im Militärischen begründet lag.* Hierbei führte insbesondere der heimtückische *Partisanenkrieg* zu einer fortschreitenden Radikalisierung der Wehrmacht, wie sich ganz grundsätzlich das Gesetz des Krieges verselbstständigte. Das überhöhte Ethos vom „ritterlichen Kampf" auf der Basis ehrbarer soldatischer Tugenden erodierte zunehmend und führte zu einem *Angleichungsprozess zwischen Wehrmacht und Nationalsozialismus.* Goebbels forderte sogar, dass man von der Roten Armee lernen müsse. Die Idee des Politkommissars beispielsweise haben die Nazis versucht zu kopieren mit der Einführung des NS-Führungsoffiziers (hierzu mehr im abschließenden Exkurs zu Schörner). Auch die menschenverachtend radikale Kriegsführung der Roten Armee sollte transferiert werden.

Ein Großteil der insgesamt 10 Millionen Soldaten des deutschen Ostheeres hatte weder Kenntnis von konkreten Verstrickungen in Verbrechen noch gar diese begangen. Sowohl wissenschaftlich als auch juristisch und moralisch ist deshalb jedes Pauschalurteil von der verbrecherischen Wehrmacht faktisch unhaltbar. An dieser Stelle ist allerdings nochmals in der Einleitung Ausgeführte zu betonen. „Im Gegensatz zu dieser institutionellen Verantwortung lässt sich die *individuelle Verantwortung* der Wehrmachtsangehörigen an all diesen Großverbrechen nicht so schnell auf einen Nenner bringen; *hier ist deutlich zwischen Einsatzort, Auftrag, Dienstrang, Dienststellung und persönlicher Verantwortung zu unterscheiden.*"[220] „Oft, nicht immer, wurden deutsche Soldaten allein deshalb zu Tätern, weil sie Weisungen und Befehlen gehorchten, die Leute wie Halder formuliert hatten. Das kann – so bitter das ist – an der persönlichen Schuld dieser Soldaten nur wenig ändern."[221] *Die enthemmte Gewalt resultierte aus der mit Fortgang des Krieges immer klarer zutage tretenden Frage des eigenen Schicksals, die alles andere überlagerte. Nachdem man diesen Krieg angefangen und so geführt hatte, wie man ihn geführt hatte, war man tatsächlich schlichtweg zum Siegen verdammt. Es gab bzw. man sah hierzu keine andere Perspektive und keine Alternative.* Der eigene Einsatz durfte doch nicht umsonst gewesen sein, und was der Gegner im Falle der Niederlage mit einem anstellen würde, war jedermann völlig klar („Hände heben schützt kein Leben!"). *Mit der Ausweitung der Kampfzone und der Eskalation der Gewalt verengte sich der Blick des einzelnen Soldaten auf das Wesentliche: das eigene Überleben.* Entgrenzte Gewalt und permanente Lebensgefahr wurden zum betäubenden Handlungsrahmen, sodass im Krieg oft das eigene Denken auf der Strecke blieb. Die Entbehrungen und Belastungen waren in der Regel so groß, dass man sich kaum fragte, oft auch kaum angemessen wahrnahm, was das eigentlich für ein Krieg ist. Soldaten berichten in der Literatur häufig, dass sie sich

---

[220] Hartmann: Halder 2010, S. 430.
[221] Ebd., S. 435.

insofern weder als Täter wahrnahmen noch eine Opferrolle entwickelten. *Alles war auf das Überleben im Moment und im jeweils nächsten Schritt ausgerichtet.* Der front- und gefechtserfahrene Soldat entwickelte im Laufe der Zeit ein besonderes Sensorium für die Situation, der er gerade ausgesetzt ist. Er wusste in besonderer Weise, welche Bedeutung den Faktoren Erfahrung und Intuition, aber auch dem sprichwörtlichen Soldatenglück zukamen. Häufig entwickelte er einen siebten Sinn, eine Art Hyper-Realismus für die lauernden Gefahren, der es ihm erlaubte, die nächsten lebenswichtigen oder lebensbedrohenden Dinge zu antizipieren. In besonders brenzligen Situationen bewährte sich zumeist die enorme Disziplin der Soldaten der Wehrmacht, die sich in außergewöhnliche Tapferkeit oft bis hin zur Kaltschnäuzigkeit transformierte.

Diese *Disziplin* fußte insbesondere auf drei Fundamenten: äußerstem Pflichtgefühl, einem Höchstmaß an Gehorsam und Kameradschaftlichkeit sowie veritablem Korpsgeist (nicht zuletzt als Resultat der harten und gründlichen Ausbildung). Aber je länger der Krieg dauerte, desto mehr entfaltete sich das Bewusstsein, an etwas schrecklich Unheilvollem beteiligt zu sein und dieses schrecklich Unheilvolle vor allem auch selbst über die Bevölkerung des Kriegsgegners zu bringen. Gleichwohl versuchten die Soldaten im Vertrauen auf ihre Führung, auf die Richtigkeit ihres Auftrags und die Wichtigkeit ihres entsprechenden eigenen Verhaltens ihre Pflicht zu tun. Der Soldat glaubte, es komme auf ihn persönlich an. Im Angesicht des Schreckens des Krieges, der täglichen Erfahrungen von Leid, Sterben und Tod insbesondere der eigenen Kameraden, die ja häufig zu engsten Freunden geworden waren, bildete sich bei jedem die permanente Angst um das eigene Schicksal heraus. Zu viele Kameraden hatte man ganz unmittelbar auf schockierende, traumatisierende Spätfolgen zeitigende Weise sterben sehen. Trotzdem war man dazu verdammt, den immer katastrophaler werdenden Widrigkeiten trotzen zu müssen und im engen Rahmen der Möglichkeiten der eigenen Einheit irgendwie seines Glückes (vulgo: Überlebens) Schmied zu sein. Vertrauen auf sich, die Kameradschaft und die militärische Führung sowie Hoffen, Bangen und Beten war alles, was den Männern blieb, denen zur Gewissheit wurde, dass der ganze Ostkrieg ein irres Vabanquespiel eines größenwahnsinnigen Hasardeurs namens Adolf Hitler war. *Im Osten war zu besichtigen, was am Ende nur illusionslos zu begreifen bleibt, dass nämlich die Wehrmacht insgesamt kein Hort des Anstands und der Unschuld inmitten des Verbrechens und böser Mächte war.* Gleichwohl muss man anstelle pauschaler Diffamierung zwingend auf Differenzierung setzen angesichts der überwiegenden Mehrheit integrer Soldaten, denen wir durchaus ein Gefühl von Anstand und ein entsprechendes Verhalten selbst inmitten dunkelster Zeiten zutrauen dürfen. Wir Nachgeborenen sollten überhaupt öfters vom hohen Ross herabsteigen und konzedieren, dass *unsere Vorfahren per se keine besseren und keine schlechteren Menschen waren als wir heute.*

Dass die Wehrmachtssoldaten seit Beginn des „Unternehmens Barbarossa" keinen Krieg wie die bisherigen erfuhren und auch selbst führten, ist auf eine Vielzahl an Gründen zurückzuführen. Zu nennen ist hier zunächst die völlig neue *Dimension des Raumes,* die unfassbare Weite bereits des europäischen Teils der über 21 Millionen Quadratkilometer großen Sowjetunion, die die Wehrmacht vor ungekannte logistische Probleme der Aufklärung, der Versorgung, des

Nachschubs und der Sicherung stellte. Bereits dieser Dimension war die deutsche Armee letztlich nicht gewachsen. Des Weiteren wurden erstmals schiere *Klimabedingungen* zu einem fundamentalen, determinierenden und limitierenden Kriegsfaktor. Die staubige Hitze des Sommers und noch mehr die Schlammperioden des Herbstes verlangten unter dem Diktat der operativen Vorgaben in den weglosen Weiten Weißrusslands, der Ukraine und Russlands von Mensch, Tier und Maschine alles. Vor allem aber der extreme russische Winter sorgte für Ausfälle größten Ausmaßes und erwies sich als stärkster Verbündeter der auf ihn eingestellten Rotarmisten. Er dokumentierte die Klima-Anomalie der Winter 1939 bis 1943, die insbesondere aus dem Ausbleiben der Westwinddrift in jenen Jahren resultierte. Im ersten russischen Winter 1941/42, dem härtesten seit 140 Jahren, froren die oft schutzlosen und schlecht verpflegten deutschen Soldaten in ihren Sommeruniformen bei zum Teil unter Minus 40° C so kläglich, dass ihre Verluste durch Erfrieren mitunter höher waren als jene durch Feindeinwirkung. Der bei alldem entscheidende Faktor aber, der den Krieg an der Ostfront zu einem ungekannten Krieg werden ließ, war schlicht die *Qualität des Gegners* und seiner Kampfweise. Der Krieg gegen ihn ging immer weiter und weiter, die Rote Armee hörte einfach nicht auf zu kämpfen und schaffte es so, die deutsche Strategie zum Scheitern zu bringen. Nach den einschlägigen Erfahrungen mit der hartnäckigen und erbitterten Kampfweise der Rotarmisten, die häufig alle Erwartungen und Befürchtungen bestätigten, wurde die gnadenlose Kriegsführung beider Seiten forciert. Die deutschen Truppen sahen sich im Osten nicht nur einem zahlenmäßig überlegenen Feind gegenüber, der seine Verluste an Gefallenen und Gefangenen aus einem schier unerschöpflichen Reservoir auffrischen konnte. Vor allem

„zeigte sich der sowjetische Soldat als ein Gegner bisher unbekannter Stärke und Standfestigkeit, anders als der Feind, den die deutschen Truppen in den Feldzügen zuvor erlebt hatten. Der stoische Gehorsam gegenüber der Obrigkeit, die Anspruchslosigkeit und die persönliche Einsatzbereitschaft auch unter extremsten Witterungsbedingungen waren ihm wie den Generationen zuvor anerzogen. […] Der Soldat selbst war geschickt in der Verteidigung und tapfer im Angriff. Raffiniert in seinem Verhalten auf dem Gefechtsfeld, besonders nachts und unter allen Witterungsbedingungen ertrug er Belastungen unglaublich standhaft. In der Verteidigung hielt er hartnäckig Widerstand leistend bis zum Kampf Mann gegen Mann. Wir mussten daher jede Stellung einzeln niederkämpfen. Der Widerstand brach meist erst zusammen, wenn der örtliche Führer, vor allem der Politruk, ausgefallen war und sie sich daher ergeben konnten, ohne von hinten erschossen zu werden. Zähigkeit und stoische Todesverachtung kennzeichneten die Angriffe der Roten Armee. Oft griff die sowjetische Infanterie ungedeckt mit lautem ‚Urrähh' und im Laufen aus allen Waffen feuernd an. Kam ihr Angriff zum Erliegen, wurde kurz darauf ein weiterer aus gleicher Richtung angesetzt, wiederum unter Inkaufnahme hoher Verluste. Die Feuerunterstützung durch Artillerie und Granatwerfer erfolgte in großer Dichte und hohem Munitionseinsatz. Die Infanterie folgte dem Vorverlegen des Vorbereitungsfeuers dichtauf. Wurden Angriffe mit mechanisierten Verbänden vorgetragen, stürmten die Panzer in hoher Fahrt unter Einsatz aller Bordwaffen fast ohne Rücksicht auf eigene Verluste. Die aufgesessene Infanterie sprang erst kurz vor den deutschen Stellungen ab, um im Nahkampf den Einbruch zu erzwingen. So entstanden recht schnell kritische Lagen, in denen kampffähig gebliebene eigene Widerstandsnester für viele Stunden auf sich allein gestellt standhielten, bis später durch Reserven die eigene Verteidigung wieder stabilisiert werden konnte. Mit den Rückzugsbewegungen kam es häufig zu solchen unübersichtlichen Gefechten. Den Feindkräften an Personal und Material stark unterlegen, kämpfte sich die Fronttruppe auf neue Verteidigungslinien zurück. Manchmal entstanden auf diese Weise sogenannte ‚wandernde Kessel', vom Feind umgeben und bedrängt, an den Außenrändern die Kampftruppe mit den Unterstützungstruppen, in der Mitte Verwundete, Stäbe und Versorgungsteile. In solchen Situationen war die physische und psychische Belastung besonders hoch, die Führungsleistung bis hinab zum Leutnant und dem erfahrenen Unteroffizier besonders gefordert."[222]

Im Vergleich zu den Feindkräften brillierten die deutschen Truppenführer in der operativen und taktischen Führung ihrer disziplinierten Soldaten, sodass es trotz der dargestellten Stärken kein Zufall war, dass statistisch *auf einen gefallenen deutschen Soldaten über vier sowjetische* kamen. Betrachtet man das Jahr 1941 isoliert, so lag das Verlusteverhältnis gar bei eins zu zwanzig. Die durch Stalins Säuberungen geschwächten sowjetischen Kader verfügten dennoch über Truppen, die trotz massiver taktischer Defizite und vergleichsweise schwacher Führung kompromisslos dazu bereit und in der Lage waren, ihre Heimat im „Großen Vaterländischen Krieg" zu verteidigen. 60 Prozent von ihnen entstammten dem Bauernstand und waren deshalb das harte, entbehrungsreiche Bauernleben und die Knute des Stalinismus

---

[222] Schwerin, Joachim von: Bewährung, Bedrängnis und Verhalten der Fronttruppe. Ein Bericht aus eigenem Erleben am Beispiel des Ostfeldzugs. In: Die Soldaten der Wehrmacht. Hrsg. v. Hans Poeppel, Wilhelm-Karl Prinz v. Preußen, Karl-Günther v. Hase. München 1998, S. 159-177, hier: S. 168ff.

mit seinen Säuberungen, Ausbeutungen und evozierten Hungerkatastrophen gewohnt.[223] Und dass die Rote Armee, die während des Krieges 28 Millionen Soldaten rekrutieren konnte (darunter rund eine Million Soldatinnen unter Waffen hatte), Verteidiger des eigenen Territoriums und der eigenen Bevölkerung war, wirkte sich als moralisches Prä und erhebliche psychologische Produktivkraft von vornherein positiv aus. Summa summarum zeigten sich die Rotarmisten also als überaus verbissen kämpfende Gegner mit höchster Leidens- und Durchhaltefähigkeit. *Sie waren den Deutschen ebenbürtig und aufgrund ihrer Masse letztlich überlegen.*

In Bezug auf die *militärischen Leistungen* stellt die internationale Forschung den Soldaten der Wehrmacht an der Ostfront (insbesondere während des Rückzugs und in vermeintlich ausweglosen Situationen) mit Respekt das Prädikat singulärer Exzellenz aus. Sie waren in ihrer überwiegenden Mehrheit pflichtbewusste, treue und jedenfalls überaus tapfere Soldaten, und man könnte *„tatsächlich sagen, dass es nie eine Streitmacht gegeben hat, die trotz ihrer verheerenden Niederlage ein so hohes Ansehen bei den Siegern genoss. […] Niemals haben so wenige, so spärlich bewaffnete und ausgerüstete Kräfte so hart und so ausdauernd gegen eine solche Übermacht gekämpft."*[224] Bereits mit der deutschen Niederlage vor Moskau im Winter 1941/42 begann sich das Blatt für Deutschland zu wenden. Die deutsche Kriegsführung war hierdurch unwiderruflich in die Defensive gedrängt worden, und nach Moskau hat die

---

[223] Vgl. Scherbakova, Irina: Vaters Wahrheit. In: Die Zeit v. 22.6.2011
[224] Creveld, Martin van: Strategisches Denken, Professionalität und militärische Verantwortlichkeit der Wehrmachtsführung. Einführende Bemerkungen. In: Die Wehrmacht. Mythos und Realität. Hrsg. v. Rolf-Dieter Müller u. Hans-Erich Volkmann. Sonderausgabe. München 2012, S. 177.

Wehrmacht nie wieder die Gesamtinitiative bekommen. Die endgültige Kriegswende trat dann mit der Katastrophe von Stalingrad ein, und die militärische Niederlage der Wehrmacht war spätestens nach der Schlacht im Kursker Bogen 1943, der stärksten Truppenkonzentration der Geschichte und bis heute größten Panzerschlacht unabwendbar geworden.

Fazit: Der Ursprungsfehler Hitlers, des OKW und des OKH war es, die Sowjetunion überhaupt anzugreifen und dabei fahrlässig den Feldzug als Blitzkrieg bestreiten zu wollen, denn man hielt die Rote Armee nach Stalins Finnland-Desaster von 1940 für rasch besiegbar. Der Krieg an der Ostfront war aus den dargelegten Gründen aber nicht ein weiteres Mal in Blitzkrieg-Manier zu gewinnen, und ein alternativer „Plan B" existierte nicht. Auf einen langen Krieg im Osten war die Wehrmacht nicht vorbereitet, während im Westen die Alliierten immer stärker wurden. *Die Sowjetunion wurde von Hitler und den ebenfalls mit Wirklichkeitsverlust behafteten Wehrmachtsführung in jeder Hinsicht dramatisch unterschätzt, während man die eigenen Möglichkeiten überschätzte.* Die Versorgung des deutschen Millionenheeres, wie spätestens im ersten Kriegswinter überdeutlich wurde, gestaltete sich als dilettantisches Improvisationsdrama. Neben der Logistik wurde insbesondere die Feindaufklärung sträflich vernachlässigt, sodass bei den Deutschen selten eine realistische Großlageeinschätzung der Kapazitäten des Gegners vorhanden war. Die von Deutschland aufzubietenden Ressourcen konnten jedenfalls in allen Belangen nicht ausreichen, wobei die Schere endgültig uneinholbar auseinanderging, als die USA 1942/43 verstärkt damit begannen, die Sowjetunion mit riesigen Mengen an Waffen, Rohstoffen und Material im Rahmen des

Lend-Lease-Acts zu unterstützen. Der Gesamtumfang der amerikanischen Militärhilfen an die Alliierten betrug über 50 Milliarden US-Dollar.[225] *An der Ostfront verblutete die deutsche Wehrmacht. Sie siegte sich zu Tode, ihre Siege waren Phyrrussiege,* denn sie verfügte – anders als ihr sowjetischer Gegner – nicht über die scheinbar unerschöpflichen Reserven an Menschen und Material, um ihre Verluste trotz der Reihe enormer militärischer Erfolge auszugleichen. Als letzter Akt folgte dann der von Hitler in einer Art realen „Götterdämmerung" vorsätzlich als Hasardspiel betriebene kollektive Untergang Deutschlands, für den zuletzt der „Nerobefehl" Hitlers vom 19. März 1945 steht.[226] Ein derart zynischer Verrat der eigenen Führung am eigenen Land, der eigenen Bevölkerung und ihren Streitkräften ist in der Geschichte präzedenzlos. Gleiches muss festgestellt werden für die unfassbaren Dimensionen, in denen in diesem Krieg gelitten und gestorben wurde. Die nackten abstrakten *Zahlen* nach aktuellem Forschungsstand[227] können diese Dimensionen nicht im Entferntesten abbilden:

Während die deutschen militärischen *Gesamtverluste im Krieg gegen die Sowjetunion* 5.318.000 Mann, davon 2.743.000 Gefallene betrugen, verlor die Sowjetunion insgesamt 26.600.000 Menschen, darunter 11.400.000 Angehörige ihrer Streitkräfte (davon 3.300.000 Millionen Tote unter den sowjetischen Kriegsgefangenen) und 15.200.000 Zivilisten – unter ihnen 1.300.000 Kinder. 2.400.000 sowjetische Juden fielen dem Holocaust zum Opfer. 1945 lagen in der Sowjetunion 1.710

---

[225] Vgl. https://de.wikipedia.org/wiki/Leih-_und_Pachtgesetz (22.1.2023)
[226] Vgl. Kershaw, Ian: Das Ende. Kampf bis in den Untergang. NS-Deutschland 1944/45. München 2011.
[227] Vgl. Hartmann, Christian: Unternehmen Barbarossa. Der deutsche Krieg im Osten 1941-1945. München 2011, S. 115-118.

Städte und etwa 70.000 Dörfer in Schutt und Asche. „Mit diesen Verlusten, die ja stets ganz persönliche waren, mussten die Überlebenden in jedem einzelnen Fall weiterexistieren. Für sie war das nicht das einzige Erbe des Krieges. Gewöhnlich ist die Zahl der Gefallenen kleiner als die der übrigen Kriegsopfer: Invalide, physisch und psychisch Blessierte, Witwen und Waisen, Ruinierte, aus der Bahn Geworfene und Heimatlose. Für sie alle war es oft schwer, im zivilen Leben wieder Fuß zu fassen."[228]

---

[228] Ebd., S. 118.

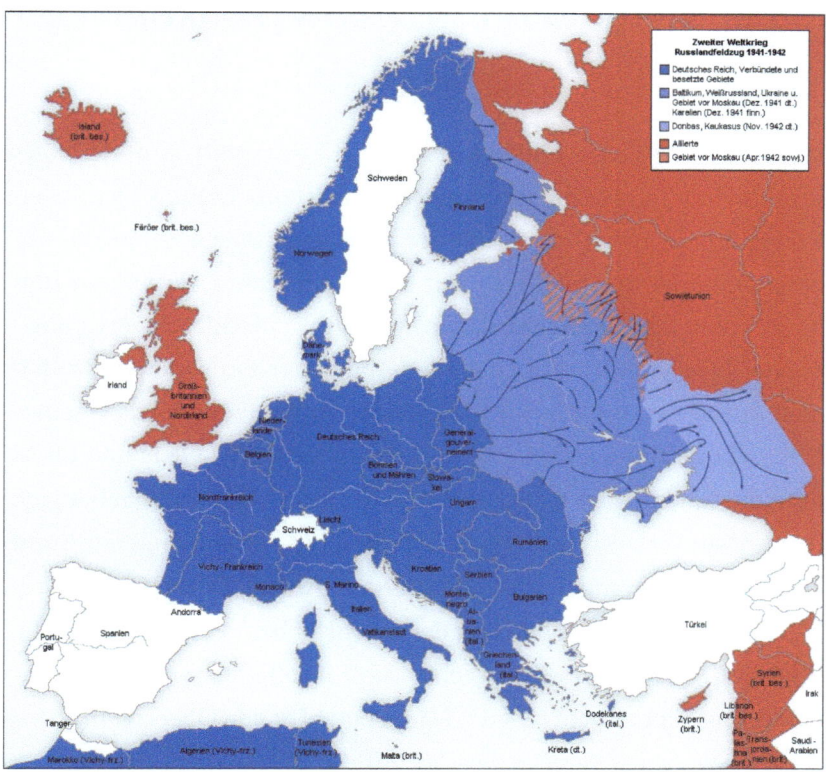

14 Karte: Deutsches Reich, Verbündete, besetzte Gebiete und Frontverlauf 1942 in Blau.

9. „Wir holen den Teufel aus der Hölle": Lemberg, Winniza, Podwyssokoje 1941

Am 31. Juli 1940 teilte Hitler seinen Entschluss zum Angriff der Sowjetunion mit und befahl die operative Kriegsvorbereitung. Den Zweifrontenkrieg rechtfertigte er mit der angeblichen Gefahr, dass das unbesiegte Großbritannien sich mit der Sowjetunion verbünden und diese somit als „Festlandsdegen" gegen Deutschland verwenden könne. Er bereitete nun auch seine Verbündeten Finnland und Rumänien auf seine Ambitionen vor. „Nach Hitlers Bekanntgabe seines Kriegsentschlusses am 31. Juli 1940 begannen OKW, OKH und OKM mit der strategischen Kriegsplanung und ließen jeweils unabhängige Angriffsstudien erstellen, die ab 3. September zusammengeführt und Hitler am 5. Dezember vorgelegt wurden. Am 18. Dezember 1940 erließ Hitler als Führer und Oberster Befehlshaber der Wehrmacht die ‚Weisung Nr. 21' an den Wehrmachtführungsstab im Oberkommando der Wehrmacht (OKW): Damit befahl er den Oberkommandos der drei Wehrmachtsteile, den Angriff auf die Sowjetunion bis zum Mai 1941 gezielt vorzubereiten, um ‚auch vor Beendigung des Krieges gegen England Sowjetrussland in einem schnellen Feldzug niederzuwerfen (Fall Barbarossa)'. Es gelte, ‚die im westlichen Russland stehende Masse des russischen Heeres zu vernichten' und eine Linie zu erreichen, von der aus die Luftstreitkräfte der Sowjetunion deutsches Gebiet nicht mehr angreifen können. Endziel der Operation sei die ‚Abschirmung gegen das asiatische Russland auf der *allgemeinen Linie*

Wolga–Archangelsk' [,Archangelsk – Astrachan'], das heißt, die Besetzung des Großteils der europäischen Sowjetunion."[229]

Die deutschen Angriffskräfte gliederten sich in die drei Heeresgruppen Nord, Mitte und Süd (sowie zwei kleinere Korps des AOK Norwegen und der Luftflotte 5): Die *Heeresgruppe Nord* wurde befehligt
von Generalfeldmarschall Wilhelm Ritter von Leeb und sollte hauptsächlich in Nordrussland operieren mit dem Ziel der Eroberung des
Baltikums und Leningrads. Sie bestand aus der 18. Armee (Generaloberst Georg von Küchler), der Panzergruppe 4 (Generaloberst Erich
Hoepner) sowie der 16. Armee (Generalfeldmarschall Ernst Busch)
und der Luftflotte 1 (General der Luftwaffe Alfred Keller). Die *Heeresgruppe Mitte* unter Führung des asketischen Generalfeldmarschalls
Fedor von Bock wurde im Zentralabschnitt der Ostfront eingesetzt
und war die weitaus stärkste. Sie sollte Minsk in einer riesigen Um-
fassungsbewegung einschließen und über Smolensk die Hauptan-
griffsachse gegen Moskau führen. Hierzu erhielt die Heeresgruppe
Mitte die Hälfte der deutschen gepanzerten Verbände. Sie bestand
aus der Panzergruppe 3 (Generaloberst Hermann Hoth), der 9. Armee
(Generaloberst Adolf Strauß), der 4. Armee (Generalfeldmarschall
Günther von Kluge), der Panzergruppe 2 (Generaloberst Heinz Guderian) sowie der ab Juli 1941 am Südrand der Heeresgruppe operie-
renden 2. Armee (Generaloberst Maximilian von Weichs). Der Heeresgruppe Mitte war die Luftflotte 2 (Generalfeldmarschall Albert
Kesselring) zugeordnet. Die *Heeresgruppe Süd* unter Führung von

---

[229] http://de.wikipedia.org/wiki/Deutsch-Sowjetischer_Krieg (12.7.2012)

Generalfeldmarschall Gerd von Rundstedt[230], der als dienstältester General der Wehrmacht zu diesem Zeitpunkt über das größte militärische Renommee verfügte, sollte sich mit Truppen der Heeresgruppe Mitte in der ukrainischen Hauptstadt Kiew treffen und dann über das Donez-Becken immer weiter ostwärts bis schließlich an die Wolga vorstoßen. Sie bestand aus der 6. Armee (Generalfeldmarschall Walther von Reichenau), der Panzergruppe 1 (Generaloberst Ewald von Kleist), der 11. Armee (Generaloberst Eugen von Schobert) sowie der 17. Armee (General der Infanterie Carl-Heinrich von Stülpnagel). Der Heeresgruppe Süd war die Luftflotte 4 (Generaloberst Alexander Löhr) zugeordnet.

Als in den frühen Morgenstunden des 22. Juni 1941, einem Sonntag, das *„Unternehmen Barbarossa"* schließlich begann, hielt die Welt, wie Hitler es selbst formulierte, den Atem an. Waren 1941 in den Monaten und Wochen zuvor die deutschen Truppen samt ihren 600.000 Kraftfahrzeugen, 625.000 Pferden, 3.350 Panzern, 7.300 Geschützen, 2.000 Flugzeugen, weiteren Waffen und Gerät in die frontnahen Bereitstellungsräume an der deutsch-sowjetischen Demarkationslinie im annektierten Polen[231] verbracht worden, *schlug jetzt die größte Invasionsstreitmacht der Geschichte auf einer 2.130 Kilometer breiten Front zwischen*

---

[230] Die späteren Oberbefehlshaber der Heeresgruppe Süd waren ab 1. Dezember 1941 Generalfeldmarschall Walter von Reichenau, ab 12. Januar 1942 Generalfeldmarschall Fedor von Bock, ab 12. Februar 1943 Generalfeldmarschall Erich von Manstein, ab 23. September 1944 Generaloberst Johannes Frießner, ab 28. Dezember 1944 General der Infanterie Otto Wöhler, ab 25. März 1945 Generaloberst Lothar Rendulic und schließlich ab 2. April 1945 General der Infanterie Friedrich Schulz.
[231] Über 100.000 Quadratkilometer des geteilten Polen waren zu diesem Zeitpunkt vom Deutschen Reich annektiert, der größere Rest (Ostpolen) war sowjetisch besetzt.

Ostsee und Schwarzem Meer los[232]: Die Wehrmacht setzte 153 Divisionen ihrer drei Heeresgruppen mit fast 3,3 Millionen Soldaten zum Angriff gegen die 140 Divisionen und 40 Brigaden mit etwa 2,9 Millionen Soldaten der Roten Armee ein. Der sowjetische Gegner verfügte zu Beginn des deutschen Angriffs über 11.000 Kampfpanzer, 43.000 Geschütze und etwa 9.900 Flugzeuge.[233] Unterstützt wurden die Deutschen von 600.000 Mann ihrer Verbündeten Finnland, Rumänien, Italien, Ungarn und Slowenien (zu denen sich im Laufe des Krieges Freiwillige aus vielen europäischen Ländern und schließlich Kollaborateure vor Ort gesellten).[234]

Wenden wir uns in diesem *Setting* nun dem konkreten Einsatzwerdegang des Gebirgsjäger-Regiments 98 zu:

Das *Gebirgsjäger-Regiment 98* bildete zusammen mit dem Regiment 99 den zentralen Pfeiler der „Edelweiß-Division" und war im Südabschnitt der riesigen Front im Operationsgebiet der deutschen Heeresgruppe Süd eingesetzt. Mit ihren 41 deutschen und 16 rumänischen Divisionen standen ihr die sowjetischen Truppen des Marschalls Budjonny mit der enormen Stärke von 77 Divisionen und 14 motorisierten Brigaden gegenüber. Bis Anfang Mai war die 1. Gebirgs-

---

[232] Vgl. http://de.wikipedia.org/wiki/Deutsch-Sowjetischer_Krieg (20.7.2012)

[233] Zahlen nach: Militärgeschichtliches Forschungsamt (Hrsg.): Das Deutsche Reich und der Zweite Weltkrieg. Bd. 4: Der Angriff auf die Sowjetunion. Von Horst Boog u. a. 2. Auflage. Stuttgart 1987, S. 270 und S. 312. Siehe auch: Förster, Stig: Deutsche Militärgeschichte. Von der Frühen Neuzeit bis zur Gegenwart. München 2025, S. 873.

[234] Vgl. Ueberschär, Gerd R.: Die militärische Planung für den Angriff auf die Sowjetunion. In: Ders., Lev A. Bezymenskij (Hrsg.): Der deutsche Angriff auf die Sowjetunion 1941. Die Kontroverse um die Präventivkriegsthese. 2. Auflage. Darmstadt 2011, S. 32. Die durchschnittliche Kriegsstärke einer Infanteriedivision der Wehrmacht betrug 1941 etwa 16.500, einer der Roten Armee 10.855 Soldaten. (Vgl. ebd.)

Division in der nördlichen Slowakei im Raum Presov – Krynica – Neu-Sandez versammelt. Zur Geheimhaltung des deutschen Aufmarschs wurde zumeist nachts marschiert und in Richtung der sowjetischen Demarkationslinie verlegt. „Hier, zwischen den Waldkarpaten und der Hohen Tatra, erhielt General Lanz Ende Mai die ersten Vorbefehle für das Unternehmen ‚Barbarossa'."[235] General Küblers übergeordnetes XXXXIX. Gebirgs-Korps, das zur 17. Armee (General Carl-Heinrich von Stülpnagel) gehörte, wurde in *Lancut* im Schloss des polnischen Grafen Potocki untergebracht. „Dort erhielt das Korps und damit auch die 1. Gebirgs-Division die entscheidenden Anweisungen für den 22. Juni 1941, den Tag des Angriffs auf die Sowjetunion. ‚Ich wünsche Ihnen, meine Herren, und Ihrer braven Truppe heißen Herzens allen Erfolg.' Mit diesen Worten verabschiedete General Kübler die versammelten Divisionskommandeure mit ihren Generalstabsoffizieren."[236]

Die Division verfügte am 20. Juni 1941 über eine *Verpflegungsstärke von 19.437 Mann* bei einer effektiven Gefechtsstärke von 14.684 Mann (293 Offiziere, 7 Beamte, 1.902 Unteroffiziere und 12.482 Mannschaften). „Sie verfügten über genau 14.842 Gewehre, 3.263 Pistolen, 600 Maschinenpistolen, 368 leichte und 70 schwere Maschinengewehre, 63 leichte und 42 schwere Granatwerfer, 54 Panzerabwehrkanonen (3,7 cm Pak), 36 leichte und 12 schwere Geschütze, 429 Pkw, 813 Lkw, 23 Omnibusse, 207 Motorräder mit Beiwagen und 300 ohne, 40 Krankenwagen und 1.186 Fahrgespanne. Neben 41 Meldehunden mußten *6.349 Tragtiere* verpflegt werden. Auf ihnen wurden Gerät,

---

[235] Kaltenegger: Bildchronik 2002, S. 129.
[236] Kaltenegger: Stammdivision 1981, S. 200.

Munitionskasten, Granatwerfer, Granaten, MG-Reserveläufe und die Rucksäcke der MG-Schützen transportiert, während die übrigen Gebirgsjäger ihre Rucksäcke selbst tragen mußten. Der überwiegende Teil der Truppe stammte aus Schwaben und Bayern. Ihr Anteil belief sich auf etwa 65 Prozent. Aus der ‚Ostmark', dem annektierten Österreich, kamen etwa 17 Prozent, rund sieben Prozent aus dem Rheinland, Westfalen und Hessen und sieben Prozent aus Schlesien und dem Sudetenland. Die restlichen vier Prozent waren in den übrigen Teilen Deutschlands beheimatet."[237] Bis zum 20. Juni bezogen die Gebirgsjäger-Regimenter 98 (Oberst Egbert Picker) und 99 (Oberst Hermann Kreß), das zugeteilte Infanterie-Regiment 188 sowie die Divisionsartillerie ihre Stellungen im Bereitstellungsraum an der deutsch-russischen Demarkationslinie im Raum Dzikow in Ostgalizien. Am 21. Juni waren die Angehörigen der 1. Gebirgs-Division in die vorderste Stellung an der Demarkationslinie vorgerückt."[238] „Früh morgens am 21. Juni 1941 erfolgte ein Telefonanruf von Küblers Stab: ‚B-Tag 22. Juni'. Am späten Nachmittag traf noch eine lakonische Notiz ein: ‚Bestimmung Dortmund, 22. Juni, 3.15 Uhr.'"[239] Bereits um „11.30 Uhr erhielt Lanz den entscheidenden Befehl vom vorgesetzten XXXXIX. Gebirgs-Armee-Korps. ‚*Reiseziel Dortmund!*' lautete die verschlüsselte telefonische Durchsage, was im Klartext bedeutete: ‚Der Angriff ‚Barbarossa' beginnt planmäßig 22.6.41, 03.15 Uhr.' Während alle Truppenteile Punkt 14.00 Uhr bestätigten, mit Einbruch der Dunkelheit ihre ‚Sturmausgangs- bzw. Feuerstellungen' einzunehmen, erließ Lanz einen markigen Tagesbefehl im pathetischen Jargon der

---

[237] Meyer 2008, S. 52.
[238] Ebd.
[239] Burdick 1988, S. 102.

Zeit, der an alle Truppenteile ging: *Die 1. Gebirgs-Division holt den Teu-fel aus der Hölle. Der Teufel steht vor uns! Wir werden ihn vernichten! Es lebe das Edelweiss! Heil dem Führer!'*

15 General der Gebirgstruppe Hubert Lanz (1896-1982) mit Eichenlaub zum Ritterkreuz des Eisernen Kreuzes (1942).

Der Bereitstellungsbefehl war den Kompanien am 20. Juni bekanntge-
geben worden. Die Kompaniechefs schworen die Soldaten – so im Tagebuch des Bataillons III./98 – auf die Notwendigkeit eines Einsatzes
gegen Sowjetrußland ein. Ganz in diesem Sinne rief der Bataillonschef
Salminger bei der Verlesung des Angriffsbefehls seinen Soldaten zu:
,Der Kampf [...] geht um Sein oder Nichtsein unseres Volkes und [muss] mit
der restlosen Vernichtung der bolschewistischen Armee enden. Weg und Ziel
liegen klar vor uns. Mit Verlesung des Führer-Befehls werden die letzten
Zweifel hinweggefegt. Ein heiliger Wille beseelt Offizier und Mann.'"[240] In
diesem Geist, unter Ausnutzung des Überraschungsmoments und
von den Offizieren von vorne geführt, begann am Morgen des 22. Juni
1941 um Punkt 03.15 Uhr auch für die Gebirgsjäger das schicksalhafte
Unternehmen „Barbarossa". Das Regiment 98 stieß auf russischen Boden vor, und schon am ersten Tag kam es zu heftigen Kämpfen im
Grenzbereich. „Das erste Ziel war *Oleszyce*, ein enges Straßendorf mit
dem Schloß und einem Park in seinem Ostteil. Zwei Höhen, mit 273
auf der einen Seite und 242 auf der anderen Seite beherrschten das
Dorf. Lanz hatte Oberst Hermann Kreß und sein Gebirgsjäger-Regiment 99 für die Höhe 273 eingesetzt und Oberst Egbert Picker und das
Gebirgsjäger-Regiment 98 für die andere Höhe."[241] Die zunächst überraschten Feindkräfte fassten sich schnell und wehrten sich bei Oleszyce so verbittert und gewandt, wie bisher kein Gegner der Edelweiß-
Soldaten. Die Soldaten mussten sich im Kampf Mann gegen Mann ihrer Haut erwehren. Dem Regiment 98 gelang es aber schließlich unter
Verlusten, Oleszyce zu erobern und einen Stoßkeil Richtung Luba-
czowka voranzutreiben. Lanz schrieb dazu nach Kriegsende: „*Schon*

---

[240] Meyer 2008, S. 52f.
[241] Burdick 1988, S. 102.

nach dem ersten Begegnungstag besteht kein Zweifel, was uns bevorsteht. Es geht hart auf hart, es geht aufs Ganze. "[242] Meyer zitiert Wilhelm Küchle aus der Chronik des 98. Regiments in ihrer blanken rassistischen Diktion: „Im Nu sind die schlitzäugigen Mongolen in erbitterten Einzelkämpfen mit den Jägern verkrallt. Zähnefletschend stürzen sie sich mit asiatischer Wildheit auf die Jäger."[243] Weiter heißt es: „Allein acht der vorausstürmenden Offiziere fielen am ersten Kampftag, zwölf wurden verwundet. Die hohen Verluste wurden schnell mit der ,hinterhältigen Kampfweise der Bolschewisten' begründet, die von ihren Kommissaren die Weisung hatten, gezielt auf Offiziere zu schießen. Als ein weiterer Grund wird die Brutalität der Kommissare gegenüber den eigenen Soldaten angeführt: ,Unter Führung von Oberleutnant Spindler und Leutnant Göller wurde in zähem und erbittertem Nahkampf ein Feindnest nach dem anderen ausgehoben. […] Die Roten standen meist mit von Kommissaren zusammengebundenen Füßen in tiefen, ausgezeichnet getarnten Schützenlöchern und waren gezwungen, sich bis zum Letzten zu verteidigen. 150 tote oder schwerverwundete Bolschewisten bedeckten nach Abschluß des Kampfes das Feld. *Gefangene wurden keine gemacht.*"[244]

Nachdem Lanz den zwölf Gefallenen der 13. Kompanie des III./98 von Oberleutnant Wilhelm Spindler die letzte Ehre erwiesen hatte, wurde er durch einen Streifschuss an der Schulter selbst verletzt. Am Abend des 24. Juni 1941, als die „Edelweiß-Division" bereits eine Frontausdehnung von rund dreißig Kilometern erreicht hatte, grub sich das

---

[242] Lanz 1954, S. 136.
[243] Meyer 2008, S. 54.
[244] Ebd.

Gebirgsjäger-Regiment 98 längs der Straße *Jazow Stary – Niemirow* ein. Man erreichte im Folgenden die Försterei Jaryna, ein mitten im Wald gelegenes wichtiges Straßenkreuz, von wo aus es schnurgerade von Jaworow nach Janow ging.[245] Nach drei Tagen standen die Gebirgsjäger erstmals russischen Panzern gegenüber. Da die als „Heeresanklopfgerät" verballhornte eigene 3,7 cm-Pak gegen die T 34 zumeist wirkungslos blieb, ließen die in ihren Erdlöchern kauernden Soldaten die Panzer über sich hinwegrollen, um sie von hinten durch draufgängerisches Aufspringen und Einwerfen von Handgranaten in das Geschützrohr oder das Turmluk zu vernichten (was dem besonders erfolgreichen Feldwebel Gustl Berauner von der 13./III., Skiweltmeister von 1939, das EK I einbrachte).[246] Wegen ununterbrochener Gefechte verlief das Vorrücken der Regimenter 98 und 99 entlang der Straße Jazow Stary - Niemirow auch an den folgenden Tagen sehr zäh. Am 29. Juni erreichten sie kurz vor *Lemberg* die Ortschaft Brzuchowice, wo von Salmingers Bataillon mehrere Hundert Rotarmisten durch MG-Feuer und am Bahnhof im Nahkampf niedergemacht wurden. Nach den ersten acht Tagen des Russlandfeldzugs stand man *nach 1939 erneut vor Lemberg* und hatte bis dahin eine große Menge Kampf- und Panzerspähwagen, Geschützen sowie die enorme Anzahl von rund 400 Feindpanzern und ein Öllager zerstört und dabei 843 Mann Eigenverluste zu beklagen, darunter 329 Gefallene.[247] Nachdem das Bataillon Fleischmann (GebJägRgt. 99) am 30. Juni 1941 auf der Zitadelle die Reichskriegsflagge gehisst hatte, marschierte das

---

[245] Kaltenegger: Pössinger 2018, S. 74.
[246] Vgl. Meyer 2008, S. 54.
[247] Vgl. Ebd., S. 57.

Regiment 98 in das zuvor von den Russen kampflos geräumte Lemberg ein.

Die Bevölkerung empfing die Jäger begeistert und mit Blumen als ihre Befreier vom Joch Stalins. General Kübler ernannte Oberst Karl Wintergerst, dem das III./98 unterstellt wurde, zum Stadtkommandanten und ermächtigte ihn zur Durchführung aller Maßnahmen, die zur Aufrechterhaltung der Ordnung notwendig seien. Noch am selben Tag machten die Gebirgsjäger die Entdeckung abscheulicher bolschewistischer Greuel: In den Gefängnissen Lembergs fanden sie etwa 4.000[248] zuvor vom NKWD auf schlimmste Weise massakrierte und zerstümmelte Ukrainer, die der NKWD als Aufständische und politische Gefangene inhaftiert hatte. Die Greueltaten wurden von den Deutschen propagandistisch und insbesondere antisemitisch ausgenutzt. Die Lemberger Juden mussten die halbverwesten Leichen aus den Kellern holen und öffentlich zur Schau stellen. Doch *sie* wurden jetzt von der Bevölkerung bezichtigt, die Todesopfer an die Sowjets verraten zu haben, was zu einem Pogrom gegen die Juden seitens der deutschuniformierten[249] ukrainischen OUN-Miliz sowie Lemberger Zivilisten eskalierte. – Nach Meyer geschah dies, ohne dass General Lanz oder der mit weitreichenden Vollmachten ausgestattete Stadtkommandant Oberst Wintergerst die Pogrome unterbunden hätten oder dagegen eingeschritten wären. „Dem Historiker Hannes Heer zufolge trug Wintergerst maßgebliche Verantwortung für das

---

[248]   https://de.wikipedia.org/wiki/Massenmorde_in_Lemberg_im_Sommer_1941 (29.1.2020) In anderen Darstellungen ist von rund 3.000 Todesopfern die Rede.
[249] Vgl. https://www.spiegel.de/spiegel/print/d-43063489.html (29.1.2020)

Anheizen der Pogromstimmung."[250] Leutnant Michael Pössinger hingegen schreibt: „Mit Waffengewalt gingen wir dazwischen und schossen in die Luft, bis die Juden entkommen konnten. Totgeschlagene Frauen, Männer und Kinder blieben zurück. Mehr konnten wir nicht tun. Wir durften uns ja nicht lange aufhalten, weil wir Befehl hatten, unser Ziel [Winniza ; JCW] möglichst schnell zu erreichen."[251] Oberst Picker, Kommandeur des Gebirgsjäger-Regiments 98 und Augenzeuge der Geschehnisse, erklärte nach dem Krieg am 5. Juli 1946: „Ich ging daraufhin noch am gleichen Tage zum obersten militärischen Führer der Stadt, General der Gebirgtruppe Kübler, um ihm das Geschehene zu melden und Abstellung zu veranlassen. Er teilte mir mit, dass er diese Tatsachen bereits wisse und Befehle gegeben habe, diese Ausschreitungen der Zivilbevölkerung gegen die Juden sofort zu verhindern."[252] Fest steht indes, dass noch vor dem Pogrom Gebirgsjäger von Major Josef Salmingers III./98 gezielt an die Greuelstätten des NKWD geführt wurden, um sie hinsichtlich der künftigen Kriegsführung gegen die „jüdisch-bolschewistische Verbrecherbande" einzuschwören.[253]

Am 4. Juli 1941 marschierte das Regiment dann über Winniki nach Südwesten in das fruchtbare ukrainische Schwarzerde-Gebiet hinein in Richtung *Husiatyn*, wo bereits die Waffen-SS-Division „Wiking"

---

[250] https://de.wikipedia.org/wiki/1._Gebirgs-Division_(Wehrmacht) (29.1.2020), bzgl. Die Zeit v. 21.6.2001
[251] Bader 1998, S. 8.
[252] Kaltenegger: Pössinger 2018, S. 76.
[253] Vgl. Meyer 2008, S. 60-65. Anschließend traf die Einsatzgruppe C in Lemberg ein. Sie mordete planmäßiger, erschoss in der Stadt selbst 100 und am Stadtrand weitere 3000 Juden. https:/ /de.wikipedia.org/wiki/Massenmorde_in_Lemberg_im_Sommer_1941 (29.1.2020)

stand. Nach Nachhutgefechten stieß Lanz am 7. Juli auf zwei Waffen-SS-Verbände, denen er folgte und so der erste Soldat seiner Division war, der Fuß auf das alte russische Territorium setzte.[254] „Die Vorausabteilung Lang des 98er-Regiments erreichte via Darachow das Städtchen Trembowlam, wohin das Gros der Division nachfolgte, während die Vorausabteilung die *Höhen von Grodek* erreichte und am 12. Juli Fühlung mit der „Stalin-Linie" hatte. Währenddessen gelang es, Teile des Gebirgsjäger-Regiments 98 beim Ort Galusinzy in einem gedeckten Bachgrund hinter die russischen Verteidigungsstellungen zu führen und fast ohne Verluste die russischen Stellungen von Rückwärts aufzurollen. Der Hauptcoup gelang Lanz unter expliziter Missachtung von Küblers Frontalangriffsbefehl (jedoch mit dem Placet Stülpnagels[255]), als das III./99 die Bunkerlinie breit durchstieß und wie die 98er von hinten aufrollte. Der *Durchbruch durch die Stalin-Linie auf einer Breite von 22 Kilometern* wurde nach dem Vorstoß auf Lemberg so zum zweiten großen Erfolg der Gebirgsjäger im Russlandfeldzug „mit Hilfe unserer vorzüglich arbeitenden Artillerie unter Oberst Winkler"[256]. „40 Bunker der Stalin-Linie wurden geknackt, 8 Geschütze, 100 Maschinengewehre, 1 Panzer, 3 Flugzeuge wurden von der 1. Gebirgs-Division erbeutet. 286 Gefangene wurden eingebracht, rund 1.000 tote Russen lagen in den zerschossenen Bunkern, in den Widerstandsnestern der russischen Verteidigungslinie, in den Feindstellungen und in den hohen Getreidefeldern. Die eigenen Verluste betrugen zwischen dem 15. und 16. Juli 1941: 9 Offiziere, 96

---

[254] Vgl. Burdick 1988, S. 110.
[255] Vgl. Ebd., S. 113.
[256] Lanz 1954, S. 140.

Oberjäger und Jäger; davon waren 5 Offiziere und 26 Oberjäger und
Jäger gefallen."[257]

Nach diesem Durchbruch stieß das Regiment 98 weiter auf das dahinter am hier 60 m breiten Bug gelegene Winniza vor, einem wichtigen
ukrainischen Verkehrsknotenpunkt zwischen Kiew und Odessa mit
damals 68.000 Einwohnern. Am 18. Juli 1941 abends wurden die beiden Brücken bei Winniza im Nahkampf erobert. Es folgten überaus
harte Gefechte um die Stadt, sodass Kübler feststellen musste: „Die
Division hat die Grenze ihrer Leistungsfähigkeit erreicht. Mit äußers-
ter Kraft erwehrt sie sich an einer 45 Kilometer langen Front feindlicher Angriffe von allen Seiten."[258] General Lanz zurückblickend in
großem Stolz: „Was unsere Gebirgsjäger damals geleistet haben, gehört zum Besten ihrer ganzen Existenz."[259] Bei ihrem Sieg in der
Schlacht von Winniza brachten die Gebirgsjäger über 10.000 Gefangene ein und schnitten den westlich des Bug stehenden russischen
Truppen den Rückweg ab. Über Bar erreichten die Regimenter 98 und
99 anschließend den Bahnknotenpunkt Szmerynka, wodurch die
Bahnlinie Kiew – Odessa unterbrochen werden konnte. Trotz der Einnahme der wichtigen Bug-Brücken bei Nemirow am 25. Juli und bei
Brazlaw am 26. Juli, misslang wegen fehlender Luftunterstützung
und der Verspätung der 24. Infanterie-Division die angestrebte Einkesselung des Gegners bei Winniza, wodurch es großen sowjetischen
Truppenteilen gelang, über den Bug zu entkommen. Der am 26. Juli
einsetzende starke Regen stoppte die motorisierten Verbände der

---

[257] Kaltenegger: Stammdivision 1981, S. 223.
[258] Ebd., S. 226.
[259] Ebd.

Gebirgsjäger und spielte den Russen, die ihre Chance zu nutzen wussten, mit ihren leichten Panje-Wagen in die Hände. Die 1. Gebirgs-Division verlor seit Lemberg bis nach der Schlacht um Winniza 292 Mann, während Lanz die gegnerischen Verluste auf 1.500 Mann und jene durch Artillerie noch auf „ein Mehrfaches" schätzte.[260] Nach der Bildung eines Brückenkopfes über die Sinica bei *Antonowka* stieß die Division an der Spitze der 17. Armee auf das im Wald weit verzweigte Golowanewsk vor, was nur mittels Stuka-Unterstützung genommen werden konnte. Am Abend des 31.7. griff das III./98 von Trojani nach Süden an und erreichte die Bahnlinie bei Gruschka, wo es sich wiederholter russischer Gegenangriffe erwehren musste, diese aber jeweils abwehren konnte. „Wie eine Speerspitze vorgetrieben, ragt die Division auf schmaler Front mit tiefen offenen Flanken in den Feind hinein. An einem dünnen Faden hängen unsere rückwärtigen Verbindungen. [...] Unsere Lage ist am Morgen des 1. August so exponiert, daß auch unser Kommandierender General Kübler, dieser eisenharte Soldat, die bedrohliche Lage seiner alten 1. Geb.Div. erkennt und uns seine letzten Reserven zur Verfügung stellt."[261]

Im Anschluss an die Schlacht um Winniza kam es Anfang August zu *Verfolgungskämpfen in Richtung auf Uman*, wo es zu einer der bedeutendsten, strategisch wichtigsten Schlachten kam. Aufgabe des Gebirgsjäger-Regiments und der restlichen 1. Gebirgs-Division war es zunächst, die westlich von Ternowka stehende Feindgruppe zu vernichten. Dies gelang. Das Regiment 98 konnte dadurch am 2. August bei *Ternowka* den Anschluss an die 9. Panzer-Division und die 4.

---

[260] Vgl. Meyer 2008, S. 65.
[261] Lanz 1954, S. 143.

Gebirgs-Division gewinnen. Der Ring um den Raum Uman war damit im Westen, Norden und Osten von deutschen Verbänden bereits geschlossen, sodass die weitere Aufgabe der 1. Gebirgs-Division darin bestand, den Einkreisungsring im Süden vollends zu schließen. Am 3.8. griffen die Regimenter 98 und 99 nach Norden an und stürmten die Rassochowatjez vorgelagerten Höhen, bevor es weiterhin nordwärts weiterging. Um der drohenden Einschließung durch die Deutschen zu umgehen, brachen starke Feindkräfte der 6. sowjetischen Armee nach Süden aus, was schließlich vereitelt wurde. Der Kommandierende General des XXXXIX. Gebirgs-Armee-Korps befahl bei sehr angespannter Munitionslage am 5. August den einheitlichen und konzentrisch geführten Angriff aller Verbände auf den eingeschlossenen Feind. „Die Schlacht des morgigen Tages muß mit der endgültigen Vernichtung des Feindes enden. Zu einem zweiten Großangriff fehlt die Munition."[262] Für diesen Angriff bildete die 1. Gebirgs-Division drei Kampfgruppen: zwei Angriffsgruppen und eine Deckungsgruppe. Das I./GebJägRgt. 98 wurde der Gefechtsgruppe Lang zugeordnet, das III./GebJägRgt. 98 der Gefechtsgruppe Picker, während die feuerbereite Divisionsartillerie beide Angriffsgruppen unterstützte. Der erhoffte Erfolg blieb jedoch trotz „so viel Ausdauer, Tapferkeit und fast übermenschlicher Beanspruchung der Truppe"[263] zunächst versagt, bis in der Nacht vom 5. auf den 6. August die Schlacht ihren dramatischen Wendepunkt erreichte.

„Von allen schweren Waffen und der Artillerie wirkungsvoll unterstützt, dringt die Gruppe Picker am 6.8. in schwierigem Ortskampf

---

[262] Steets 1955, S. 89.
[263] Ebd., S. 91.

gegen 21 Uhr in *Podwyssokoje* ein, während die Gruppe Lang rechts daneben die beherrschende Höhe 186 in Besitz nehmen und damit die Verbindung zur 297. Division herstellen kann."[264] Oberst Pickers Gefechtsgruppe, die beim Eindringen in einen Ortsteil Podwyyssoskoje um jedes Haus und jeden Garten kämpfen musste, hatte dabei schließlich 124 blutige Verluste an Verwundeten und Toten zu beklagen. Auch Oberstleutnant Langs I./98 stand in der Nacht vom 6. auf den 7. August in stundenlangem nächtlichen Kampf Mann gegen Mann.[265] Die russischen Ausbruchsversuche nach Osten blieben im gemeinsamen Feuer der 1. Gebirgs-Division, der 4. Gebirgs-Division, der 9. Panzer-Division, 297. Division sowie Waffen-SS-Division „Wiking" liegen. „Der 7. August bringt den hartumkämpften Sieg. Die Nacht über versucht die nördliche Armeegruppe der Russen auf dem Nordflügel der 1. Geb.Div. auszubrechen. In mehreren Wellen stürmt der Russe mit Urräh-Gebrüll, aufgepeitscht von seinen Kommissaren, gegen das I./GebJägRgt. 98 an. Es kommt zum stundenlangen Kampf Mann gegen Mann. Die eigenen Verluste mehren sich, mehrere Kompaniechefs fallen aus, Munitionsmangel macht sich bemerkbar. Die Gebirgsjäger halten zwar ihre Linie, können jedoch nicht verhindern, daß durch die entstandenen Lücken die russischen Haufen das rückwärtige Gelände gewinnen. […] Bei Wladjimirowka und Rassochowatjez, bereits 10 km hinter der Kampffront, werden die letzten Reste des durchgebrochenen Feindes gestellt und vernichtet."[266] Teilweise ohne jede Fernsprechverbindung zum Korps, griffen die beiden deutschen Gefechtsgruppen unbeirrt und letztlich erfolgreich weiter an.

---

[264] Lanz 1954, S. 144.
[265] Vgl. Steets 1955, S. 109.
[266] Steets 1955, S. 105f.

Das Gebirgsjäger-Regiment 99 kämpfte sich mit anderen Regimentern am 7. August 1941 weiter in Podwyssokoje hinein, womit diese *Korpsschlacht, die als wesentlicher Teil der Kessel- bzw. Umfassungsschlacht von Uman berühmt wurde*, gegen die Masse der feindlichen 6. und 12. Armee endgültig gewonnen war.

Allein durch die „Edelweiß-Division" wurden 22.000 Gefangene, darunter 10.600 Mann samt den beiden Oberbefehlshabern eingebracht, darüber hinaus über 100 Geschütze, 50 Kampfwagen und 530 Lkw.[267] „,Ein ‚Sieg von geschichtlichem Ausmaß' sei errungen, befand Lanz in einem Tagesbefehl, und Kübler urteilte: ‚Diese Schlacht war die Krönung meines militärischen Lebens. Etwas Größeres kann nicht mehr nachkommen!' Drei Tage, so wies er die Gebirgsjäger an, hätten sie einen Bruch als Zeichen des Sieges an das Edelweiß ihrer Bergmütze zu heften."[268] Einmal mehr hatte sich die tradierte Militärweisheit „*Pedites pugnas decernent*" („Es sind die Infanteristen, die die Schlacht entscheiden") bestätigt – noch heute ist dies der Leitspruch der Infanterieschule des Heeres der Bundeswehr im bayerischen Hammelburg[269].

---

[267] Vgl. ebd., S. 145 sowie Meyer 2008, S. 66.

[268] Meyer 2008, S. 66.

[269] Die Infanterieschule ist die zentrale Ausbildungsstätte der Infanterie des Deutschen Heeres. Der Schule sind die Gebirgs- und Winterkampfschule in Mittenwald und die Luftlande-/Lufttransportschule in Altenstadt unterstellt. „Der Ausbildungsschwerpunkt liegt auf der Führerausbildung der Infanterie. Das Ziel ist es, angehende Soldaten zu militärischen Führern, Ausbildern und Erziehern zu formen. Dabei liegt ein besonderes Augenmerk auf der Orientierung an Einsatzerfordernissen und Erfahrungen sowie der Befähigung zum Kampf. Die Ausbildung erfolgt hauptsächlich als praktischer Gefechtsdienst." (https://www.bundeswehr.de/de/organisation/heer/organisation/ausbildungskommando/infanterieschule ; 20.8.2024)

Die 1. Gebirgs-Division zählte in dieser Phase vom Beginn der Verfolgung bei Winniza bis zur erfolgreichen Kesselschlacht von Uman 759 Tote, davon 536 allein bei Podwyssokoje. Hans Steets (geb. 1903 in Nürnberg, gest. 1980 in München), zuletzt Generalmajor der Wehrmacht, war im August 1941 als Major Ia der 1. Gebirgs-Division bei den Ereignissen dabei. Er schrieb 1955 in seinem Buch „Gebirgsjäger bei Uman": „Umstehende Zahlen sind eine traurige Bilanz von so viel Ausdauer, Mut und Tapferkeit, von so viel Mühen und Opfern. Dabei ist die Korpsschlacht des XXXXIX. (Geb.) A. K. nur ein kleines Korpsgefecht im Rahmen des Großen, wie sie zu unzähligen Malen im letzten Krieg unter gleichen Leistungen und Opfern geschlagen worden sind. In diesem Sinne sind diese Zahlen zugleich eine sprechende Anklage gegen eine Staatsführung, die bedenkenlos das beste Blut des Volkes aufs Spiel setzte und hinopferte, als sie verblendet einem irrleuchtenden Phantom in den unermeßlichen Weiten Rußlands nachjagte."[270]

Und in der Tat: Da die Rote Armee, trotz ihrer enormen Gesamtverluste[271] von 18.500 Gefallenen, 64.911 Gefangenen, 658 Geschützen und 4.710 Fahrzeugen aber nicht entscheidend geschlagen war und sich fortan planmäßig in die russische Tiefe entzog, wurden die deutschen Verbände immer weiter von ihren Basen entfernt, was die Versorgungslogistik der Wehrmacht enorm erschwerte. Trotz all der Erfolge des Ostheeres der Wehrmacht war die ursprünglich hochfliegende Siegesstimmung wegen der Eigendynamik verflogen, die der Ostfeldzug inzwischen entwickelt hatte. So notierte der

---

[270] Steets 1955, S. 112.
[271] Alle Angaben nach Burdick 1988, S. 125.

Generalstabschef des OKH, Generaloberst Halder, am 11. August das ungeschminkte Eingeständnis in sein Tagebuch, *„dass der Koloss Russland, der sich bewusst auf den Krieg vorbereitet hat, mit der ganzen Hemmungslosigkeit, die totalitären Staaten eigen ist* [sic!], *von uns unterschätzt worden ist.* Diese Feststellung bezieht sich ebenso auf die organisatorischen wie auf die wirtschaftlichen Kräfte, auf das Verkehrswesen, vor allem aber auf [die] rein militärische Leistungsfähigkeit. Wir haben bei Kriegsbeginn mit etwa 200 feindlichen Div.[isionen] gerechnet. Jetzt zählen wir bereits 360. [...] Und wenn ein Dutzend von ihnen zerschlagen wird, dann stellt der Russe ein neues Dutzend hin. Die Zeit dazu gewinnt er dadurch, dass er nah an seinen Kraftquellen sitzt, wir immer weiter von ihnen abrücken."[272]

---

[272] Halder KTB III, S. 98 nach: Hartmann: Halder 2010, S. 275.

10. Vom Dnjepr über die Nogaische Steppe bis zum Mius

Nachdem Hitler angesichts der prekären Rohstoffversorgung der Wehrmacht die operative Priorität auf die Eroberung des Industrie- und Kohlegebiets am Donez, die Abschnürung der sowjetischen Öl- zufuhr aus dem Kaukasus und die Eroberung der Krim zur Sicher- stellung der deutschen Ölversorgung aus Rumänien gelegt hatte, be- fahl er entsprechende Schritte für die Heeresgruppe Süd. Nach der „Führerweisung" befand sich der *Operationsschwerpunkt im Russland- feldzug jetzt im Süden und Südosten der Front* auf dem Gebiet der in die Sowjetunion integrierten Ukrainischen Sowjetrepublik. Das XXXXIX. Gebirgs-Armee-Korps mit der 1. Gebirgs-Division wurde nun der 11. Armee (Generaloberst Eugen Ritter von Schobert) unterstellt, die den Südflügel der Heeresgruppe Süd bildete. Die 11. Armee hatte in ope- rativer Perspektive zunächst den Übergang über den Dnjepr zu er- zwingen und im weiteren Vorgehen nach Osten vordringlich die Krim zu besetzen, die eine ständige Flankenbedrohung der deutschen Ostfront darstellte. Da die Sowjetunion das Schwarze Meer be- herrschte, konnte sie jederzeit Verstärkungen auf die Krim heranfüh- ren, und sie unterhielt dort ohnehin bereits wichtige Marine- und Luftwaffenbasen. Der Doppelauftrag der 11. Armee sah vor, dass sie mit Masse nördlich des Asowschen Meeres auf Rostow vorstoßen sollte, während Teilkräfte auf die Krim abgezweigt wurden. Der Erste Generalstabsoffizier (Ia) der „Edelweiß-Division", Major Hans Steets, resümiert die prekäre operative Lage: „Für die Lösung beider Aufga- ben waren die Kräfte der Armee zu schwach. Beide Ziele mußten die Stoßkraft der Armee in zwei auseinanderlaufende Richtungen führen.

Eine Teilung und Zersplitterung der Kräfte war die natürliche Folge. Die Armee verfügte über keine Panzer. Die deutschen Panzerverbände standen in der großen Schlacht um Kiew. Die Nogaische Steppe wäre ein ideales Panzergelände gewesen. Das Fehlen von Panzern sollte in den folgenden Kämpfen Blut kosten. Die Armee war nicht in der Lage, günstige Lagen rasch auszunutzen."[273]

Für die Gebirgsjäger-Regimenter bedeuteten diese operative Zielstellung weitere, schier endlose Eil- und Gewaltmärsche dem Gegner hinterher. Das Regiment 98, dem nur ein paar Tage Ruhe gegönnt war, setzte im Rahmen seiner 1. Gebirgs-Division den Vormarsch Richtung Donezgebiet fort. Seine Gefechtsstärke betrug inzwischen nur noch 264 Offiziere, 4 Beamte, 1.778 Unteroffiziere, 11.590 Mannschaften sowie 5.945 Pferde und Tragtiere.[274]

Nach Gefechten bei Wladimirowka wurde mit dem *Dnjepr* der nach der Wolga zweitgrößte europäische Strom Russlands erreicht. Er lag bereits 350 Kilometer von Uman entfernt. Diese gewaltige, 700 Meter bis zu einem Kilometer breite Wasserbarriere stellte ein Geländehindernis erster Ordnung und eine schwere militärische Aufgabe dar. Der Dnjepr wurde von der Roten Armee massiv verteidigt, er musste von den Wehrmachtsverbänden jedoch zwingend unter massiver feindlicher Einwirkung überschritten werden, um in den Rücken des bei Kiew eingeschlossenen Feindes zu stoßen. Mithin war die Stunde der Pioniere war gekommen. Oberst Ritter von Heigl, Kommandeur

---

[273] Steets, Hans: Gebirgsjäger in der Nogaischen Steppe. Vom Dnjepr zum Asowschen Meer. August – Oktober 1941. Heidelberg 1956 (= Die Wehrmacht im Kampf ; Bd. 8), S. 8.
[274] Vgl. Lanz 1954, S. 145.

des Pi.Rgt.-Stabes 690, wurde mit der eingehenden Vorbereitung des gewaltsamen und hoch riskanten Stromübergangs beauftragt. Voraussetzung für alle weiteren Operationen war zwingend ein deutscher Dnjepr-Brückenkopf. Das XXX. Armee-Korps gab den ‚Befehl für den Brückenschlag über den Dnjepr in der Nacht vom 2./3. September 1941' heraus. Bei Nebel und unter dem Schutz des zusammengefassten Feuers auf die Feindstellungen am Ostufer des Dnjepr begann der deutsche Angriff in der Nacht auf den 31. August um 4.27 Uhr. In Wellen wurde die Infanterie durch Sturmboote, Floßsäcke und kleinere Fähren übergesetzt, wo die vorderste Infanteriewelle die feindliche Flussverteidigung niederkämpfte, den Gegner warf, den Brückenkopf auf eine Tiefe von vier Kilometer erweiterte und sodann die schweren Waffen ans erreichte Ufer nachführte.[275] „1. Geb.Pi.Rgt. 620', hieß es in dem Befehl, ‚schlägt vom 2./3. September eine 8-t-Kriegsbrücke über den *Dnjepr bei Berislaw*. Brückenstelle an der alten russischen Fährstelle. 2. Kräfte: Es stehen zur Verfügung: Pionierbataillone 46, 54, 240, 10. Rum. Brückenkompanie. 3. Aufgaben: Pi.Batl. 46 baut die diesseitige und jenseitige Landbrücke, steckt die Brückenlinie, Ankerlinien (50 und 100 m), die Vorwarnlinie aus und sorgt für Laternenbeleuchtung. 10. Rum. Br.Kp. fährt die Fähren 4-21 ein. Es wird mit 6-fach Fähren eingefahren. Geb.Pi.Batl. 54 fährt die Fähren 22-35 ein. Pi.Btl. 240 fährt die Fähren 36-54 ein. Außerdem hält das Pi.Btl. 240 zur Verfügung des Regiments 2 Züge zur Verkehrsregelung bereit [...]' Trotz pausenloser Störmanöver der Russen, denen der gewaltige Brückenschlag trotz aller geschickter Tarnmaßnahmen der Deutschen nicht verborgen geblieben war, durch Bomber, die in dichten Pulks von Osten her die Brückenstelle angriffen, und trotz

---

[275] Vgl. Steets 1956, S. 16.

Beschusses durch Artillerie gelang es den Pionieren, die rund 480 Meter lange Pontonbrücke – bestehend aus 116 Pontons zu 58 Fähren – in einer einzigen Nacht [vom 2. auf den 3. September] einzufahren. *Dieser Brückenschlag über den Dnjepr bei Berislaw-Kachowka bildete im Zweiten Weltkrieg die absolute Spitzenleistung der deutschen Pioniertruppe im Brückenbau."*[276] Ergänzend sei angemerkt, dass die 480 m lange Brücke genau auf einen 300 m langen Damm, der ihr vom jenseitigen Ufer entgegenkam, ausgerichtet wurde und bei einer Strömungsgeschwindigkeit von 0,5 m/s Brückenglied nach Brückenglied von der 7 km oberstrom liegenden Fährbaustelle mit „bewundernswerter Exaktheit" eingefahren wurde.[277] „Der in einem Winkel von 45 Grad anwerfende Strom macht den Brückenschluß schwierig und zeitraubend. Um 3.30 Uhr werden die Brückenglieder zur Überbrückung der letzten drei Meter durch Zusammenschieben geschlossen. Eine halbe Stunde später wird die Brücke für den Übergang freigegeben. Um 4.21 Uhr gehen die ersten Artillerieabteilungen über die Brücke."[278] Hingewiesen sei an dieser Stelle auf meine Publikation „Grenzüberschreitung"[279], die am Beispiel der Pionier-Bataillone 33 und 112 auf Ausbildung, Ausrüstung, Einsätze und hervorragende Leistungen der Wehrmachtpioniere eingeht, die sowohl als technische Spezialkräfte als auch als besonders befähigte Kampf(unterstützungs)truppe vor dem Feind häufig die Ersten, beim Rückzug oft die Letzten waren. An der Errichtung der großen Pontonbrücke von Berislaw unter

---

[276] Kaltenegger: Stammdivision 1981, S. 234f.

[277] Vgl. Lanz 1954, S. 146.

[278] Vgl. Steets 1956, S. 20.

[279] Wagner, Jürgen C.: Grenzüberschreitung. Karl Schall, das Mannheimer Pionier-Bataillon 33 und das Pionier-Bataillon 112 im militärgeschichtlichen Kontext 1935-1945 unter besonderer Berücksichtigung des Krieges an der Ostfront. 2., überarb. u. erweiterte Auflage. Neustadt a. d. Weinstraße 2018.

feindlicher Waffeneinwirkung hatten die Gebirgspioniere der 1. Gebirgs-Division entscheidenden Anteil. Während die Erweiterung des Brückenkopfs Berislaw-Kachowka nach Süden und Osten den Kräften des XXX. Armee-Korps zufiel, zog der Stab der 1. Gebirgs-Division in der Kolonie Schlangendorf am Dnjepr unter – einer alten deutschen Siedlung mit großen Höfen und typisch deutschem Dorfcharakter inmitten der Balaks (das sind ausgetrocknete Bachläufe und eingeschnittene Schluchten in der Steppe).

In der Nacht vom 7. zum 8. September passierte das Gebirgsjäger-Regiment 98 unter Oberst Picker als erstes Regiment die lange, schwankende Brücke über den bis zu 17 [sic!] Meter tiefen Strom im feindlichen Granatfeuer. Es folgten die motorisierte Vorausabteilung Lang, und am 9. September 1941 wurde der Dnjepr von den übrigen Marschkolonnen überschritten.[280] Das Regiment 98 wurde zunächst zur Verteidigung des Brückenkopfes am Dnjepr eingesetzt, ehe es die Kornkammer und die fruchtbaren Gärten der Sowjetunion sowie die grünen Niederungen der Flusslandschaft verließ. Es führte von Kachowka[281] seinen Angriff in die nun vor ihm liegende *Nogaische Steppe* fort, die die Gefechtsgruppe Picker, wie das Gebirgsjäger-Regiment 98 jetzt intern bezeichnet wurde, am 13. September nördlich von Andrejewka Perwaja im Bereich Antonowka erreichte.

---

[280] Vgl. Steets 1956, S. 27 und Kaltenegger: Stammdivision 1981, S. 235.
[281] Der Ort Kachowka wurde 2023 weltweit zum Begriff, als im Rahmen des russischen Angriffskriegs auf die Ukraine hier die russischen Streitkräfte den Kachowka-Staudamm am gewaltigen Unterlauf des Dnjepr sprengten, was ein weiteres Kriegsverbrechen besonderen Ausmaßes darstellte.

Die Nogaische Steppe ist eine riesig ausgedehnte, eintönige Landflä-
che, die wegen des Fehlens signifikanter Geländepunkte die Orientierung der Gebirgsjäger selbst mit dem Kompass erschwerte. Vorhan-
denes Kartenmaterial war völlig unzulänglich, trügerische Luftspie-
gelungen verzerrten die wirkliche Topografie und täuschten Nebel-
bänke und Seenflächen vor. Die Verhältnisse bereiteten der Artillerie
besondere Schwierigkeiten bei der Zielauffassung. „Für die Leute aus
dem Westen ein vollkommen neues Erlebnis. Nur gelegentlich unterbrochen durch einen kleinen Hügel oder eine Buschgruppe, zog sich
die braune Erde bis in die Unendlichkeit hin. Die Horizontlinie, wo
Himmel und Erde sich berühren, lag ständig in weiter Ferne. Zerrissen durch trockene Bachbetten und absolut baumlos, vermittelte diese
Steppenlandschaft ein neues Gefühl für die Weite Rußlands."[282] Wegen der von ihnen erzeugten Staubfahnen verrieten die Gebirgsjäger,
die in ihrem Bestreben, möglichst schnell Raum zu gewinnen, erneut
enorme Marschleistungen erbringen mussten, der feindlichen Luftwaffe ihre Positionen. Das Gebirgsjäger-Regiment 98 brachte 35 Kilometer hinter Berislaw die Ortschaft *Kostantinowka* in seine Hand, wobei Verluste durch sowjetische Holzkastenminen zu verzeichnen waren, die nicht geortet werden konnten. Nachdem der Feind Verstärkungen in den Raum Dmitrijewka-Antonowka herangeführt hatte,
traten am 10. September starke russische Verbände zu einem massiven Gegenstoß frontal auf den Dnjepr an. Als Kommandeur der 1. Gebirgs-Division entschloss sich General Lanz, eine Entscheidung herbeizuführen, indem er einen umfassenden Angriff der in der Nordflanke der Angreifer stehenden Gebirgsjäger-Regimenter 98 und 99
von Norden in die tiefe Flanke und den Rücken der angreifenden

---

[282] Burdick 1988, S. 128.

Russen befahl. Dazu nahm er das hohe Risiko auf sich, die *Schlacht von Antonowka* zu wagen. Nach in der Tat kühnem Einsatz aller sechs Gebirgsjäger-Bataillone sowie der gesamten Divisionsartillerie am 11. September 1941 ab 9.00 Uhr ergab sich bis zum 13. September de facto ein großer Erfolg der 1. Gebirgs-Division im Rahmen des XXXXIX. Gebirgs-Korps. Das I./98 und II./98 vereitelten den russischen Ausbruch nach Osten. Da allerdings die Kräfte der deutschen 170. Infanterie-Division nicht ausreichten, die Lücke zum XXXXIX. Gebirgs-Korps bei Dmitrijewka vollständig zu schließen, konnte der Feind nur geworfen und nicht vernichtet werden. Es gelang den sowjetischen Verbänden, im Schutz der Dunkelheit mit großen Teilen nach Südosten abzufließen. Generaloberst von Schobert, der OB der 11. Armee, kam am 12. September im Rahmen dieser Korpsschlacht von Antonowka bei der Landung seines Fieseler Storchs in einem Minenfeld 11 km südostwärts von Kachowka bei Nikolajew ums Leben. Er war der erste deutsche Armeeoberbefehlshaber der Wehrmacht, der an der Front fiel. Als Schoberts Nachfolger wurde General Erich von Manstein mit der Führung der 11. Armee betraut.

Die nächste Zeit war geprägt von der Verfolgung der Hauptkräfte des Feindes, die der Landenge zwischen dem Asowschen Meer und dem Dnjepr zustrebten. Diese Landenge erstreckt sich zwischen Melitopol unweit des Asowschen Meeres über Timoschewka bis Balki an der kilometerbreiten und sumpfigen Dnjepr-Niederung ostwärts Nikopol, wobei die Sowjets einen durchlaufenden Panzergraben zwischen Melitopol bis Balki errichtet hatten. Die topographischen Gegebenheiten sowie die Feindlage zwangen die im Wesentlichen unmotorisierten Wehrmachtsverbände dazu, frontal gegen die Landenge anzulaufen, sie vor der Eingrabung des Feindes in dem zur Verteidigung perfekten natürlichen Gelände zu erreichen und dessen Linien zu durchbrechen.

Das Gebirgsjäger-Regiment 98 war mit der Verfolgung der Nachhuten des Feindes betraut. „Im Zuge der kampfkräftigen Aufklärung treiben die Divisionen Keile in die feindliche Sicherungsfront. Die 7. Kompanie des GebJägRgt. 98 unter Oberleutnant von Hirschfeld stößt 15 Kilometer nach Osten vor. Sie säubert das Steppendorf Aleksandrowka und igelt sich ein. Am nächsten Tag wird sie durch das III./98 entsetzt."[283] General Lanz verdeutlicht: „Hirschfeld, der mit seiner 7. Kompanie bei einer Erkundung zu weit vorgeprellt ist, kann nur mit knapper Not durch das Bataillon Salminger [III./98] herausgehauen werden."[284] Beim Sturmangriff eines russischen Bataillons auf Sofiewka fielen 24 Mann der 5. Batterie des Gebirgsartillerie-Regiments 79. Das Gebirgsjäger-Regiment 98 erreichte die Steppensiedlungen Malij Kaschipanskij Pad, während die Gruppe Lang gegen die große Ortschaft *Rubanowka* vorging. Nun gab es keinen Betriebsstoff mehr. In dessen Ermangelung blieben die motorisierten Einheiten der Regimenter wie der Division liegen. „Es war nicht möglich, bewegliche Kräfte vorzuwerfen. Gerade in der jetzigen flüssigen Lage wäre dies so notwendig gewesen. Wenige Tage später sollte sich dieser Umstand bitter auswirken."[285]

Die Verbände der 1. Gebirgs-Division setzten Angriff und Verfolgung und das Freikämpfen der oft langgestreckten Steppendörfer fort,

---

[283] Steets 1956, S. 39.
[284] Lanz 1954, S. 147.
[285] Steets 1956, S. 43.

büßten jedoch wegen des Betriebsstoffmangels an Beweglichkeit ein. Nach den Kämpfen in der Nogaischen Steppe, die bis zum 18. September andauerten, stand der Zeitraum bis zum 3. Oktober 1941 im Zeichen der erbitterten *Kämpfe am Panzergraben von Timoschewka*, der massiert besetzt und von Artillerie abgeschirmt war. „Der auf schnelles Vorwärtskommen bedachte Kübler setzte die 1. Gebirgs-Division als Hauptstoßkraft auf Timoschewka an. Lanz war sich der Schwierigkeit seines Auftrags, bei seinen beschränkten Mitteln und ohne den Überraschungseffekt nutzen zu können, durchaus bewußt."[286] Am 17. September trennte das deutsche Gebirgskorps nur noch 40 Kilometer von den feindlichen Stellungen bei Timoschewka. „Für die motorisierten Vorausabteilungen wäre es ein kurzer Sprung gewesen. Ohne Zweifel wären sie in die noch nicht oder nur schwach besetzte Feindstellung von Timoschewka eingedrungen. Tatsächlich führte der Russe erst am 19. September mit neu herangeführten Kräften die ganze Besetzung der Stellung durch. Dahinter marschierten die Sowjetdivisionen zum Großangriff auf. Noch einmal wollte die russische Führung die Entscheidung jenseits des Dnjepr suchen und die Krim retten. *So gewann der Panzerabwehrgraben von Timoschewka eine kampfentscheidende Schlachtenbedeutung.* […] Er beginnt im Norden bei Balki an der breiten, sumpfigen Dnjepr-Niederung ostwärts von Nikopol. Von dort zieht er sich über Malaja Belosjorka in südostwärtiger Richtung an Timoschewka vorbei auf Melitopol hin. Die Stadt Melitopol liegt am Fluß Molotschnaja, der in den See Molotschnoje mündet. Die Landenge von Timoschewka stellt die kürzeste Verbindung zwischen dem Asowschen Meer und dem großen Strom dar. Die russische Front verkürzt sich auf etwa 70 Kilometer. Durch den Panzergraben

---

[286] Burdick 1988, S. 131.

verstärkt, riegelt sie das gesamte weiträumige Gebiet zwischen der Krim und dem Unterlauf des Dnjepr ab. Die Krim liegt mit Feindkräften unbekannter Stärke drohend in der Flanke und im Rücken der 11. Armee [...] Der Panzergraben ist das Werk eines russischen Masseneinsatzes. Über zwei Mann hoch steigen senkrecht seine Wände empor. Bis zum Eintreffen der deutschen Aufklärung wird an dem Ausbau des Grabens gearbeitet. Die gesamte russische Zivilbevölkerung ist eingesetzt. Vor dem Graben breitet sich deckungslos die Steppe aus. Gut getarnt sind Minenfelder verlegt. Hinter dem Panzergraben schließt sich das feindliche Hauptkampffeld an. Es wird auf eine Tiefe von 400 Meter geschätzt. In bunkerartig ausgebauten Feldstellungen liegen unsichtbar die feindlichen Schützen. Ihr Feuer beherrscht das flache Vorgelände. Um Timoschewka steht die Masse der feindlichen Armee. Am 18. September schiebt sich die Front des Gebirgskorps an den Panzerabwehrgraben heran."[287] Der Radfahrzug des Gebirgsjäger-Regiments 98 brachte abends von seinen Erkundungsvorstößen wichtige Aufklärungsergebnisse für den planmäßigen Angriff über das deckungslose Gelände auf die ausgebauten Feindstellungen. Der Entschluss des XXXXIX. Gebirgs-Korps, mit der „Edelweiß-Division" allein in der Korpsmitte den abwehrbereiten und überzähligen Gegner anzugreifen, sollte für die Division schwerwiegende Folgen haben. Von den zwischenzeitlich erfolgten massiven Verstärkungen auf russischer Seite hatte General Lanz keine Kenntnis. Das XXXXIX. Gebirgs-Armee-Korps befahl für den 20. September den Angriff und setzte links die Gefechtsgruppe Picker, rechts die Gruppe Kreß ein, die beide schwere Gefechte und Nahkämpfe bei Timoschewka – wie schon zuvor im Raum Mentschikur-Garilowka entlang der strategisch

---

[287] Steets 1956, S. 44ff.

wichtigen Bahnstrecke von der Krim nach Moskau – bestehen mussten. Starke feindliche Artillerie trat in Aktion. „Vor der 1. Geb.Div.
wird sie auf 12 bis 15 Batterien mittleren und schweren Kalibers geschätzt. Die eigene Artillerie kann die weittragenden feindlichen Geschütze nicht fassen. Die Gebirgsjäger erleben das schwerste Artille-
riefeuer, das bisher im russischen Feldzug beobachtet wurde. Es hält
den ganzen Tag über mit großem Munitionseinsatz an. Ein Artillerie-
sperrfeuer nach deutschem Muster bis zur Dauer von einer halben
Stunde auf einer Breite von einem Kilometer kommt überraschend.
Die 1. Geb.Div. steht im Brennpunkt der Kämpfe."[288] Die Gebirgsjäger
griffen im Laufe des 20. September immer wieder schwungvoll an
und konnten schließlich nach harten Nahkämpfen in das feindliche
Grabensystem eindringen.[289] Oberst Picker, Kommandeur des Gebirgsjäger-Regiments 98, meldet eine Stunde nach Angriffsbeginn,
dass sich die Rotarmisten zum entscheidenden Kampf vorbereiteten.
Trotzdem stößt das III. Bataillon unter Führung des Ritterkreuzträgers Major Salminger auf den Panzergraben vor. Es gelingt ihm, in
einem „kühnen Ansturm" in den Graben einzudringen, diesen zu
überrennen und sich mit seinen Jägern des III. Bataillons einen Kilometer in die feindliche Tiefenzone vorzukämpfen, wo Salmingers
Truppe exponiert liegen blieb, sich einigeln und beim Warten auf seinen Entsatz selbst noch feindliche Panzerangriffe abwehren musste.
Alleine die Verluste bei Salmingers 12. Kompanie betrugen zehn Gefallene und 30 Verwundete. Am 20. September [Meyer 2008 spricht
fälschlich vom 21. September ; JCW] meldet General Lanz dem Kommandierenden General des XXXXIV. Gebirgs-Korps: *„Der heutige*

---

[288] Ebd., S. 52.
[289] Vgl. Kaltenegger: Stammdivision 1981, S. 240.

Angriffstag war der bisher schwerste Gefechtstag. Er übertrifft nach den Meldungen der Kommandeure den Kampf um Podwyssokoje. Die Verluste sind hoch. Die feindliche Artillerie wird auf 12 Batterien geschätzt. Der Munitionseinsatz des Feindes ist erheblich. Die feindliche Stellung hat sich als ein tiefausgebautes, ausgezeichnet getarntes Verteidigungssystem erwiesen. Etwa alle 10 Meter ist ein Schützennest, das einzeln im Feuer feindlicher Scharfschützen angegriffen werden muß. Nach dem bisherigen Feindbild besteht der Eindruck, daß der Gegner mit starken Nachhuten das Absetzen seiner Hauptkräfte decken will."[290] Am Morgen des 21. September 1941 wurden von Lanz bereits 300 Mann Verluste gemeldet.[291] „Als die Division bis 11.25 Uhr weitere 165 Mann verloren hatte, funkte Lanz an Kübler, daß ‚der Angriff unter den derzeitigen Nachschub- und Munitionsverhältnissen unmöglich' sei. Die ‚Einsatzfähigkeit der Division würde in Frage gestellt werden'. Der ‚Verlust der besten Kompanie-Chefs und kampferfahrenen Unteroffiziere und Mannschaften' könne nicht mehr ausgeglichen werden."[292] Kübler befahl den Gebirgsjägern daher gegen 18.30 Uhr den Angriff einzustellen und sich an Ort und Stelle einzugraben. Ein beiderseitiges Abringen der zum Stillstand gekommenen Kräfte begann, die Gebirgsjäger hielten ihre Stellungen, konnten alle Versuche der Russen, wieder auf ihren Panzerabwehrgraben vorzustoßen, unter blutigen Verlusten abschlagen. Letztlich trug beim Timoschewka die *beweglichere Führung* auf Wehrmachtsseite trotz der Unterlegenheit der eigenen Kräfte den Sieg davon. Am Abend des 22. September meldet Küblers Gebirgskorps an das AOK von Mansteins

---

[290] Steets 1956, S. 53.
[291] Vgl. Meyer 2008, S. 70.
[292] Ebd., S. 70f.

11. Armee: „Das Korps steht auf der ganzen Front vor starkem Gegner in ausgebauter Stellung. Allein im Gefechtsstreifen der 170. Inf.Div. und der 1. Geb.Div. sind 14 Batterien, darunter 6 schwere, festgestellt. Sie schießen mit stärkstem Munitionsaufwand. Der infanteristische Widerstand ist zäh und erbittert. So führte der Feind im Laufe der Nacht und in den Morgenstunden drei Gegenangriffe mit Panzerunterstützung, wobei es zu verlustreichen Nahkämpfen kam. […] Die 1. Geb.Div. verlor am 20. September und in der Nacht auf 21. September 17 Offiziere und 600 Mann."[293] „Nach dem Stande vom 22. September zählt das Geb.Jäg.Rgt. 98 25 Offiziere, 222 Oberjäger und 1262 Mann. Das Geb.Jäg.Rgt. 99 weist 34 Offiziere, 291 Oberjäger und 1759 Jäger auf. Das Ersatzbataillon hat einen Bestand von 6 Offizieren, 282 Unteroffizieren und Mann. Der bisherige Ausfall an Offizieren und Unteroffizieren ist erschreckend hoch."[294]

Ein Armeebefehl vom 22. September sah nun das Herauslösen der 1. und 4. Gebirgs-Division aus den bisherigen Positionen vor. Ihre riskante Ablösung durch die 1. und 2. rumänische Gebirgs-Brigade erfolgte zeitlich gestaffelt bis zum 24. September. Da die schlecht ausgerüsteten, nur rudimentär ausgebildeten und kampfschwachen rumänischen Verbündeten den ab 25.9. einsetzenden massiven sowjetischen Angriffen nicht gewachsen waren, stand das Schlimmste für alle deutschen und rumänischen Verbände östlich des Dnjepr zu befürchten.

---

[293] Steets 1956, S. 60.
[294] Ebd., S. 78.

Die gesamte 1. Gebirgs-Division, die nach ihrer Ablösung durch die Rumänen bei Timoschewka zum Einsatz an die Krim befohlen worden war, erreichte nach Dauerregen in zwei Nachtmärschen durch die verschlammte Steppe von zuletzt 50 Kilometern Länge am 27. September vormittags den Raum *Iwanowka-Nishnij Sserogosy*. Doch jede Vorfreude der durchnässten Soldaten auf die sonnige Krim wurde jäh pulverisiert. *Zur absoluten Frustration der physisch wie psychisch erschöpften Truppe wurde diese sofort wieder in ihre alten Räume zurück befohlen,* weil bei Balki der Gegner durch die rumänischen Verbände durchgebrochen war. Major Hans Steets schrieb hierzu: „Kaum sind die Truppenteile in den mehr als bescheidenen Not- und Massenunterkünften untergezogen, da ereilt sie der Rückmarschbefehl. Die Truppe kann es kaum begreifen. *Es ist wohl ihre stärkste Belastungsprobe.* Es geht um das Vertrauen zur Führung. Alle Führungskunst ist nötig, um die Stimmung der Truppe zu heben und sie für die neuen anstrengenden Aufgaben vorzubereiten. Die höchsten Anforderungen sind ein Gebot der Stunde und der Selbsterhaltung. Es geht jetzt um mehr als eine Schlacht. *Es geht um die Existenz aller deutschen und rumänischen Verbände ostwärts des Dnjepr.* Die Frontgemeinschaft der Gebirgsjäger von Mann und Offizier zeigt sich in ihrer größten Bewährung."[295]

Auf dem wiederum im Gewaltmarsch – 120 Kilometer in einem Tag und zwei Nächten auf grundlosen Wegen, bei Regen und Kälte – heranrückenden deutschen Gebirgs-Korps ruhten jetzt die ganzen Hoffnungen. „Der 1. Geb.Div. fällt die Hauptaufgabe im Rahmen des Kampfplanes des Gebirgskorps zu. Sie hat in einer Breite von 10

---

[295] Ebd., S. 67.

Kilometern in die offene Lücke zwischen Malaja- und Boljschaja Belosjorka mitten in den Feind hineinzustoßen. [...] Links greift das GebJägRgt. 98 mit der II./GebArtRgt.79 an. Neben dem Bataillon Hörl [III./GebJägRgt. 99] geht das I./GebJägRgt. 98 unter Major Wölfinger vor. Die beiden übrigen Jägerbataillone des Regiments folgen in zweiter Linie rückwärts gestaffelt. Die ganze Wucht des Angriffs liegt auf den inneren Flügeln der beiden Regimenter. Keilförmig schiebt sich die Division in den Feind hinein."[296] Man erkennt hier das Beispiel der eingangs dieser Abhandlung ausgeführten, für die Operationsführung der Wehrmacht typischen Vorwärtsverteidigung nach zuvor erfolgter Schwerpunktbildung, um die Gefechtsentscheidung möglichst rasch herbeizuführen. In einer unglaublichen Kraftanstrengung gelingt es den deutschen Verbänden schließlich, die von den Russen eingeleitete Umfassung der desolaten rumänischen Einheiten zu vereiteln und ihnen den Sieg streitig zu machen. *Einmal mehr zeigte sich, dass es sich bei den Gebirgssoldaten um eine tatsächliche Elitetruppe mit außergewöhnlicher Kohäsion und einer nie zu unterschätzenden Schlagkraft handelte,* auch wenn die Soldaten aufgrund ihrer permanenten Beanspruchung und Erschöpfung am liebsten an Ort und Stelle niedergesunken wären. Eine gleichwohl drohende baldige Umfassung der 4. Gebirgs-Division wurde durch den Einsatz der Waffen-SS-Division „Leibstandarte" unter SS-Obergruppenführer Sepp Dietrich bei Nowo Dnjeprowka am 29. September verhindert. Als nach harten Kämpfen der Gegner am 29. September vor dem I./98 zurückgeht, sind bei der 1. Gebirgs-Division insgesamt weitere 350 Mann an

---

[296] Ebd., S. 77.

Verlusten zu beklagen – bestens ausgebildete Soldaten, deren Verlust nie wieder aufgeholt werden konnte.

An höherer Stelle wurde jetzt auch der grundsätzliche Operationsplan für die deutschen Truppen geändert: Das XXXXIX. Gebirgs-Armee-Korps mit seiner 1. Gebirgs-Division wurde nicht mehr mit der 11. Armee zum Kampf auf die Halbinsel Krim angesetzt, sondern am 30. September nach Osten eingeschwenkt[297], um als „Feuerwehr" weitere durchgebrochene Feindverbände zu stellen und zu zerschlagen. *Eile tat Not, man musste jetzt ins Ungewisse planen und den operativ unabdingbaren Gegenangriff ganz allein stemmen.* Bei Pickers Gebirgsjäger-Regiment 98 geschah das Abdrehen in östliche Richtung um 10 Uhr. Am selben Tag erfolgte der erste sowjetische Feuerüberfall mit den neuartigen „Katjuscha"-Raketenwerfern BM-8 bzw. BM-13 auf die vordere Linie des Regiments. Das ungerichtete Flächenfeuer dieser berüchtigten „Stalin-Orgeln" mit Raketen im Kaliber 82 mm bzw. 132 mm hielt die Deutschen zunächst in ihrer Deckung nieder. „Nach Angriffen feindlicher Panzer und Infanterie verfügten die inzwischen erschöpften Gebirgsjäger-Bataillone nur noch über Gefechtsstärken von 200 bis 300 Mann. Nach Herauslösen der SS-Leibstandarte aus der Front wartete das Gebirgs-Korps auf unterstützende Verbände. Am 2. Oktober ließ der gegnerische Widerstand infolge des Drucks durch die Panzergruppe von Kleist nach, die nach der riesigen Umfassungsschlacht von Kiew (165.000 sowjetische Verluste, 665.000 Gefangene, über 3.700 erbeutete Geschütze und rund 900 erbeutete Panzer) bei Dnjepropetrowsk starke russische Kräfte zersprengt hatte und jetzt

---

[297] Vgl. Kaltenegger: Stammdivision 1981, S. 241.

als enorme und dringend benötigte Verstärkung auf Höhe der 1. Gebirgs-Division operierte.

Das Gebirgsjäger-Regiment 98 wies wiederholt russische Sturmversuche ab, in die Hauptkampflinie einzudringen, sodass die Division nach vorne verschieben und *Malaja Belosjorka* besetzen konnte. General Kübler, der Kommandierende General des XXXXIX. (Gebirgs-)Armee-Korps wandte sich mit Dank und Anerkennung an seine Verbände: „Die 1. Geb.Div. hat von jeher vorzüglich gekämpft. Ich bin mir bewußt, was von der Division im Kampf um Timoschewka und nach anstrengenden Marschtagen erneut im Angriff bei Malaja Belosjorka geleistet worden ist. *Die Division hatte zweifellos die Hauptlast des Kampfes zu tragen.* Ich bedaure von ganzem Herzen ihre hohen Verluste. Es mußte aber sein, da die Gesamtlage es verlangte."[298] In den Folgetagen wurden weitere Panzergräben (bspw. bei den „volksdeutschen" und deutschnamigen Siedlungen Halbstadt und Petershagen) überwunden, ehe die Gebirgsjäger über den Fluss Tschingul (der deckungslos vor dem nächsten feindlichen Panzerabwehrgraben lag und in unangenehmer Weise an jenen in Timoschewka erinnerte) und Boljschoj Tokmak, einer sich über 5 Kilometer hinziehenden Ortschaft, weiter nach Osten vorstießen.

Die Vorausabteilungen unter Rudolf Lang und Erich Lawall konnten durch Verbindung mit der 16. Panzer-Division den alsbald kopflos agierenden Feind einschließen und regelrecht zusammenschießen. Dies bedeutete die völlige Vernichtung der 9. und 18. sowjetischen Armee in der Schlacht von Tokmak (4.-10. Oktober 1941), die das *Ende*

---

[298] Steets 1956, S. 89f.

der großräumigen Schlacht am Asowschen Meer (26. September -11. Oktober 1941) bedeutete. Um den Felsenhügel Mogila Tokmak ergaben sich dem XXXXIX. Gebirgs-Armee-Korps über 100.000 Rotarmisten, es wurden 212 Panzer und 672 Geschütze eingebracht, woran auch die 1. Gebirgs-Division, deren Gebirgsjäger-Regimenter 98 und 99 in vorderster Reihe angegriffen hatten, ganz entscheidenden Anteil hatte. Es bestand kein Zweifel, dass die Verluste des sowjetischen Marschalls Semjon Budjonny (1883-1973), der sich als Kosakenmarschall Volkstümlichkeit erworben hatte, katastrophal waren. Ausgelöst von der Katastrophe von Uman-Podwyssokoje, zog die rücksichtslose sowjetische Kriegsführung die Niederlage von Kiew und schließlich den Verlust der Ukraine nach sich. Auf der deutschen Seite wandte sich General Kübler in einem Tagesbefehl erneut an seine Soldaten: „[…] Ich danke Euch allen von ganzem Herzen. Ihr habt Euch selbst übertroffen. Nur mit schweren Opfern konnte der vielfache Sieg errungen werden. Wir gedenken in Ehrfurcht unserer Gefallenen und grüßen in Treue alle unsere Verwundeten."[299] Diese Worte deuten nur an, wie es um die inzwischen ausgelaugte Truppe wirklich stand:

Die Leistungsfähigkeit und die Moral der Gebirgsjäger waren nach Wochen der permanenten Gefechtstätigkeit auf den Hund gekommen. Trotz des Ersatzes von 2.500 Mann belief sich der Fehlbestand bei der „Edelweiß-Division" am 15. Oktober auf 346 Unteroffiziere und 1.691 Mann. „Seit dem 22. Juni hatten sich die Verluste auf 160 Offiziere, 700 Unteroffiziere und 3.700 Mannschaften akkumuliert."[300] Lanz intervenierte im Sinne seiner Männer erfolglos bei Kübler,

---

[299] Vgl. Lanz 1954, S. 149, und Kaltenegger: Stammdivision 1981, S. 242.
[300] Meyer 2008, S. 73.

versprach ihr jedoch frische Versorgung und Bekleidung. Die Berichte über den Zustand der Truppe gingen monatlich bis zum OKH, wo man mithin im Bilde über die jeweilige Lage war, sie aus Sicht der Fronttruppe jedoch nicht beherzigte und nicht die notwendigen Schlüsse zog.

Insgesamt jedoch war die Schlacht am Asowschen Meer für die Wehrmacht ein großer operativer Erfolg, der durch die Zusammenarbeit zweier Großverbände (Teile der 11. Armee und Panzergruppe 1) ermöglicht wurde. In der Folge entstand eine neue Kräftegruppierung am Südflügel der Ostfront, die die weiteren Operationen vorgeben sollte. Der bisherige Doppelauftrag der 11. Armee wurde geändert in die alleinige Eroberung der Krim-Halbinsel. Dazu wurde die Armee verkleinert und bestand aus nur noch zwei Korps mit je drei Divisionen sowie der rumänischen 3. Armee. Das weitere Vorgehen auf Rostow am Don wurde der Panzergruppe 1 aufgetragen, die zu diesem Zweck durch das XXXXIX. Gebirgs-Korps und die Brigade „Leibstandarte SS Adolf Hitler" (LSSAH) der Waffen-SS verstärkt wurde.[301]

Nach der üblichen Bereinigung des Schlachtfelds, einer im Übrigen äußerst unschönen, belastenden, oft verstörenden Notwendigkeit für die kämpfende Truppe, ging es am 14. Oktober mit dem *fast schlagartigen Beginn der berüchtigten Schlammperiode Rasputiza*[302] ohne größere

---

[301] Vgl. https://de.wikipedia.org/wiki/Schlacht_am_Asowschen_Meer (20.1.2020)

[302] Männer, Pferde und Tragtiere mussten sich mitunter Meter für Meter durch diese kniehohen Schlammwüsten schinden. Es spielten sich geradezu irreal anmutende Szenen am Rande der Verzweiflung ab. Kompanien zogen teilweise über Tage hinweg ihre Fahrzeuge unter ständigem Unterbauen und Improvisieren wie Treidlersklaven mittels Muskelkraft vorwärts. Auch dies Auswirkungen der ungeheuren Dimension des russischen Raums, wo es abseits der Magistralen („Rollbahnen") kaum eine

Gefechte weiter ostwärts in Richtung Donezbecken, wo die 1. Gebirgs-Division und ihre Nachbarverbände sich sehr verlustreich gegen die 12. sowjetische Armee (Korotejew) durchsetzten. Am 20. Oktober stand das Gebirgskorps unmittelbar vor dem großen Industriegebiet von *Stalino*[303] (heute Donezk; 400.000 Einwohner) und *Makejewka* (240.000 Einwohner) im Gefecht, einer entwickelten Industrieansiedlung und einem für die gegnerische Logistik wichtigen Eisenbahnknotenpunkt. Die Stadt fungierte auch als eines der wichtigsten Rüstungszentren im Donezbecken. „Die 1. Geb.Div. setzt beide Gebirgsjägerregimenter in Front auf Stalino ein. […] Links neben der Gef.Gr. Kress geht das Regiment des Oberst Picker (98) über Bahnhof Mandrykino nach Norden vor."[304] Erst am 21. Oktober waren die schweren Kämpfe um den Industriestadtkomplex Stalino beendet, den anschließend die Regimenter 99 und 98 ohne weiteren Widerstand besetzten. Dort waren aber bereits alle kriegswirtschaftlich wichtigen Industrieanlagen zerstört. *Trotz ihrer starken Verluste stand die 1. Gebirgs-Division weiterhin an der Spitze der Armee. Ihre Stammregimenter 98 (Picker) und 99 (Kreß) kämpften zeitweilig 20 Kilometer den übrigen Divisionen voraus.*[305] Sie verfügten über keine Reserven und hatten für die motorisierten Teile kaum Betriebsstoff, sodass diese nach

---

Wegeinfrastruktur gab, die diesen Namen verdient gehabt hätte. Die durch die Rasputiza entstandenen Friktionen, Versorgungsausfälle und Verzögerungen nutzte die Rote Armee zu Reorganisation, Ertüchtigung und Aufbau ihrer Verteidigung. Vgl. Wagner 2018, S. 338.

[303] Stalino war von 1924 bis 1961 der Name der ukrainischen Industriestadt Donezk, die mit ihren aktuell rund eine Million Einwohnern das gegenwärtig schwer umkämpfte Zentrum des Donbass darstellt.

[304] Steets, Hans: Gebirgsjäger zwischen Dnjepr und Don. Vom Tschernigowka zum Mius. Oktober – Dezember 1941. Heidelberg 1957 (= Die Wehrmacht im Kampf ; 15), S. 34.

[305] Vgl. Meyer 2008, S. 73f.

und nach ausfielen. Die militärische Führung setzte indes weiterhin in besonderer Weise auf ihre Speerspitze unterm „Edelweiß" – und forderte von ihr alsbald einen nächsten Angriff auf absurde weitere 120 Kilometer Tiefe. *Solche wirklichkeitsfremden Erwartungen konnte man kaum von irgendeinem anderen Infanterieverband verlangen.* Nachdem infolge Treibstoffmangels die letzten motorisierten Einheiten ausgefallen waren, wurde der sowjetischen 136. Division infanteristisch und zu Fuß eine Höhe nach der anderen entrissen. Das Gebirgsjäger-Regiment 98 durchschritt am 5. November den vereisten Owrag, erstürmte die Stadt Diakowo, wo im Nahkampf Haus für Haus „gesäubert" wurde – für die wenigen Überlebenden Opfer der Einheit der bislang schlimmste Kriegstag –, und eroberte die Kuppen beiderseits des Owrag-Tals.[306] Das Regiment von Oberst Picker übernahm mit dem Feld-Ersatz-Bataillon 54 bei inzwischen eisigem Steppenwind über den schneeverwehten Feldern die Flankendeckung nach Norden, während die Waffen SS-Division „Wiking" und die 16. Panzer-Division im Kampf standen. Im Kriegstagbuch des Regiments 98 heißt es: „Das stürmische und regnerische Wetter hält während der Nacht und am Vormittag des 7.11. unvermindert an. Die Truppe ist schutzlos dem Wetter ausgesetzt. Alle Wege verwandeln sich in knietiefen Schlamm. Die Waffen, völlig verschmutzt, sind kaum noch zu gebrauchen. Die Pferde brechen stellenweise bis zum Bauch ein. *Bei der Truppe zeigen sich schwerste Erschöpfungserscheinungen.* So hat das III./98 in den Kämpfen am 6.11. und in der Nacht zum 7.11. bei 8 Toten, 34 Verwundeten, 28 Kranken 96 Erschöpfte, die nach ärztlichem Befund ins Revier eingeliefert werden mußten. Teilweise bleiben die

---

[306] Ebd., S. 74.

Leute vor Übermüdung einfach liegen."[307] Der geplante 120 km-Vor-
stoß wurde angesichts der hohen eigenen Verluste sowie der prekären
Truppenversorgung mit Waffen, Gerät, Kleidung, und Nahrungsmit-
teln abgebrochen. *Unter Aufbietung der letzten Kräfte leistete die Truppe
das Menschenmöglichste und schaffte es trotz aller Unbill, weiter über Stepanowka, Amwrossijewka, Remowka und Dmitrijewka das Donezbecken zu
erreichen und auf den Fluss Mius vorzustoßen, der in rund 70 Kilometer
Entfernung bei Taganrog in das Asowsche Meer fließt.*

Ab dem 25.10.1941 waren in dieser Operationsphase Brückenköpfe
über den Fluss Krynka gebildet worden, wo die „Edelweiß-Division"
bei Stepanowka und Troizko Charzyskaja übergesetzt war. Am 29.10.
trat das I./Geb.Jäg.Rgt. unter Major Wölfinger um 08.00 Uhr aus
Amwrossjewka in Richtung Artjomowka an, um Truppenteile der Roten Armee über den Mius zu verfolgen. Bei Artjomowka bildete und
hielt das I./98 einen ersten Brückenkopf, während das III./GebJägRgt.
98 unter Major Josef Salminger bis 14.30 Uhr den befohlenen Brückenkopf über den Fluss Sawastjakowka erkämpfte. In flüssiger Verfolgung nahm Wölfingers I./98 am 31.10. den Berg Ssaur Mogila. Noch
am selben Tag fiel dem Bataillon Salminger der Ort Oljchowskij in die
Hände.[308] Über Dimitrijewka wurde der Mius erreicht. Zu dessen militärischer Bedeutung liest man bei Steets: „Der Miusfluß bildet einen
tiefeingeschnittenen Geländeabschnitt. Seine beiden Ufer begrenzen
beachtliche Höhen. Für den Feind ist er die letzte natürliche Verteidigungsstellung vor dem Donez. Er verläuft von Golodajewka über Dimitrijewka auf Nowopawlowka nach Norden und biegt über

---

[307] Ebd. (NA: 315-49/32, KTB, 7.11.41)
[308] Vgl. Steets 1957, S. 47ff.

Jelissawetowskij in nordwestlicher Richtung auf Ssloboda Grabowo aus. Der Korpsfront legt er sich als Sperriegel gegen weiteres Vordringen vor. […] Vermag der Gegner den Miusabschnitt nicht zu halten, so ist Rostow einer Umklammerung von Norden ausgesetzt."[309] Ab 2. November griffen sowjetische Verbände die beiden Bataillone Salminger und Wölfinger des Regiments 98 an, wobei Salminger es im Gegenangriff schaffte, den Feind zu werfen und weitere Attacken abzuwehren. Als am 5.11. der harte Kampf um Djakowo begann, erreichte das Gebirgskorps nur mit der 1. Gebirgs-Division einen Teilerfolg gegen den tief eingegrabenen und sich zäh verteidigenden Gegner. „Die Gefechtsgruppe des Obersten Picker mit dem I. und III. Batl. des GebJägRgt. 98 und dem III. Batl. des GebJägRgt. 99 sowie dem Geb.Jäg.Feld-Ers.Bataillon liegt vor der feindlichen Stellung, die sich ostwärts des Mius von Dubrowskij auf Nowopawlowka hinzieht. Der Gruppe Picker obliegt der Frontalstoß auf Djakowo. Unmittelbar nördlich des Owrag geht das III./98, Major Salminger, mit dem Feld-Ers.-Batl. über das dortige Höhengelände auf Djakowo vor. Südlich des Owrag liegt das I./98, Major Wölfinger, bei Dubrowskij vor der Feindstellung. Der eingebaute Feind ist zu stark. Oberst Picker zieht daher das III./99, Major Hörl, vom linken Flügel ab. Er setzt es südlich Dubrowskij zur Umfassung an. Die Marschbewegungen zur Umfassung des Feindes sind schwierig und zeitraubend. Erst am Abend des 5.11. steht die Masse der 1. Geb.Div. südlich Djakowo in der Flanke des Feindes. […] Noch in der Dämmerung des Tages tritt er, von Panzern unterstützt, aus Djakowo zum Gegenangriff an. […] *Das Gebirgskorps hat eine Front von 45 km und eine Flanke von 30 km zu decken. Ihm fehlen alle Unterstützungswaffen* wie Sturmgeschütze, Flak und Hilfe

---

[309] Ebd., S. 52.

der Luftwaffe. Die Divisionen sind infolge des pausenlosen Einsatzes erschöpft. Dazu tritt am 6.11., wie befürchtet, der Witterungsumschlag ein. Es beginnt in Strömen zu regnen. In kurzer Zeit sind die Wege schmierig, aufgeweicht und grundlos. Die Panzer bleiben buchstäblich im Schlamm stecken. In der Nacht kühlt es ab. Vier Nächte liegen die Divisionen schon im Freien. Die Unterkunftsmöglichkeiten sind beschränkt. Die Bekleidungslage ist schlecht. Die Winterkleidung steht noch aus. Dazu verschlechtert sich die Verpflegungslage. Die geringen Vorräte des Landes sind aufgebraucht, die eigene Heeresverpflegung kommt nur schlecht nach. Die Korpsführung ist sich im klaren, daß sich diese *aufs Äußerste gespannte Versorgungslage* ungünstig auf die Stimmung der Truppe auswirken muß. Sie meldet ihre Bedenken der Armee und bittet um dringende Abhilfe."[310] Am 8.11. hatten die Gefechtsgruppen Picker und Kress mit Unterstützung der Waffen-SS-Division „Wiking" den Feind so weit zermürbt, dass er den pausenlosen deutschen Gegenstößen nicht mehr standhielt. Die Soldaten des Gebirgsjäger-Regiments 98 nahmen den Nordteil des weitverzweigten Ortes *Djakowo* ein und standen auf dem Nordufer der Nagoljnaja. Allerdings machte sich der geschilderte Mangel an hinreichenden Kräften und entsprechender Versorgung zu diesem Zeitpunkt nicht nur bei den Gebirgsjägern, sondern auf der ganzen, räumlich weit überdehnten deutschen Ostfront bemerkbar.

„Am 12. November war die Temperatur auf minus 12 Grad gefallen und blieb so stehen."[311] Lanz führte die Verbände seiner 1. Gebirgs-Division noch über den bereits teilweise zugefrorenen, 20 Meter

---

[310] Ebd., S. 67.
[311] Burdick 1988, S. 138.

breiten Fluss Mius, während gleichzeitig Verbände des III. Panzer-Korps in die Stadt Rostow eindrangen, wo ihnen die wichtige, den Don überspannende Brücke unversehrt in die Hände fiel. Damit schien den deutschen Truppen ‚das Tor zu den Ölfeldern des Kaukasus offen' zu stehen. Allerdings musste in der Folge die Großstadt Rostow am Don wieder von den deutschen Verbänden aufgegeben werden.

Das Regiment 98 nahm am 17.11. eine Stellung in der Divisionsmitte ein, die sich von Jegorowka in allgemeiner westlicher Richtung bis südostwärts *Possjolok Alexejewo Nagoljtschenskij* hinzog. Dort lagen *die Jäger über Tage im eisigen Steppenwind, noch immer ohne Winterbekleidung oder Stroh. Ein Eingraben in den vereisten Boden war ihnen kaum möglich. Währenddessen zeigte der Gegner in permanenten nächtlichen Attacken, dass er ein Meister im Nachtkampf war. Am 22.11. schob er sich auf den rechten Flügel der „Edelweiß-Division" näher an die HKL heran. „Die Grenze der menschlichen Leistungsfähigkeit ist erreicht, wenn nicht schon überzogen."*[312]   Als der immer heftiger einbrechende Winter den Schlamm endgültig gefrieren ließ, war für den sowjetischen Gegner die Stunde des Handelns gekommen: *Nun ging die Rote Armee in die Offensive.* Plötzlich suchte sie mit mehreren frischen Divisionen den Durchbruch zwischen XIV. Panzer-Korps und der 1. Gebirgs-Division zu erzwingen, um damit das III. Panzer-Korps in Rostow abzuschneiden. Manstein, der Kommandierende General der 11. Armee, erkannte die Gefahr und befahl die *Zurücknahme der Front hinter den Mius.* Aufgrund der neuen Lagebeurteilung auch des Gebirgskorps wurde die Front der 1. Gebirgs-Division zunächst auf die Linie

---

[312] Steets 1957, S. 86.

Oktjabrißkij-Dubrowskij-Höhe 115,2 zurückgenommen und verkürzt, was Generalmajor Lanz zu kritischen Tönen gegenüber der Korpsführung veranlasste. In der Nacht zum 23.11. ging die Absetzbewegung der Regimenter 98 und 99 sowie der Gebirgsartillerie planmäßig und vom Gegner ungestört weiter. In der Nacht zum 2. Dezember begann die Rückverlegung der restlichen deutschen Divisionen in diesem Frontabschnitt hinter den Mius.

Etwa 2.000 Kilometer Fußmarsch von der Heimat entfernt, nach unzähligen Kampfhandlungen und Einsätzen, von denen die zwölf wichtigsten Schlachten in ihren Soldbüchern vermerkt wurden, *fand der Vormarsch der Gebirgsjäger mithin am Mius sein vorläufiges Ende.* Vom Beginn des Feldzuges am 22. Juni 1941 bis zum 31. Dezember betrugen die Verluste etwa 7.700 Mann: 1.713 waren gefallen, 204 galten als vermisst, und 5.806 waren verwundet. Von den vollausgebildeten Mannschaften, die am 21. Juni 1941 in den Krieg gezogen waren, befanden sich zu Jahresende nur noch etwa 20 Prozent an der Front. *Zum ersten Mal in ihrer Kriegsgeschichte mußte sich die 1. Gebirgs-Division vor dem Feind zurückziehen.*"[313]

---

[313] Meyer 2008., S. 74f.

11. Vom Mius bis zur Schlacht von Charkow 1942

Die bislang siegreichen, jedoch abgekämpften und ungenügend versorgten deutschen Verbände wurden jetzt durch den ungewöhnlich früh hereingebrochenen Winter 1941/42 gestoppt. Das Übrige trugen die an diese Extremverhältnisse gewöhnten, neu herangeführten sowjetischen Truppen aus Sibirien bei, die der Wehrmacht schwer zusetzten. Nach November-Temperaturen von 30° C Frost, war im Dezember und zum Jahreswechsel 1941/42 eine unvorstellbare Kältewelle nicht für möglich gehaltenen Ausmaßes von bis minus 45° C hereingebrochen. Und in dieser Situation fehlte selbst den Gebirgsjägern zunächst entsprechende Winterbekleidung, was zu erheblichen Ausfällen durch Erfrierungen führte und auch Tote kostete. Dies war für die inzwischen dramatische Gesamtlage der Wehrmacht an der Ostfront symptomatisch. In der Anfangsphase von „Barbarossa" konnten die Deutschen die sowjetischen Armeen auf die Linie Leningrad – Smolensk – Kiew – Odessa zurückwerfen, dann bis Ende November das Donezbecken erobern und bis in die Vorstädte Moskaus vordringen, ehe die völlig erschöpfte Heeresgruppe Mitte vom Rückschwung des Pendels mit voller Wucht getroffen und durch die gewaltige sowjetische Gegenoffensive in der Winterschlacht vor Moskau an den Rand ihres völligen Zusammenbruchs gebracht wurde. In seither fast pausenlosen Gegenangriffen drängte die Rote Armee die deutschen Wehrmachtsverbände auf die große Linie Welikije Luki – Rschew – Orel – Taganrog zurück. Als Konsequenz aus der Niederlage vor

Moskau[314] übernahm Hitler, der Gefreite aus dem Ersten Weltkrieg, am 19. Dezember 1941 den Oberbefehl über das deutsche Ostheer. *Um den Jahreswechsel 1941/42 ging der Wehrmacht die Initiative verloren, und der Krieg im Osten wurde nunmehr zum Stellungskrieg, was nichts anderes als das Scheitern der deutschen Gesamtstrategie markierte. Die weiteren Operationsaktivitäten wurden in den Südabschnitt der Front im Bereich der Heeresgruppe Süd verlagert, was erneut die dort eingesetzten deutschen Gebirgstruppen in besonderer Weise forderte.*

Die 1. Gebirgs-Division, die bis Ende November 1941 die Zurücknahme ihres Frontabschnittes hinter den Mius befohlen bekommen hatte, baute ihre Stellungen in der Hauptkampflinie beiderseits des Ortes *Dimitrijewka* aus und ging zur Verteidigung über. Sie hielt im Norden Fühlung zur 4. Gebirgs-Division und im Süden zu einer slowakischen Brigade und zur SS-Division „Wiking". Für eine gewisse Zeit beruhigte sich die Lage vor der HKL. Es gab lediglich Geplänkel und kleinere Stoßtrupptätigkeiten. Winterbekleidung wurde (wenn auch nur sehr unvollständig) zugeführt, die Gebirgsjäger fanden etwas Erholung und zum Teil gab es für sie auch Heimaturlaub. „Am

---

[314] Dass Hitler nach Querelen mit der Generalität und erst *nach* dem enormen militärischen Erfolg bei Kiew jetzt doch die Strategie verfolgte, direkt auf Moskau vorzustoßen, kann im Nachhinein (wie seinerzeit im Westen der Haltebefehl vor Dünkirchen) als ein entscheidender strategischer Fehler des Russlandfeldzugs wie des gesamten Krieges betrachtet werden. Der lange verzögerte Vormarsch hatte den sowjetischen Verteidigern massiv in die Hände gespielt. Die am 2. Oktober 1941 begonnene Doppelschlacht von Wjasma und Brjansk (600.000 sowjetische Gefangene) knüpfte an die siegreichen Kesselschlachten von Smolensk und Kiew an und markierte die erste Phase des Vorstoßes auf Moskau, der als *„Operation Taifun"* in die Kriegsgeschichte eingegangen ist. Die Rote Armee startete am 5. Dezember 1941 unter General Schukow ihre große Gegenoffensive.

Jahresende machte sich Lanz weniger Gedanken um den Sieg als um die Verpflegung und Entlastung seiner Leute. Die Weihnachts- und Neujahrsfeiern von 1942 spiegelten das ganze Elend der Lage wider. In erbärmlichen Hütten zusammengepfercht, ständig der Kälte ausgesetzt und fern der Heimat, erlebten die Deutschen ihre ersten wirklichen „Kriegsfeiertage". Lanz sorgte so weit möglich für Weihnachtsstimmung, aber auch er konnte den Zwiespalt zwischen ihren jetzigen Umständen und des Führers Siegeszuversicht nicht überbrücken. Um was er sich bemühte, war, den Nachschub für das Überleben seiner Männer zu organisieren. Im übrigen sah Lanz ebenso wenig wie seine an der Ostfront eingesetzten Einheiten, wie dieser Krieg weitergehen sollte. *Der Krieg hatte eine völlig neue Dimension gewonnen.*"[315]

Über die Jahreswende erstarrte schließlich alles im Eis und es blieb ruhig im Abschnitt. Am 3. Januar 1942 übernahm dann General Rudolf Konrad (1891-1964), ein ausgebildeter Heeresbergführer, das Kommando des XXXXIX. Gebirgs-Armee-Korps, nachdem im Dezember General Ludwig Kübler mit der Führung der 4. Armee betraut worden war (einer Aufgabe, der Kübler sich mit seinem offensiven Führungsstil in der eingetretenen Defensivsituation nicht zufriedenstellend gewachsen fühlte und es im Urteil seines militärischen Umfeldes offenbar auch nicht war). Konrad musste am 6. Januar 1942 eine durchschnittliche Kompaniestärke der Gebirgsjäger-Regimenter von nur noch 40 Mann feststellen, wobei jede Kompanie für einen HKL-Abschnitt von bis zu 800 Metern Länge verantwortlich war.[316] Als in der Gebirgstruppe „aufgewachsener" Offizier konzentrierte sich

---

[315] Burdick 2008, S. 139.
[316] https://de.wikipedia.org/wiki/1._Gebirgs-Division_(Wehrmacht) (1.2.2020)

Konrad als neuer Korpskommandeur nunmehr auf seine Doppelauf-
gabe: die Verteidigung der Winterstellung am Mius und die Wieder-
herstellung der Kampfkraft des Gebirgskorps, seiner Divisionen und
Regimenter. Dies war dringend geboten. Nur noch die Hälfte der u.
a. mangels Rauhfutter stark entkräfteten Pferde, für die nicht nur die
Veterinäre und Schmiede der Division seit Wochen ihr Bestmögliches
gaben, sowie noch ganze vier Zugmaschinen waren einsatzbereit.[317]
Der zwischenzeitlich zum Oberleutnant beförderte Ritterkreuzträger
Michael Pössinger (II./98) hatte Ende Dezember von Divisionskommandeur Lanz den Auftrag erhalten, eine Skikompanie aufzustellen.
„Mit ihr operierte er zwei Monate lang hinter den sowjetischen Linien. Dabei wurden feindliche Nachschubkolonnen vernichtet, Bahnlinien
und Transportzüge in die Luft gesprengt sowie reichlich Waffen und
Munition erbeutet. Diese ,*Geisterkompanie'*, so wurde sie in ihren ab-
gefangenen Funksprüchen von den Russen genannt, kehrte Anfang
Februar 1942 mit nur geringen Verlusten nach einem Durchbruch
durch die gegnerische Front wieder zum angestammten Gebirgsjäger-
Regiment 98 zurück."[318] Insgesamt bot das Jahr 1942 für die Gebirgsjäger wenig Anlass zum Optimismus. Der Gegner, der seinen Optimismus nicht zuletzt auf den harten Winter setzte, bereitete seine
Winteroffensive vor, die die erschöpften Gebirgsjäger zum Zeitpunkt
ihrer größten Misere traf. Diese *sowjetische Winteroffensive* begann am
20. Januar und durchbrach die deutsche Front bei Isjum, entlang des
Flusses Ssamara, südlich von Charkow. Bis zum 18. Februar wurde
deshalb die 1. Gebirgs-Division unter enormen Strapazen aus der

---

[317] Vgl. Tagebucheinträge von General Konrad am 4. und 5. Januar 1942 laut Meyer
2008, S. 77.
[318] Kaltenegger: Pössinger 2018, S. 80.

Mius-Stellung herausgelöst und an die bedrohte *Front der Ssamara* in den Raum südlich von Charkow verlegt. Dort, rund 50 Kilometer nördlich der Bahnstrecke Stalino – Dnjepropetrowsk, wurden insbesondere die Regimenter 98 und 99 sofort in heftige Wintergefechte mit den angreifenden Sowjetverbänden verwickelt, die dort die deutsche HKL durchbrochen hatten. Bei Ossadtschij und Suchoj konnten die Gebirgsjäger den Feind gerade noch abwehren (Regiment 99) und mit Panzerunterstützung das rote II. Kavallerie-Korps vernichten, wodurch die Front wieder stabilisiert wurde (500 tote und gleichviele gefangene Rotarmisten allein am 3. März).

Da 1942 angesichts der Verluste und der generellen Lage an eine Gesamtoffensive an der Ostfront nicht mehr zu denken war, basierte die deutsche Offensivplanung auf Hitlers Weisung Nr. 41 („Fall Blau") vom 5. April, nach der nur im Südabschnitt mit allen gepanzerten und motorisierten Kräften die Sommeroffensive mit Stoßrichtung in den Kaukasus durchgeführt werden sollte. Ziel von „Fall Blau" war es, die zwischen Donez und dem großen Donbogen befindlichen gegnerischen Kräfte Timoschenkos zu vernichten und eine definitive Entscheidung herbeizuführen. Kriegswirtschaftlich wollte man die Sowjetunion der reichen Weizenböden des Kubangebietes und der Ölquellen des Kaukasus berauben, die damals den größten Teil ihrer in Ausbeutung befindlichen Erdölreserven ausmachten. Noch vor Beginn der Offensive sollte die 11. Armee von Manstein auf der Krim die Halbinsel Kertsch zurückerobern, die Festung Sewastopol nehmen und die Krim besetzen (was vom 8. bis zum 26. Mai gelang). Allerdings wurde im Mai 1942 von diesem Ursprungsplan abgewichen, um eine schnellere Verfolgung auf breiter Front zu ermöglichen. Die fünf deutschen Armeen der Heeresgruppe Süd ließ Hitler in die *Heeresgruppe A* (17. Armee, 1. Panzer-Armee) unter Generalfeldmarschall List (später v. Kleist) mit Ziel Kaukasus und die *Heeresgruppe B* (2. und 6. Armee sowie 4. Panzer-Armee) unter Generaloberst Maximilian von Weichs mit Ziel Stalingrad und Flankendeckung aufspalten. Nach gemeinsamer Durchbrechung beider Heeresgruppen der russischen Front zwischen Isjum und Charkow und der Freikämpfung des Raums zwischen Donez und Don sollten beide Ziele (Stalingrad unter dem Decknamen *„Braunschweig"* und Kaukasus unter *„Edelweiß"*) *gleichzeitig* in Angriff genommen werden. Als die geänderte Planung dann ab 9. Juli in die Tat umgesetzt wurde, befahl Hitler auch noch die 4. Panzerarmee zur Heeresgruppe A, sodass der Vorstoß auf Stalingrad der 6. Armee allein zufiel.[319] Außerdem wurden noch sieben Divisionen von der Krim sowie das AOK 11 für andere Aufgaben abgezweigt. Weil er gegen diese Operationsführung protestierte, wurde der Oberbefehlshaber der Heeresgruppe Süd bzw. B, Fedor von Bock, am 15. Juli durch Maximilian von Weichs ersetzt. Auch

---

[319] „Dass Hitler diese Planung [gemäß seiner Weisung Nr. 41], nämlich nach gewonnener Schlacht zunächst eine Abwehrfront entlang des Don zu bilden, sondern stattdessen *gleichzeitig* mit dem Angriff auf Stalingrad eine ganze Heeresgruppe zum Stoß auf die Ölfelder von Baku und auf den Kaukasus ansetzte [gemäß neuer Weisung Nr. 45 vom 23. Juli], führte zur Katastrophe von Stalingrad. *Dieser Entschluss war der größte und folgenschwerste operative Fehler Hitlers."* (Johann Adolf Graf Kielmansegg, in: Masson 2000, S. 216.) Die Aufteilung der Heeresgruppe und die Abspaltung der 4. Armee resultierte aus Hitlers Planungen, sowohl die für die weitere Kriegsführung wichtigen Erdölgebiete in Besitz zu nehmen als auch – gleichzeitig – die über Persien laufenden Nachschublieferungen der USA an die Sowjetunion, den sogenannten Persischen Korridor mit der Wegnahme Stalingrads über die Wolga zu stoppen. An den Kämpfen im Kaukasus beteiligten sich 20 von den späteren 90 Ostlegionen. Diese Aufstellungen nationaler Minderheiten unter deutschem Kommando waren Ausdruck einer seit dem Winter 1941/1942 verstärkten Bemühung, die rein militärische Kriegsführung im Osten mit einer Form politischer Kriegsführung zu verbinden, sowie die hohen personellen Verluste auszugleichen.

Generalstabschef Franz Halder wurde am 24. September 1942 entlassen und durch den General der Infanterie Kurt Zeitzler ersetzt.[320] Zu den folgenden Einsätzen der Gebirgsjäger erinnert sich der Russe Alexander Furman anlässlich eines Besuchs bei den Gebirgsjägern der Bundeswehr im Jahr 1990: „Die Edelweiß-Division erkämpfte Charkow, Dnjepropetrowsk, Saporoschje. In diesen Städten lebten meine Verwandten. ‚Pass auf, Kumpel, es wird heiß, / Den Graben stürmt das Edelweiß.‘ Zeilen aus einem russischen Volkslied. Keine andere Einheit der Deutschen hat den Eingang in unsere Folklore gefunden. ‚Die Edelweiß-Truppen kämpften wie besessen, sie waren erbarmungslos‘, erzählte mir mein Großvater."[321]

Im Abschnitt der 1. Gebirgs-Division gelang es, den Winter über die Stellungen zu halten. Erst im Mai 1942 sollte sie am Südflügel der 17. Armee von Sslawiansk aus entlang des Donez auf Isjum vorgehen. Das Gebirgsjäger-Regiment 98, das jetzt wieder zu offensiven Aktionen in der Lage war, begann hierzu am 17. Mai die Angriffsoperation von *Alexandrowka* aus, wo es nach Durchbruch durch die russischen Stellungen 45 Kilometer tief bis zur südwestlich von Isjum gelegenen Stadt *Barwenkowo* vordringen und diese einnehmen konnte. Lanz, der am 16. Mai seinen Gefechtsstand in die vorderste Front verlegt hatte, konnte mit seinen Regimentern 98 und 99 nur den hochriskanten Frontalangriff wagen, wenngleich er im Sinne einer Schwerpunktbildung den Angriffsstoß so schmal und so konzentriert wie möglich

---

[320] Vgl. Ulrich, Bernd: Stalingrad. München 2005, S. 54.
[321] Vgl. http://www.zeit.de/1990/15/ein-russe-bei-der-bundeswehr/komplettansicht (1.2.2020) Hinweis: Die Eroberung von Dnjepropetrowsk und Saporoschje ging *nicht* auf das Konto der 1. Gebirgs-Division.

hielt und darin auch italienische Kräfte integrierte. Der deutsche Angriffskeil mit dem Gebirgsjäger-Regiment 98 als Speerspitze traf die Russen unerwartet, wenngleich deren Artillerie zunächst das das Sperrfeuer der Divisionsartillerie massiv beantwortete und dabei auch Lanz' Divisionsstand durch Volltreffer in die Luft jagte. Nach dem deutschen Feuerüberfall gelang dem Regiment 98 und der weiteren Infanterie der Sturm der sowjetischen Stellungen, sodass am 23. Mai der Kessel geschlossen werden konnte und Teile dreier sowjetischer Armeen im Tal der Bereka eingesperrt wurden. Mit den Schwesterverbänden „säuberte" das Gebirgsjäger-Regiment 98 in der Folge das Ssuchoj-Thorez-Tal vom Feind und der ganze Raum zwischen der Ssamara und der Bahn Barwenkowo - Losowaja wurde freigekämpft. Am 24. Mai nach Norden und beiderseits Losowenka befohlen, wurde das Regiment 98 im Verbund mit seiner Division und den übrigen Kräften der 17. Armee gegen die Masse von Timoschenkos Truppen eingesetzt, deren Gros südlich Charkow und westlich Isjum sowie im Tal der Bereka von allen Seiten eingeschlossen und zum Ausbruch entschlossen war.[322] „Am 17. Mai erfolgte ein deutscher Angriff aus der ‚Ssamarastellung'. Pössinger stieß mit seiner Spitzenkompanie des II. Bataillons des Gebirgsjäger-Regiments 98 [...] bis zum Abend dieses Tags durch immens ausgebaute sowjetische Stellungen und Grabensysteme bis in eine Tiefe von rund fünfzehn Kilometern vor."[323]

Seit 17. Mai hatte Oberst Rudolf Lang, der bisherige Kommandeur der Panzer-Jäger-Abteilung 44, die Führung des Gebirgsjäger-Regiments

---

[322] Vgl. Lanz 1954, S. 154f.
[323] Vgl. ebd.

98 von dem erkrankten Oberst Egbert Picker übernommen, während Harald von Hirschfeld mit der Führung des II./98 betraut wurde. Die Gebirgsjäger trugen schließlich einen ganz wesentlichen Teil zum deutschen Sieg an der Bereka bei der *Schlacht von Barwenkowo bei, die sich zur großen Vernichtungsschlacht von Charkow (17. bis 28. Mai) ausweitete,* aber die Gebirgsjäger mussten diesen schweren Sieg mit (seit 17. Mai) 431 Gefallenen und über 1.300 Verwundeten äußerst teuer bezahlten. Bei der Schlacht von Charkow wurden von den erwähnten drei eingeschlossenen sowjetische Ameen (nämlich dem Gros der 5., 7. und 68. Armee mit insgesamt etwa 17 Infanterie- bzw. Panzer-Divisionen) bis 29. Mai zwei Armeen vernichtet. Der Kommandeur des III. Panzer-Korps, Generaloberst Mackensen, dem die 1. Gebirgs-Division in der Schlacht bei Charkow (Barwenkowo) unterstellt war, schrieb 22 Jahre später: „Chruschtschow hat in einer Rede auf dem Parteitag der KPdSU die Schlacht von Charkow im Frühjahr 1942 als die schwerste der Sowjets im letzten Krieg bezeichnet. Er war damals Politruk bei Timoschenko. *Mir war immer bewußt, daß in den letzten Tagen der Schlacht die Entscheidung bei der 1. Gebirgs-Division gelegen hat.* Ihr ist zu verdanken, daß es nicht nur ein Teilerfolg wurde. [...] Für mich bedeutet die Korpsschlacht von Charkow den Höhepunkt meines militärischen Lebens."[324] Lanz hingegen, der sich an *keine vergleichbaren Kriegsbilder* aus zwei Weltkriegen erinnern konnte, war wie jeder seiner Männer erschüttert von dem grausigen Schlachtfeld, auf dem die Rotarmisten neben ihren zusammengeschossenen Panzern und Geschützen regelrecht „in Haufen lagen". Dies war das verheerende Resultat der massierten russischen Ausbruchsangriffe gegen die deutsche Umzingelung. Das blindwütige Anstürmen der

---

[324] Meyer 2008, S. 80.

Rotarmisten traf mit seinem Schwerpunkt ausgerechnet die Linien der Gebirgsjäger-Regimenter 98 und 99. In seinem Gefechtsbericht vom 28. Mai 1942 führt Lanz zu den zurückliegenden Tagen aus: „Nunmehr setzen russische Massenangriffe im Bereich der Division gegen die Einschließungsfront ein, die in ihrer Wucht und Masse einer Naturkatastrophe vergleichbar waren. Zehntausende von Russen, mit Panzern, Geschützen, Fahrzeugen aller Art, von ihren Kommissaren angetrieben, stürmten in ununterbrochener Reihenfolge zwei Nächte hindurch gegen die Linien der Division an. In erbitterten Kämpfen, unter Einsatz aller Waffen im Schnellfeuer und im Nahkampf, gelang es den Jäger-Rgtern [sic!], die Katastrophe zu bannen. […] Die Jäger standen unerschütterlich und hielten die Stellung zwei Tage und zwei Nächte lang in einer wahren Hölle von Feuer und Kampf. Nur ihrer Standfestigkeit ist es zu verdanken, daß der russische Ausbruch mit Zehntausenden Soldaten vermieden und damit die Einschließung der eigenen Truppe bzw. die Verbindung der russischen Fronten verhindert wurde."[325] Von allen deutschen Verbänden wurden schließlich 240.000 russische Gefangene eingebracht und mehr als 2.000 Geschütze und 1.250 Panzer zerstört oder erbeutet. „Die 1. Gebirgs-Division machte 25.000 [nach Lanz 27.000[326]] Gefangene, eroberte 150 Geschütze, 70-80 Pak, 50 Flak, 12 Raketenwerfer, über 100 Granatwerfer, 2.500 Lkw, 200 Traktoren, 1.500 Bespannfahrzeuge, 10.000 Pferde, 70 Tankwagen und 94 Panzer."[327] Es folgte eine Phase der Ruhe in den Abwehrstellungen am Donez zur Vorbereitung der Operationen im Kaukasus und der angestrebten Einnahme

---

[325] Kaltenegger: Stammdivision 1981, S. 260.
[326] Lanz 1954, S. 156.
[327] https://de.wikipedia.org/wiki/1._Gebirgs-Division_(Wehrmacht) (2.2.2020)

der jenseits des Kaukasus (Transkaukasien) befindlichen Ölfelder. „Im Zuge dieser Vorbereitungen wurde die 1. Gebirgs-Division am 30. Mai dem XI. Armee-Korps (General der Infanterie Karl Strecker) unterstellt, das der 17. Armee (General der Infanterie Carl-Heinrich von Stülpnagel) und damit der Heeresgruppe A (Generalfeldmarschall Wilhelm List) zugeordnet war."[328] Das Gebirgsjäger-Regiment 98 erhielt von Strecker den Auftrag, im Rahmen des „Unternehmens Fridericus II" jenseits des Donez eine Brückenkopf zu bilden und gleichzeitig die Feindkräfte bei Isjum auszuschalten. Hauptmann Harald von Hirschfeld sollte hierzu hochspezialisierte Kräfte für ein Himmelfahrtskommando zusammenstellen, um zumindest eine der vier Donezbrücken in die Hand der Gebirgsjäger zu bekommen. In Lanz' Einsatzbefehl heißt es: „[...] Hauptmann von Hirschfeld wird sich durch nichts aufhalten lassen, auch dann nicht, wenn der Ort vor Russen wimmelt. Die Brücke muß unter allen Umständen in unsere Hand."[329] Der Angriff erfolgte durch stark vermintes Gelände am 22. Juni, dem Jahrestag von „Barbarossa" und Oleszyce, auf die drei Holzbrücken bei Sywinzy, die vom Gegner gesprengt wurden, als sich auf einer gerade die Spitze des II./98 unter Oberleutnant Baumgartner befand. Unter Verlusten von 54 Gefallenen und 216 Verwundeten gelang es dennoch, den jenseitigen Brückenkopf zu bilden (4.400 sowjetische Gefangene; erbeutet wurden 15 Panzer, 41 Geschütze, 119 Granatwerfer) und so den deutschen Vormarsch fortzusetzen. Am 24. Juni gewannen die Gebirgsjäger Hirschfelds Tschislowodowka und drehten auf das weitläufig bebaute, hügelige *Isjum*, das die Radfahrabteilung Lawall in Besitz nahm und dadurch

---

[328] Meyer 2008, S. 80.
[329] Ebd., S. 81.

den Auftrag erfüllte. Vom 27.6. bis 6.7. erhielt das Gebirgsjäger-Regiment 98 und seine Division eine Ruhezeit im Raum Barwenkowo.[330]

„Ein Jahr nach Beginn des Krieges gegen die Sowjetunion beliefen sich am 24. Juni 1942 die Verluste der 1. Gebirgs-Division auf insgesamt 2.296 Gefallene, 6.737 Verwundete und 144 Vermißte. An 304 Tagen wurde gekämpft, an weiteren 59 Tagen marschierte man insgesamt 2.325 Kilometer; *im Schnitt also 40 Kilometer pro Tag. Somit gönnte man den Soldaten im Laufe dieses Jahres nur sechs Tage Ruhe.* Nach ihrer eigenen Zählung töteten oder verwundeten die Angehörigen der Division 45.000 Soldaten der Roten Armee und nahmen 981 Offiziere und 68.593 Unteroffiziere und Mannschaften gefangen. Unter anderem wurden 645 Panzer, 23 Flugzeuge, 722 Geschütze und 451 Granatwerfer erbeutet oder zerstört. Mit Genugtuung vermerkte Lanz, daß seinen Jägern neben 17 Ritterkreuzen rund 17.500 Orden verliehen wurden."[331]

---

[330] Vgl. Lanz 1954, S. 156.
[331] Meyer 2008, S. 82.

12. Vom Don auf den Elbrus. Vom Hochkaukasus in den Waldkaukasus 1942/43

Gemäß Hitlers Weisung Nr. 45 vom 23. Juli 1942, die anstatt die Heeresgruppen A und B zusammenzuführen, um die Entscheidungsschlacht vor Stalingrad zu suchen, sie fatalerweise wieder getrennt einsetzte, befahl er der Heeresgruppe A, die Feindkräfte bei Rostow am Don zu vernichten und die gesamte Ostküste des Schwarzen Meeres zu erobern. Hierzu wurde die 1. Gebirgs-Division wieder „ihrem" XXXXIX. Gebirgs-Armee-Korps unter General Konrad im Verband der 17. Armee (jetzt geführt von Generaloberst Richard Ruoff) unterstellt. Im Vormarsch überschritt das Gebirgsjäger-Regiment 98 am 21. Juli 1942 nach der Passage von Starobielsk (links) und Woroschilowgrad (rechts) bei *Kamensk* erneut den Donez, und am 24. Juli 1942 wurde mir der Eroberung von *Rostow am Don* durch das XXXXIX. Gebirgs-Armee-Korps das „Tor zum Kaukasus" erreicht. *„Nun sollte für die Gebirgsjäger der denkwürdigste Abschnitt des gesamten Rußlandfeldzugs, ja des gesamten Zweiten Weltkriegs beginnen: der Angriff auf den Hoch- und Zentralkaukasus."*[332]

---

[332] Kaltenegger: Stammdivision 1981, S. 267.

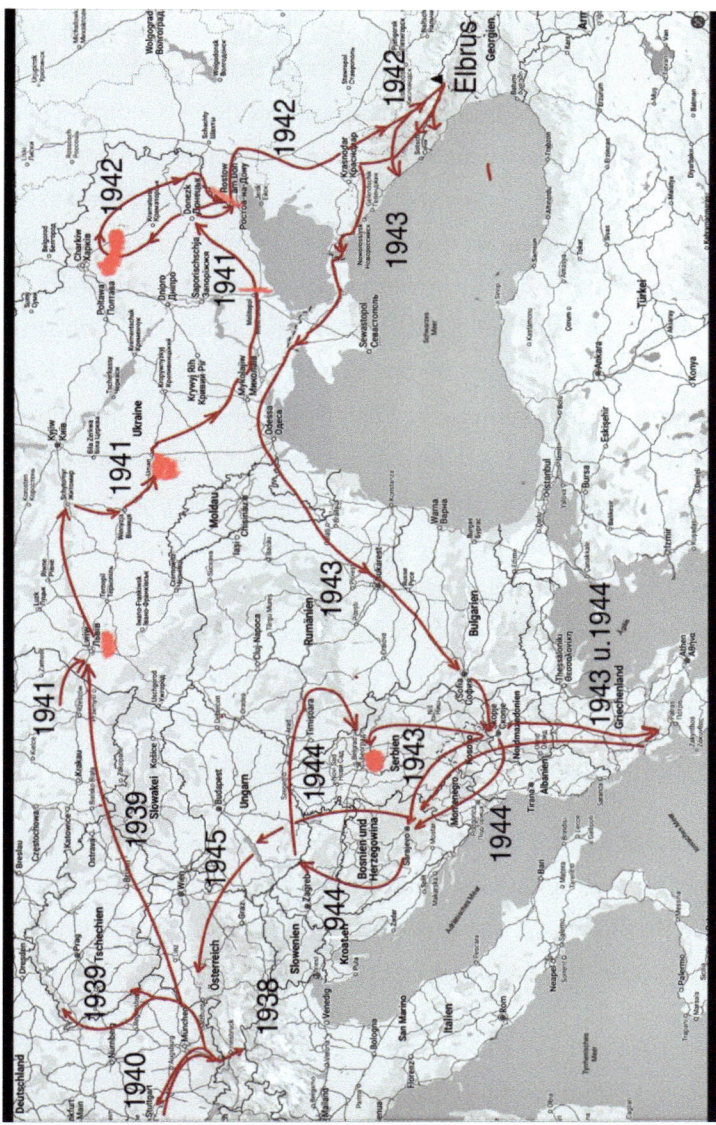

16   Karte: Marschweg des Gebirgsjäger-Regiments 98 an der Ostfront und
     in Südosteuropa.

Nach Überschreitung des Don an seiner breitesten Stelle bei Rostow am 5. August bestand der weitere Auftrag für die Gebirgsjäger der 1. Gebirgs-Division nun darin, gemeinsam mit der 4. Gebirgs-Division die Hochpässe im Kaukasus zu nehmen und den über Tuapse vorgehenden Kräften der 17. Armee den Weg in den transkaukasischen Raum zu bahnen – eine an sich ob ihrer Durchführbarkeit für die normalen Armeeverbände von vornherein zweifelhafte Operation. *In Tagesmärschen von rund 50 Kilometern* marschierten die Gebirgsjäger durch die braune, staubige Steppe den von Rostow noch 500 Kilometer entfernten Bergen entgegen. Die zweite Jahreshälfte brachte dann den im Krieg bisher 7.000 Kilometer marschierten Gebirgsjägern den Einsatz in ihrem eigentlichen und angeblich „ersehnten" (Lanz) Element, nämlich in den Bergen des sich über der Steppe erhebenden Kaukasus. Das von Viertausendern gespickte Zentralmassiv des 1.200 Kilometer langen Gebirges weist auch vier Fünftausender auf, darunter den nach damaligen Angaben 5.633 m hohen, tatsächlich jedoch 5.642 m hohen Elbrus – den höchsten Berg des Kaukasus, Russlands und des (je nach Definition) geografischen Europas.

Die Vorausabteilung unter Dr. Erich Lawall der „Edelweiß-Division" erreichte am 9. August 1942 bei Krapotkin den Kuban, wo am 11. August die Brücke von *Tscherkessk* unzerstört erobert wurde und so der Übergang über den *Kuban* gesichert war. Von hier aus war bereits der Elbrus zu sehen.

17   Wegweiser im Hochkaukasus an der Vormarschroute der 1. Gebirgs-Division 1942.

Oberleutnant Michael Pössinger vom II./98 berichtete von der freund-
lichen Begrüßung der Jäger als Befreier von den verhassten Bolsche-
wiken durch Bergvölker der Tscherkessen und Karatschaier.[333] Im geheimen Divisionsbefehl vom 12. August legte General Lanz das weitere Vorgehen auf *Mikojan Schachar* (heute Karatschajewsk) vor, den
Ausgangspunkt für den Angriff auf die Hochgebirgspässe. Das
Hauptproblem war jetzt das Heranschaffen des Nachschubs, das
durch die besonderen Schwierigkeiten im Gebirge noch verschärft
wurde. „Ohne genügend Vorbereitung, ohne Aufklärung und ohne
ausreichendes Material mußte das deutsche Gebirgskorps in den Kaukasus eindringen."[334] Unter diesen Voraussetzungen waren die nächsten Ziele das Vordringen zu den Quellgebieten der Marucha und des
Kuban über die drei Pässe Maruchkoje (2.769 m), Kluchor (2.816 m)
und Nachar (2.913 m). Notwendig hierfür war die Umfassung der
nördlich von Mikojan Schachar stehenden russischen Verbände, die
Hirschfelds II./Gebirgsjäger-Regiment 98 von Westen her gelang. Sein
Bataillon konnte über eine schmale unbeschädigte Drahtseilbrücke
über den 60 m breiten Kuban übersetzen, sodann über die Hauptzu-
fahrtsstraße frontal Mikojan Schachar angreifen, dabei eine gegnerische Marschkolonne unter Ausnutzung des Überraschungsmoments
überwältigen und die Stadt für die Russen abschneiden. Dies initiierte
den Frontalangriff des jetzt nachgezogenen Gros des Gebirgsjäger-Regiments 98. *Die Gebirgsjäger überrannten die Abwehrstellungen in Mikojan Schachar und stellten so ihren Zugang zum Kuban- und Teberdatal und
zum eigentlichen Hochgebirge mit den Kaukasuspässen sicher.* Das Gebirgsjäger-Regiment 98 sollte hierbei in Verbindung mit der

---

[333] Vgl. Bader 1998, S. 70.
[334] Burdick 1988, S. 149.

Vorauskompanie des Halbbataillons Hauptmann von Hirschfeld (6. Kompanie) die Inbesitznahme des mit „123" verklausulierten Passes auf der „Marschstraße Picker" erzielen und „22" aufklären.[335]

⌈Exkurs:
Mit der Sonder-Hochgebirgskompanie zum Endpunkt Elbrus

Bereits am 5. August 1942 [Meyer 2008 nennt fälschlich den 9.8. ; JCW] hatte Lanz seinem Ordonnanzoffizier Hauptmann Heinz Groth befohlen, eine aus besonders bergerfahrenen Offizieren und Mannschaften bestehende kombinierte „Sonder-Hochgebirgskompanie" zur Inbesitznahme der Elbrus-Hochgebirgspässe und zur Flaggenhissung auf dem *Elbrus-Gipfel* zusammenzustellen. Jeder der Männer erhielt vom Divisionskommandeur eine Adlerfeder als Zeichen der besonderen Aufgabe. Das V. Fliegerkorps erkundete vorab mögliche Aufstiegsrouten aus der Luft. Die Gebirgsjäger als solche betrachteten die Elbrus-Besteigung in ihrem Kampfraum als ihre ureigenste Sache, die fraglos große Herausforderung als eine motivierende Maßnahme zur Hebung der Moral der abgekämpften Truppe und insgesamt als ein Unternehmen, das über das Militärische hinauswies.

Die von Hauptmann Groth befehligte kombinierte Elbrus-Kompanie war keine volle Kompanie im Sinne des Kriegsstärkenachweises, sondern bestand aus insgesamt rund 50 auserlesenen Spezialisten vor allem der 1. Gebirgs-Division, aber auf Wunsch General Konrads auch aus Jägern der 4. Gebirgs-Division, die in Russland im Zeichen des „Enzian" als Schwesterdivision des „Edelweiß" operierte. Die Elbrus-

---

[335] Vgl. Kaltenegger: Pössinger 2018, S. 85.

Kompanie, bis jetzt Vorausabteilung, musste 23 Kilometer vor Utsch-kulan feststellen, dass die ehemals 45 m lange freitragende Brücke über den Kuban zerstört war. Mit rund 30 Kilogramm Gepäck auf dem Rücken ging es für die Hochgebirgsspezialisten zu Fuß weiter, immer das obere Kubantal hinauf. „Das Unternehmen hat etwas leichtfertiges Sonntägliches an sich, wenn wir ohne Sicherungen und ohne jene Waffen, die im Ernstfall unsere Verteidigung über die Lä-cherlichkeit eines Schützenvereinsausflugs erheben könnten, in eine fremde und von keinerlei Vortrupps erforschte Gegend laufen. [...] Wie Sonntagsgäste, die sich eine schwere Tour vorgenommen haben, stampfen wir die Kilometer herunter. [...] Bei der ersten Rast sagt man uns, wir hätten noch vierzehn Kilometer bis Utschkulan."[336] Nach wiederholtem Male vierzehn Kilometer wurde frühmorgens von der völlig erschöpften Truppe endlich ein Steg gefunden, der auf die rich-tige Uferseite führte. Über die linke Weggabelung nach dem letzten größeren Ort Chursuk führte der Gebirgsmarsch weiter durch das Ullu-Kam-Tal aufwärts. Nach weiteren zurückgelegten 30 Kilometern und überwundenen 1.000 Höhenmetern erreichte die Kompanie am zweiten Tag des Hochgebirgsmarsches den Talschluss, wo die Jäger im 2.241 m hoch gelegenen Lager „Hütte" biwakierten. Nach verein-zelten Scharmützeln mit kleineren Feindresten wurde der *Asau-Pass* (3.300 m), das niedrigste Tor zum Bakssan-Tal erkundet. Der Bericht des Heeresbergführers Hauptmann Gämmerler führt aus: „Dr. Karl von Kraus stößt auf dem Südwest-Grat des Elbrus aufwärts, um die auf der [veralteten, ungenauen] Karte verzeichnete ‚Westhütte' zu be-setzen, muß aber feststellen, daß dieselbe nicht besteht. Diese

---

[336] Bauer, Josef Martin: Unternehmen „Elbrus". Das kaukasische Abenteuer 1942. 4. Auflage. München/Wien 1977, S. 107.

Feststellung wirft den vorgesehenen Angriffsplan auf den Elbrus zunächst um, denn vom Chotju-Tau-Paß die 2.000 m Höhenunterschied in einem Zuge mit Gepäck und Waffen zum Gipfel des Elbrus zu bewältigen, das ist für unsre bergentwöhnte Verfassung doch zu viel. Wir brauchen einen Zwischenstützpunkt! Dieser bietet sich an im ‚Elbrus-Haus‘, welches wir im Glas in etwa 7 km Entfernung (Luftlinie) jenseits des großen und kleinen Asau-Gletschers auf dem Südrücken des Elbrus stehen sehen."[337] Unverzüglich wurde der Aufstieg an diesem 17. August um 04.00 Uhr früh vom Lager „Hütte" in Richtung des Elbrushauses fortgesetzt. Die Elbrus-Kompanie erreichte über steile Moränenfelder, die den Tragtieren das Letzte abverlangten, den 3.546 m hohen *Chotju-Tau-Pass* nach 1.300 Hm bereits um 7.30 Uhr. „Die Tragtiere hatten jetzt ihre Schuldigkeit getan. Für sie gab es vorerst kein Weiterkommen. So mußte das schwere Gepäck, das sich aus Waffen, Seilen, Steigeisen, Pickel und Proviant zusammensetzte, auf die Schultern der Offiziere, Unteroffiziere und Mannschaften verteilt werden. Etwa 50 bis 70 Pfund pro Mann. (Später sollten allerdings auch Tragtierführer mit ihren zuverlässigen Vierbeinern bis zum Elbrus-Haus vordringen – *zum höchsten Punkt, den Tragtiere der deutschen Gebirgtruppe je erreicht haben!*)."[338]

Als Vorausgruppe machten sich zunächst zwei Gruppen unter Führung von Dr. Karl von Kraus und Oberleutnant Schneider von der Nachrichtenabteilung, insgesamt zwölf Mann stark, auf den Weg,

---

[337] Gämmerler, Max: Der Vorstoß zum Elbrus. [Maschinenschriftlicher Bericht i. Fundus d. Militär- u. Gebirgstruppenarchivs Kaltenegger] o. A., zitiert nach Roland Kaltenegger: Gebirgsjäger im Kaukasus. Die Operation „Edelweiß" 1942/43. Graz/Stuttgart 1997, S. 93.
[338] Kaltenegger: Gebirgsjäger im Kaukasus 1997, S. 94.

sowie Hauptmann Heinz Groth mit einem weiteren Kameraden. Die 14 Mann arbeiteten sich durch knietiefen Schnee als zeitlupenhafte dunkle Punkte nach oben, wobei Groth und Begleiter ohne Rucksäcke und nur mit Divisionsflagge „bewaffnet" waren, was sie in die Lage versetzte, den anderen um Stunden voraus auf das auf 4.100 m [nach anderen Angaben auf 4.200 m] Höhe gelegene *Elbrushaus* zu steigen. Es sei mir gestattet, die folgende Zeitzeugenschilderung dieser Schlüsselszene in extenso wiederzugeben. Der Bericht entstammt einem zwölf DIN A4-Seiten umfassenden Brief eines Stabsarztes des Feldlazaretts 54 der 1. Gebirgs-Division aus dem Kaukasus vom 10.9.1942, der die hochinteressanten Details der Elbrushaus-Inbesitznahme auf der Grundlage der Schilderungen des maßgeblich beteiligten Dr. von Kraus ausbreitet:

„[...] Es ist zwar von der Armee verboten, Unternehmungen rein sportlichen Charakters zu starten, aber das eine steht nun doch mal fest, dass der Elbrusgipfel der 1. Geb.-Division gehört. Nun erreicht zu allem die Kompanie kurz unterhalb vom Paß noch ein Funkspruch vom General: ‚Elbrusunternehmen beschleunigen, Konkurrenz im Norden im Anmarsch'. Das wäre also noch schöner. Also die SS will offenbar von Nordwest kommend das Baksantal hinauf auf der schönen großen Elbrusstraße bis 3.200 m hinauffahren und uns den Gipfel vor der Nase wegnehmen! [...] Auf diesen Funkspruch hin geht Oberarzt v. Kraus, der als alter Himalajateilnehmer am Nanga Parbat [8.125 m] u. Kantsch [8.586 m] und erfahrenster Alpinist der Hochgeb. Komp. als San.Offz. zugeteilt war, noch am Abend zur Erkundung auf den Paß. Er entdeckt von dort eine große Hütte auf 4.200 m Höhe, die er lange Zeit durchs Glas beobachtet. Nichts rührt sich dort, das

Haus ist offenbar verlassen und ringsum unendliche Gletscher. Am nächsten Morgen beginnt der Vormarsch zu dieser Hütte. Dazu treten an zwei Gruppen unter Führung von Kraus u. Oberltn. Schneider von der Nachrichtenabteilung, insgesamt 12 Mann stark, ferner Hauptmann Groth mit seinem Burschen. Alles Entbehrliche wird zurückgelassen mit Rücksicht auf die Riesenrucksäcke, die man raufschleppen muß. Seil und Pickel u. in der Hauptsache was zum Fressen sind das wichtigste. So sieht es mit der Bewaffnung dieses Stoßtrupps etwas sonderbar aus. Kraus selbst nimmt noch seine Maschinenpistole mit, von seinen 5 Mann haben 2 ein Gewehr, bei der anderen Gruppe ist gar nur 1 Gewehr u. Oberltn. Schneider mit einer Pistole, u. allen voraus stürmt Hauptm. Groth, bewaffnet mit einem Koppel ohne Pistole, und hinter ihm sein Bursche, bewaffnet mit einem Seitengewehr u. der Divisionsflagge, die am Elbrus gehisst werden soll. Diese beiden ohne Rucksäcke gehen im Eilmarsch auf die Hütte zu, die anderen keuchen mit ihren Rucksäcken langsam hinterher. Und nun beginnt diese merkwürdigste Expedition des ganzen Krieges. Stunden den anderen voraus, erreicht Groth die Hütte und sieht sich bei Betreten der Hütte plötzlich von zwei Russen empfangen, die ihm ihre Maschinenpistole entgegenhalten. Da war nun nichts zu machen. Groth war mit Burschen mit Seitengewehr und Divisionsflagge einwandfrei gefangen, wird aber aufgrund seiner harmlosen Ausrüstung ganz manierlich behandelt. Inzwischen marschieren die anderen 2 Gruppen weiter u. teilen sich an einem Gletscherbruch, um den besseren Weg zu erkunden. Als sie nun näher an die Hütte kommen, macht man merkwürdige Beobachtungen. Aus der Hütte treten 3-4 Leute; merkwürdig, es kann doch nur Groth mit seinem Burschen dort sein. Schneider schaut durchs Glas u. erkennt 3 Leute in braunen

Windjacken, daneben einen deutschen Offizier, also Hauptm. Groth.
Der erste Gedanke: Also ist tatsächlich schon die SS da! Kommt aber
nicht in Frage, dass die vor uns auf den Gipfel kommen u. so
schwenkt Schneider [mit seinem Spähtrupp], der den Weg oberhalb
des Gletscherbruchs genommen hat, gleich links ab und nimmt in
Richtung oberhalb der Hütte Kurs auf den Gipfel u. gibt erst Ruhe, als
er oberhalb der Hütte ist, wo er hinter Felsblöcken Rast macht und
sich denkt, jetzt kann nichts mehr passieren, wir sind auf alle Fälle im
Vorsprung! Kraus hat inzwischen unten die gleichen merkwürdigen
Beobachtungen gemacht u. dachte ebenfalls nicht im entferntesten daran, dass die merkwürdigen Männer in braunen Windjacken Russen
sein könnten, zumal er sieht, wie einer der aus der Hütte herauskom-
menden Männer Groth kräftig die Hand schüttelt. Allmählich ändert
sich aber das Bild. Je mehr sich die Gruppen der Hütte nähern, desto
mehr macht sich dort lebhafte Unruhe bemerkbar. Und als Schneider
hinter seinem Felsblock beobachtet, dass dort unten an der Hütte Maschinengewehre gegen ihn in Stellung gebracht werden, kommen
doch leichte Bedenken. Kraus marschiert unterdessen von unten weiter u. sieht plötzlich, wie 14 Mann die Hütte verlassen u. sich talwärts
wenden, u. als er beobachtet, dass einer Hauptmann Groth mit Burschen mit etwas unsanften Kolbenschlägen bearbeitet u. ebenfalls talwärts zu treiben versucht, findet auch er dies merkwürdig, seilt sich
ab u. läuft in großen Sprüngen nach unten ausholend auf die Gruppe
zu und je schneller er läuft, desto schneller laufen auch die drüben,
während Groth mit Burschen sich offenbar nicht sehr beeilt u. nachdem er etwas Abstand bekommen hat, wieder kehrt macht u. in der
Hütte verschwindet. Als Kraus dann auf der Hütte ankommt, erwar-
tet ihn das merkwürdigste Bild des Krieges. In der fabelhaft

eingerichteten Hütte sitzt Hauptmann Groth nebst Burschen u. 4 dort verbliebenen Russen am Tisch und trinkt gemütlich Kaffee (u. zwar echten!). Der sonderbare Ausgang dieser Affaire fand bald seine Erklärung. Die Russen, insgesamt 18 Mann mit zwei Offizieren, waren in der Nacht auf die Hütte gekommen mit dem Auftrag, sie gegen den erwarteten deutschen Angriff zu halten. Es waren aber leider Angehörige eines Reiterregiments, die man in Baksan eiligst in allerdings allermodernste Ausrüstung gesteckt hatte. Da sie aber alle bergungewohnt waren, waren sie am Morgen vollkommen ausgepumpt und bergkrank mit – wie Kraus später feststellte – schweren Kreislaufschädigungen auf die Hütte gekommen. Das Eintreffen von Groth überraschte sie genauso wie diesen der unerwartete Empfang. Mit Besorgnis beobachteten sie dann das Nahen der beiden Gruppen u. als Schneider [mit seinem Spähtrupp] dann links aufwärts abbog, wurde das natürlich als Umfassungsmanöver vermutet. Man beobachtete dann diese Gruppe bei ihrer Rast hinter den Felsblöcken u. da die Jäger irgendwo zum Pinkeln verschwanden, dann wieder woanders auftauchten, wo sich eine schöne Aussicht bot, zählten die Russen schließlich 27 Köpfe u. als dann unten v. Kraus mit seiner Gruppe auftauchte, schien ihnen bei dieser Übermacht der Kampf aussichtslos u. bei der durch die Bergkrankheit bedingten Entschlusslosigkeit brachten sie es nicht einmal zu einem Versuch des Widerstands u. verschwanden zu Tal. Vier waren aber derartig am Ende ihrer Kraft, dass sie sich lieber von den Deutschen massakrieren lassen wollten, als nochmals zurück den Weg zu machen. Sie luden darauf lieber Hauptmann Groth zu einem kameradschaftlichen Kaffee ein, um sich für ihre Gefangenschaft gut Wetter zu sichern. Sie haben sich dann später als Kasinoordonnanzen u. Tellerwäscher gut bewährt. Hauptmann

Groth konnte sich aber mit seinen Leuten mit den dort zurückgelassenen Maschinenpistolen, MG u. Zielfernrohrgewehren bis auf die Zähne bewaffnen u. damit spätere Vorstöße der Russen leicht abwehren, worauf die Russen sehr bald ihre Versuche aufgaben. Die Besichtigung der Hütte ergab dann derartige Vorräte an Kaffee, Zucker, Konserven usw., dass die Kompanie Groth für die Zeit des Elbrusunternehmens vor dem Hungertode bewahrt blieb und auch ihre alpine Ausrüstung aufs beste ergänzen konnte. […]."[339]

Basierend auf Eintragungen im Kriegstagebuch von Hauptmann Groth lautet eine andere, verkürzte Variante der Geschehnisse: „Groth, dessen Männer mit all ihrem Gepäck kaum in der Lage zu einem Gefecht waren, setzte auf einen Bluff: Er ging allein und mit weißer Fahne zu der überraschend komfortablen Berghütte, drohte den Rotarmisten mit einem ‚Zangenangriff' und gab ihnen Gelegenheit, abzuziehen. Mit seiner List erreicht der Hauptmann sein Ziel: Wenig später konnte seine Einheit das geräumte Berghaus in Besitz nehmen. Nun allerdings schlug das Wetter um. Über dem Kaukasus zog am Ende der dritten Augustwoche ein heftiger Sommersturm mit Schneegestöber und Eisregen auf. Die Sicht betrug vielfach nur wenige Dutzend Meter."[340] Das Elbrushaus selbst ging im Übrigen auf ein temporäres Lager zurück, das Alpinisten dort bereits 1909 unter dem Namen „Prijat 11" („Zuflucht der 11") errichtet hatten. Es war

---

[339]   https://www.forum-der-wehrmacht.de/wcf/index.php?attachment/178920-die-besteigung-des-elbrus-1942-pdf/ (25.5.2020)

[340] Kellerhoff, Sven Felix: Wie Hitlers Gebirgsjäger den Kaukasus stürmten. In: Die Welt v. 21.8.2012
(https://www.welt.de/kultur/history/article108696384/Wie-Hitlers-Gebirgsjaeger-den-Kaukasus-stuermten.html (26.5.2020))

zwischenzeitlich zum komfortablen Hotel in Luftschiffform mit Blechplattenverkleidung[341] ausgebaut worden, verfügte mit Blick auf die devisenstarke internationale Bergsteigerklientel sogar über Zimmer mit Heizung, Stromaggregat und Duschen. Josef Martin Bauer, mit 41 Jahren zweitältester [sic!] Soldat der Elbrus-Kompanie und Autor des später berühmt gewordenen, mehrfach verfilmten Buches „Soweit die Füße tragen", beschrieb es als riesenhafter Pullmanwagen mit Aluminiumhaut[342]: „Der lange Pullmanwagen steht düster und grau im Schnee, umkränzt von aper liegendem Lavagestein, das schwarzrot ist und düsterer als die Farbe des verwitterten Metalls. Die Prunksucht der Technik hat hier Orgien gefeiert."[343] Der Hinweis auf das Lavagestein bezieht sich darauf, dass es sich bei dem doppelgipfligen Elbrus, dessen Name übersetzt „die Brust" bedeutet, um einen stark vergletscherten Schichtvulkan handelt. Im Haus gab es etwa 40 Räume mit Lagern für über 100 Personen sowie erhebliche Vorräte an Proviant und Bekleidung.[344] Neben einem üppigen Konservendepot aus russischen und englischen Beständen fanden die Gebirgsjäger defekte Heizradiatoren sowie – vor dem Haus lagernd – hunderte Klafter Brennholz und einen Berg von Koks vor. Wie die Jäger später vom Elbrussattel aus erkennen konnten, war das gesamte Versorgungsmaterial über eine von einem umgebauten Traktormotor angetriebene Gletscherbahn, die aus dem Baksantal heranführte, hinaufgeschafft worden.[345] Beim Elbrushaus wurde die höchste Geschützstellung des

---

341 Der Entwurf des beeindruckenden massiven Refugiums ging auf Nikolai Popow zurück, den Entwickler des ersten sowjetischen Luftschiffs.
342 Vgl. Bauer 1977, S. 159.
343 Ebd., S. 166.
344 Vgl. Kaltenegger: Gebirgsjäger im Kaukasus 1997, S. 94.
345 Vgl. Bauer 1977, S. 166f.

Zweiten Weltkriegs eingerichtet, und 150 Höhenmeter oberhalb des Hauses befand sich auf 4.350 m eine meteorologische Station, die die *höchste MG-Stellung des Krieges beherbergte* (sMG 34 auf Dreibein).

18   Gebirgsjäger im Gletscheranstieg, im Hintergrund der Kaukasus-Hauptkamm (August 1942).

Nach Erreichen des Elbrushauses am 17.8. wurde den Soldaten als provisorische Kälteschutzmaßnahme ein Rasierverbot befohlen, während der 18. August als Ruhetag der Hochgebirgs-Kompanie fungierte und zur Akklimatisierung genutzt wurde. Aus den rund 40 ausgewählten Bergsteigern, die inzwischen das Elbrushaus erreicht hatten, wurde nun auch eine Mannschaft aus den besten Alpinisten gebildet. „Ganze 19 Gebirgsjäger waren dazu ausersehen, zwischen dem 18. und 21. August unter der Führung der Hauptleute Groth und Gämmerler [also zusammen 21 Mann ; JCW] den höchsten Berg des Kaukasus zu besteigen."[346] Der erste Anlauf zum „Gipfelsturm" erfolgte am 19. August um 3.30 Uhr. Da vom nahen Schwarzen Meer her in überraschender Geschwindigkeit Gewitterfronten mit eisigen Schneestürmen nahten, befahl Groth in 4.800 m Höhe bei Erreichen der Felsen des Ostgipfels den Rückzug, stellte es den Kameraden der 4. Gebirgs-Division Gämmerler, Besler, Fuchs und Hof jedoch frei, weiterzusteigen, was diese bis zur tief verschneiten *Unterkunftshütte in der Elbrusscharte* auf 5.300 m Höhe taten, die um 7.30 Uhr erreicht wurde. Der Münchner Alpinist Ludwig Schmaderer schrieb bereits 1935: „Der Elbrus ist technisch einfach zu besteigen. Aber seine isolierte Lage, seine bis zum Gipfel reichende Vergletscherung, die so umfangreich ist wie die der gesamten Glocknergruppe, die Kälte von durchschnittlich zwanzig Grad, die nie nachlassenden orkanartigen Stürme und seine Höhe von fast 6.000 Metern, machen seine Besteigung zu einem *alpinen Unternehmen ersten Ranges*."[347]

„Die dünne Luft in dieser Höhe macht uns zu schaffen; doch bald surrt unser Primus-Kocher und ein Becher Tee weckt neuen Tatendrang. Gegen 12 Uhr beruhigt sich das Wetter. Greifbar nah steht der Gipfel über uns und wäre in einer Stunde leicht zu erreichen gewesen. Meine Kameraden drängen, den Aufstieg zu vollenden, da die sich sichtlich zum Schlechten umbildende Wetterlage ein Forcieren des Aufstiegs rechtfertigen würde. Ein Gefühl der Kameradschaft und

---

[346] Kaltenegger, Gebirgsjäger im Kaukasus 1997, S. 95.
[347] Zitiert aus dem Drehbuch zu Wolfgang Gorters 1996 erstmals auf DVD veröffentlichtem Dokumentarfilm „Von Garmisch in den Kaukasus. Die 1. Gebirgs-Division 1941-1942".

Zusammengehörigkeit mit den Kameraden der 1. Geb.Div., die befehlsgemäß umkehren mußten, rät mir aber, das gemeinsam begonnene Unternehmen nicht separat zu vollenden. Es wird daher vorläufig der Divisions-Stander an der von uns ‚Enzian-Hütte' getauften Unterstandshütte befestigt und nach Marschkompaß zum Elbrus-Haus abgestiegen, wo wir um 14 Uhr angelangen."[348] Nachmittags trafen die von Leutnant Rank geführten übrigen Gebirgsjäger der 4. GD samt Munition und Proviant im Elbrushaus ein. Zu jenen Männern zählte Josef Martin Bauer, der beim Gletscheraufstieg den erst halb so alten Leutnant Rank nach einem Spaltensturz gerade noch am Seil abfangen und aus seiner Kalamität bergen konnte.[349] Jetzt erst hatte die Hochgebirgs-Kompanie ihre volle Stärke von genau 50 Mann erreicht. Sie setzte sich zusammen aus 9 Offizieren, 11 Unteroffizieren und 20 Mannschaften der 1. Gebirgs-Division sowie aus 3 Offizieren, 2 Unteroffizieren und 5 Mann der 4. Gebirgs-Division.[350] Starker Schneefall vereitelte am 20.8. einen neuen Anlauf. „Ein herrschsüchtiger Wind orgelt um das Haus und wirft Schnee in alle Fugen. Die Kälte kriecht aus diesen Fugen in den Räumen empor, daß auch die Lippen blau werden."[351] Am selben Tag erreichte Groth erneut ein brisanter Funkspruch von Lanz: „Der Gipfel muss genommen werden, SS naht von Norden"[352]. Bauer spöttelt in seinen Erinnerungen ironisch: „Des Allmächtigen allereigenste Leute wollen uns zuvorkommen und den Gipfel von Norden her nehmen."[353] Dass sich eine Mannschaft der SS

---

[348] Gämmerler, Der Vorstoß zum Elbrus, S. 4, zit. Nach: Kaltenegger 1997, S. 96.
[349] Vgl. Bauer, S. 159.
[350] Vgl. Kaltenegger: Gebirgsjäger im Kaukasus 1997, S. 96.
[351] Bauer 1977, S. 174.
[352] Kaltenegger: Gebirgsjäger im Kaukasus 1997, S. 97.
[353] Ebd.

bereits im Aufstieg befunden hätte, entpuppte sich im Nachhinein als Gerücht. Es finden sich zu einem solchen Konkurrenzunternehmen zumindest in der publizierten Literatur keine belastbaren Fakten, zumal das Baksan-Tal zur fraglichen Zeit von sowjetischen Verbänden besetzt und gesichert war. Weil aber Lanz den Gipfelerfolg nicht der Konkurrenz überlassen und ihn unbedingt für seine Gebirgsjäger sichern wollte, gab er frühmorgens am 21.8. den Befehl zum sofortigen Aufstieg. „Des Sturmes wegen ist der erste Anstieg abgebrochen worden. Heute ist der Sturm vielfach stärker als vorgestern, aber heute tun wir, was uns als Pflicht aufgegeben ist, während es vorgestern noch die Freiwilligkeit versuchte."[354] Trotz sich weiter verschlechternder Bedingungen verließen mithin am 21. August 1942 morgens um 03.00 Uhr 16 Gebirgsjäger der 1. Gebirgs-Division und 5 der 4. Gebirgs-Division das schützende Elbrushaus, um die verbleibenden 1.500 Höhenmeter in der sauerstoffarmen Luft bis zum sturmumtosten Endpunkt Elbrus-Gipfel zu absolvieren. Die restlichen Soldaten verblieben zur Sicherung und Versorgung im Elbrushaus. Der energische Aufstieg der kombinierten Gipfelmannschaft erfolgte unter zeitweilig heftigen Disputationen über die richtige Aufstiegsroute, da diese im orkanartig tobenden Schneesturm lange nicht zu erkennen war und man sich im ermüdenden Umrunden ohne Höhengewinn wähnte. Karten geeigneter Aufstiegsrouten hatte ohnehin niemand, die weiter oben eingezeichnete Pastuchova-Hütte bei den Pastuchov-Felsen auf 4.600 m Höhe existierte als solche nicht mehr. „Der Höhenmesser versagt und gibt keine Antwort auf die streitbaren Zweifel, die im Höhenkoller gereizt, böse und insubordinat über die Lippen kommen, weil kein Teilnehmer mehr die Kontrolle über sich selbst hat. Die

---

[354] Bauer 1977, S. 175.

Höhe quält jeden, auch die schneegegerbten Männer, die in den Alpen
die höchsten Gipfel erstiegen haben. Meinung und Widerspruch werden gebrüllt, und es scheint zuweilen, als seien wir nicht mehr Kameraden, sondern Feinde, die ihre größte Lust darin sehen, denen einen
Stoß zu geben, die es überzeugt anders meinen."[355] Für die 800 Höhenmeter vom Elbrushaus hinauf zur 5.000 m-Marke benötigte man 7
Stunden. Nach Erreichen der im Elbrus-Sattel befindlichen „Enzian"-
Holzhütte riss der Himmel für einen Moment auf, der Disput war sogleich beigelegt, der kurz freigegebene Blick bestimmte den höheren
linken Westgipfel namens Minitau zum Ziel der Gebirgsjäger.

Nur die 12 Mann, die sich zum jetzigen Zeitpunkt noch in guter Verfassung fühlten, kämpften sich in 4 weiteren Stunden den Weg aufwärts bis zum Gipfelplateau des Elbrus in 5.600 m Höhe. Aus dem
stupiden Gletscherhatsch wurde zur Überraschung aller jetzt noch
eine alpinistische Herausforderung: „Nach einem kurzen Übergang
prellt der Hang mit einer Steilheit von fünfzig bis sechzig Grad empor, ein finsteres Steinfeld aus Lavaplatten, verfugt mit dem wütend
hergeworfenen Schnee. […] Der Sturm schlägt uns mit Schnee, der
sich festklebt und die Sicht nimmt. Die Brille aber darf nicht abgenommen werden, weil das diffuse Berglicht uns blind machen würde. Wie
die Pfoten eines Hundes, der einen zwischen den Zähnen festgebisse-
nen Knochen mit ungefügen Tatzen wegstreifen will, tappen die
Fäustlinge über die Zelluloidscheiben, den Schnee abzustreifen, der
alle Sicht verschließt."[356] Laut Bauer habe sich *im Gipfelkoller dann eine
Rivalität ausgebreitet*, sodass zuletzt alle undiszipliniert „losgerannt"

---

[355] Ebd., S. 176.
[356] Ebd., S. 179.

seien. Nach siebenstündigem Aufstieg erreichten in „rasendem Schneesturm" (Lanz), der „alles in die Knie" stieß (Bauer), schließlich die besagten 12 Mann der 21-köpfigen Gipfelmannschaft um 11 Uhr Ortszeit[357] den mit 5.642 [5.633 m] Metern höchsten Punkt. Dort, stolze 800 Höhenmeter noch über der Gipfelhöhe des 4.807 m hohen Mont Blanc als höchstem Alpengipfel, rammten sie die Reichskriegsflagge in den Schnee und befestigten daneben die Divisionsstandarten mit dem Edelweiß- und Enzian-Abzeichen. *Man war in den letzten Wochen von Meeresspiegelniveau durch Steppe, Urwald, Hochgebirge und Schnee bis auf über 5.600 m Höhe heranmarschiert, hatte weit unten an einer am 15. August von der 3./Gebirgs-Pionier-Bataillon 54 errichteten Brücke im Teberdatal den 4.000. Marschkilometer des Russlandfeldzugs (zu Fuß) absolviert und stand nun am höchsten Punkt des Elbrus (Lagekoordinaten: 43° 21' 9" N, 42° 26' 16" O).*

---

[357] Wegen der zweistündigen Zeitverschiebung also um 13.00 Uhr MEZ.

19 Nach viertausend Marschkilometern in Russland: Brücke der 3./Ge-
birgs-Pionier-Bataillon 54 bei Teberda im Kaukasus (1942).

Von hier aus hätten die 12 Gebirgsjäger bei normalen Sichtverhältnissen die 100 Viertausender und 5 Fünftausender des Hochkaukasus sowie in der Ferne drei Meere sehen können: das Schwarze Meer, das Asowsche Meer und das Kaspische Meer – und weit im Südosten die Hochgebirge Persiens. Der Abstieg zur Enzian-Hütte im Elbrus-Sattel, die man erschöpft erreichte, dauerte abermals Stunden. Eine offizielle Liste sämtlicher Mitglieder der 21-köpfigen Gipfelmannschaft von diesem maßgeblichen 21.8.1942 scheint es nicht zu geben. Aus diversen Quellen und nicht ohne kombinatorische Herausforderung konnte ich schließlich diese 21 Soldaten der Gipfelmannschaft [B] ermitteln – unter ihnen auch jene 12 Elbrus-Ersteiger, die am höchsten Punkt standen [A]:

1.   Hauptmann Heinz Groth, Kommandeur der Sonder-Hochgebirgskompanie (geb. 8.1.1906 in Hannover, gest. 28.4.1994), 1. Gebirgs-Division. Ordonnanzoffizier von General Hubert Lanz. Zuletzt Major und Ritterkreuzträger (verliehen am 9. [sic!] 5. 1945). Laut Bericht Gämmerlers kehrte Groth auf den letzten Metern unmittelbar unter dem Gipfel um. [B]

2.   Hauptmann Max Gämmerler, Heeresbergführer, bergsteigerischer Leiter der Sonder-Hochgebirgskompanie (geb. 6.5.1900, gest. 2.3.1982), der die Führung der Gruppe unternahm. Batteriechef im Gebirgs-Artillerie-Regiment 94, 4. Gebirgs-Division. [A]

3.   Hauptmann Schmidt, Gebirgs-Artillerie-Regiment 79, 1. Gebirgs-Division. [A] Der gestrenge Schmidt wurde augenzwinkernd mit einem Spitznamen „Tiger des Kaukasus" versehen (in Gorters

Film sieht man sogar das mit „Tiger des Kaukasus" beschriftete Holzschild von Schmidts Bergunterkunft). [A]

4.   Oberleutnant Reimelt (nähere Angaben unbek.). [A]

5.   Oberleutnant Wilhelm Spindler, im August 1942 Führer der Hochgebirgs-Kompanie [wohlgemerkt nicht der *Sonder*-Hochgebirgskompanie] (geb. 5.7.1914 in Stuttgart, gest. 20.8.1997 in Stuttgart), Chef 13./Gebirgsjäger-Regiment 98, zuletzt Oberst und letzter Kommandeur des Gebirgsjäger-Regiments 99, Eichenlaubträger zum Ritterkreuz. [A]

6.   Oberleutnant Schneider, Gebirgs-Nachrichten-Abteilung 54, 1. Gebirgs-Division. [A]

7.   Leutnant Anton Fuchs aus Berchtesgaden, 4. Gebirgs-Division. Er befestigte den Divisionsstander der 4. GD am höchsten Punkt. [A]

8.   Oberfeldwebel Wilhelm Kümmerle aus Lenggries, 1. Gebirgs-Division (geb. 1913, gest. 2003). Kümmerle trug die Reichskriegsflagge und verankerte sie und den metallenen Divisionsstander der 1. GD auf dem höchsten Punkt. [A]

9.   Stabsarzt Oberarzt Dr. med. Karl von Kraus, 1. Gebirgs-Division (geb. 12.9.1905 in Prag, gest. 28.2.1969 in Dresden).[358] [A]

---

[358] Der Teilnehmer am Hitler-Putsch 1923 war ebenso wie der Major der Gebirgsjäger Paul Bauer (siehe unten) Teilnehmer von Himalaja-Expeditionen zum 8.125 m hohen Nanga Parbat („Schicksalsberg der Deutschen") und zum Kantsch (nach dem Mount Everest und dem K2 dritthöchster Berg der Erde mit einer Höhe von 8.586 m). Kraus wurde wegen hervorragender bergsteigerischer Leistungen „ehrenhalber" in die NSDAP und den Sicherheitsdienst SD der SS aufgenommen, er wurde u. a. 1938 Leiter der Deutschen Bergwacht, bevor er Stabsarzt bei den Gebirgsjägern wurde. Nach dem Krieg siedelte er nach Dresden über, wo er als Propagandist des DDR-Gesundheitssystems auch für die Stasi als Spitzel fungierte und für sie u. a. über seinen früheren

10.   Leutnant Rank, 1. Gebirgs-Division. [B]

11.   Eugen Hof, Gebirgsjäger, 4. Gebirgs-Division. Fotograf der witterungsbedingt verwackelten Aufnahmen der Erstersteiger vom höchsten Punkt. [A]

12.   Otto Niederacher, Bergführer aus Oberstdorf, 1. Gebirgs-Division. [A]

13.   Adolf Besler, Bergführer, 4. Gebirgs-Division. [A]

14.   Kaspar Schwarz, Bergführer aus Oberstdorf, 1. Gebirgs-Division (geb. 30.10.1909, gest. 15.8.1991). [B]

15.   Hans Schwarz, Bergführer aus Oberstdorf, 1. Gebirgs-Division, Neffe von Kaspar Schwarz. [B]

16.   Karl Kempter, Gebirgsjäger. [A]

17.   Mayerhofer, Gebirgsjäger. [B]

18.   Josef Martin Bauer, 1. Gebirgs-Division (geb. 11.3.1901 in Taufkirchen, gest. 15.3.1970 in Dorfen). In seinem Buch „Unternehmen Elbrus" wird geschildert, dass Groth dem erschöpften Bauer aus Fürsorge buchstäblich jeden weiteren Schritt untersagte: „Aber ich habe auch die letzte Kraft ausgegeben. Groth verbietet mir jeden weiteren Schritt. Und wenn andere [Gämmerler] später von ihm sagen, er sei nicht mehr in der Lage gewesen, diese paar Schritte auf dem aus dem Krater hochragenden Block zu steigen, so weiß ich als der einzige es besser. Er bleibt, damit ich die Torheit nicht mache, die ein paar Augenblicke später doch eintritt, abwehrend vor mir stehen, um mir den

---

Kameraden Paul Bauer Berichte verfasste. (https://www.bstu.de/informationen-zur-stasi/themen/beitrag/vom-v-mann-des-sd-zum-stasi-spitzel/#c6164 (1.6.2020))

Weg zu sperren. Er hat die Verantwortung für mich übernommen und blockiert das Stück Weg, das mir wahrscheinlich zum Tode würde. Der Berg duldet kein Stehen mehr."[359] [B]

19.   Josef (Sepp) Aschauer, Bergführer aus Berchtesgaden, 4. Gebirgs-Division (geb. 16.1.1902 in Berchtesgaden, gest. 18.12.1995 ebenda). Der berühmte Aschauer, der bereits als Siebzehnjähriger die Watzmann-Ostwand (mit 1.800 m Wandhöhe die höchste Wand der Ostalpen) durchstieg, wird von Gorter als Führer einer Teilgruppe der Mannschaft am 19.8. herausgestellt. [B]

20.   Gefreiter Josef M. Rubner, 4. Gebirgs-Division, drehte den Originalfilm vom 21.8.1942. [B]

21.   Obergefreiter Wolfgang Gorter aus Bad Tölz, 1. Gebirgs-Division (geb. 23.6.1908 in München, gest. 21.11.1989 in Bad Tölz). Der Kameramann und später bekannte Dokumentarfilmer, Regisseur und Drehbuchautor Gorter nahm das 16 mm-Filmmaterial auf, das in „Kameraden unterm Edelweiß" bzw. „Von Garmisch in den Kaukasus. Die Geschichte der 1. Gebirgsdivision 1941 -1942" (DVD) zu sehen ist. Allerdings schnitt er hier Sequenzen vom 19., 21. (die Aufnahmen zeigen Szenen nur bis zur Elbrusscharte, nicht vom höchsten Punkt, denn diese machte der Gefreite Josef M. Rubner) und 23.8. zusammen und zeigte gestellte Aufnahmen vom nachgeholten Hissen der Reichskriegsflagge am trigonometrischen Punkt des Elbrus, wobei Gorter die Verwirrung perfekt macht, indem er in seinem eigenen Film-O-Ton fälschlich vom 22.8. spricht.[360] Gorter, der auch ein Buch

---

[359] Bauer 1977, S. 180f.
[360] Vgl. dessen Dokumentation (DVD) unter dem Titel „Kameraden unterm Edelweiß" bzw. „Von Garmisch in den Kaukasus" aus dem Jahre 1996. In Hannes Koehlers ARD-

über seinen Freund Luis Trenker veröffentlichte, war ein Extrem-Alpinist und nahm an Expeditionen in den Hindukusch, in den Himalaja sowie an Polarexpeditionen teil. [B]

Als sich das Wetter deutlich gebessert hatte, erfolgte am 23.8.1942 eine zweite Ersteigung des Elbrus-Gipfels von neun Männern aus Groths Einheit unter der Führung von Oberleutnant d. R. Herbert Leupold aus Oberstaufen, Angehöriger der 2./Gebirgsjäger-Regiment 98 (geb. 20.8.1908 in Wüstewaltersdorf/Schlesien, gef. am 22.12.1942 in Navaginskaya/Krasnodar), Gewinner der Silbermedaille im Langlauf bei der Weltmeisterschaft 1941 in Cortina d'Ampezzo. Dabei war auch der Unteroffizier Michael („Michl") Doll[361] aus Oberammergau (geb. 1916) von der 3./Gebirgs-Nachrichten-Abteilung 54 der 1. Gebirgs-Division, Silbermedaille bei der WM 1941 in der Ski-Patrouille. Doll verankerte den metallenen Divisionsstander auf dem tatsächlichen Gipfel, nachdem man festgestellt hatte, dass am 21.8. im schlechten Wetter die Flagge nicht auf dem eigentlichen Gipfel, sondern auf der höchsten Felserhebung im Gipfelaufbau davor fixiert worden war, die man für den Gipfel gehalten hatte – „doch die dabei aufgenommenen Fotos taugten ebenfalls nicht viel. Also schickte das Oberkommando der Wehrmacht den erfahrenen Bergsteiger und Kameramann Hans Ertl, nunmehr Mitglied einer Propagandakompanie, in den Kaukasus. Am 7. September 1942 erreichte er mit einigen Gebirgsjägern bei

---

Dokumentation „Die Toten im Kaukasus" (2003) besucht 2002 der damals 81-jährige Anton (Toni) Wackersberger aus Tegernsee nach sechzig Jahren nochmals die Einsatzorte im Kaukasus. 1942 war der damalige Oberjäger der 9./Gebirgsjäger-Regiment 98 am Elbrus dabei, er gehörte jedoch nicht zu den Gipfelersteigern vom 21.8.1942.
[361] Vgl. https://www.merkur.de/lokales/regionen/edelweiss-dach-europas-272484.html (1.6.2020)

strahlendem Sonnenschein den Gipfel, machte Fotos und Filmaufnahmen.

20   Gebirgsjäger der 1. u. 4. Gebirgs-Division stehen am 23.8.1942 auf dem
     Gipfel des Elbrus (5.642 m), dem „König des Kaukasus" und höchsten
     Berg Europas (Propagandafoto).

Die Bilder wurden als Postkarten verbreitet, der Film umgehend in die Wochenschau aufgenommen. Wie wichtig dieses Material war, zeigte sich in den ‚Meldungen aus dem Reich' vom 17. September 1942. In dem Spitzelbericht über die Stimmung der deutschen Bevölkerung in den vorangegangenen Tagen hieß es: ‚Einen starken Eindruck habe der Bildstreifen von der Besteigung des Elbrus hinterlassen, die als eine militärisch-alpinistische Großtat bezeichnet wurde.'"[362]

Diese Flaggenhissung auf dem Elbrus wurde zur ikonisch-prototypischen Tat deutscher Gebirgsjäger überhaupt. Die Gipfelbesteigung für sich war eine spektakuläre bergsteigerische Ausnahmeleistung. In der Sicht der stolzen Gebirgsjäger bedeutete sie das Nutzen einer unwiederbringlichen Chance. Für das Regime war der „Gipfelsieg" letztlich ein publizitätsträchtiger Coup. *Rein militärisch war dieses Unterfangen freilich ohne jeden Wert* – wenngleich Lanz später schreiben wird: „Taktisch wichtig war aber die Wegnahme des als militärischer Stützpunkt fungierenden 4.200 m hochgelegenen Elbrus-Hauses mit etwa 80 [sic!] Mann russischer Besatzung. Dieser Stützpunkt beherrschte die Übergänge vom Elbrusgletscher über den Dongus-Orun-, den Asau- und den Nachar-Paß nach Süden und Südwesten in das Klitschtal und damit den Austritt aus dem Gebirge Richtung Ssuchum!"[363] Lanz' konstruierte Rechtfertigung in der Nachkriegszeit mutet in Anbetracht der militärischen Gesamtlage ab August 1942 nachgerade grotesk an. Lanz wollte in jenen Augusttagen in Wahrheit nur eines, nämlich den

---

[362] Kellerhoff 2012.
[363] Lanz, Hubert: Wie es zum Rußlandfeldzug kam – und warum wir ihn verloren haben. München 1971, zit. nach: Kaltenegger: Kaukasus 1997, S. 279.

hochgradig symbolischen Akt der Besteigung des höchsten Gipfels im deutschen Machtbereich unbedingt für seinen äußerst selbstbewussten Verband sichern, um „einer selbstverständlichen Ehrenpflicht der deutschen Gebirgstruppe zu genügen".[364]

Nach einem Hochgebirgsgefecht im September 1942, das von den deutschen Gebirgsjägern für sich entschieden wurde, dauerte es noch bis zum 17. Februar 1943, ehe es einer Spezialeinheit sowjetischer Gebirgsjäger gelang, die deutsche Flagge vom Gipfel zu holen und durch eine sowjetische Flagge zu ersetzen.[365]

Die Ersteiger des Elbrus aus Groths Sonder-Hochgebirgs-Kompanie erhielten für ihre Leistung übrigens keinerlei Auszeichnung oder Beförderung.

Ende des Exkurses ⌋

„In der Zwischenzeit waren es erneut Hirschfeld und Salminger, die sich besonders hervortaten: Hirschfeld war es mit dem II. Bataillon des 98. Regiments am Fuß des Kaukasus-Gebirges gelungen, in einem Umgehungsmanöver dem Gegner in den Rücken zu fallen und dessen Verbindungen zum Kurort Mikojan Schachar zu unterbrechen. Salminger wagte daraufhin in Abstimmung mit Lanz einen umfassenden Angriff gegen den zahlenmäßig weit überlegenen Gegner: Bei ‚geringen Verlusten' wurden die russischen Stellungen bei Mikojan Schachar überrannt und der Feind geschlagen. Damit war der Zugang

---

[364] Vgl. ebd.
[365] Klussmann, Uwe: Schlacht am Thron der Götter. In: Spiegel Special 02-2005, S. 71-73, hier: S. 73. (1.6.2020)

zu den Kaukasus-Pässen gewährleistet. Auf Weisung Salmingers nutzte Hirschfeld das Überraschungsmoment und stieß am 14. August weiter in das [landschaftlich sehr reizvolle] Teberda-Tal vor. Es gelang seiner Kampfgruppe, die einzige Straße zu besetzen, die eher ein Saumpfad war und *von der Stadt Teberda zum Kluchor-Paß*[366] (2.816 Meter) führte."[367] Der Kluchor-Pass führt über den Kaukasus-Hauptkamm und war insofern von größter Bedeutung. Es nimmt nicht Wunder, dass für die deutschen Gebirgsjäger ab hier der Kampf im Hochgebirge immer härter wurde. Auch war jedes Tragtier drei volle Tage unterwegs, um ein klein wenig der überlebenswichtigen Verpflegung oder Munition über den Kluchor ins jenseitige, südlich gelegene Klitschtal zu schaffen.

---

[366] Der im Detail unsorgfältige Eintrag zum Gebirgsjäger-Regiment 98 im Forum der Wehrmacht (http://www.lexikon-der-wehrmacht.de/Gliederungen/Gebirgsjagerregimenter/GJR98.htm) weist gerade bei Ortsnamen aufgrund der problematischen und uneinheitlich gehandhabten Transkription aus dem Kyrillischen, aber auch aus fehlender Sorgfalt einige Fehler auf. So ist dort bspw. vom „Klochor-Paß" und fälschlich von „Kramensk" (statt Kamensk) die Rede.
[367] Meyer 2008, S. 85.

21   Aufstieg der „Jager" mit ihren treuen Tragtieren zu einem Hochge-
birgspass im Kaukasus (1942).

„Am Ende des [diesseitigen, d. h. nördlichen Teberda-] Tals, am Aufstieg zur Paßhöhe, hatte sich der Feind jedoch wirksam im zerklüfteten Fels verschanzt. Jedes weitere Vordringen auf dem schmalen Pfad
hätte enorme Verluste auf der Seite der Angreifer mit sich gebracht.
Beiderseits stiegen steile Felswände empor. Russische Scharfschützen
wie auch schwere Artillerie belegten die im [deckungslosen] Tal ungeschützt vorwärtsstrebenden Gebirgsjäger mit starkem Feuer."[368]
Salminger und Lanz verwarfen deshalb einen Frontalangriff und be-
orderten ihre Jäger, die sich auf den Kampf im Bergwald verstanden,
den Gegner zu umgehen und zu übersteigen. „Ähnlich wie zuvor in

---

[368] Ebd.

Mikojan Schachar sollte ein Umfassungsangriff geführt werden. Nur war dieses Vorgehen ungleich schwieriger: Niemand wußte, was jenseits der Felswände im Hochgebirge lag. Karten fehlten, die vorhandenen waren äußerst ungenau, und es gab keine Luftaufklärung. Erneut war es Hirschfeld, der sich bereit erklärte, mit seinen besten Kompanien, quasi als Selbstmordkommando, wie Überlebende sich erinnerten, voranzugehen. [...] Ihre schweren Maschinengewehre, Granatwerfer und Munition auf den Schultern schleppend, gelang der Gruppe Hirschfeld mit gut 200 Mann unter schwierigen Bedingungen, nämlich bis zur Brust in eiskalten, reißenden Gebirgsbächen watend, über Geröllhalden dem Hauptgebirgskamm folgend, die feindlichen Stellungen zu umgehen. Die Oberleutnants Michael Pössinger, Bernhard Stredele und Karl Neuhauser, die mit an der Spitze des Unternehmens standen, überraschten den hinter der Paßhöhe verschanzten Feind durch eine List. Der nun folgende Feuerüberfall zeigte ,verheerende Wirkung'. Als Pössinger und Neuhauser in der Nacht zum 17. August zum frontalen Angriff übergingen, die ,völlige Vernichtung des Gegners' anstrebend, konnten die Verteidiger zwar fliehen, aber der wichtigste, in das Kaukasus-Gebirge führende *Kluchor-Paß* war damit in deutschen Händen: Der Weg zum weniger als zwei Tagesmärsche entfernt liegenden Schwarzen Meer schien frei."[369]

---

[369] Meyer 2008., S. 86.

22   Passhöhe des Kluchor-Passes (2.816 m) und Beginn der Ssuchum'schen Heerstraße.

„In einer Woge der Begeisterung wurden die Hochpässe vom Elbrus im Osten bis zum Waldkaukasus auf einer Breite von 150 km genommen, und wer dabei war, bei dem klingt diese Euphorie vielleicht sogar heute noch nach. Das eindrucksvolle Panorama hat sich unauslöschlich ins Gedächtnis eingegraben."[370] Jetzt sprach alles von der ominösen sogenannten Heerstraße, die ab dem Kluchor-Pass für die deutschen Gebirgsjäger als Terra incognita abwärts führte und über die die Russen zunächst geflüchtet waren. Zur Frustration der Soldaten handelte es sich bei dieser *„Ssuchum'schen Heerstraße"* (Suchumische Heerstraße) jedoch um „nichts weiter als ein verfallener Maultiersteig, der für Nachschubzwecke und Verwundetenbergung kaum und als Transportweg für schweres Kriegsgerät völlig ungeeignet war."[371]

---

[370] Bader 1998, S. 79.
[371] Ebd.

23   Die Ssuchum'sche Heerstraße verbindet den Hoch- und Waldkaukasus
     mit der Schwarzmeerküste.

Neben der Suchumischen Heerstraße errichteten die Jager ihren
Hauptverbandsplatz, und sie bestatteten hier im rauen Kaukasus auf
2.500 Metern Höhe auch ihre toten Kameraden unter schweren Felsblöcken.

Während die Gebirgsjäger-Regimenter 98 und 99 bis zum 21. August
die Hochpässe zwischen dem Elbrus, Maruch, Bgala, Adsapsch- sowie Ssantscharo-Pass sowie bis 29. August den Maruchskoj-Pass nahmen, pries Lanz die ‚hervorragende Waffentat' Hirschfelds als kriegs-
geschichtliche Leistung und schlug Gipfelumbenennungen zu Ehren
Hirschfelds und Hitlers vor. Wenn man Speers notorisch „unzuverlässigen" Erinnerungen (das ist das Freundlichste, was man über das

strategische Lügen- und Legendengespinst von Speers Buch „Erinnerungen" sagen kann) glauben möchte, hätte Hitler angesichts des ganzen Unternehmens der Gebirgsjäger über diese ‚verrückten Bergsteiger' getobt, die ‚vor ein Kriegsgericht gehörten', da sie mitten im Krieg
ihrem ‚idiotischen Ehrgeiz' nachliefen und ‚idiotische Gipfel' bezwan-
gen, statt Suchumi zu erobern. Hier sähe man, wie seine Befehle befolgt würden. Auch Halder hielt das Kaukasus-Unternehmen insbesondere der Exponenten des Gebirgsjäger-Regiments 98 für ver-
fehlt.[372] Tatsächlich wogten nach ihrem Gewinn der Hochgebirgspässe die Kämpfe um den Austritt aus dem Gebirge hin und her.
„Schließlich versuchen wir durch eine Umgehungsgruppe von 3
Kompanien den Feind im Rücken zu packen, um endlich den Austritt
[aus dem Klitschtal ; JCW] frei zu bekommen. Drei Tage warten wir
[General Lanz, Oberst Picker, Major Salminger ; JCW] mit steigender
Sorge auf den Erfolg und auf die Rückkehr der kühnen Schar. Endlich
kommt sie, völlig erschöpft und abgerissen, ihre Verwundeten mit
sich schleppend. Ein erschütternder Anblick. Immer deutlicher wird
der Eindruck, daß die russische Führung alles daransetzt, uns den
Weg nach Süden zu versperren. […] Im Akssaut-Tal hatte das Batl.
Bauer den Feind nach Süden gedrückt, aber am *Maruchkoj-Paß* in 2.769
m Höhe wird mit wechselndem Erfolg gekämpft. […] Die Kampfgruppe [Major Karl] Eisgruber erhält den Befehl, den Paß wieder zu
nehmen. Das Hochgebirgsbatl. [Paul] Bauer unter seinem alpin besonders erfahrenen Kommandeur[373] faßt in weitausholender

---

[372] Vgl. Meyer 2008, S. 86 unter Bezug auf: Albert Speer: Erinnerungen. Frankfurt am
Main 1969, S. 253.

[373] Paul Bauer war einer der besten Bergsteiger seiner Zeit. Der Erstersteiger von Fünf-
und Sechstausendern leitete Himalaja-Expeditionen zum Kangchendzönga, dem mit
8.586 m dritthöchsten Berg der Erde. Andere Gebirgsjäger aus seiner bergsteigerischen

Umgehung unter ungewöhnlichen Schwierigkeiten am 5. September den völlig überraschten Feind im Rücken, stürmt den Paß und vernichtet im klassischen Zusammenwirken mit der frontal angreifenden 1./98 (Bader) und der Art.-Gruppe Große-Leege den über 2.000 Mann starken Feind. Anfang September steht die 1. Gebirgs-Division auf einer 80 km breiten Hochgebirgsfront in Angriff und Verteidigung. Einmalig sind die Erlebnisse jener Wochen in Fels und Eis. Bis Mitte September verstärkt sich der feindliche Druck nach Norden. Jedem Einsichtigen wird klar, daß unser Höhepunkt überschritten ist. *Es fehlt an Kräften. Der Durchbruch durch den Hochkaukasus muss aufgegeben werden.*"[374]

Mitte September 1942 wurde Josef Salminger für den erkrankten Picker mit der vertretungsweisen Führung des Gebirgsjäger-Regiments 98 betraut. Das Regiment wurde aus der Hochgebirgsfront herausgezogen und über Labinskaja zunächst in den Raum Maikop verlegt. Nun wurde mit dem gesamten XXXXIX. Gebirgs-Armee-Korps und zwei weiteren A. K. versucht, den Angriff auf Tuapse zum Erfolg zu

---

Elitetruppe verfügten ebenfalls über Himalaja-Erfahrung. 1936 wurde Bauer zum Leiter der neu gegründeten Deutschen Himalaya-Stiftung ernannt. Nach der dramatisch verlaufenen Deutschen Nanga-Parbat-Expedition 1937 organisierte er eine Rettungsexpedition zur Bergung der verunglückten Bergsteiger und erreichte dabei selbst das von einer Lawine verschüttete Lager IV (6.185 m). „Nach dem Krieg saß er im Vorstand des Kameradenkreises der Gebirgstruppe, einer Organisation mit dem selbsterklärten Ziel ,*Einsatz und Hilfe für unsere Kriegsverurteilten, für unsere in Haft zurückgehaltenen Kameraden zu leisten*'. In dieser Eigenschaft war er maßgeblich an der Errichtung einer Gedenkstätte auf dem Hohen Brendten in Mittenwald beteiligt, die er am 10. Juni 1957 einweihte mit den Worten: ,Wir werden diese Stätte hüten und hegen in Treue zu unseren Gefallenen und stolz als ein Bekenntnis unseres Glaubens an den ewigen Wert ihres soldatischen Opfers.'
https://de.wikipedia.org/wiki/Paul_Bauer_(Bergsteiger) (2.2.2020)
[374] Lanz 1954, S. 160f.

führen, wobei sich im *Waldkaukasus* (auch Pontischer Kaukasus genannt) permanente Angriffs- und Abwehrkämpfe entwickelten, die
vom 13. September 1942 bis zum 27. Januar 1943 dauern sollten. Endziel der Gebirgsjäger war es, zwischen Maikop und Tuapse *über die*
Schwarzmeerstraße bis nach Ssuchum vorzudringen und die Region um
Ssuchum in Besitz zu bringen. Von Maikop aus erreichte die 1. Gebirgs-
Division zunächst den Raum Nefregorsk – Neftjanaja, wo das Regiment 98 am 24. September die bisherige Stellung der 97. Infanterie-
Division übernimmt. Am 27. September 1942 begann der Vorstoß
nach Süden, wobei nach zahlreichen Bunkerkämpfen der *Gunai-Berg*
und vom zugeordneten Hochgebirgsbataillon 1 der das *Gunaikatal*
überragende *Geyman-Berg* gegen zäh verteidigende Rotarmisten genommen wurde. Um Ssuchum vor Eintritt der Schlechtwetterperiode
der Rasputiza erreichen zu können, war Eile geboten. Dennoch verlor
sich die Truppe in den endlosen dschungelartigen Wäldern des Waldkaukasus, in denen ihre Einheiten häufig auf eigene Faust kämpften,
bis sie wieder Anschluss an die Kampfgruppe Salminger fanden.
Auch musste unter großer Anstrengung der Division eine Straße zwischen Neftnajana und Gunai-Berg angefangen werden, um mit den
Kraftfahrzeugen einigermaßen folgen zu können. Bei wachsendem
Widerstand des Gegners gelang es der Gruppe Lawall am 28.10., den
1.036 m hohen *Ssemaschcho* [nur bei Meyer konsequent falsch als Se-
manschcho bezeichnet ; JCW] in Besitz zu nehmen, von wo aus das
ganze Vorfeld bis Tuapse zu überblicken war.

Der Ssemaschcho war das letzte natürliche Hindernis vor dieser Hafenstadt am Schwarzen Meer. „Mit fanatischer Verbissenheit greift
der Russe unsere Bergstellung von allen Seiten an. Anfang November

[...] versucht [er] den Stab Lawall auszuheben und die ganze Gruppe 98 einzuschließen. *Ein Ringen um Sein oder Nichtsein beginnt. Eine Krise jagt die andere.* Immer wieder wechseln Gipfel und Grat den Besitzer. Schließlich aber bleiben wir Sieger. Das Eichenlaub für v. Hirschfeld und das Ritterkreuz für Lawall [auch für Oberleutnant Carl Rall als Führer der 11./98 ; JCW] würdigen die übermenschlichen Leistungen des Regiments 98 und der zugeteilten Waffen."[375] Die Kampfstärke des Regiments 98 belief sich nach den heftig wütenden Kämpfen jetzt allerdings nur noch auf 686 Mann[376], und auch der durch drei Streifschüsse am Kopf verletzte Salminger erkrankte und musste abgelöst werden. Das von Major Reinhold Klebe, dem Nachfolger Salmingers, kommandierte und rücksichtslos (wohl aus Profilierungssucht[377]) vorgeschickte III./98 drohte völlig eingeschlossen zu werden. Michael Pössinger, Chef der 6./98, berichtete rückblickend, dass im November 1942 durch Feindeinwirkung etwa 2.000 Tragtiere ums Leben kamen. „Durch diese Ausfälle stoppte der Nachschub für die Verpflegung immer mehr und so mancher Jäger wachte mangels ausreichender Ernährung durch Kälte, Nässe und Läuse gepeinigt, in seinem Loch nicht mehr auf. [...] Das Sterben der Tragtiere erreichte den Höhepunkt, als wir täglich über den Pioniersattel in das Pschischtal marschieren mussten, um die kärgliche Verpflegung in die Stellungen zu bringen. Es ist eine traurige Bilanz feststellen zu müssen, dass dieser ganze Weg von etwa vier Kilometern mit toten Tragtieren gepflastert war und in dem Morast als willkommene Stützen verwendet wurden, um nicht bei jedem Schritt übers Knie einsinken zu müssen. *So war*

---

[375] Ebd., S. 163.
[376] Meyer 2008, S. 94, nach: NA: T-315/53-509, KTB, 27.10.43
[377] Erich Schmid (12./98) laut Meyer 2008, S. 96.

*unser Schicksal im Westkaukasus eng verbunden mit unseren Tragtieren,
denn deren Tod brachte uns den Hunger und auch manchem Jäger Krankheit
und Tod [...].*"[378] Vor diesem Hintergrund versteht man übrigens vielleicht besser, dass es sich bei dem heutigen Tragtierdenkmal („Muli-Monument") in Mittenwald zwischen der Edelweißkaserne und der Karwendelkaserne nicht um eine Form bizarrer Folklore handelt. Die Tragtiere der deutschen Gebirgstruppe waren für die Gebirgssoldaten im Krieg de facto von unschätzbarer Bedeutung und oft das höchste Gut – tausende Männer verdankten den treuen Mulis („Vater Esel, Mutter Pferd") schlicht ihr Leben und ihre Rückkehr in die Heimat. Übrigens verfügte gemäß Kriegsstärkenachweis eine Gebirgs-Division über mehr Pferde und Tragtiere als eine Kavallerie-Division der Wehrmacht.[379] Die Inschrift auf der Bronzeplatte des lebensgroß „Am Hirtbichl 1" errichteten Tragtierdenkmals vor den grandiosen Berggipfeln der nördlichen Karwendelkette lautet: *„Dem Tragtier, dem unentbehrlichen Helfer des Menschen in den Bergen [Edelweißsymbol] Errichtet in Erinnerung an die Tragtierführer von Angehörigen und Freunden der Gebirgstruppe 1978".*[380]

---

[378] Kaltenegger 2018, S. 101 zitiert Pössinger, Michael: 25. Jahresfeier der Kompaniekameradschaft 6./98 am 11./12.10.1975., S. 5.

[379] Vgl. Müller 2012, S. 51.

[380] Bei der Bundeswehr ist heute bei der Gebirgsjägerbrigade 23 das „Einsatz- und Ausbildungszentrum für Tragtierwesen 230" (Eins/AusbZ TrgTWes 230) im Standort Bad Reichenhall die einzige Dienststelle, welche mittels Trag- und Reittieren dazu befähigt ist, den Transport von Lasten bis zu 150 kg pro Tier im extremen Gelände und unter extremen Witterungseinflüssen zu gewährleisten. Gleichzeitig ist das Einsatz- und Ausbildungszentrum für Tragtierwesen die zentrale Einrichtung für die Ausbildung an Trag- und Reittieren, bildet andere Truppenteile der Bundeswehr, wie Spezialkräfte, aus und nutzt hierfür sowohl Maultiere und Esel als auch Haflinger. Das Zentrum ist eine selbstständige Einheit der Gebirgsjägerbrigade 23. Den Kernauftrag, die Unterstützung der Gebirgsjägerbrigade, stellt das Einsatz- und Ausbildungszentrum durch

24   Das Tragtier-Denkmal zwischen Edelweiß- und Karwendelkaserne in
      Mittenwald steht für Tradition und Identität der deutschen Gebirgs-
      truppe (2024).

Doch bleiben wir bei den Ereignissen im Kaukasus Ende des Jahres
1942:

„Am 1. Dezember mußte Lanz wiederum wegen der Gefährlichkeit
der Lage Alarm schlagen. Er plädierte für eine Rückzugsbewegung
aus Gründen des Wetters, der Erschöpfung seiner Männer, des fehlenden Nachschubs und der deprimierenden Zukunftsaussichten. Die

---

Eigenversorgung und den Transport mit eigenen Trag- und Reittieren sicher. Dazu ge-
hören auch Ausbildungen und Einsätze in extremen Wetterlagen und extremem Gelände, wie dem Gebirge. (Vgl. https://www.bundeswehr.de/de/organisation/heer/orga-
nisation/division-schnelle-kraefte/gebirgsjaegerbrigade-23 (20.10.2024)
Zivilbereich: Die alte Tradition des Wanderns mit Tragtieren und die Vermittlung des
entsprechenden Wissens wird heute vom Ausbildungszentrum der „Säumer-Akade-
mie" in Biberbach (Landkreis Augsburg) kultiviert, der einzigen Säumerschule in Europa. (20.10.2024)

augenblickliche Lage konnte so nicht weitergehen. Konrad, schon auf
Grund seiner persönlichen Erfahrungen auf dem Weg zu Lanz, war
mit diesem einer Meinung. Jedoch lag die letzte Entscheidung bei
dem Moloch [sic!] Hitler, den keine noch so dringende Not erschüt-
tern konnte. […] Jeder Rückzug erforderte Hitlers persönlich Zustimmung. Sie war kaum zu erhalten. Am 10. Dezember meldete Lanz,
daß das fortgesetzt schlechte Wetter und der damit zusammenhän-
gende Zusammenbruch des Nachschubs eine Katastrophe heraufbe-
schwor. Das Fehlen geeigneter Winterkleidung, die Halbierung der
Verpflegungsrationen und die dauernde Bereithaltung zum Kampf
kündigten unvorstellbares Unheil an. Während Lanz am 1. Dezember
1942 seine Beförderung zum Generalleutnant entgegennahm, war
sein Blick in die Zukunft alles andere als optimistisch. Seine Leute
starben an Erschöpfung, an den Wetterunbilden und an dem ausblei-
benden Nachschub. Ohne Hilfe von außen mußte seine Truppe zu-
sammenbrechen. Er konnte nicht anders, als Entlastung zu fordern.
Das Ringen zwischen Lanz, Konrad und Ruoff auf der einen und Hitler auf der anderen Seite ging in voller Härte weiter. Hitler verweigerte jeden Rückzug, auch als Konrad ihm erklärte, daß seine Sorge
um Deutschland höher stünde als seine Loyalität gegenüber dem Führer. Da gab Hitler endlich nach langen weiteren Auseinandersetzungen nach und verfügte den *Rückzug über den Pschisch*. Für Lanz bedeutete dieser Augenblick eine unbeschreibliche Erleichterung. Seine
Männer hatten zu vielen Überforderungen standgehalten, hatten zu
vielen für unüberwindbar geltenden Schwierigkeiten getrotzt und
hatten als Kampfeinheit überlebt. Eine auf deutscher Seite kämpfende
georgische Freiwilligen-Kompanie war am 11. Dezember zum Feind
übergelaufen und hatte dort die deutsche Lage geschildert. Es war

zum Verzweifeln. Endlich, am 12. Dezember, wurde Lanz unterrichtet, daß er sich über den Fluß zurückziehen und so seiner geliebten Truppe weitere Leiden ersparen könne. In der Nacht vom 16. auf den 17. Dezember erfolgte der Rückzug. Wenn Hitler auch darauf bestanden hatte, daß die Absetzbewegung in vorbereitete Stellungen zu erfolgen hätte, machten Konrad und Lanz sich keine Gewissensbisse daraus, diese Bedingung zu ignorieren. Der Rückzug war der Not diktiert, und die Not diktierte auch seine Durchführung. Für Lanz war diese Operation seine bisher schwerste Aufgabe.

25   General Hubert Lanz (re.) und der verwundete Oberst Josef Salminger
      (III./98) im Waldkaukasus (Herbst 1942).

Er hatte mit seinen Leuten Wunder vollbracht, die niemand größer hätte erwarten können. Der Rückzug war zugleich der Höhepunkt der deutschen Erfolge. Der Blick vom Ssemaschcho herab auf Tuapse war vergleichbar dem Blick auf Moskau im Dezember 1941 – so nah und doch so fern. *Die strategische Fehlplanung und die unzulänglichen Mittel hatten zu einem logischen Ende geführt."*[381]

Bis in die zweite Dezemberwoche 1942 konnten sich die Gebirgsjäger unter unverhältnismäßig hohen Verlusten, darunter zum ersten Mal auch *Erschöpfungstote*, halten. Hauptnahrungsmittel der Männer waren seit Tagen und teilweise Wochen nur noch die Esskastanien, die sie am Boden fanden.[382] Und schon davor war die Verpflegung von dem Ungenügenden abhängig gewesen, was die Luftwaffe schlecht gezielt abwarf. Der damalige Oberjäger Anton (Toni) Wackersberger von der 9./Gebirgsjäger-Regiment 98 berichtete, „dass im feuchten Urwald des Waldkaukasus infolge eines wochenlangen Dauerregens 52 tote Kameraden zu beklagen waren, die nicht durch Feindeinwirkung, sondern aus schierer Erschöpfung, aus Entkräftung oder durch Ertrinken im durch Schmelzwasser um 3 m gestiegenen Gunai und Pschisch starben. Auch die Pferde verreckten ,massenweise an Unterernährung'. *Nach neunwöchigen Kämpfen wurde die Bekleidung der Truppe als ,völlig abgerissen' bezeichnet: ,Offiziere und Mannschaften kommen seit Wochen nicht mehr aus ihren nassen Kleidern. Die Wäsche verfault buchstäblich am Körper. Erkrankungen, Furunkulosen und Infektionen sind die Folge."*[383] Wie geschildert, entsprach Hitler dem insistierenden Drängen von Lanz auf Zurücknahme der Front erst am 12. Dezember, sodass die Stellungen *am Ssemaschcho, dem „Schicksalsberg"* der ,Edelweiß-Division' und vor allem des Gebirgsjäger-Regiments 98, geräumt

---

[381] Burdick 1988, S. 167f.
[382] Vgl. Bader 1998, S. 89.
[383] Meyer 2008, S. 97.

wurden, womit der Rückzug der Division begann. Dieser war wegen der militärischen Großlage im Südabschnitt nach der eingetretenen sowjetischen Umklammerung der 6. Armee bei Stalingrad und dem gerade noch in letzter Minute erfolgten Rückzug der 1. Panzer-Armee auf Positionen diesseits des Don zwingend notwendig geworden. Ohne Rückzug hätte der Kaukasus-Armee dasselbe Schicksal wie den deutschen Verbänden in Stalingrad gedroht. „Auch unsere mit so viel Begeisterung, Tapferkeit und Opfern erkämpften Stellungen im Kaukasus, vom himmeltragenden Elbrus bis zu den Schlammlöchern an der Straße nach Tuapse, sind nicht länger zu halten, will man nicht Gefahr laufen, abgeschnitten zu werden."[384] General Lanz gab angesichts der fürchterlichen Verluste später seinen Fehler zu, den Angriff auf den Ssemaschcho überhaupt befohlen zu haben.[385]

Die 1. Gebirgs-Division, zuletzt eine desillusionierter und völlig ausgezehrter Großverband des deutschen Ostheeres, der selbst dem OKW als „ausgeblutet" galt, hatte in der Zeit vom 27. September bis zum 31. Dezember 1942 Verluste von 232 Offizieren (davon 35 gefallen, einer vermisst, 128 verwundet, 68 erkrankt abtransportiert), 754 Unteroffiziere (164 davon gefallen, 7 vermisst, 472 verwundet, 111 erkrankt abtransportiert) und 6.884 Mannschaften (davon 1.267 gefallen, 183 vermisst, 4.009 verwundet, 1.426 erkrankt abtransportiert).[386] Seit dem Beginn des Unternehmens „Barbarossa" am 22. Juni 1941 betrugen die Gesamtverluste der einst mit einer Gefechtsstärke von 14.684 Mann angetretenen Division 4.174 Gefallene, 13.420 Verwundete und 451

---

[384] Lanz 1954, S. 166.
[385] Meyer 2008, S. 95.
[386] Kaltenegger: Pössinger 2018, S. 102.

Vermisste.[387] *„Von ihrer alten, vollausgebildeten Mannschaft blieben in den Verbänden, je nach Kampfeinsatz, noch 15 bis 25 % übrig"*[388], was den im Vergleich zu den anderen Verbänden des deutschen Ostheeres besonders hohen Blutzoll der Gebirgstruppe dokumentiert. Die sowjetischen Verluste an Menschen und Material waren in der Konfrontation mit der 1. Gebirgs-Division erneut weitaus höher (man zählte allein vom 27. September 1942 bis 16. Oktober 1942 2.675 Tote des Gegners). Sie dürften sich auf insgesamt über 60.000 Mann belaufen haben.[389] Zeitweise hatte das Verlusteverhältnis der Elitesoldaten unterm Edelweiß bis zum Rückzug von den letzten Gebirgspässen des Kaukasus gegenüber den schlechter ausgebildeten, gleichwohl zäh kämpfenden Rotarmisten 1 zu 10 betragen. Während die Kämpfe im zerklüfteten, unübersichtlichen Gelände des Hochkaukasus oft Mann gegen Mann und an den Hochpässen häufig auch als verbitterte Scharfschützengefechte geführt worden waren, war der Kampf in der Schwüle des versumpften Waldkaukasus noch am ehesten mit den übelsten Dschungelgefechten im Vietnamkrieg vergleichbar – bei allerdings fehlender Versorgung, Verpflegung und logistischer Unterstützung der deutschen Gebirgssoldaten.

Mit Jahresbeginn 1943 gab es eine Reihe nicht unwesentlicher Personalentscheidungen. Generalmajor Hermann Kreß vom Regiment 99 wurde zum Kommandeur der 4. Gebirgs-Division berufen. Am 4. Januar 1943 wurde Oberst Walter Stettner Ritter von Grabenhofen (19.3. 1895 in München – gef. 18.10.1944 bei Belgrad) Lanz' Nachfolger an

---

[387] Meyer 2008, S. 101.
[388] Lanz 1954, S. 292.
[389] Ebd., S. 97.

der Spitze der 1. Gebirgs-Division. Lanz war zwischenzeitlich und von Hitler persönlich mit dem Eichenlaub zum Ritterkreuz ausgezeichnet und vorübergehend in die Führerreserve befohlen worden. „Das stets unterkühlte Verhältnis des Generals Lanz zu Walter Stettner Ritter von Grabenhofen deckte sich messerscharf mit dem zwischen Lanz und Kübler."[390] In den Reihen der Gebirgsjäger galt der linientreue Nationalsozialist Stettner als zwar tapferer, aber auch empathieloser Pedant, der nie Lanz' Popularität und Fähigkeiten erreichte. Wobei wiederum Lanz von Meyer in dessen kritischer Divisionschronik „Blutiges Edelweiß" wenig überraschend charakterisiert wird als „ein Mann, der, von ungeheurem Ehrgeiz getrieben, hemmungslos nach Auszeichnungen, Beförderungen und Ruhm strebte" und dessen auch nach dem Krieg stets in den Vordergrund gestellte Treue und Loyalität zu seinen Jägern relativiert werden müsse, weil er die außergewöhnlichen Verluste seiner tapferen Soldaten aus den zitierten Gründen in Kauf nahm.[391] Lanz' weitere Karriere wurde deshalb auch von Konrad und Ruoff verzögert, vom befreundeten Rudolf Schmundt, dem Chefadjutanten der Wehrmacht bei Hitler, jedoch forciert. Lanz' militärisches Können und die persönliche Einsatzbereitschaft des mit 43 Jahren einst jüngsten Wehrmachtsgenerals wurden indes nicht in Frage gestellt. In scharfem Kontrast zur Herabwürdigung Lanz' in Meyers Buch finden sich unter den Soldaten der Erlebnisgeneration, die Lanz an der Ostfront persönlich erlebt oder unter ihm gedient hatten, kaum Urteile, die nicht von Respekt, hoher Wertschätzung und auch Sympathie geprägt gewesen wären. Erst die

---

[390] Kaltenegger: Pössinger 2018, S. 103.
[391] Vgl. Meyer 2008, S. 98-101.

Ereignisse in Griechenland und auf dem Balkan 1943 führten in der Sicht auf Lanz auch zu kritischen Stimmen.

Neuer Erster Generalstabsoffizier (Ia) der Division – und damit zuständig für die wichtigen Operationsplanungen – wurde der 32-jährige Oberstleutnant i. G. Karl Wilhelm Thilo als Nachfolger von Oberstleutnant Hans Steets. Josef Salminger übernahm nach seiner langen verletzungsbedingten Abwesenheit wieder die Führung des Gebirgsjäger-Regiments 98 von Karl Eisgruber.

Der am 1. April 1943 zum Oberstleutnant beförderte Salminger wurde nach Schörner und Picker der dritte reguläre Kommandeur des Gebirgsjäger-Regiments 98. „Zuvor war er an der Gebirgsjäger-Schule Mittenwald auf seine Aufgabe als Regimentskommandeur vorbereitet worden. Wie sich sein Nachfolger als Kommandeur des III. Bataillons des 98. Regiments, Major Reinhold Klebe, erinnerte, bezeichnete Salminger sein Regiment als ,nicht bloß ein deutsches Regiment', sondern als ein ,Hitler'sches Regiment'. Zwar habe dies bei einigen Offizieren der Division ,Stirnrunzeln' hervorgerufen, behauptete Klebe nach dem Krieg, schmälerte aber kaum seine Beliebtheit unter seinen Männern."[392] Fest steht: Der gebürtige Münchener Bergmannssohn Josef (Sepp) Salminger (geb. 5.3.1903 in München – gest. 1.10.1943 bei Klissoura in Epirus) war ein überzeugter, ja fanatischer Anhänger des Nationalsozialismus.

---

[392] Ebd., S. 104.

26   Offizierskameraden, Protagonisten und Ritterkreuzträger des Gebirgsjä-
     ger-Regiments 98: Pössinger, Salminger, Spindler, von Hirschfeld (v. l.
     n. r.).

Seiner Begeisterung für den „Führer" ließ er – genau wie sein früherer
Vorgesetzter Schörner – freien Lauf.[393] Er bemühte sich als allem Formellen abgeneigter Kommandeur, dem eine umstandslose Direktheit
zu eigen war, sein Regiment zu einem betont nationalsozialistischen
Eliteverband zu erziehen. „Es waren von Stettner und Salminger, die
bei den untergebenen Offizieren, die täglich mit den Mannschaften in
Kontakt standen und deshalb so außerordentlich wichtig waren, den
Ton angaben. *In Salmingers ‚Hitler'schem Regiment' sympathisierten viele
von ihnen in ähnlichem Maße mit den nationalsozialistischen Zielen.*"[394] Als

---

[393] Vgl. https://de.wikipedia.org/wiki/Josef_Salminger (16.8.2022)
[394] Mazower, Mark: Militärische Gewalt und nationalsozialistische Werte. Die Wehrmacht in Griechenland 1941 bis 1944. In: Vernichtungskrieg. Verbrechen der

Mensch und Vorbild an unerschrockener Tapferkeit und Führungsstärke wurde er von den Männern seines Regiments jedoch sehr geschätzt und regelrecht verehrt. Führungsstärke bedeutete bei Salminger, sich für eine Sache, ein Ziel oder einen Weg zu entscheiden und
dies dann absolut zu vertreten und „durchzuziehen". Er ließ gegenüber seinen Soldaten so jederzeit erkennen, dass er „einen Plan" und
alles unter Kontrolle hat. Dadurch holte er seine Männer ab, gewann
ihr volles Vertrauen und der Leitspruch des Gebirgsjäger-Regiments
98, „*Taktik ist Glückssache. Herz ist Hauptsache."* bewahrheitete sich im
Einsatz. Die Witwe Oberst Pickers erinnerte sich an Salminger: „Mein
Mann sagte über Salminger, daß er ein Offizier mit Mannschaftsge-
sicht sei. Er war eben ein waschechter Bayer, ein etwas hemdsärmeli-
ger Typ, energisch, immer frisch vorneweg, der der ‚Gaudi' und dem
Kartenspiel nicht abgeneigt war."[395]

Das zweite Offiziersideal des Gebirgsjäger-Regiments 98 war Harald
von Hirschfeld, der als Hauptmann am 23.12.1942 das Eichenlaub
zum Ritterkreuz – wie Lanz – von Hitler persönlich verliehen bekam.
Hirschfeld wurde von Hitler spontan zum Major befördert, nachdem
Lanz eine Eloge auf den auch gesellschaftlich gewandten Hirschfeld
gehalten hatte, der mustergültig den Prototyp des nationalsozialistischen Offiziers verkörperte: „Er ist somit nach seinen Anlagen und
Fähigkeiten, sowie durch seine mitreißende persönliche Tapferkeit
eine ausgesprochene Führernatur. Mit der Truppe aufs engste verbunden, kennt er ihre Stimmung und ihr Herz. Er ist fürsorgend und

---

Wehrmacht 1941 bis 1944. Hrsg. v. Hannes Heer u. Klaus Naumann. 10. Aufl. Hamburg
1997, S. 157-190, hier: S. 172f. ; Mazower 1993, S. 197. ; Meyer 2008, S. 104.
[395] Meyer 2008, S. 47.

verständnisvoll, in kritischen Lagen hart gegen sich selbst und seine Soldaten. Er hat wiederholt in der Führung eines Bataillons oder eines gleichen Verbandes bewiesen, daß er seine Truppe und sein Offizierskorps mit straffer Hand [...] zu führen versteht. Er besitzt selbst eine musterhafte militärische Haltung und Form, die er in gleicher Weise von seinen Offizieren verlangt und ihnen anerzieht."[396] Eine frühere Beurteilung hob bei Hirschfeld neben dessen ausgeprägter Führerpersönlichkeit seinen ernsten Charakter heraus, benannte neben der schnellen Auffassungsgabe und dem Sinn für große Zusammenhänge auch Entschlussfreude und Tatendrang, kritisierte jedoch Hirschfelds außerordentlichen Ehrgeiz, seine mitunter auftretende Selbstherrlichkeit und charakterliche Undurchsichtigkeit.[397]

---

[396] Vgl. ebd., S. 104.
[397] Vgl. Beurteilung Hirschfelds durch den Leiter eines Fortbildungslehrgangs auf der Berliner Kriegsakademie, Oberstleutnant von Tempelhoff, mit Ergänzungen durch Generalleutnant Fuhrmann vom 29.5.1943, nach: Meyer 2008, S. 106.

27 Harald von Hirschfeld (1912-1945) als Major und Eichenlaubträger des
II./98 (Propagandapostkarte, Privatbesitz).

Mit dem Rückzug des XXXXIX. Gebirgs-Armee-Korps auf einer Front von 400 Kilometern Breite in den *Kuban-Brückenkopf* südlich von Rostow – einer über dreimonatigen und schließlich erfolgreichen Operation zwischen Frost und Schlamm –, gehörte die Zeit des Vormarschs im Russlandfeldzug endgültig der Vergangenheit an. *Die Initiative war auf die Seite der Alliierten übergewechselt.* Diese konnten jetzt zunehmend auch ihre drückend überlegene Rüstungsproduktion einsetzen. Wegen unaufhörlicher Regenfälle erschwerte die Rasputiza den von permanenten Gefechten begleiteten Rückzug der Gebirgsjäger, bei dem Hunderte Fahrzeuge zurückgelassen und gesprengt werden mussten und tausende Pferde und Tragtiere krepierten. Nach der *Räumung des Gunaika-Tals* ab dem 31. Dezember 1942 wurde zunächst auf die B-Linie („Seilbahn") zurückgegangen[398], wobei die Rückführung und Rettung der gesamten Artillerie über 42 Furten des Gunaika und Pschisch sich wegen fehlender Zugmaschinen besonders schwierig und strapaziös gestalteten.[399] *Es war ein geradezu unglaublicher Erfolg, dass durch die enormen Schindereien die gesamte Divisions-Artillerie gerettet werden konnte.* Im Zuge der Absetzbewegungen kam es auch

---

[398] Während des rund 500 Kilometer langen Rückmarschs vom Ssemaschcho wurden folgende *Gefechtsstellungen* erreicht: „Bis zum Pschischtal (17.12.42), ins Gunaikatal - Gaiman - Gunaiberg (13.1.43), Rückmarsch nach Norden in den Kubanbrückenkopf in die Gotenstellung (1.-5.2.43), Hubertusstellung (5.-10.2), Diana-zwischenstellung (10./11.2.), Dianastellung (11.-17.2), Poseidon-Vorstellung (17.-19.2.), Poseidon-Zwischenstellung (19.-24.2.), in die Poseidonstellung (ab 24.2.), Sicherung des Kubanbrückenkopfes bei Troizkaja durch I. und III./G.J.R. 98 und Pz.Jg.Abt. 44 (ab 27.2.43) [hier wird das Panzergefecht von Troizkaja geschlagen] und Sicherung der Rückmarschstraße der Armee an der linken Flanke im Raum Anastasiewskaja (ab 28.2.43), 21.3. Zurücknahme des Brückenkopfes bei Troizkaja, 22.3. Rückmarsch in die Annastellung und Abmarsch in die Übersetzräume (23.3.)." (Meyer 2008, S. 108 zitiert hier Lanz: Wie es zum Rußlandfeldzug kam – und warum wir ihn verloren haben. München 1971, S. 77.

[399] Vgl. Kaltenegger: Stammdivision 1981, S. 290.

zu Kämpfen mit Partisanen, die die rückwärtigen Verbindungen der Division angriffen und im Falle ihrer Gefangennahme nach Verhör erschossen wurden. Die männliche örtliche Bevölkerung wurde zu Stellungsarbeiten zwangsrekrutiert. In der Nacht zum 23. Januar 1943 wurden die letzten Bergstellungen am Lyssaja geräumt. Am 28. Februar traten die Gebirgsjäger der „Edelweiß-Division" dann zu ihrem letzten Gefecht auf sowjetischem Boden an, und zwar im versumpften Schilfgelände nordwestlich von *Swisstelnikow* am Asowschen Meer. In der schilfbewachsenen Lagune wurden über 3.000 Mann an Feindverlusten gezählt, darunter zahlreiche Ertrunkene, die man zuvor regelrecht in die Sümpfe getrieben und dort beschossen hatte. Stettner brachte dieser letzte Sieg im April 1943 neben dem Ritterkreuz die Beförderung zum Generalmajor ein.

Am Ende des Einsatzwerdegangs des Gebirgsjäger-Regiments 98 im Rahmen der Heeresgruppe Süd auf dem Gebiet der Sowjetunion soll eine Einschätzung der Feindstreitkräfte stehen und skizzieren, wie diese von den deutschen Truppen perzipiert wurden. Der lange Zeit für die Planung der deutsche Operationsführung der 1. Gebirgs-Division zuständige Ia, Major Hans Steets, brachte die Kriegserfahrungen der Gebirgsjäger mit den russischen Soldaten wie folgt auf den Punkt:

„Die Eröffnungsschlachten des Jahres 1941 zerrissen den Schleier der falschen Vorstellungen über die Sowjetarmee. Die eigenen Verluste waren hoch, bis zu 50 Prozent. Der deutsche Soldat traf auf einen Gegner, der ihm gleichwertig, wenn nicht in seiner erbitterten Kampfweise und Bedürfnislosigkeit überlegen war. Der Feind hing mit fanatischer Entschlossenheit an seinem politischen Glauben und setzte dem deutschen Angreifer den totalen Widerstand entgegen. Der russische Soldat focht zäh bis zu einer nie erwarteten Verbissenheit. Die Gebirgsjäger lernten bald, was für den Russen kämpfen heißt. Auch sie wurden härter. Die Charaktereigenschaften des Soldaten östlicher Prägung können nicht mit europäischen Begriffen gemessen werden. Die unermeßliche Weite seines Landes, die endlosen Steppen, der Mangel westlicher Zivilisation machen ihn zum anspruchslosen Kämpfer. Immer wieder staunten die Gebirgsjäger über die Genügsam- und Bedürfnislosigkeit ihres Gegners, die diesen zu großen Kampfleistungen befähigten. Je weiter die deutschen Armeen in den russischen Großraum vorstießen, desto größer wurden die Nachschubwege und Sorgen. Westeuropäische Einsatzgrundsätze konnten nicht mehr zugrunde gelegt werden. Schwerwiegende Mangelerscheinungen traten auf. Die Unterbrechung von Nachschublinien traf die Truppe empfindlich. Der russische Soldat trug dagegen einen Sack mit trockenen Brotkrusten [in der Ukraine v. a. auch mit Sonnenblumenkernen ; J.C.W.] und rohem Gemüse. Während des Marsches ergänzte er seinen Vorrat auf dem Felde oder in Dörfern. Die Pferde fraßen das Stroh von den Dächern. So marschierte der russische Soldat wochenlang. Er konnte nicht dadurch zum Stehen gebracht werden, daß man seine rückwärtigen Verbindungen abschnitt. Der russische Soldat liebte die Dunkelheit. Die Nacht war ihm vertraut. Den Gebirgsjägern lag der Nachtangriff nicht. Sie erlebten manche Überraschung. [...] Nächtliche Überfälle waren an der Tagesordnung. Der russische Soldat wurde erzogen, blind zu gehorchen. Die russischen Kommandeure und Kommissare konnten in jeder Hinsicht unglaubliche Anforderungen an ihre Leute stellen. Pausenlos, in immer wieder neuen Wellen, stürmten die Sowjetarmisten gegen das Feuer der sich verteidigenden Jäger an. Die hohen Verluste schienen sie gleichgültig zu lassen. Ihre Unempfindlichkeit gegen Schmerzen und Unbilden der Witterung vervollständigte den Charakter des harten Kämpfers. [...] *Nur Truppen, die meisterhaft ausgebildet sind und ebenso meisterhaft geführt werden, eine hohe Kampfmoral besitzen, können den russischen Soldaten besiegen. Nur dank dieser Eigenschaften konnten die deutschen Gebirgsjäger die geschilderten Kämpfe und Schlachten siegreich beenden.*"[400]

Am 22. März wurde die 1. Gebirgs-Division aus dem Verband des XXXXIX. Gebirgs-Armee-Korps entlassen, unter dem Schutz der Luftwaffe nach *Kertsch* auf der Kertsch-Halbinsel der Krim eingeschifft und von dort auf die Bahn verladen. Nach zunächst unklarer Destination endete der *Bahntransport* der Jäger schließlich am 14. April 1943 im serbischen *Mitrovica*, wo die Truppe vorübergehend kaserniert wurde. Es wurde jetzt klar, dass die Gebirgsjäger auch des Regiments 98 auf dem oft unwegsamen und gebirgigen Balkan zur Partisanenbekämpfung zum Einsatz kommen würden.

---

[400] Steets 1956, S. 112f.

13. Unternehmen „Schwarz": Der Einsatz auf dem Balkan 1943

Nachdem die 1. Gebirgs-Division aus der Front am Kuban-Brücken-kopf herausgelöst worden war, wurde sie mit Fährprahmen, den größten Landungsbooten der deutschen Kriegsmarine, über die Straße von Kertsch auf die Krim übergesetzt und von dort per Bahn-transport via Ukraine auf den Balkan verlegt.[401] *Auf diesem Kriegs-schauplatz sollten es die Gebirgsjäger mit einem Gegner völlig anderen Cha-rakters, nämlich mit irregulären Kämpfern zu tun haben, der aus dem Un-tergrund gegen sie operierte: den Partisanen.* „Zu ihren Kampfmethoden zählen Sabotage, Spionage, Angriffe auf kleinere militärische Ver-bände des Feindes und Bekämpfung von Kollaborateuren. Sie operie-ren meistens aus der Deckung einer Zivilbevölkerung heraus, binden reguläre Truppen und sind nur schwer greifbar, insbesondere auf-grund ihrer oft genauen Ortskenntnis und der Möglichkeit, in der Be-völkerung unterzutauchen."[402] Partisanen verfügten nicht über die *vier Mindestanforderungen der Haager Landkriegsordnung,* um als Kom-battanten zu gelten und im Falle der Gefangennahme den rechtlich geschützten Status von Kriegsgefangenen zu genießen. Diese vier nicht erfüllten Mindestkriterien waren Uniformierung, offenes Tra-gen der Waffen, Kriegführung nach Konvention und feste Organisa-tionsstruktur.[403] Da sich die Wehrmacht auf dem Balkan und in

---

[401] Insofern ist die große Übersichtsskizze über den Ost- und Südostfeldzug im hinteren Einband von Kalteneggers Monografie „Die Stammdivision der deutschen Gebirgs-truppe" irreführend und bezüglich des Marschwegs von der Krim auf den Balkan falsch.

[402] https://de.wikipedia.org/wiki/Partisan (15.2.2020)

[403] Vgl. ebd.

Griechenland permanent mit durch Partisanen verübten Guerillaanschlägen, Sabotageaktionen und heimtückischen Hinterhalten konfrontiert sah, kannte sie mit ihnen nicht nur keinerlei Pardon, sondern eskalierten ihre Rache bei sogenannten Sühnemaßnahmen auch gegenüber der Zivilbevölkerung. Im damaligen Jargon sprach man vom *„Bandenkrieg"*, weil man Partisanen als Terror- und Verbrecherbanden perzipierte. Es nimmt nicht wunder, dass bei der Deutschen Wehrmacht alsbald eigens verliehene Bandenkampfabzeichen in verschiedenen Abstufungen etabliert wurden. Die Zivilbevölkerung stand von vornherein im Verdacht, Partisan zu sein oder mit diesen zu kollaborieren und wurde deshalb häufig Opfer von Sühnemaßnahmen und Massakern. Es ist allerdings evident, dass im schmutzigen Partisanenkrieg beide Seiten furchtbare Grausamkeiten begingen, nicht nur die deutschen Invasoren – was hier mitnichten als Entschuldigung für deren Kriegsverbrechen angeführt wird, sondern lediglich, um der Wahrheit die Ehre zu geben.

Verglichen mit dem fast kampflosen Einmarsch der Gebirgsjäger in Jugoslawien im April 1941 hatte sich die Lage dort grundlegend verändert. Das multiethnische Jugoslawien stellte sich 1943 als ein Flickenteppich besetzter, annektierter, teil- und scheinsouveräner Gebiete dar. In Kroatien erstrebte die nationalistische Ustascha-Diktatur unter Ante Pavelic ein serbenfreies Großkroatien. In Serbien kämpften die Tschetnik-Milizen unter Führung von Draza Mihailovic gegen die Ustascha und die deutschen Besatzer. Mit gleicher Zielsetzung begründete die illegale Kommunistische Partei Jugoslawiens unter Josip Broz Tito die Partisanenbewegung („Volksbefreiungsarmee"). Tito überwarf sich aber mit den Tschetniks und diese wiederum zerfielen in feindliche Lager. Während die einen die Besatzer bekämpften, kollaborierten die anderen mit den Deutschen und den Italienern. Hauptfeind der Gebirgsjäger waren neben Titos Partisanen die Untergrundkämpfer General Mihailovics. Beide akzeptierten die Kapitulation ihres Staates nicht und waren zur Fortsetzung des Widerstands kompromisslos entschlossen. Nachdem drakonische Repressions- und Erschießungsmaßnahmen durch den von Hitler eingesetzten Oberbefehlshaber General Franz Böhme den Aufstandsbewegungen nicht Herr werden konnten, wurde mit dem „Fall Weiß" für 1943 die Offensive gegen die Tito-Partisanen gestartet mit dem Ziel, diese zu eliminieren. Als dies scheiterte, sollte Anfang Mai 1943 das *Unternehmen „Schwarz"* die vollständige Liquidierung der inzwischen aus Kroatien Richtung Montenegro und nach dem Sandschak vertriebenen Partisanen erzielen. *„Der im Hochgebirgskampf erfahrenen 1. Gebirgs-Division hatte man dabei die am schwierigsten zu bewältigende Aufgabe zugedacht. Sie sollte das Gelände um den Durmitor-Berg (2.522 Meter) ‚säubern'."*[404] Dies erfolgte zusammen mit der 7. SS-Gebirgs-Division „Prinz Eugen" unter SS-Gruppenführer Artur Phleps, drei italienischen Divisionen, legalen kollaborierenden Tschetnik-Verbänden und weiterer Einheiten. Die Soldaten der „Edelweiß-Division" wurden zu ihrem Einsatz in den schwarzen Bergen Montenegros neben Mitrovica auch auf die Orte Prokuplje, Raska und Novi Pazar verteilt, dort mit Ersatz aufgefrischt und ihnen neue Ausrüstung zugeführt. Die Regimenter 98 und 99 durchzogen zunächst das westlich Nis gelegene Kopaonik-Gebirge, um das Ibartal bei Novi Pazar und Mitrovica als Ausgangsraum für das Unternehmen „Schwarz" zu erreichen. Der Raum von Novi Pazar, den man als Sandschak bezeichnet,

---

[404] Meyer 2008, S. 115

ist Teil des historischen Amselfeldes. „Charakteristisch für das Gelände des gesamten montenegrinischen Raumes ist die unübersichtliche Verwerfung des Berglandes, das von zahlreichen Flüssen, in zumeist tief eingeschnittenen, klammartigen Tälern, durchzogen wird. Das Gelände nimmt von Ost nach West an Höhe zu, es gipfelt zuletzt über das 2.000 m hoch liegende Karstplateau der Sinjajevina Plana im zentralen hochalpinen Gebirgsstock des Durmitor. Die wichtigste Straße führt aus dem Kosovo Polje (Amselfeld) über Pec nach Westen, windet sich aus einer düsteren Schlucht in kühnen Serpentinen empor zum 1.800 m hohen Czakor-Paß, der etwa einem der Übergänge im Zuge der Dolomiten zu vergleichen ist. Die Flußtäler der Piva und Drina, kanonartig [sic!] *etwa 1.000 m tief zum Teil fast senkrecht eingeschnitten*, sind nur an wenigen Stellen durchschreitbar. Sie lassen sich mit keinem, *auch nicht dem tiefsten Alpental in ihrer Wildheit vergleichen* und bilden ein gewaltiges Hindernis. Die Vegetation nimmt nach Westen bis zur völligen Verkarstung ab, die Temperaturunterschiede sind ungewöhnlich stark, die sommerliche Wasserarmut auf den Hochflächen erschwert das Leben."[405] Die prägnante Beschreibung der naturräumlichen Bedingungen durch den damaligen Hauptmann Karl-Wilhelm Thilo führt ergänzend zu Geschichte und Kultur dieser Balkanregion aus: „Der Raum von Novi Pazar nennt man ‚*Sandschak*'; man versteht darunter einen alten türkischen Verwaltungsbezirk. Hier sind es auf dem Boden des historischen Amselfeldes die Überbleibsel der türkischen Herrschaft, die 400 Jahre Serbien in Besitz hielt und erst um die Mitte des 19. Jahrhunderts in den Balkankriegen zum Erliegen kam. Jahrhundertelange Kämpfe der einheimischen

---

[405] Thilo, Karl Wilhelm: Der Einsatz auf dem Balkan. In: Lanz, Hubert: Gebirgsjäger. Die 1. Gebirgsdivision 1935-1945. Bad Nauheim 1954, S. 242-277, hier: S. 245.

Bevölkerung gegen grausame Unterdrücker haben den Charakter der Menschen geprägt. Blutige Fehden waren und sind ihr Lebenselement, die Kampfweise ist rücksichtslos und grausam, Menschenleben haben wenig Geltung. Die Bevölkerung ist zu größeren Teilen noch mohammedanischen Glaubens. Religionsfehden sind eine weitere Quelle blutiger Auseinandersetzungen, denen in Blutrache ganze Sippen zum Opfer fallen."[406]

Am 8. Mai 1943 [Meyer spricht vom 7. Mai] begann der deutsche Angriff nach Westen. Eine motorisierte Vorausabteilung erreichte nach zügigem Vorstoß den besagten, 160 Kilometer entfernten Czakor-Pass. „Die Jägerregimenter haben die mühsamere Aufgabe, auf schwer gangbaren Gebirgspfaden, über tiefe Schluchten hinweg und durch dichte Wälder den Raum zu durchkämmen, um die schon dorthin vorgeschobenen Partisanennester auszuheben. *Der Feind muß schnell erkennen, daß ihm in den bayerischen und ostmärkischen Jägern eine deutsche Truppe ganz anderer Art gegenübersteht, als er es von den Besatzungstruppen bisher gewohnt war.* Wir selbst ziehen unsere ersten Erfahrungen aus einer neuartigen Kampfweise. Wir haben es mit einem Gegner zu tun, dessen Stärke die Kleintaktik ist. Entscheidendem Kampf weicht er aus, durchsickert die Front und greift dann einzelne Stützpunkte und exponierte Höhenstellungen von allen Seiten an. Nacht und Nebel sind ihm Freund, im Waldkampf ist er Meister."[407] Nicht nur, aber auch deshalb war es bei den Gebirgsjägern mit der „[...] Moral der Überlebenden des osteuropäischen Infernos nicht zum besten bestellt. [...] Den Gebirgsjägern war bewußt, daß sie ihre

---

[406] Ebd., S. 245f.
[407] Ebd., S. 246.

Kriegsziele im Osten trotz ihres draufgängerischen und oft selbstlosen Vorgehens und der zahlreichen Opfer nicht erreicht hatten. *Nach den Katastrophen von Stalingrad und im Kaukasus stellten nicht wenige die Frage ‚nach dem Sinn des Ganzen'. In den Rängen der Mannschaften wurden offen Zweifel geäußert, ob Deutschland den Krieg überhaupt noch gewinnen könne.* […] Der evangelische Pfarrer der Division, Schwarz, hatte ebenfalls eine ‚nachlassende Zucht der Truppe' festgestellt. Das tägliche Töten in den vergangenen anderthalb Jahren sei den Soldaten zur Routine geworden, eine *‚gewisse Verrohung und Brutalisierung'* habe sich eingestellt."[408] In dieser Situation und nach Schulung des Führer- und Unterführerkorps gab General Stettner unter expliziter Berufung auf die völkerrechtswidrigen „Sühnebefehle" des OKW und Böhmes die Weisung heraus, wie mit Aufständischen und Partisanen zu verfahren sei, „die ‚bei Kampfhandlungen mit der Waffe in der Hand […] als Helfer von Aufständischen oder bei Sabotageakten […] angetroffen werden, [sie seien nämlich] grundsätzlich an Ort und Stelle zu erschießen oder zu erhängen. Führer, politische Kommissare und Kuriere' seien dem Ic der Division (Rothfuchs) ‚zuzuführen und nach Vernehmung' zu erschießen."[409] Für getötete unbewaffnete Deutsche sollten 50 (für bewaffnete 10), für verwundete Deutsche 25 (10) Aufständische getötet werden.

Vom 1.849 Meter hohen *Czakor-Pass* rückten die Regimenter 98 und 99 vor nach Andrijevica zu den allerdings passiven bis ängstlichen italienischen Verbündeten und den wesentlich aggressiver agierenden Tschetnik-Verbänden. Es folgten zermürbende Kämpfe in den

---

[408] Meyer 2008, S. 116.
[409] Ebd., S. 118.

unübersichtlichen Tälern, Wäldern und Bergen Montenegros, wobei es jedoch letztlich Titos Partisanen gelang, sich über das karstige *Hochplateau der Sinjajevina Planina* ins südliche Tara-Tal absetzen. Um ihnen die drohende Flucht nach Albanien zu vereiteln, gliederte Stettner seine Division in drei Kampfgruppen (Werner Daumiller[410], Josef Remold, Josef Salminger) auf, um alle Banden zu vernichten, die nicht-muslimischen Ortschaften zu zerstören und anschließend auch die verbündeten Tschetnik-Verbände zu entwaffnen und sodann zu liquidieren – so hatten es Hitler und Graf Ciano bereits am 20. Dezember 1942 im Führerhauptquartier „Wolfsschanze" in geheimer Absprache vereinbart. Doch hierbei wollten die Italiener nicht ‚mitspielen', es brachte sie in Rage, dass die Deutschen angefangen hatten, die mit ihnen kollaborierenden Tschetniks unter Djurisic zu entwaffnen und festzusetzen. Daraufhin setzten sie ihrerseits Stettner in einem Zimmer des italienischen Hauptquartiers fest, wo dieser mit dem Oberbefehlshaber der italienischen Truppen in Montenegro, General Ercole Roncaglia aneinandergeriet, und umstellten sogar vorübergehend den deutschen Divisionsgefechtsstand. „Erst am Nachmittag des 14. Mai – nachdem Stettner Roncaglia versprochen hatte, vorläufig keine weiteren Aktionen gegen die Tschetniks durchzuführen – wurden die italienischen Truppen vor dem Gefechtsstand der 1. Gebirgs-Division abgezogen. Da Salminger mutmaßte, daß Stettner ‚gefangengesetzt' worden sei, hatte er die Stabs-Kompanie des 98. Regiments in Stellung gehen und den Obstgarten zum 300 Meter entfernten italienischen Hauptquartier abholzen lassen, um gegebenenfalls freies Schußfeld auf das italienische Hauptquartier zu haben.

---

[410] Dipl.-Ing. Werner Daumiller (1914-2013) stieg in der Bundeswehr zum Brigadegeneral auf und war langjähriger Präsident des Kameradenkreises der Gebirgstruppe.

Gleichzeitig waren schwere Infanteriegeschütze in Stellung gebracht und eine ‚verstärkte Kampfgruppe' angefordert worden, um den ‚Divisions-Kommandeur notfalls mit Waffengewalt herauszuhauen' […]."[411] Während die Italiener Djurisics Verbringen aus Andrijevica mit Waffengewalt verhindern wollten, schuf Salminger vollendete Tatsachen in der Dunkelheit: „Djurisic wird bei Nacht in einem Krankenwagen verborgen zum Feldflugplatz nächst Berane gebracht und von dort in einem Fieseler Storch abgeflogen. Vor den grimmigen Mienen unserer Jäger und den dräuenden Mündungen der Geschütze geben die Italiener klein bei, General v. [sic!] Stettner wird frei, die Situation ist in unserem Sinne geklärt."[412] „Der Vorfall läßt erkennen, daß Stettner – im Gegensatz zum selbständig denkenden und handelnden Lanz – ein Mann war, der ihm erteilte Befehle genau befolgte. Als deutscher Soldat sah er sich zu deren Ausführung verpflichtet. Vor allem aber hatte die Episode zur Folge, daß Stettner und Salminger jeden Respekt vor dem Achsenpartner verloren: Dessen Anspruch als ‚Hoheitsmacht' in Montenegro wurde in den folgenden Tagen völlig außer acht gelassen. Laut Starl provozierte Salminger fortan die Italiener. […] Diese *Disziplinlosigkeit* setzte sich auch in den Reihen der Gebirgsjäger fort. […] Im übrigen kam es am 28. Mai auch zwischen Salminger und Stettner zu einem Eklat, wie er unter Lanz unvorstellbar gewesen wäre: Stettner wollte das II. und III. Bataillon des 98. Regiments nach Mojkovacs verlegen. Salminger sprach sich jedoch dagegen aus. Der Zwist ging so weit, daß Salminger ‚um seine Versetzung aus der 1. Gebirgs-Division bat und am 31. Mai nach Mitrovica

---

[411] Thilo 1954., S. 121. Das Zitat referiert aus dem unveröffentlichten Manuskript von Wilhelm Küchle: Rgt. Stab und Rgt.-Stabs-Kompanie Gebirgs-Jäger-Regiment 98. Weg – Opfer – Schicksal 1937 bis 1945. O. J. S. 42.
[412] Thilo 1954, S. 247.

zurückfuhr'. Es ist bemerkenswert und ein Zeichen großer Schwäche des Divisionskommandeurs, daß Salminger sich nicht scheute, offen Stettners Führungsstil zu kritisieren. Völlig ungewöhnlich war, daß er ungestraft seinen Posten verlassen konnte. Salminger kehrte erst eine Woche später, am 6. Juni, zur Truppe zurück."[413]

Das Gebirgsjäger-Regiment 98 meldete am 16. Mai 300 getötete Kommunisten, erstellte durch den Ia Karl Wilhelm Thilo Namenslisten von Verdächtigen und lobten und zahlten Kopfgelder zur Ergreifung von Kommunisten- und Tschetnikführern aus. In schwierigem Karstgelände auf Höhen bis zu 2.500 Metern, bei starken Regenfällen und Schneetreiben marschierten die Gebirgsjäger in einem dreitägigen, beispiellosen Gewaltmarsch mit ihrer gesamten Ausrüstung auf den Schultern bis nach Zabljak, um Titos Partisanen einzukesseln und zu vernichten. Konkretes Ziel war es, „das Hochkarstplateau der *Sinjajevina Plana* zu überschreiten und die östlichen Eingänge des Gebirgsstocks Durmitor zu gewinnen. Die Truppe muß Verpflegung und Munition für mehrere Tage mitführen, da ein zeitgerechter Nachschub auf diese Entfernungen und wegen der Unbefahrbarkeit des Geländes nicht mehr möglich ist. Die Versorgung mit Wasser scheint eine Unmöglichkeit. [...] Am 31.5.1943 beginnt das G.J.R. 98 mit der Durchschreitung des Hochkarstes, verfolgt den zurückflutenden Gegner, kämpft in Wolken und Gewitterschauern. Es gibt Verluste durch Blitzschläge, ringsum züngeln auf dem Boden die blauen Flammen des ‚Elmsfeuers'."[414] Das Schwesterregiment 99 drang in südlicher Umfassung durch die tiefe Schlucht des Moraca-Tals nach Niksic und

---

[413] Meyer 2008, S. 121f.
[414] Thilo 1954, S. 248.

Podgorica vor, wo es gemeinsam mit italienischen Alpini-Verbänden zu schweren Kämpfen besonders um den verschanzten Bergort Savnik kommt. „Um Höhe 2.103 bei Zabljak und bei Dobri Do spielen sich die Kämpfe um Nester ab, die gleich Adlerhorsten auf schwindelnder Höhe thronen. Auf dem Nordflügel dringt die Kampfgruppe Salminger zur Piva vor und kann dort Teile des abziehenden Feindes noch fassen und vernichten. Jagdkommandos durchkämmen das Gebirge und säubern den Raum planmäßig von Versprengten."[415] Dem Partisanenführer Tito, der ursprünglich zwischen 15.000 und 20.000 kommunistische Partisanen befehligte, gelang trotz allem vom 9. auf den 10. Juni die Flucht aus der deutschen Umklammerung über die tiefe Piva-Schlucht nach Bosnien, woraufhin die Gebirgsjäger die Aktion am 16. Juni abschlossen. Oberleutnant Michael Pössinger, Chef der 6./98, beschrieb die Gnadenlosigkeit der Kämpfe des Unternehmens „Schwarz", bei denen verschiedenste *kollaborierende Gruppen gegenseitig Rache* an verübten Greueltaten und vor allem an Titos Kommunisten übten: „Immer wieder wurden unsere Leute, oft einzelne Nachschubfahrer, von den Partisanen überfallen [...]. Wenn dann unsere Soldaten einen ihrer Kameraden, wie ich es nicht nur einmal mit ansehen mußte, mit zusammengebundenen Beinen an einem Ast hängend wiederfanden, die Augen ausgestochen, die Genitalien und die Ohren abgeschnitten, oder mit dem Kopf im Ameisenhaufen, kann man vielleicht nachvollziehen, daß sie in ihrer Wut diese Freischärler auf der Stelle aufgehängt oder erschossen haben [...]. Nicht einen, Hunderte von slowenischen oder kroatischen Ustasha-Kämpfern fanden wir tot und verstümmelt vor. Genauso haben die Cetniks nach dem Krieg unter den deutschen Gefangenen und ihren eigenen

---

[415] Ebd.

Landsleuten (Kroaten und Slowenen) gehaust und diese umgebracht.[416] Die Gebirgsjäger der „Edelweiß-Division" wandten im Gegenzug die *Verbrannte-Erde-Taktik* an, schossen mit der Leuchtspurmunition ihrer MGs die Strohdächer von Partisanenhäusern in Brand[417] und trieben deren gesamte Viehbestände ab, um zurückkehrenden Banden die Lebensgrundlage zu entziehen. Die 1. Gebirgs-Division bilanzierte am 15. Juni 1943 knapp 900 tote Kommunisten und rund 800 Zivilisten, die an Erschöpfung starben, nachdem man sie als Träger zwangsverpflichtet hatte. „Während des Unternehmens ‚Schwarz' requirierten die Gebirgsjäger 126 Rinder, 4.676 Schafe, Lämmer und Ziegen [...]. Abgesehen von fünf Granatwerfern, 25 MGs und 3.000 Gewehren, die man den Tschetniks abgenommen hatte, wurden von den Tito-Partisanen fünf Granatwerfer, 21 MGs und 600 Gewehre erbeutet.

Aufseiten der 1. Gebirgs-Division verloren 43 Mann, darunter ein Offizier, ihr Leben, 196 wurden verwundet, und zwei galten als vermißt. Da alle am Unternehmen ‚Schwarz' beteiligten deutschen Divisionen insgesamt 465 Tote, 291 Verwundete und 399 Vermißte gemeldet hatten, waren die Verluste der 1. Gebirgs-Division unverhältnismäßig hoch und erneut ein Zeichen dafür, daß sie an vorderster Front gekämpft hatte."[418] Die gesamten Feindverluste wurden von der deutschen Führung mit 10.000 bis 12.000 Toten beziffert. Gleichwohl konnten sich Tito mit etwa 3.000 bis 4.000 Partisanen nach Ostbosnien durchschlagen. „Groß waren die Marschleistungen und auch die

---

[416] Bader 1998, S. 108.
[417] Ebd., S. 109.
[418] Meyer 2008, S. 127.

Höhenunterschiede, die von den Gebirgsjägern zwischen dem 8. Mai und dem 16. Juni 1943 zurückgelegt wurden: das verstärkte Gebirgs-jäger-Regiment 98 legte 365 Kilometer mit Höhenunterschieden von 11.500 Metern und das verstärkte Gebirgsjäger-Regiment 99 legte 290 Kilometer mit Höhenunterschieden von 12.500 Metern zurück."[419] „Märsche und Gefechte dieser letzten Tage vollziehen sich bei großer Hitze und unter vollem Gepäck. *Die Truppe vollbringt bergsteigerisch und kämpferisch Höchstleistungen.* [...] Wir hatten uns im Laufe der Jahre daran gewöhnt, daß Verlegungen zu anderer Verwendung eilig sind, weil es am neuen Einsatzort zumeist ‚brennt'."[420]

Die Kommandeure der Gebirgsjäger erfuhren am 16. Juni, dass sie über Podgorica, Pec, Mitrovica, Skopje und Florina in den *Raum Ioan-nina* marschieren sollten, um in Nordwestgriechenland in der weite-ren Bandenbekämpfung eingesetzt zu werden. Am 18. Juni begann auch das Gebirgsjäger-Regiment 98 den 600 Kilometer langen Marsch nach Griechenland. „Jetzt wird bei uns ein Kraftwagentransport-Re-giment zugeführt; Mann, Muli und Geschütz werden verladen. Un-sere vierbeinigen Kameraden sträuben sich zunächst ob dieser Zumu-tung. Im Pendelverkehr wird Tag und Nacht gefahren und binnen zwei Wochen über Pec – Pristina – Skoplje – Veles – Bitolj der Raum um Florina in Mazedonien erreicht. In Skoplje wird Tropenbeklei-dung ausgegeben, deren kurze Hosen und Hemdblusen bei zuneh-mend tropischen Temperaturen als Wohltat empfunden werden."[421]

---

[419] Kaltenegger: Stammdivision 1981, S. 311.
[420] Thilo 1954, S. 249.
[421] Ebd., S. 248f.

Beim Einsatz des Gebirgsjäger-Regiments 98 in Mazedonien und Griechenland erodierte die einstige Disziplin schleichend weiter. Diese Spätfolge der seit Russland bestehenden permanenten Extremsituation korrelierte mit einer relativen Führungsschwäche insbesondere Stettners, die sich nicht zuletzt in zunehmender Erfüllung der ideologiegetriebenen NS-Befehle manifestierte. Der *Mentalitätswandel,* der sich zwischenzeitlich bei vielen Gebirgsjägern vom Offizier bis zur Mannschaft eingestellt hatte, offenbarte sich immer wieder im Verhalten der Truppe. Und das Verhältnis der deutschen Gebirgsjäger zu den „absprungbereiten" Italienern war nunmehr endgültig von Argwohn und tiefem Misstrauen geprägt.

14. Griechenland und Südalbanien 1943: Erosion und Blutspur der Truppe

Nach dem Empfang der Tropenbekleidung wurde das Gebirgsjäger-Regiment 98 am 16. Juni 1943 nach Griechenland in den Raum von Epirus, unweit der albanischen Grenze, verlegt.

28 Kartenskizze: Marschweg des I./Gebirgsjäger-Regiment 98 nach Griechenland 1943.

Alle deutschen Kräfte in Griechenland und der Ägäis unterstanden der Heeresgruppe E (Generaloberst Alexander Löhr) mit Sitz in Saloniki, diese jedoch der Heeresgruppe F in Belgrad, die unter Generalfeldmarschall Maximilian von Weichs das Oberkommando für alle deutschen Verbände im gesamten südosteuropäischen Kriegsschauplatz bildete.[422] Der Einsatzbefehl formulierte für die mit einem besonderen Nimbus versehene 1. Gebirgs-Division als Hauptaufgabe das Niederkämpfen der griechischen und albanischen Partisanen im Ramen der „Operation Delta". Dies sollte zunächst nur im westgriechischen Versammlungsraum der Gebirgsjäger erfolgen, wobei die griechischen Westküsten sowie das sich daran nördlich anschließende Albanien italienischem Kommando unterstanden. Karl Wilhelm Thilo, damals Erster Generalstabsoffizier der „Edelweiß-Division", fasste nach dem Krieg die globale Situation prägnant zusammen: „Den weitverzweigten [italienischen] Stützpunkten oblag der Küstenschutz. In Thessalien, auf dem Peloponnes und auf Kreta standen deutsche Truppen. Die russische Führung drängte darauf, daß die Alliierten zur Entlastung Rußlands eine dritte Front auf dem europäischen Festland eröffnen und damit die Deutschen zwingen sollten, dorthin Kräfte einzusetzen; weiter aber sollten sie von dieser Front eine Offensive nach Mitteleuropa tragen. Aus deutscher Sicht waren der Balkan und Griechenland der ‚neuralgische Punkt' in der tiefen und nur notdürftig gedeckten Flanke. Die erstarkenden jugoslawischen Partisanenverbände und die im Entstehen begriffenen griechischen Milizen konnten beachtliche Verbündete einer alliierten Invasion im adriatischen Raum werden. Die Kampfkraft der italienischen

---

[422] Dies markiert den strukturell einmaligen Fall, dass eine Heeresgruppe einer anderen Heeresgruppe unterstellt war.

Besatzungstruppen war indes nicht sehr hoch einzuschätzen, zumal die Kriegsmüdigkeit des italienischen Volkes zunahm. Die Opposition gegen Mussolini wuchs, und der Abfall Italiens glomm am Horizont. Deshalb schien es angezeigt, *deutsche Truppen als ,Korsettstangen'* in die Küstenverteidigung der Adria einzuschieben. Epirus, unser neuer Einsatzraum, grenzt an Albanien, ist im Osten durch das Pindusgebirge, im Westen durch das Ionische Meer und im Süden durch den Golf von Arta begrenzt. Westlich vorgelagert sind die Inseln Korfu, Leukas und Kephalonia. Der Pindus ist ein Hochgebirge mit Gipfeln bis zu 2.600 m, teilweise verkarstet, vielfach auch mit dichten Wäldern bestanden. Im Nordwesten des Landes sind stark zerklüftete Mittelgebirge, die in das albanische Hochgebirge übergehen. Die wenigen Straßen sind bergig, steinig und unsagbar schlecht. Die Landschaft ist karg, die Atmosphäre im Sommer tropisch heiß und durch malariaerregende Fliegen verseucht, die Ortschaften sind klägliche Steinhaufen. Die Bevölkerung ist arm, in Lebensweise und Charakter hart und verschlossen. Die Hauptstadt Ioannina ist die alte Residenz des Paschas Ali von Tepelene."[423]

---

[423] Thilo in Lanz 1954, S. 249f.

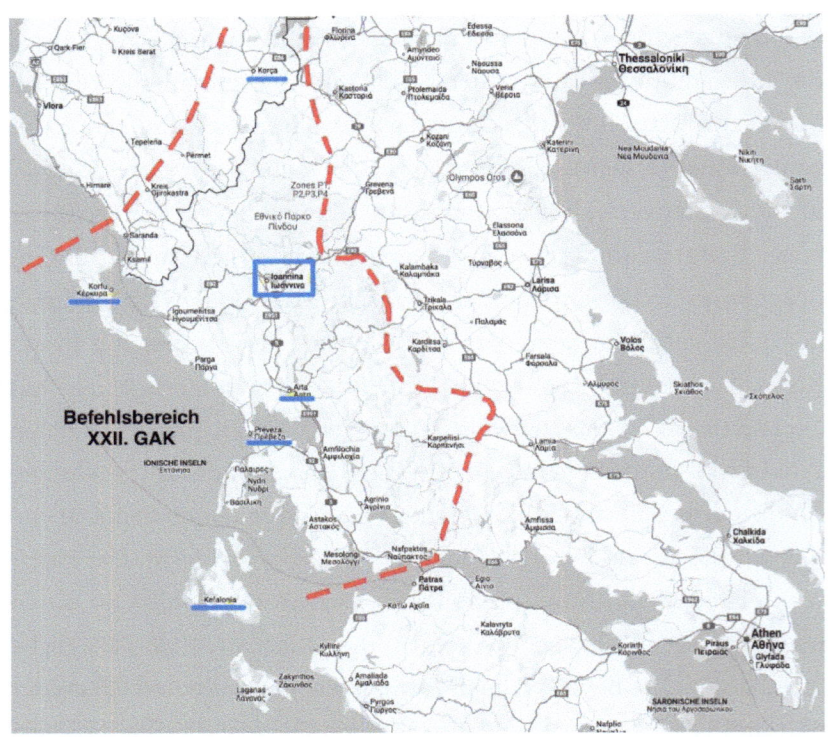

29 Karte: Stationierungsraum und Befehlsbereich des XXII. Gebirgs-Armee-Korps in Griechenland und Südalbanien 1943.

Zur Vorgeschichte muss man wissen, dass in Griechenland sich bereits 1941 rasch eine breite Widerstandsbewegung zunächst nur der
Kommunistischen Partei Griechenlands (KKE) formiert hatte. Am 27.
September 1941 war dann die Griechische Volksbefreiungsarmee
(ELAS) als militärischer Teil der Nationalen Befreiungsfront (EAM)
gegründet worden. Die griechischen Aufständischen wurden massiv
von den Briten unterstützt, was auch bei dem spektakulären Anschlag
im Kontext der britischen „Mincemeat"-Kommandoaktion auf das

Asopos-Viadukt am 21. Juni 1943 sowie der Sprengung von Eisen-
bahnbrücken in der Nähe des Brallos-Passes bzw. bei Kournovo der
Fall war. In der dadurch evozierten Annahme der Deutschen, dass die
alliierte Invasion unmittelbar bevorstehe, befahl Hitler, die 1. Gebirgs-
Division und die 104. Jäger-Division im Eilmarsch an die Westküste
Griechenlands zu verlegen, um die bereits zum Defätismus neigenden italienischen Verbände zu verstärken.

Nach dem Fall Tunesiens und dem Ende des Nordafrika-Feldzugs,
bei dem das Deutsche Afrikakorps unter Generaloberst Erwin Rommel eine Niederlage erfuhr, gab es keine vertrauensvolle oder gar ef-
fektive Zusammenarbeit mehr mit Italien, dessen Streitkräfte einen
desolaten Zustand aufwiesen und gegen jedweden ausgerüsteten
Gegner nicht den Hauch einer Chance hatte. „Die Griechen brächten
den Italienern nichts als ‚Verachtung' entgegen. Die täglichen [1943]
Übergriffe der schlecht verproviantierten italienischen Soldaten ‚gegen die griechische Bevölkerung in Form von Raub, Plünderung und
Mißhandlung [trieben] ganze Ortschaften in das Lager der Aufständischen."[424] Auf dem Weg nach Ioannina musste zunächst der von der
ELAS besetzte Sarantoporo-Pass freigekämpft werden. Auf höheren
Befehl des Oberbefehlshabers Südost der Heeresgruppe E, General-
oberst Alexander Löhr, beauftragte der Kommandeur der 1. Gebirgs-
Division, Generalmajor Walter Stettner, den bewährten Regiments-
kommandeur Josef Salminger mit diesem Unternehmen. Dessen
Kampfgruppe bestand aus dem I. und II. Bataillon seines Gebirgsjä-
ger-Regiments 98. Sie wurde mit LKW am 1. Juli über Skopje, Saloniki,
Kozani und Servia herangeführt, rückte noch am selben Tag auf den

---

[424] Lagebericht an Löhr, nach: Meyer 2008, S. 136.

Sarantoporo-Pass vor, der am 2. Juli um 21.45 Uhr als besetzt gemeldet wurde.[425] Obwohl es bei dem Vormarsch vom 2.-4. Juli zu keinen Kampfhandlungen mit den Andarten[426] kam, brannte Salmingers Kampfgruppe rund 900 Häuser in etwa zwei Dutzend Ortschaften nieder und tötete mindestens 87 Zivilisten.[427] Der Vormarsch der Gebirgsjäger erfolgte bei hochsommerlicher Hitze in Gewaltmärschen von täglich 45 bis zu 65 Kilometern und bei ungeheurem Durst. Die Andarten der ELAS und EDES hatten unter britischer Führung zuvor die wichtigste Hauptverbindungsstraße zwischen Ost- und Westgriechenland von Trikkala und Kalambaka über den Metsovo-Katara-Pass nach Ioannina an mehreren Stellen gesprengt.

Zu diesem Zeitpunkt galt die „Edelweiß-Division" mit ihren 24.000 Mann als völlig aufgefrischt und überbesetzt. Sie verfügte über 5.400 Pferde und Maultiere, 270 Lastwagen, 140 Pkw, 200 Kräder, 510 leichte und 86 schwere MG sowie der entsprechenden Anzahl an Granatwerfern, Gebirgsgeschützen, Pak, Haubitzen und Flammenwerfern.[428] Ihr neuer Einsatzraum, das Epirus-Gebiet, war ein größtenteils karges und bis 2.000 m hohes Gebirgsland mit kleinen Dörfern, Einzelgehöften und Streusiedlungen entlang von Berghängen und Flusstälern. Die gesamte Region war unwegsam und bot vielfältige Verstecke für die Andarten, aus denen heraus sie die Hauptverkehrsachsen schnell angreifen, in die Schwerpunktgebiete der deutschen Besatzung infiltrieren und sich danach leicht zurückziehen konnten. Während die

---

[425] Vgl. Meyer 2008, S. 142f.
[426] Als Andarten werden die griechischen Partisanen bzw. Untergrundkämpfer bezeichnet.
[427] Vgl. ebd., S. 149f.
[428] Vgl. ebd. unter Bezug auf NA: T-315/65-259/-260, Meldung v. 3.8.1943

Italiener sich durchwegs nur noch innerhalb der Ortschaften aufhiel-
ten, waren die wenigen Hauptverkehrsstraßen, Flugplätze (Ioannina,
Paramythia, Korfu) und das Hinterland ohne jede Sicherung, die
Westküsten ohne Küstenartillerie. Das Pindus-Gebirge markierte die
Einfluss- und Operationsgrenze der beiden Widerstandsgruppen. Die
Westhälfte Griechenlands kontrollierte die EDES unter Napoleon Zervas, östlich des Pindus-Gebirges operierten die Kommunisten unter
Aris Velouchiotis. Beide von den Briten finanzierten und instruierten
Partisanenverbände verfügten über eine Gesamtstärke von etwa
45.000 bewaffneten Einheimischen, darunter bis zu 20.000 Kämpfern
des „harten Kerns" der Andarten, die eine strikte *Strategie des Terrors
und des Chaos* nicht nur gegenüber den Besatzern, sondern auch gegen
die Zivilbevölkerung der vermuteten gegnerischen Gruppierungen
verfolgten. Die permanent steigende Anzahl der Widerständler war
das Hauptproblem der Deutschen, die der Landbevölkerung unterstellten, gemeinsame Sache mit den Widerstandsorganisationen zu
machen. Mit der Landung der Alliierten in Sizilien am 7. Juli 1943 fiel
der Erlass eines völkerrechtswidrigen Divisionsbefehls zusammen,
der bei der „Säuberung bandengefährdeter Gebiete" schärfstes
Durchgreifen einforderte. „Alle Ortschaften, die den Banden als Zuflucht dienen können, sind zu zerstören, die männliche Bevölkerung
ist, soweit sie nicht wegen Verdachts der Teilnahme am Kampf oder
Unterstützung der Banden erschossen wird, restlos zu erfassen und
als Gefangene abzuschieben."[429] Diese kompromisslose Leitlinie sollte
das künftige Agieren der Gebirgsjäger bestimmen. *Nach Partisanenan-
schlägen wurde „Verbrannte Erde" zur brutalen Handlungsmaxime.* Nicht
anders das große Bild von der deutschen Besatzung insgesamt, die

---

[429] NA: T-315/65-83-87

der Historiker Mark Mazower wie folgt charakterisiert: „Sowohl in Serbien als auch in Griechenland etablierten die deutschen Behörden *ein Terrorsystem, als die Aktivitäten der Partisanen zunahmen.* Die deutsche Besatzung hatte zu einem gesellschaftlichen Zusammenbruch geführt, der *in seinen Ausmaßen in Westeuropa beispiellos* war. Eine umfassende ökonomische Enteignung und die daraus resultierende rasche Inflation führten zum Zusammenbruch der Binnenmärkte. Das wiederum hatte Hungersnöte in den städtischen Zentren zur Folge, belastete die bestehenden staatlichen Behörden bis zum Zerreißen und bewirkte letztlich die Ausbildung alternativer gesellschaftlicher Organisationsformen im Untergrund – mit anderen Worten, einen Massenwiderstand."[430] Dessen Terrormaßnahmen gegen sie bekämpfte die Wehrmacht im Allgemeinen und die Gebirgstruppe im Besonderen mit einer Gewaltideologie und eigenem Terror, der sich hinter den Begriffen „Vergeltungsaktionen", „Sühnemaßnahmen", „Säuberungen", „Durchkämmungen" oder „Befriedung" verbarg.

Man begann mit der Verlegung der ersten Einheiten der 1. Gebirgs-Division von Florina ins weite Tal um Ioannina. Zu ihrer Vorausabteilung zählten die 11. bis 15. Kompanie des III./Gebirgsjäger-Regiment 98 unter Major Reinhold Klebe, der die Führung des Bataillons von Salminger übernommen hatte. Über verminte Wege und unter Partisanenbeschuss ging es voran. Nachdem die 11. (Leutnant d. Res. Sigwart Göller), 12. (Oberleutnant Willibald Röser) und 13. Kompanie

---

[430] Mazower, Mark: Militärische Gewalt und nationalsozialistische Werte. Die Wehrmacht in Griechenland 1941 bis 1944. In: Vernichtungskrieg. Verbrechen der Wehrmacht 1941 bis 1944. Hrsg. v. Hannes Heer u. Klaus Naumann. 10. Aufl. Hamburg 1997. S. 157-190, hier: S. 166.

(Leutnant Martin Hörmann) 50 Kilometer südlich des albanischen Ortes Korçë aus verdeckten Partisanenstellungen beschossen worden waren, übten diese Gebirgsjägerkompanien massive Vergeltung und töteten 107 Zivilisten. Unterdessen war Regimentskommandeur Salminger mit seiner Kampfgruppe vom Sarantoporo-Unternehmen in Florina eingetroffen, wo sein II./98 zur Vorausabteilung Sommer aufschloss, um den vermuteten Gegner in Leskovik zu stellen und zu vernichten. Kaum waren die Deutschen durch den Ort marschiert, wurde auf sie das Feuer eröffnet, woraufhin *Leskovik* durch Artilleriebeschuss dem Boden gleichgemacht und anschließend gestürmt wurde. „Alles was kreucht und fleucht wurde erschossen."[431] Am 9. Juli erreichten mit der Vorausabteilung Sommer die ersten Verbände der Gebirgsjäger die Hauptstadt des Epirus. Klebes III./98 sollte alsbald folgen, während Salminger mit dem II./98 auf Befehl nach Leskovik zurückkehrte und dort seinen Gefechtsstand bezog. Als am 10. Juli bekannt wurde, dass ein entsandter Spähtrupp unter Führung des Oberleutnants Ott mit nur sechs von ursprünglich 25 Mann zurückgekehrt war, setzte der bestürzte Salminger umgehend neun Kompanien zur großräumigen Vermisstensuche und zur befehlsgemäßen „Säuberung und Sicherung" der Vormarschstraße ein.

In diesem Kontext unternahm die 6. Kompanie des II./98 unter dem 24-jährigen Oberleutnant Michael Pössinger vom 9. bis 10. Juli einen Aufklärungseinsatz in Richtung des steil an einem Berghang gelegenen 550-Seelen-Ortes Aidonochori (das wegen seines perfekten Blickfeldes über das Aoos-Tal von besonderer militärischer Bedeutung war) über Kefalovriso und Vasiliko. Die 6. Kompanie „durchkämmte"

---

[431] NA: T-315/65-76-80, 8.7.1943

die Ortschaften Kalovrisi, Mazi, Aetopetra, Aidonochori, Vasiliko und Kefalovriso, weil man entlang dieser Linie jene Andarten vermutete, die unter anderem die Brücke über den Sarantaporo-Fluss gesprengt hatten. Am 10. Juli erreichten die Gebirgsjäger *Kefalovriso*, wo ein Massaker verübt wurde, nachdem zuvor die Mehrheit der Dorfbevölkerung geflohen war und sich in den Bergen versteckt hielt. Hierzu lesen wir bei Meyer als Textlegende unter einem Foto der Ortschaft Kefalovriso eine *Vermutung*: „Am 10. Juli 1943 wurden in Kefalovriso 21 Griechen bei lebendigem Leib verbrannt. Höchstwahrscheinlich war die von Oberleutnant Michael Pössinger geführte 6. Kompanie des 98. Regiments dafür verantwortlich."[432] Gesichert ist: Nach einem erwiesenermaßen erfolgten Fluchtversuch von in der Ortsmitte versammelten Gefangenen, die sich zuvor ergeben hatten, sperrten deutsche Soldaten 22 Männer in Häuser und setzten diese in Brand bzw. warfen Handgranaten hinein, was nur der Grieche Dimitrios Mentis überlebte. Diese Tatsache bringt Meyer gegenüber Pössinger in Anschlag. Aus der Mutmaßungsformulierung „höchstwahrscheinlich" wird im weiteren Verlauf seines Buches umstandslos die auf Pössinger gemünzte Behauptung „Kriegsverbrecher"[433]. Merkwürdig mag die Erklärung Meyers anmuten, bei einem Anfang der 1970er Jahre von der Münchener Staatsanwaltschaft I eingeleiteten und alsbald eingestellten Ermittlungsverfahren habe der Sachbearbeiter Hauffe des Bundesarchiv-Militärarchivs angeführt, „[...] daß die 6. Kompanie des 98. Regiments am 11. Juli 1943 ,ostwärts von Vasiliko'[434] eingesetzt gewesen sei. Da Kefalovriso aber westwärts von

---

[432] Meyer 2008, S. 171.
[433] Vgl. ebd., S. 461.
[434] Vgl. NA: T-315/2305-602

Vasiliko liege, gebe es keine Beweise dafür, daß die Ortschaft von der 6./98 zerstört worden sei."[435] Laut Meyer habe Hauffe jedoch „fehlerhaft recherchiert"[436] und den Tagesbericht vom 10. Juli ignoriert, in dem ausdrücklich vermerkt sei, „[...] daß die 6./98 ‚zur Aufklärung von Aidonochori über Kefalovriso und Vasiliko angesetzt war'."[437] Dies führte zur Einstellung weiterer Ermittlungen, die tatsächlichen Täter des Massakers wurden nach dem Krieg strafrechtlich nie zur Verantwortung gezogen. Aus der Sekundärliteratur (aus den offiziellen Kriegstagebüchern der Stäbe sowieso nicht) ist keine unabhängige zweite Quelle bekannt, die die unmittelbare Anwesenheit und Beteiligung Pössingers am grauenhaften Tod der 21 Menschen oder seine Befehlsgebung zur Tatausführung belegen würde. Alle Beschuldigungen, Pössinger sei ein Kriegsverbrecher gewesen, stützen sich mithin auf die entsprechende Behauptung und „Beweisführung" Meyers. Aus der gegebenen räumlichen Nähe der von Pössinger geführten 6. Kompanie zum Tatgeschehen ist noch keine erwiesene Täterschaft abzuleiten (zumal die Formulierung „angesetzt" nicht zwingend „tatsächlich eingesetzt" oder die persönliche Anwesenheit Pössingers bedeuten muss). Hinsichtlich einer möglichen Schuld Pössingers bleibt also Vorsicht im Urteil geboten, weshalb gemäß dem Rechtsgrundsatz „In dubio pro reo" bis auf Weiteres die Unschuldsvermutung zu gelten hat. – Dessen ungeachtet zeigt ein anderes Schlaglicht, welche Nachwirkungen Meyers 2008 aufgestellte Behauptung zeitigte:

---

[435] Meyer 2008, S. 173.
[436] Ebd..
[437] Ebd., unter Bezug auf NA: T-315/65-52, KTB-Notiz, 10.7.1943, 19.50 Uhr, paraphiert von Thilo.

Die Marktgemeinde Garmisch-Partenkirchen entging ihrer Zerstörung in den letzten Kriegstagen 1945 maßgeblich durch das mutige
Handeln von Major Michael Pössinger: Am 29. April trat der hochdekorierte Gebirgsjägeroffizier und gebürtige Ettaler zusammen mit
Oberst Ludwig Hörl, Kommandeur des GebJägErsRgts und Standort-
ältester in Garmisch-Partenkirchen, sowie Oberleutnant Guntram
Licht, Leutnant Josef (Sepp) Grabichler und Kunstmaler Gisbert Pal-
mié den Amerikanern entgegen und übergab ihnen die Marktgemeinde kampflos. *„Wir bürgten mit unserem Leben dafür, dass sie ohne
Widerstand nach Garmisch kommen"*, so Guntram Licht im Alter von 95
Jahren.[438] Aus Anlass des 75. Jahrestags des Kriegsendes im Jahr 2020
startete der 74-jährige Garmisch-Partenkirchener Holzbildhauer
Georg Lichtenwald eine Initiative, Pössinger und die anderen genannten Retter seines Heimatortes zu würdigen. Bei der Marktgemeinde Garmisch-Partenkirchen reagierte man ablehnend. „‚An der
Einschätzung, dass es keinen Anlass gibt, Michael Pössinger zu ehren,
hat sich nichts geändert', teilt Rathaussprecherin Ute Leitner mit. ‚Von
Seiten des Marktes wird es keine Ehrung geben.' Dies gelte auch für
die anderen genannten Personen. Das Thema ‚Michael Pössinger' und
eine eventuelle Würdigung wurde nach Leitners Angaben in den vergangenen Jahren und Jahrzehnten wohl immer wieder mal an die
Kommune herangetragen. ‚Die Verantwortlichen des Marktes standen bezüglich einer historischen Einschätzung auch stets in engem
Kontakt mit dem Arbeitskreis für Ortsgeschichte.'"[439] Der

---

[438] https://www.merkur.de/lokales/fuerstenfeldbruck/geburtstagskind-garmisch-geret-
tet-3056009.html (26.8.2023)
[439] https://www.merkur.de/lokales/garmisch-partenkirchen/garmisch-partenkirchen-
ort28711/garmisch-partenkirchen-bayern-markt-garmisch-partenkirchen-will-mi-
chael-poessinger-nicht-ehren-13744840.html (26.8.2023)

angesprochene Arbeitskreis „Ortsgeschichte im Nationalsozialismus" mit dem ehemaligen Leiter des Marktarchivs Franz Wörndle will den umstrittenen Pössinger nicht zum Retter verklären und lehnt dessen Ehrung ab. – Hinweis: Die Bundesrepublik Deutschland verlieh 1996 Pössinger, der zeitlebens bestritten hatte, an irgendwelchen inkriminierten Verbrechen während des Krieges beteiligt gewesen zu sein, das „Bundesverdienstkreuz am Bande des Verdienstordens der Bundesrepublik Deutschland" für seine Lebensleistung und herausragende Verdienste für Gesellschaft und Sport. Doch damit zurück zu den Geschehnissen in Epirus 1943.

Am 14. Juli bezog Stettner seinen Gefechtsstand in Ioannina. Major Harald von Hirschfeld wurde Verbindungsoffizier zum nahen XXVI. italienischen Armee-Korps, in dessen Funktion Hirschfeld einschlägige Erkenntnisse über den geringen Ausbildungsstand, Kampfwert und Verteidigungswillen der lethargischen Italiener gewann. In Erwartung der Invasion wurden von Stettner die drei Kampfgruppen Salminger, Seidel und Remold gegen die antizipierten Hauptlandungsgebiete des Feindes am Golf von Arta angesetzt. Nachdem am 18. Juli 1943 Soldaten eines Spähtrupps des II./Gebirgsjäger-Regiment 98 im Gebiet um *Theriakisio* grausam massakriert, zerstümmelt und über Felswände geworfen aufgefunden worden war, wurde dies zum Fanal für „Säuberungsunternehmen" durch die Deutschen mit fürchterlichen Folgen für die Zivilbevölkerung. Das sogenannte *„Unternehmen Salminger"* begann um 22. Juli um 04.30 Uhr unter Einsatz von etwa 3.000 Mann der drei Bataillone des 98. Regiments sowie Teilen des Gebirgs-Artillerie-Regiments 79. Der zugeordnete Einsatzraum war insbesondere die Straße Ioannina - Arta - Preveza sowie das

Gebiet westlich davon. Man tötete zwanzig ‚Banditen', erbeutete Munition und brannte eine Reihe von Gebirgsdörfern ab. Die Gebirgsjäger klagten über die hohen Anforderungen, die die hochsommerliche Hitze in den kargen Steinwüsten bis 2.000 m Höhe an Mann und Muli stellten, und vor allem über den *gänzlichen Mangel an Frischwasser*. Da das Gros der Bevölkerung geflüchtet und der Feind stets rechtzeitig auswich und kaum zu stellen war, witterte Salminger Verrat und wandte sich ob der geringen Effizienz des Unternehmens in einem Memorandum an Stettner: ‚Herr General! So wie die Verhältnisse zur Zeit liegen, ist bestimmt der ganze Einsatz […] nach meinem Gefühl völlig zwecklos. Es gibt nur eins: Die gesamte männliche Bevölkerung festzunehmen, wer sich am Kampf beteiligt oder Banditen unterstützt, müßte sofort erschossen werden.'"[440] Dies bewirkte bei Stettner den folgenden Befehl vom 24. Juli: „Festnahme von Geiseln in sämtlichen Ortschaften, die durch Gegenüberstellung mit der ansässigen Bevölkerung 1.) Bandenführer feststellen und melden, 2.) ortsfremde Bevölkerung feststellen. Ortsfremde Bevölkerung wird wie Angehörige von Banden behandelt und abgeschoben. Männliche Bevölkerung, die mit der Waffe in der Hand angetroffen wird oder sich in der Nähe von Banden befindet, wird erschossen."[441] An diesem Tag wurde das Dorf Melia und das zugehörige Kato Mousiotitsa von der 12./98 des 29-jährigen Oberleutnants Willibald (Willy) Röser aus Klebes III./98 niedergebrannt. Der fanatische Nationalsozialist Röser galt bei den eigenen Soldaten als grausam und von unerbittlicher Härte. Am 25. Juli ereilte die Alm Spithari und das Dorf *Mousiotitsa* dasselbe Schicksal und es wurden 100 Menschen erschossen, die meisten von

---

[440] Meyer 2008, S. 185
[441] NA: T-315/65-385, KTB-Notiz, 24.7.1943

Rösers 12./98. Die von den Andarten angegriffenen und eingeschlossenen italienischen Verbände konnten von den deutschen Gebirgsjägern erfolgreich entsetzt werden. Im Zuge dieser Aktion brannte Major Reinhold Klebes III./98 auf seinem Weg über Kerasona (25.7.) und
die Muros-Kampos-Schlucht bis Anogio mindestens acht Ortschaften
nieder, trieb das Vieh ab und tötete 16 Dörfler. Insgesamt wurden
zwischen dem 18. und 28. Juli rund 60 Siedlungen niedergebrannt, 400
Griechen, 18 Italiener und neun Deutsche getötet.[442]

Am 25. Juli 1943 wurde Benito Mussolini gestürzt. Dies und die Übernahme der italienischen Regierung durch Marschall Pietro Badoglio
markierte die entscheidende Zäsur im Verhältnis der verbündeten
Achsenpartner Deutschland und Italien. Hitler übertrug umgehend
den Befehl über sämtliche Kräfte der Deutschen Wehrmacht im Süd-
ostraum auf Generaloberst Alexander Löhr, dessen übergeordneter
Heeresgruppe E die 11. italienische Armee unter dem OB der italienischen Streitkräfte in Griechenland, General Carlo Vecchiarelli, taktisch unterstellt wurde. Der von Stettner geschätzte Vecchiarelli
sprach ausgezeichnet Deutsch und war pro-deutsch eingestellt. Auf
der Seite der Wehrmacht wurden jetzt unter höchster Geheimhaltung
Vorkehrungen für die absehbare Kapitulation der formal noch verbündeten Italiener getroffen, den sogenannten *„Fall Achse"*. Hier fiel
den Kampfgruppen Salminger (Gebirgsjäger-Regiment 98), Remold
(Gebirgsjäger-Regiment 99) und Sommer (Gebirgsartillerie-Regiment
79) die Aufgabe zu, die in ihrem Stationierungsraum befindlichen italienischen Truppen zu entwaffnen, gefangen zu setzen und bei

---

[442] Vgl. Meyer 2008, S. 197-199.

Widersetzlichkeit rücksichtslos von der Waffe Gebrauch zu machen.[443] Da die einzige Nachschubstraße von Florina über Korçë und Leskovik nach Ioannina weiterhin das Ziel von Andartenangriffen war und die Italiener dort weder irgendwelche Abwehrvorkehrungen getroffen hatten noch die entsprechenden Ambitionen zeigten, unternahm das Gebirgsjäger-Regiment 99 unter Oberstleutnant Josef Remold vom 10. bis 13. August 1943 westlich von Ioannina das *„Unternehmen Augustus"*. Dieses Unternehmen schlug infolge des raschen Ausweichens der Aufständischen in die Küstengebiete fehl, weshalb Stettner und Salminger, dessen 98. Regiment vierzig Kilometer südlich von Ioannina bei Filipiada am Louros-Bach im Biwak lag, auf radikalere Maßnahmen drängten. Zuvor hatte sich der Regimentsgefechtsstand seit 30. Juli in der Hafenstadt Preveza befunden.

Als am 12. August Salminger mit seinem Fahrer Anton Bader bei einer Inspektionsfahrt im offenen Wagen durch das 600-Einwohner-Dorf *Kommeno* kamen, befanden sich auf dem Marktplatz zufällig und unerwartet Abgesandte der ELAS und der EDES in lautstarken Verhandlungen mit den einheimischen Bauern über deren zu leistende Abgaben an die Widerstandsorganisationen. An der Mauer vor der Taverne hatten die Griechen ein MG postiert. Bader wendete den Horch auf dem Marktplatz und fuhr zurück, Salminger meldete das 12 Kilometer südsüdostwärts Arta gelegene Kommeno durch Banden besetzt und behauptete anschließend, dass eine deutsche Truppe angeblich von Aufständischen überfallen worden und er selbst bei der Ortsdurchfahrt von Partisanen beschossen worden wäre. Oberleutnant Willibald Röser wurde von Major Reinhold Klebe befohlen, am

---

[443] Vgl. ebd., S. 201.

16. August mit der 12. Kompanie des 98. Regiments ab 04.00 Uhr eine gezielte Vergeltungsaktion gegen das gesamte Dorf durchzuführen, bei der alle niederzumachen seien. Klebe fuhr als „Gast" und Beobachter mit und hielt sich ansonsten raus. Zu Beginn der geplanten Tat wurde der Ort von drei Seiten umstellt. Als sich nicht genügend Freiwillige für die „Vergeltungsaktion" gegen Zivilisten fanden, bestimmte Röser zumindest zwei Züge seiner 12. Kompanie zur Durchführung. Aus dem Ort erfolgte keine Gegenwehr.[444] „Entsetzliche Szenen spielten sich in diesen Augenblicken in Kommeno ab, die selbst einige der hartgesottenen Gebirgsjäger aus dem Gleichgewicht bringen sollten. […] So mancher konnte es nicht über sich bringen, auf Frauen und Kinder zu schießen."[445] Andere beteiligte deutsche Soldaten gaben nach dem Krieg in zum Teil eidesstattlichen Aussagen an, dass bei *diesem mehrere Stunden dauernden Mordzug auf Frauen und Kinder geschossen, Handgranaten in Häuser geworfen wurden, geplündert und sich gar an Leichen in schändlicher Art zu schaffen gemacht wurde.* Der Gefreite Anton Ziegler streckte die Hochzeitsgesellschaft der Familie Mallios mit einer Maschinengewehrsalve nieder und erinnert sich 55 Jahre später: „Der hinter mir stehende Leutnant oder Gruppenführer gab mir den Befehl, auf die Griechen zu schießen. Ich weigerte mich. Unter den Griechen befanden sich Frauen und Kinder. Ich glaube, eine Frau trug ein Kind auf dem Arm. Ich hielt dies für ein Verbrechen. Der Tag gehört zu meiner schlimmsten Erinnerung aus dem ganzen Krieg. Der Gruppenführer oder Leutnant hinter mir richtete seine Waffe auf mich und drohte mir, mich zu erschießen, wenn ich seinem Befehl nicht nachkäme. Ich nahm diese Drohung ernst. Wir

---

[444] Ebd., S. 210-213.
[445] Ebd., S. 215.

alle wurden getrieben bei dieser Aktion. Es kann sein, daß mir dabei auch noch mit dem Kriegsgericht gedroht wurde. Ich schoß daraufhin auf die Griechen, die sich im gleichen Augenblick hinter den etwa einen Meter hoch aufgeschichteten Obstkisten versteckten."[446] Bei dem Gruppenführer, der Ziegler mit der Pistole bedroht hatte, den Befehl auszuführen, handelte es sich mit höchster Wahrscheinlichkeit um den 25-jährigen Gruppenführer Hermann Delacher. Denn dieser war neben Röser nachweislich der einzige Mann im Rang eines Leutnants, der mit der 12./98 in Kommeno war. Im Krieg neunfach verwundet, wurde Hermann Delacher später Schulleiter in Österreich. Ein Nachkriegsverfahren gegen ihn wurde von der österreichischen Staatsanwaltschaft sofort eingestellt, nachdem Delacher sich auf aufgrund seiner Kriegsverletzungen nicht mehr erinnern konnte, sich andererseits bei Klebe froh bedankte, von ihm das „Maulhalten" gelernt zu haben.[447] Meyer zitiert auch den in Kommeno beteiligten Soldaten August Seitner aus Bad Ischl: „Es war nach der wüsten Schießerei sehr still geworden. Die meisten Kameraden waren sehr bedrückt. Fast keiner war mit der Aktion einverstanden. Ich hatte bis zu diesem Zeitpunkt nicht gewußt, daß sich bei der 12. Kompanie auch einige Sadisten befanden, die sich […] bestialisch benommen hatten. Ich habe selbst gesehen, wie sich einige Soldaten über die Leichen lustig gemacht haben und Witze rissen, aber der größte Teil war schockiert und bedrückt. Alle hatten Gewissenskonflikte, bis auf wenige Ausnahmen. Schließlich haben wir uns alle auf den […] Standpunkt zurückgezogen, daß wir ja nur befehlsmäßig gehandelt haben. Und auf

---

[446] Ebd., S. 219.
[447] Ebd., S. 236.

Befehlsverweigerung waren ja harte Strafen angedroht."[448] Weiter heißt es bei Meyer: „Johann Ecker erinnerte sich an die Reaktion eines Feldwebels. ‚Der war über diesen Einsatz so empört, daß er die Mütze vor die Füße von Oberleutnant Röser warf und wutentbrannt zu ihm sagte: ‚Herr Oberleutnant, nehmen Sie zur Kenntnis, das war das letzte Mal, daß ich an so etwas teilgenommen habe. Das war ja eine Schweinerei sondergleichen, das hat ja meiner Meinung nach mit einer Kriegsführung nichts mehr zu tun.' In der Tat war dies eine in der Wehrmacht, in der strikt nach Befehl und Gehorsam verfahren wurde, eher ungewöhnliche Episode. Zwar stand im Soldbuch eines jeden Soldaten geschrieben, daß nur rechtmäßigen Befehlen Folge geleistet werden dürfe, aber nach vier Jahren Krieg hatte dieser hehre Anspruch nur noch wenig Bedeutung."[449]

Bei dem Massaker von Kommeno wurden von Angehörigen der 12. Kompanie des Gebirgsjäger-Regiments 98 insgesamt 317 Menschen ermordet (in der offiziellen Meldung an die 1. Gebirgs-Division wurde unwahr von 150 „Feindtoten" gesprochen). Nach dem Krieg aufgenommene Kriegsverbrecherverfahren führten zu nichts: Stettner und Salminger waren im Krieg gefallen, Röser im November 1944 bei einem Bombenangriff in Freiburg ums Leben gekommen. Major Dr. Reinhold Klebe (geb. 1913 in Dachau, gest. 1992 in Oberwarngau), dem die Oberleitung des Unternehmens übertragen worden war und der als einziger behauptet hatte, aus dem Ort sei das Feuer eröffnet worden, hatte seinen Befehl an den Kompaniechef Röser gegeben, und war selbst während des Massakers am Ortsrand

---

448 Ebd., S. 222.
449 Ebd., S. 222f.

zurückgeblieben. Er berief sich im Nachhinein darauf, Säuberungsak-
tionen zwar gegen Partisanen, nicht aber gegen Zivilisten befohlen zu
haben, verwies ansonsten auf Erinnerungslücken und hielt Berichte
wie jene von Ziegler oder Seitner für unglaubwürdige Greuelmär-
chen. Gegen ihn und Ziegler kam es zu Verfahrenseinstellungen
„mangels Beweisen", was als skandalös perzipiert wurde – man
konnte Klebe nicht nachweisen, dass der Befehl, alles niederzumachen, von ihm erteilt worden war. Dr. Reinhold Klebe wurde Tierarzt
in Landsberg am Lech, trat als Major und erster Bataillonskommandeur eines Gebirgsjägerbataillons in die Bundeswehr ein, wirkte an
höchster Stelle beim Neuaufbau der Gebirgstruppe mit, wurde 1969
als Oberstleutnant vorzeitig aus der Bundeswehr entlassen und reiste
nach einer Zwischenstation als Fleischbeschauer in Argentinien auf
Einladung seines Freundes, General Wego Tschiang Wei-kúo (der vor
Kriegsausbruch als „Schörners und Hirschfelds Chinese" vom uner-
bittlichen OFw. Carl Rall unter Hptm. Fritz Übelhack „geschliffen"
worden war), 1973 bis 1975 nach Taiwan, um Vorträge vor der natio-
nalchinesischen Generalität zu halten und deren Soldaten im Gebirgs-
kampf zu schulen. Die durch Befehl zum Massaker angestifteten Soldaten gingen von einer Vergeltungsaktion aus, ohne überhaupt Klarheit darüber zu haben, was eigentlich konkret vergolten werden
sollte. Sie erachteten Sühnemaßnahmen – Terror gegen Terror – prinzipiell für moralisch zu rechtfertigende Handlungskategorien. In
Kommeno verselbstständigte sich allerdings der Exzess und anschließend war ihr Unbehagen in dem Verdacht begründet, dass das, was
sie getan hatten, außerhalb der zulässigen Grenzen lag.[450]

---

[450] Vgl. Mazower 1997, S. 180.

Im gesamten Zeitraum von der Stationierung der 1. Gebirgs-Division in Griechenland und Südalbanien vom 1. Juli bis 31. August 1943 ergibt sich als Bilanz der Unternehmen „Sarantoporo" (1.-6.7.), „Marsch nach Ioannina" (7.-17.7.), „Salminger" (18.-28.7.) und „Augustus" (29.7.-31.8.1943) 184 zerstörte Ortschaften, 1.287 griechische und 472 albanische Opfer, 22 gefallene Deutsche sowie 18 gefallene Italiener.[451]

In der nächsten Phase der Entwicklungen tritt als wichtiger Akteur wieder Hubert Lanz in den Blickpunkt, der frühere Kommandeur der 1. Gebirgs-Division, der am 23.12.1942 von Hitler persönlich das Eichenlaub zum Ritterkreuz verliehen bekommen hatte und inzwischen zum General der Gebirgstruppen befördert worden war. Nachdem infolge der deutschen Niederlage von Stalingrad die Rote Armee eine Lücke von 500 Kilometern Frontbreite gerissen hatte, hatte Hitler Lanz zum Befehlshaber einer besonderen Armeeabteilung gemacht. Diese umfasste das II. SS-Panzer-Korps (SS-Obergruppenführer und General der Waffen-SS Paul Hausser) mit den Divisionen „Leibstandarte" (SS-Obergruppenführer Josef „Sepp" Dietrich), „Reich" (Georg Keppler) und „Totenkopf" (Theodor Eicke) sowie das Korps Cramer (General Hans Cramer) mit der Division „Großdeutschland" sowie der 168., 298. und 320.Infanterie-Division. Ziel der Armee-Abteilung Lanz war es gewesen, die Nordflanke der Heeresgruppe Don zu schützen, die Großstadt Charkow als „Festung" zu halten und zugleich einen umfassenden Gegenangriff zu führen – eine Mammutaufgabe mit Maximalanforderung, die Hausser und die SS-Führer angesichts der aussichtslosen Lage und einer zehnfachen Überlegenheit

---

[451] Vgl. Meyer 2008, S. 238.

des Feindes für undurchführbar hielten. Da das SS-Panzer-Korps Gefahr lief eingeschlossen zu werden, widersetzten sich Hausser und seine kommandierenden SS-Generäle dem Führerbefehl – im Gegensatz zu Lanz. Er schloss sich dieser Linie erst an, als die Fakten bereits geschaffen waren, während der opportunistische Manstein als OB der Heeresgruppe Süd wider besseren Wissens Hitler im Glauben ließ, es sei Lanz gewesen, der den Führerbefehl nicht befolgt hatte: Der Gebirgsjäger-General Lanz wurde als Haussers unmittelbarer Vorgesetzter deshalb in Charkow am 20. Februar 1943 vom Kommando abberufen und durch den Panzer-General Werner Kempf an der Spitze dieser Armeeabteilung ersetzt. Vier Wochen später, am 14. März 1943, wurde Charkow von den Deutschen wieder zurückerobert, ehe es final verloren gegeben werden musste.

Am 24. und 25. Juli war in Italien der Umsturz erfolgt, der Duce Mussolini wurde zur Demission gezwungen, seine faschistische Partei aufgelöst und Marschall Pietro Badoglio mit den Regierungs- und Kriegsgeschäften Italiens betraut. Tags darauf übernahm General Konrad wieder das XXXXIX. Gebirgs-Armee-Korps, während Lanz nun Kommandierender General des neu aufgestellten XXII. Gebirgs-Armee-Korps (als Teil der Heeresgruppe E) wurde. Eigentlich zuständig für den ostgriechischen Raum, verlegte Lanz den Befehlsstand des XXII. Gebirgs-Armee-Korps nach Ioannina, wo seinem Korps wegen der inzwischen erwarteten Kapitulation der Italiener („Fall Achse") die 1. Gebirgs-Division, die 104. Jäger-Division und das Festungs-Grenadier-Regiment 966 unterstellt wurden. Am 7. August kam Lanz erstmalig in Ioannina an, tags darauf besprach er sich mit Josef Salminger, dem Kommandeur des 98. Regiments.

Lanz' Chef des Generalstabs war Oberst Dietl, sein Adjutant war Hauptmann Fritz Döppenschmitt, sein Ic Gebhard von Lenthe und sein O1 und Kriegstagebuchschreiber Hauptmann Matthias Starl, der in Russland Salmingers Adjutant gewesen war. Am 8. September bewahrheiteten sich die Befürchtungen der Deutschen: *Der kriegsmüde italienische Achsenpartner unter Marschall Badoglio hatte vor den Amerikanern kapituliert und mit US-General Dwight D. Eisenhower einen Waffenstillstand ausgehandelt. Hitler gab das Stichwort „Achse" an die betroffenen Kommandostellen. Die Lage im Epirus war jetzt völlig unübersichtlich und unkalkulierbar.* Für alle Verbände des XXII. Gebirgskorps galt daher nunmehr: „Wichtigste Aufgabe ist es im Falle eines offenkundigen Verrates die (mit Ausnahme der zuverlässigen, zur Fortsetzung des Kampfes bereiten) Einheiten so schnell wie möglich zu entwaffnen…und das gesamte Kriegsgerät sicherzustellen oder notfalls unbrauchbar zu machen."[452] Hierzu war es für die Gebirgsjäger entscheidend, die wichtigsten italienisch besetzten Stützpunkte, Küstenabschnitte, Inseln zu besetzen und die eigenen rückwärtigen Verbindungen zu sichern. Italienischen Kommandeuren, die mit ihren Verbänden Widerstand leisten und ihre Waffen nicht an die Deutschen abgeben, wurde gedroht, als Freischärler erschossen zu werden.

Am 10. September 1943 erklärte sich der italienische Oberbefehlshaber in Griechenland, General Carlo Vecchiarelli nach Verhandlungen mit General Lanz zur bedingungslosen Kapitulation seiner Verbände gegenüber den deutschen Truppen und zur Abgabe ihrer sämtlichen Waffen bereit. „Vecchiarellis Armee setzte sich aus drei italienischen und einem deutschen Armeekorps zusammen: Das italienische XXVI.

---

[452] KTB der Heeresgruppe E, Bl. 160, nach: Kaltenegger: Todesinseln 2018, S. 60.

Armeekorps des Generals Guido della Bona mit dem Hauptquartier in Ioannina stand in Epirus. Es bestand aus der Infanteriedivision ‚Modena', dem 18. Infanterieregiment ‚Acqui' auf Korfu, der 2. Gruppe Alpini ‚Valle' sowie bis zu ihrem Ausscheiden aus der 1. Gebirgs-Division der Wehrmacht und Korpstruppen."[453] Bei der „Edelweiß-Division" rückten nach der erklärten italienischen Kapitulation als zentral verantwortliche Offiziere neben Generalmajor Walter Stettner, als Divisionskommandeur, dessen 1. Generalstabsoffizier (Ia) Oberstleutnant i. G. Karl Wilhelm Thilo sowie der 2. Generalstabsoffizier (Ib) Major i. G. Hans Brandner in den Fokus. Als Kommandeur des Festungs-Grenadier-Regiments 966 vereinbarte Oberstleutnant Hans Barge mit dem Kommandeur der italienischen Division „Acqui", General Antonio Gandin, die stufenweise Entwaffnung auf Kefalonia. Diese mit rund siebenhundertvierzig Quadratkilometern größte Insel im Ionischen Meer hatte zusammen mit Korfu für die Deutschen eine herausragende strategische Bedeutung: „Der Besitz von Korfu und Kefalonia hätte den Alliierten die Straße nach Patras und Athen weit geöffnet und somit die Vormachtstellung in Südgriechenland und auf dem Peleponnes sowie auf Kreta unhaltbar gemacht."[454] Als Gandin am 12. September noch einmal schriftlich seine Bereitschaft zur Waffenabgabe erklärte, hatte er in Wahrheit jedoch bereits den Einfluss auf seine Kommandeure und einige italienische Einheiten verloren. Diese wollten nämlich der Schmach der Waffenübergabe entgehen und traten für den aktiven militärischen Kampf gegen die Deutschen ein, beschossen deutsche Schiffe und Truppen in Argostolion, der Hauptstadt Kefalonias, setzten über vierhundert

---

[453] Kaltenegger: Todesinseln 2018, S. 73.
[454] Ebd., S. 86.

Landser fest und ignorierten mehrere folgende deutsche Ultimaten. Gandin, so wurde es nun von deutscher Seite wahrgenommen, probte ein Feilschen um die späteren Todesinseln Kefalonia und Korfu. *Durch sein Taktieren und Lavieren lieferte er sich, seine Offiziere und Soldaten ihrem Schicksal aus,* denn für die Deutsche Wehrmacht war jetzt das Maß voll. Mit den Wehrmachtsverbänden war Gandin an die Falschen geraten: Barge wurde als Inselkommandant Kefalonias seiner Stellung enthoben und Major Harald von Hirschfeld als Kommandeur der „Kampfgruppe Hirschfeld" mit der Gesamtoperation gegen die Italiener beauftragt. „Das war eine Entscheidung von schwerwiegender Tragweite. Denn von nun an wurde die menschlich soldatische Seele der 1. Gebirgs-Division nach Aussage von unbestechlichen Zeitzeugen auf die gemeinste und hinterhältigste Art und Weise verraten. Wenn die ‚Kampfgruppe von Hirschfeld' auch nur aus einigen Bataillonen bzw. Abteilungen sowie Kompanien bzw. Batterien bestand, so hat ihr verbrecherisches Treiben doch die gesamte Stammdivision der deutschen Gebirgstruppe schwer und nachhaltig erschüttert."[455] Wie an anderer Stelle bereits ausgeführt, galt Hirschfeld weit über das Gebirgsjäger-Regiment 98 hinaus als schneidiger Offizier und draufgängerischer Kämpfer, vor allem aber als überzeugter, eingefleischter Nationalsozialist. Er sollte nun zum *„Schlächter von Kefalonia"* werden.

---

[455] Ebd., S. 95.

30 Major Harald von Hirschfeld, Propaganda-Postkarte mit Autograph
(Privatbesitz).

Die deutsche Rückeroberung Kefalonias unter seinem Kommando begann mit der Verladung des III./Gebirgsjäger-Regiment 98 auf Fährprahmen, den großen Landungsbooten der deutschen Kriegsmarine.
Am 17. September stach es mit der restlichen Kampfgruppe von
Hirschfeld von Preveza aus in See. Gegen 20.00 Uhr erfolgte in Hirschfelds Gefechtsstand die Befehlsausgabe an die Zugführer. Ein Oberfeldwebel und Zugführer erinnerte sich an die Mitteilung an seine
Männer: „„Ich habe Euch folgenden Befehl des Führers und Mussolinis zu überbringen. *Der Befehl lautet: Kein Italiener verlässt lebend die*

Insel. Ihr wisst, was das heißt: Wir machen keine Gefangenen, alle Gefangenen werden erschossen!' Dann setzte er sich, schwieg wie alle. ‚Er hätte uns ebenso gut unser eigenes Todesurteil überbringen können', erinnerte sich Dr. Schuster noch Jahrzehnte später voller Grauen. ‚Wir diskutierten bis zum Morgengrauen und fanden keinen Schlaf'".[456] In der Tat hatte das OKW am 15.9. die „Grundsätzlichen Richtlinien über die Behandlung der Soldaten der italienischen Wehrmacht und Miliz" erlassen, die das standrechtliche Erschießen jener Offiziere befahl, die Widerstand leisteten oder mit dem Feind bzw. Banden paktierten. Am 18. September 1943 findet sich bereits die Eintragung eines noch viel radikaleren Führerbefehls Hitlers im KTB des OKW: „Der OB Südost wird angewiesen, über den am 15.9. erteilten Befehl hinaus *wegen des gemeinen und verräterischen Verhaltens auf Kephalonia keine ital. Gefangene machen zu lassen.*"[457] An der Vernichtung der ehemaligen Waffenbrüder von der Division „Acqui" beteiligt waren laut Hirschfelds eigenem Gefechtsbericht unter anderem die 11./98 (OLt. Sigwart Göller), 12./98 (Willibald Röser), 13./98 (Martin Hörmann), 14./98 (OLt. Martin Böhm), 15./98 (OLt. Zwack) und der Pionierzug des von Major Reinhold Klebe geführten III./Gebirgsjäger-Regiment 98 sowie das Gebirgs-Jäger-Bataillon 54 unter Major Wilhelm Spindler.[458] Hirschfelds Kampfgruppe war einem geplanten italienischen Angriff der Division „Acqui" durch einen überraschenden Nachtmarsch um wenige Stunden zuvorgekommen und konnte die „Verräter" binnen 36 Stunden niederkämpfen. „All das, was unsere Kameraden drüben in Afrika und drunten in Sizilien auf Grund des

---

[456] Ebd., S. 111.
[457] KTB des OKW. Hrsg. v. Percy E. Schramm. Bd. III/2. Augsburg 2005, S. 1119.
[458] Vgl. Kaltenegger: Todesinseln 2018, S. 114-117.

Verrats haben erdulden müssen, das brannte uns in diesem Augenblick unter den Fingernägeln. *Und wir haben zugeschlagen, so zugeschlagen, wie wir in diesem Kriege noch nie jemanden zusammengeschlagen haben.*[459] So der vom Vernichtungsfuror beflügelte Oberleutnant Sigwart Göller, dessen Zug ein ganzes italienisches Bataillon band und der später von Hitler persönlich „Für seine hervorragenden Leistungen auf dem Schlachtfelde bei Dilinata am 21.9.1943"[460] eine besondere Anerkennung ausgesprochen bekam. Mehrere tausend italienische Soldaten wurden entwaffnet und gefangengenommen.

Über die *Kämpfe auf Kefalonia vom 16. bis 22. September 1943* hielt Major Harald von Hirschfeld in einem Gefechtsbericht u. a. fest: „11./98, mit Morgengrauen antretend, wirft schwachen Feind auf Höhenrücken einen Kilometer südostwärts der Strasse Ankona – Divarata, drei Kilometer südwestlich Drakata, und erreicht die Höhe einen Kilometer südwestlich Drakata. 12./98 zwei Stunden später auf der Strasse Ankona – Divarata antretend, trifft einen Kilometer nordostwärts der Schlucht auf stärkeren Feindwiderstand und greift ihn an. Der Feind (I./317), das bereits am Vortage durch 11./98 angeschlagen worden war, wird über die Höhen in nordostwärtiger Richtung zurückgeworfen auf 11./98, die ein weiteres Ausweichen verhindert. Das [italienische] Bataillon wird im Raume einen Kilometer südwestlich Drakata gegen 10.00 Uhr fast vollzählig vernichtet. [...] Der noch verfügbare Zug 13./98 (zwei Züge 13./98 sind zur Aufklärung gegen Straße Dilinata – Drakata eingesetzt) und der Pionierzug III./98 werden zur

---

[459] Archiv der Gebirgstruppe: 210-2650, 3. Frontbrief v. Sigwart Göller, 1.12.1943, nach: Meyer 2008, S. 348.
[460] Vgl. Meyer 2008, S. 403.

Abwehr der feindlichen Umfassung beschleunigt auf Punkt 874 vorgeworfen. Die Fortsetzung der gewaltsamen Aufklärung 11. Und 12./98 in Richtung Assun sowie Wegnahme der dort gemeldeten Batterien wird befohlen, um den Erfolg der Vernichtung des I./317 sofort auszunutzen und die Nordflanke vom Feind freizukämpfen. [...] 11. und 12. Kompanie melden Einnahme von Petrikata und Säuberungen von Assos. [...] Die Kampfgruppe Klebe (III./98 G[ebirgsjägerbataillon] 54) überwindet das schwierige Berggelände in anstrengendem Nachtmarsch und zerbricht in kurzem, aber hartem Nachtgefecht feindliche Sperrstellungen am Pass fünf Kilometer nördlich Dilinata, um mit den vordersten Teilen in Dilinata einzudringen."[461] Lanz' oft ungenauer Biograf Burdick verunklart und verharmlost das folgende Massaker, wenn er schreibt: „In weniger als 36 Stunden hatten Hirschfelds Männer bei vierzig eigenen Toten den gesamten italienischen Widerstand gebrochen. Der ungleiche Kampf war hart gewesen. Die Deutschen waren wütend über den Verrat ihrer früheren Verbündeten, die sie als feige Spaghettifresser bezeichneten. Ihren Verbündeten treulos im Stich zu lassen, die Vereinbarungen mit Vecchiarelli nicht einzuhalten und Kriegsgefangene willkürlich zu behandeln, führte zu einigen unkontrollierten Strafaktionen: Die Italiener, die sich in Gruppen sofort ergaben, wurden traditionsgemäß als Strafgefangene behandelt; die bis zum Ende kämpften, erfuhren eine summarische Aburteilung ohne Gnade."[462]

---

[461] Bundesarchiv-Militärarchiv: RH 24-22/3, nach: Kaltenegger: Todesinseln 2018, S. 114ff.
[462] Burdick 1988, S. 194.

In Tat und Wahrheit machten die deutschen Truppen also ab dem Morgen des 21. September 1943 keine Gefangenen mehr und erschossen jeden italienischen Soldaten, der sich ergab, auf der Stelle. Ganze Kompanien wurden nach der Streckung der Waffen erschossen.[463] „In der Folge mähten die 1. Gebirgsdivision, die 104. Jägerdivision und das Festungs-Grenadier-Bataillon 910 mit Maschinengewehrsalven ganze Einheiten unbewaffneter Italiener nieder, die sich zuvor ergeben hatten. Das Morden endete auch noch nicht, als General Gandin am 22. September kapitulierte."[464] General Lanz funkte laut KTB des XXII. Gebirgs-Armee-Korps an diesem Tag abends um 22.25 Uhr folgenden Wortlaut an die Heeresgruppe E: „Masse der Division Acqui (ohne Regiment 18 Korfu) vernichtet. Säuberung der Insel voraussichtlich 23.9. beendet. General Gandin mit seinem Stab gefangen genommen. Erbitte Befehl, wie gegen ihn, seinen Stab und die wenigen Gefangenen zu verfahren ist. Befinde mich morgen 09.00 Uhr auf Kefalonia, um dort abschließende Maßnahmen zu treffen."[465] Mit dieser Frage zu seiner Absicherung, die womöglich taktischen Hintergrunds war, um sich selbst stärker aus der Verantwortung nehmen zu können, evozierte Lanz das Gegenteil, nämlich eine Antwort, die ihn weitgehend festlegte: „General Gandin und Offiziere gemäß Führerbefehl behandeln. Mit übrigen kann milder verfahren werden."[466] Major Harald von Hirschfeld verfasste am 23.9.1943 einen Tagesbefehl

---

[463] Vgl. https://de.wikipedia.org/wiki/Massaker_auf_Kefalonia (30.8.2023)

[464] „Alles, was vor die Mündung kommt, wird umgelegt." https://www.spiegel.de/geschichte/kefalonia-1943-massaker-der-wehrmacht-an-italienischen-kriegsgefangenen-a-1227737.html# (30.8.2023)

[465] Kaltenegger: Todesinseln 2018, S. 117.

[466] So die Antwort der Heeresgruppe E, die beim XXII. Gebirgs-Armee-Korps am 23.9.1943 um 10.00 Uhr über Funk einging. KTB des XXII. Gebirgs-Armee-Korps. Nr. I, Bl. 41

für seine Kampfgruppe, der mit keiner Silbe die Ermordung der italienischen Soldaten nach Ende der Kampfhandlungen erwähnte und stattdessen die hervorragenden soldatischen Konditions-, Gefechts- und Führungsleistungen seiner Gebirgsjäger auf Kefalonia herausstellte:

„Kampfgruppe von Hirschfeld   23.09.43

Tagesbefehl

Die Kampfgruppe hat in einem einzigen, sechsunddreißig Stunden währenden Angriff die Division Acqui, eine der besten italienischen Divisionen, vernichtet. Nur vier Bat[aillone] mit zwei Batterien haben zwei Infanterieregimenter und fast zwei Artillerieregimenter zerschlagen. Die Bat[aillone] Klebe und Spindler haben als Kampfgruppe Klebe vierundzwanzig Stunden durchgehend marschierend und kämpfend den Stoß in den Rücken des Feindes geführt. Höchste körperliche Anforderungen wurden von Offizier und Mann verlangt und geleistet. Die Bat[aillon] Hartmann und Nennstiel haben als Kampfgruppe Hartmann den Feind, trotz hartnäckigen Widerstandes, im frontalen, schwungvollen Angriff geworfen und so besonders zum Endsieg beigetragen. Die Artillerieabteilung Wagner hat den Angriff der Kampfgruppen ganz vorzüglich unterstützt. Allen Offizieren, Unteroffizieren und Mannschaften spreche ich meinen Dank und meine besondere Anerkennung aus für die hervorragende soldatische Leistung. Die Herren Kommandeure beglückwünsche ich dazu, solche deutsche Soldaten führen zu können, zugleich danke ich ihnen für die überlegene Führung in diesem Gefecht. Auch dieser Erfolg ist ein Zeichen deutscher Kraft im Vertrauen auf unseren Führer und unseren Endsieg.

von Hirschfeld"[467]

Am 25. September beglückwünschte General Hubert Lanz seinen Vorzeigeoffizier von Hirschfeld im Rahmen eines Funkspruchs, der vom Generalkommando des XXII. Gebirgs-Armee-Korps bei Hirschfeld um 11.50 Uhr einging:

„Kampf und Säuberung der Insel Keffalonia [sic!] sind beendet. Unter Ihrer überlegten und tatkräftigen Führung haben Gebirgsjäger, Jäger und Grenadiere im gegenseitigen Wetteifer eine durch die Eigenart der Lage und die Ungunst des Geländes schwierige Lage hervorragend gelöst.

Ich spreche Ihnen, lieber Hirschfeld, sowie allen Truppen meine lobende Anerkennung und meinen herzlichen Dank aus.

gez. Lanz, Komm. General XXII. (Geb.) A K."[468]

Tags zuvor, am 24. September 1943, hatte ein deutsches Standgericht über das Schicksal von General Gandin und seiner 136 verbliebenen Offiziere entschieden: Die Italiener wurden zum Tode verurteilt und exekutiert, ihre Leichen mit Steinen beschwert und im Meer versenkt."[469] Wie viele wehrlose, unbewaffnete Italiener bei den Massenerschießungen umgebracht wurden, ist nicht mehr exakt zu ermitteln, es gibt unterschiedliche Bezifferungen, die Meyer akribisch aufführt und diskutiert. *Es dürften jedoch tatsächlich etwa 2.500*[470] *Opfer bei*

---

[467] Kaltenegger: Todesinseln 2018, S. 118.

[468] Ebd., S. 119.

[469] „Alles, was vor die Mündung kommt, wird umgelegt." https://www.spiegel.de/geschichte/kefalonia-1943-massaker-der-wehrmacht-an-italienischen-kriegsgefangenen-a-1227737.html# (30.8.2023)

[470] Meyer 2008, S. 423.

diesem quantitativ größten Massaker von Deutschen an den Italienern gege-ben haben.[471] „Die Tötungen erfolgten nicht ausschließlich durch die 1. Gebirgs-Division, wie meist behauptet wird, sondern in nicht unbeträchtlichem Umfang auch durch Angehörige der 104. Jäger-Division und des Festungs-Grenadier-Bataillons 910."[472] Von den ehemals 10.700 Mann der Division „Acqui" auf Kefalonia verloren darüber hinaus etwa 1.560 Mann bei Schiffsuntergängen aufgrund von Seeminen und Luftbombardements der „Ardena", „Alma" und „Maria Martha" ihr Leben.[473] Das Gros von 5.000 Mann wurde als Kriegsgefangene auf das Festland deportiert. Während weitere 1.300 Mann als Zwangsarbeiter auf der Insel verblieben, wurden etwa 200 Mann von Zivilisten aufgenommen und schlossen sich dem griechischen Widerstand an.[474] Beim III. Bataillon des Gebirgsjäger-Regiments 98 gab es im Zeitraum vom 13.-24. September 1943 19 Gefallene und 43 Verwundete (bei insgesamt 60 Gefallenen, 104 Verwundeten und 7 Vermissten auf deutscher Seite).[475] Angehörige der Einheit hatten zur Abscheu des Gros ihrer Kameraden auch Wohnungen geplündert und Diebstähle begangen. Nach dem Krieg wurde gerichtlich festgestellt, dass der Einsatz der deutschen Verbände gegen die italienische Division „Acqui" auf Befehl des Kommandierenden Generals des XXII. Gebirgs-Armee-Korps, Lanz, erfolgte. Die vollständige Befehlskette

---

[471] So Lutz Klinkhammer vom Deutschen Historischen Institut in Rom. Vgl. https://www.spiegel.de/geschichte/kefalonia-1943-massaker-der-wehrmacht-an-italienischen-kriegsgefangenen-a-1227737.html# (30.8.2023)
[472] Ebd.
[473] Shelah, Manachem: Die Ermordung italienischer Kriegsgefangener, September – November 1943. In: Vernichtungskrieg. Verbrechen der Wehrmacht 1941 bis 1944. Hrsg. v. Hannes Heer und Klaus Naumann. 10. Aufl. Hamburg 1997, S. 191-207, hier: S. 203.
[474] Vgl. Meyer 2008, S. 422f.
[475] Vgl. ebd., S. 416.

bei diesem Verbrechen reichte somit von Hitler und OKW-Chef Keitel – Urheber und Ausfertiger des verbrecherischen Befehls – über Generalfeldmarschall Maximilian von Weichs als OB Südost in Belgrad, Generaloberst Alexander Löhr als OB der Heeresgruppe E in Saloniki zu General Hubert Lanz, dem als Kommandierender General des XXII. Gebirgs-Armee-Korps der Kefalonia-Einsatz unmittelbar unterstand, sowie Hirschfeld als Kommandeur des Gebirgsjäger-Regiments 98 und Klebe (Chef III./98). *Löhr und Lanz trugen die truppendienstliche Verantwortung für das Massaker auf Kefalonia,* das gegen die Zweite Genfer Konvention von 1929 und die Haager Landkriegsordnung verstieß.

Löhr wurde 1947 in Belgrad wegen der völkerrechtswidrigen Bombardierung Belgrads ohne zuvoriger Kriegserklärung und wegen Kriegsverbrechen auf dem Balkan hingerichtet. Lanz musste sich als einziger Überlebender der genannten Personen 1948 vor dem Internationalen Militärtribunal in Nürnberg („Südost-Generale") verantworten. Dort ließ er sich unwiderlegbar dahingehend ein, „er habe weder den Sonderbefehl Hitlers vom 15. September 1943 noch den abgeänderten Befehl, dass nur die italienischen Offiziere auf Kefalonia erschossen werden sollten und die Soldaten milde behandelt werden könnten, an die Kampfgruppe von Hirschfeld weitergegeben."[476] „Zu diesem Zeitpunkt waren der Hergang des Massakers und die Vorgänge in der Befehlskette noch unklar, zudem brachten die Italiener keine Beweise für das Massaker vor das Tribunal. Lanz wurde 1948 wegen Kriegsverbrechen seiner Truppen auf dem Balkan, darunter der Erschießung der Offiziere auf Kefalonia, zu zwölf Jahren Haft

---

[476] Bundesarchiv/Militärarchiv: RH 28-1/99, nach Kaltenegger: Todesinseln 2018, S. 255.

verurteilt – die recht milde Strafe war auch dem Argument der Verteidigung zuzuschreiben, wonach die Italiener formal den Deutschen unterstellt waren und daher als Fahnenflüchtige oder Partisanen gelten konnten."[477] In Nürnberg war Lanz zu zwölf Jahren Gefängnis verurteilt, nach vier Jahren jedoch bereits wieder entlassen worden. Jahrzehnte später neu aufgenommene Ermittlungen gegen ihn wegen der Gefangenenerschießung wurden eingestellt. Es wurde nicht mehr Mord angenommen, sondern nur noch auf Totschlag erkannt – und dieser war längst verjährt (abgesehen davon hätte der zentrale Rechtsgrundsatz „Ne bis in idem" analog Art. 103 GG und der Strafprozessordnung grundsätzlich keine Mehrfachbestrafung in derselben Strafsache zugelassen). Lanz trat der FDP bei und war ihr Berater für Militär- und Sicherheitspolitik. Als Ehrenvorsitzender des Kameradenkreises der Gebirgstruppe verstarb der ambivalente, von der Gebirgstruppe als eine der Ihren verehrte Lanz, der zeitweise diffus dem erweiterten Verschwörerkreis der Hitler-Attentäter zugerechnet worden war, 1982 in München.

Weitere Verantwortliche waren neben dem später gefallenen Hirschfeld, auf den viele kommod die eigene Schuld abwälzten, auch Dr. Reinhold Klebe, der als Kommandeur des III./98 Hirschfeld unmittelbar nach dessen Befehlsausgabe diesem erklärt haben will, „dass er diesen Befehl nicht weitergeben und nicht ausführen lassen werde."[478] Verantwortliche waren am Ende der Befehlskette schließlich die Unterführer Hirschfelds, Klebes und Co. sowie deren Soldaten, die das

---

[477] https://www.diepresse.com/1455258/als-die-deutschen-ihre-exfreunde-umbrachten (17.8.2023)
[478] Kaltenegger: Todesinseln 2018, S. 263.

Verbrechen auf Kefalonia exekutierten. Sie kamen „mit einem blauen Auge" oder gänzlich ungeschoren davon. Von Dr. Reinhold Klebe, der für Kefalonia mit dem Deutschen Kreuz in Gold ausgezeichnet worden war, gab es nach dem Krieg nur *Berufungen auf den Befehlsnotstand („Führerbefehl"), Erinnerungslücken, vorgebliche Ahnungslosigkeit, Schuldabweisungen und die Behauptung, er habe geglaubt ein rechtmäßiges standgerichtliches Urteil* gegen General Gandin und seine Offiziere zu vollstrecken. Der Nürnberger Kriegsgerichtshof stellte tatsächlich höchstrichterlich fest, dass Gandin und seine mitschuldigen Offiziere Kriegsverrat geübt hätten und nach Völkerrecht erwiesene Meuterer und Freischärler gewesen seien. Damit war der Tatvorwurf „Mord" vom Tisch. Das Verfahren gegen Klebe, dem man überdies glaubte, dass die ihm vorgehaltenen Erschießungen italienischer Soldaten ihm unbekannt seien, wurde trotz erheblicher Zweifel eingestellt (wie es überhaupt eine Fülle von Verfahrenseinstellungen aus Mangel an Beweisen oder erheblichen Zweifeln gegeben hat). Vereinzelte deutsche Wiederaufnahmeverfahren erkannten auf Befehlsnotstand. Hinsichtlich der beteiligten Gebirgsjäger wurden nach dem Krieg mehrfach juristische Untersuchungen aufgenommen, abgeschlossen und nach Medienberichten, politischen Ereignissen und immer neuen Materialhinweisen wiederaufgenommen, doch kam es in keinem der bisherigen Verfahren in Deutschland zu einer Anklageerhebung gegen Beteiligte. *Alles verlief im Sande.*[479]

Vom 23. bis 27. September 1943 erfolgte das „*Unternehmen Verrat*", die Entwaffnung der Italiener auf Korfu, der nördlichsten und strategisch

---

[479] Zur juristischen Aufarbeitung mit allen Initiativen, Etappen und Ergebnissen vgl. https://de.wikipedia.org/wiki/Massaker_auf_Kefalonia (30.8.2023)

besonders bedeutsamen Ionischen Insel. Lanz befahl die gleiche „Behandlung" der italienischen Besatzung von Korfu nach denselben Gesichtspunkten wie auf Kefalonia. (442) Hierzu wurde das II./Gebirgs-jäger-Regiment 98 nachmittags in Preveza verladen. Am 24.9. landeten die 6./98, 7./98 und 9./98 nachts gegen 01.00 Uhr unbemerkt westlich der Lagune Korissia, wobei die von Pössinger geführte 6. Kompanie an der Spitze des Unternehmens stand. Wenngleich auch das Gebirgsjäger-Regiment 99 von Oberstleutnant Josef Remold als „Kampfgruppe Remold" eingesetzt war, lag der Schwerpunkt der Operation beim Regiment 98. Durch das II./98 fiel schon in den frühen Morgenstunden die Entscheidung: „Die italienischen Einheiten befanden sich in voller Auflösung. Gegen die kampferfahrenen Gebirgs-jäger-Verbände hatten sie keine Chance."[480] Die Aufgabe von Pössingers 6. Kompanie bestand zunächst darin, den Brückenkopf zwischen Mesonghi und der Lagune Korissia zu erobern und zu halten und sodann als Vorausabteilung die strategisch wichtigsten Punkte der Inselhauptstadt Kerkyra in Besitz zu nehmen. „Denn damit hatte das II. Bataillon des Gebirgsjägerregiments 98 ‚bis zum Abend des 24.9. den von der Division befohlenen Auftrag restlos erfüllt, […] den Südostteil der Insel in schwungvollem Vorgehen gesäubert, auftretenden Feindwiderstand rasch und energisch gebrochen und beträchtliche Beute eingebracht.'"[481] „Der deutsche Erfolg war in der Tat überwältigend. Nicht weniger als drei italienische Besatzungsbataillone wurden vernichtet oder zur Übergabe gezwungen. Fünfhundert Italiener waren gefallen und eineinhalbtausend wurden gefangen genommen. Nachdem der Ritterkreuzträger Michael Pössinger mit seiner

---

[480] Ebd., S. 446.
[481] Bundesarchiv-Militärarchiv: RH 28-1/117, nach: Kaltenegger: Todesinseln, S. 201.

verstärkten 6. Kompanie des Gebirgsjägerregiments 98 in der Nacht vom 23. auf den 24. September 1943 auf der Südhälfte von Korfu gelandet war, gelang es ihm [...], den Nord- vom Südteil der Insel abzuschneiden und nach zwei Tagen härtester Kämpfe in seinen Besitz zu nehmen. Neben zahlreichen erbeuteten Waffen marschierten nicht weniger als viertausend Italiener in Gefangenschaft. Die anschließende Säuberung des eroberten Gebietes erfolgte ohne nennenswerte Gegenwehr."[482] Die genauen Einsatzräume von Pössingers 6. Kompanie waren am 25. September 1943 Strongoli (09.15 Uhr), Stawrospass (Spähtrupp), Kerkyra, Hafen Sidari (Soudari), Passhöhe südostwärts Kastellani, Sidari (Soudari) an der Nordspitze Korfus.[483] Am 23. September wurden 450 von den Italienern in Kerkyra inhaftierte deutsche Gefangene von den Italienern nach Bari und Brindisi überführt. Aus deutscher Sicht verlief die Entwicklung auf Korfu insgesamt unvorhergesehen schnell und günstig. Den Hauptanteil am Sieg der schwachen deutschen Kräfte gegen den zahlenmäßig mehrfach überlegenen Gegner konnte das II./Gebirgsjäger-Regiment 98 (Kampfgruppe Hauptmann Dittmann) sowie das II./99 (Kampfgruppe Hauptmann Feser) für sich reklamieren.[484]

Lanz rückversicherte sich über das weitere Vorgehen gegen die italienischen Offiziere, von denen viele bereits von ihren Dienstposten geflüchtet waren und ihre Soldaten im Stich gelassen hatten. Bis zu zehn Prozent der 280 italienischen Offiziere wurden nach Standrecht von

---

[482] Kaltenegger: Todesinseln 2018, S. 201.
[483] Vgl. ebd., S. 202-205.
[484] Vgl. Fricke, Gert: Das Unternehmen des XXII. Gebirgsarmeekorps gegen die Inseln Kefalonia und Korfu im Rahmen des Falles „Achse" (September 1943). Ein Dokumentarbericht. In: Militärgeschichtliche Mitteilungen 1 (1967), S. 31-58, hier: S. 57.

den Deutschen sofort exekutiert, und auch mit fast allen anderen Offizieren verfuhr man anschließend gemäß „Führerbefehl". Es gab insgesamt zwischen 700 Feindtote und 10.000 italienische Überläufer sowie 5 Gefallene und 25 Verwundete bei der 1. Gebirgs-Division (wie viele davon aus den Reihen des Regiments 98 stammten, ließ sich nicht eruieren). In den Kriegserinnerungen von Hauptmann Matthias Starl, Lanz' O1, liest man in fehlerhaftem Deutsch: „Noch überwältigender aber war für mich als ständiger Begleiter von General Lanz, z. B. Einblick zu bekommen in die Gedankenwelt eines hohen Militärs, die große Verantwortung seiner oft einsamen und spontan erforderlichen Entschlüße und zu erleben, wie ein hoher Offizier nur seinem Gewissen und Können folgend, sich im Interesse seiner Untergebenen, oder sogar seines Feindes, ohne Rücksicht auf seine Person, sogar sich einem ihm gegebenen „Führerbefehl" versuchte erfolgreich zu widersetzen. So z. B. geschehen, als beim XXII. Geb. A. K. ein Befehl Hitlers eintraf, der befahl, daß die ganze Division Acqui als Meuterer einzustufen und alle Soldaten der Division zu erschießen seien. Einzig und alleine General Lanz war es zu verdanken, daß dieser Befehl nicht ausgeführt wurde und schlussendlich auf zweimaligen Einspruch von Lanz geändert wurde. Nach Beendigung der Kämpfe auf Kefalonia wurde, in Abänderung des Führerbefehls, ein Kriegsgericht nach Haager Landkriegsordnung eingesetzt, das die an der Verweigerung der Kapitulation verantwortlichen italienischen Offiziere der Div. Acqui verurteilte. General Gandin, sein Stabschef und mehrere Offiziere der Division wurden standrechtlich erschossen. Die Weigerung von Lanz gegen den ursprünglichen Führerbefehl, die im Kriegstagebuch des Korps nicht eingetragen werden durfte, habe ich als Entlastungszeuge von General Lanz während des Prozesses gegen die

Südostgenerale in Nürnberg, nach dem Kriege, im Kreuzverhör eidesstattlich bekundet und war das ein nicht unwesentlicher Entlastungspunkt für Lanz. Außerdem wurde Lanz später auch noch von einem ordentlichen italienischen Gericht in Rom von der Anklage des Mordes an italienischen Soldaten in Kefalonia freigesprochen."[485]

Mit dem *Unternehmen „Spaghetti"* (27. September bis 7. Oktober 1943) schloss sich die Gefangennahme der italienischen Einheiten in Südalbanien an. Unter Hirschfelds Führung konnten die deutschen Kampfgruppen mit ihren 800 Mann die Divisionen „Perugia", „Brennero", „Parma" und „Ferrara" zerschlagen bzw. in die Flucht schlagen. Abschließend galt es, alle etwa 44.500 italienischen Kriegsgefangenen der 1. Gebirgs-Division über Elea, Leskovik, Korce und Florina abzuwickeln.[486]

---

[485] Vgl. Starl, Matthias: Erlebnisse während des Zweiten Weltkrieges. Verwendungen und Erinnerungen während des Zweiten Weltkrieges. O. O. u. J., S. 33f.
[486] Vgl. Meyer 2008, S. 458-461.

15. Salmingers Tod und die „Sühnemaßnahme" Lyngiades

Oberstleutnant Josef Salminger, der Kommandeur des Gebirgsjäger-Regiments 98, war mit den Entwaffnungsmaßnahmen auf den Ionischen Inseln und in Südalbanien nicht direkt befasst. Ende September 1943 befand er sich in seinem Hautquartier in Preveza und „bereitete sich auf seinen Abschied vom 98. Regiment vor. In die ‚Führerreserve' versetzt, sollte er in Deutschland den Divisionsführerlehrgang absolvieren und für höhere Aufgaben geschult werden. An dieser Entwicklung hatte Stettner entscheidenden Anteil. Zwischen ihm und Salminger war es immer wieder zu Reibereien gekommen. Bekanntlich hegten die beiden während des Unternehmens ‚Salminger' und der Einsätze in Montenegro unterschiedliche Auffassungen über die Kampfführung. Die Auseinandersetzungen waren so weit gegangen, daß Salminger sich unerlaubt von der Truppe entfernt und in seiner Wut über Stettners Entscheidungen um seine Versetzung ersucht hatte."[487]

Das Verhältnis von Salminger zu Stettner war noch belasteter als jenes zwischen Lanz und Stettner. Lanz war mit Stettner als seinem Nachfolger an der Spitze der 1. Gebirgs-Division in keiner Weise einverstanden. Er behandelte ihn während des Griechenlandeinsatzes entsprechend unkameradschaftlich. „In der Tat war der kleingewachsene […] verdammte Giftzwerg […] auch bei seinen Offizieren äußerst gefürchtet und unbeliebt wegen seines napoleonischen Auftretens und seiner Eiseskälte", so der spätere Universitätsprofessor Ernst

---

[487] Meyer 2008, S. 478.

Kern in seinem Kriegstagebuch. Nach Starl war Stettner derjenige Typ Mensch, der selbst zum Lachen in den Keller ging. Der Haudegen Salminger konnte den übertrieben ehrgeizigen und zum Kadavergehorsam neigenden Stettner auch deshalb nicht ab, weil dessen Führungseigenschaften die Gebirgsjäger der „Edelweiß-Division" mehr als einmal teuer zu stehen kamen.[488] Trotz derselben linientreuen NS-Gesinnung, löste Stettner – ganz anders als der 14-fach[489] verwundete Salminger, der stets schonungslosen persönlichen Einsatz zeigte – in seiner Person nicht immer ein, was er seinen Männern befahl. Weil Salminger immer vorbildhaft" für seine Soldaten vor ihnen gekämpft hatte, genoss er auch Lanz' Hochachtung.[490]

Zu seinem Abschied von der 1. Gebirgs-Division nahm Salminger am 31. September 1943 letztmals die Parade seines Gebirgsjäger-Regiments 98 ab, das Hauptmann Carl Rall zum Appell hatte antreten lassen.

---

[488] Vgl. Kaltenegger: Todesinseln 2018, S. 58f.
[489] u. a. Meyer 2008, S. 480.
[490] http://www.hfmeyer.com/german/veroeffentlichungen/kommeno/kommeno2.html (1.9.2023)

31 Oberstleutnant Salminger beim Abschied von seinen „98ern" in Preveza, 30.9.1943 (Pössinger mit RK in 1. Reihe als 2. v. l.).

Anschließend wurde er von General Lanz in dessen Korpsgefechts-
stand in Ioannina zu einem Abendessen eingeladen, das zur „größten
Gaudi" ausuferte. „Die Regimentsmusik unter Werner Zimmermann
spielte, und es ging hoch her. Das Fest fand in einem Holzhaus statt
[…] Auf dem Tisch standen Ouzo, griechischer Wein und andere geistige Getränke, die regen Zuspruch fanden. Nach wochenlangen
schweren Kämpfen – praktisch täglich mit dem Tod konfrontiert –
sehnte man sich danach, in Jubel und Trubel und auch im Rausch, die
widerwärtigen Umstände zu vergessen, unter denen man gezwungen
war sein Leben zu verbringen und täglich neu aufs Spiel zu setzen.
Wenn sich die Gelegenheit ergab, für einen Tag oder auch nur wenige
Stunden zu leben und zu genießen, dann tat man das. Der Schrecken
des Krieges war für diese kurze Zeit beiseite gedrängt, er würde bald

wieder da sein."[491] Nach dem späten Ende der „Gaudi" wollte der angetrunkene Salminger unbedingt noch nachts die vierzig Kilometer zu seinem Regiment zurück. Kaltenegger will ohne Nennung von Quellen hierzu wissen, dass der angeblich für seine Frauengeschichten bekannte Salminger seine besagte letzte Nacht in Griechenland vor allem mit seiner griechischen Geliebten verbringen wollte.[492] Alle eindringlichen Warnungen seiner Offizierskameraden Starl, Pössinger und Lanz, unbedingt in der Villa des Korpsgefechtsstands in Ioannina zu bleiben und nicht bei stockdunkler Nacht ohne Geleitschutz durchs gefährliche Partisanengebiet zu fahren, schlug er trotz seiner Lanz gegebenen Zusage schließlich in den Wind. Pössinger schilderte die folgenden Ereignisse: Salminger „sprang aber dann trotz des ihm bekannten Fahrverbotes für alleine fahrende Fahrzeuge zusammen mit seinem Fahrer in seinen Horch und umfuhr einfach die von mir eingerichtete Sperre am Louronbach nach Joannina. Zu meinen Aufgaben zählte damals die Überwachung und Freihaltung, eben die Sicherung dieser und anderer Bergstraßen zwischen Joannina und dem Regimentsgefechtsstand. Wie mir mein Posten später erzählte, kam Salminger an das mit Stacheldraht umwickelte Hindernis und befahl, es auf die Seite zu ziehen und ihn passieren zu lassen. Von da ab waren es nur noch etwa sieben Kilometer bis zu seinem Gefechtsstand. Auf dieser kurzen Strecke ereilte die zwei Männer ihr Schicksal. Sein Fahrer von [sic!] Mittenwald war dieses Wegstück schon oft gefahren und kannte diese Straße im Lourontal recht gut. Fest steht, daß er nur sehr schlechte Sicht hatte, da alle Fahrzeuge in der Nacht, um keine Partisanen anzulocken, mit

---

[491] Bader 1998, S. 111f.
[492] Kaltenegger: Todesinseln 2018, S. 32 sowie Kaltenegger: Pössinger 2018, S. 112.

Verdunkelungsschlitzen [...] fahren mußten. Er wußte aber nicht, daß an einer unübersichtlichen Stelle hinter einer Brücke während der Nacht mehrere umgesägte Masten auf die Fahrbahn gelegt worden waren. Der Wagen Salmingers prallte mit solcher Wucht auf das Hindernis, daß er ins Flußbett stürzte und Bader unter sich begrub. Salminger wurde aus dem Fahrzeug geschleudert."[493] Erst am frühen Morgen konnten zwei Kompanien des II./98 unter Hauptmann Alois Eisl als Suchtrupps losgeschickt werden. Um 11.08 Uhr funkte Eisl, dass man beide zunächst als verschleppt vermuteten Männer tot aufgefunden habe.[494] „Die Männer fanden Salminger mit einem Bauchschuß und anderen Einschüssen tot in den Büschen neben der Straße liegen. Dorthin hatte er sich verkrochen, wohl, um sich zu verstecken. Die Pistole hielt er noch in der Hand. Sein Fahrer Bader war, unter Wasser eingeklemmt, ertrunken und lag noch unter seinem Wagen im Louron. Über den genauen Hergang der Tragödie kann man nur Mutmaßungen anstellen. Möglicherweise hatten sie schon vor dem Hindernis von den neben der Straße versteckten Partisanen Feuer bekommen, so daß der Fahrer nicht mehr bremsen konnte oder Bader trat daraufhin erst recht aufs Gaspedal, um aus der Gefahrenzone zu entkommen. Salmingers Ermordung war für uns alle ein harter und unerwarteter Schlag."[495] Nachdem Eisl, der Kommandeur des II./98, sowie Salmingers Adjutant Hauptmann Carl Rall die Leichen Salmingers und Baders am Louros-Bach gefunden hatten, berichteten sie später von einem Bauchschuss und weiteren Einschüssen sowie einer

---

[493] Bader 1998, S. 110f. In Chrysanthos Konstantinides' Dokumentarfilm „Der Balkon" wird berichtet, Salminger sei ebenfalls in den Louron-Bach geschleudert worden, der ihn noch etwa hundert Meter mitgerissen habe.
[494] Meyer 2008, S. 481.
[495] Ebd., S. 111.

eingedrückten Gesichtshälfte Salmingers. Die heroisierende Behauptung, dass Salminger noch „die Pistole in der Hand" gehabt hätte, scheint somit hochgradig unwahrscheinlich, zumal dies auch andere Berichte ausschließen: „Anton Stangl, der die Toten am Tag danach aufgebahrt sah, erinnerte sich hingegen genauer: ‚Ich selbst habe die Leichen gesehen. Der Kopf von Oberst Salminger, und ich glaube, auch der von dem Obergefreiten, war nicht zur Gänze abgetrennt, sondern hing noch in der Nackengegend an einem Stück Fleischmuskulatur."[496] Die Schilderung dieser Verletzung würde passen zu einer Aussage in der Filmdokumentation „Griechenlands vergessene Dörfer" von Axel und Daniel Milz aus dem Jahr 2024. Dort berichtet der griechische Historiker Alekos Raptis aus Ioannina, der die hier verübten Kriegsverbrechen zusammen mit dem Rechtshistoriker Christoph Schminck-Gustavus erforschte, dass von den Andarten in der Nacht des 30. Septembers gekappte Telegrafenmasten auf der Straße gelegen hätten, zwischen denen laut eines dokumentierten Berichts eines deutschen Hauptmanns vier Kupferdrähte über die Straße gespannt gewesen seien. Gesichert ist: Die Attentäter waren eine von Tolis Kotsios geführte und in britischem Auftrag handelnde EDES-Sabotagegruppe des Generals Napoleon Zervas, die sich angeblich – Meyer glaubt dies treuherzig – dessen nicht bewusst war, dass sie einen hohen deutschen Offizier umgebracht hatten.[497] Das Tragische an der Tötung Salmingers war, dass sie auf das Konto von jenen Zervas-Andarten ging, die zuvor und ohne Genehmigung des OKW einen internen Waffenstillstand mit Lanz' XXII. Gebirgs-Armee-Korps ausgehandelt hatten. Heinz Richter schrieb hierzu 1989 in einem

---

[496] Ebd., S. 480.
[497] Ebd., S. 480f.

Fachaufsatz: *„1973 gelang es dem Verfasser mit Hilfe deutscher Militärakten nachzuweisen, daß die Kontakte zwischen Lanz und Zervas weit enger gewesen waren, als bis dahin geglaubt oder zugegeben worden war; daß sie zeitweilig in gefährliche Nähe zur Kollaboration, wenn nicht gar des Verrates gekommen waren."*[498] Die mit den Deutschen getroffene Übereinkunft hielt bis zur Räumung Griechenlands durch das XXII. Gebirgs-Armee-Korps. Zervas zeigte sich währenddessen als verlässlicher und vertragstreuer Kollaborateur mit der deutschen Seite, hatte man doch in den kommunistischen und anderen Partisanengruppierungen dieselben Gegner. Nach dem Krieg stieg Napoleon Zervas bis zum griechischen Verteidigungsminister auf, der sich danach aus schnell ersichtlicher Inopportunität nicht mehr daran erinnern wollte, dass er mit den deutschen Besatzern gemeinsame Sache gemacht hatte.

„In einer eidesstattlichen Aussage beschrieb Eisl die damalige Befindlichkeit der Angehörigen der 1. Gebirgs-Division: ‚Salmingers Tod bedeutete einen Schock für alle und löste, ich möchte sagen, eine Art ‚Psychose' aus'. Ähnlich äußerte sich Groth: Die Angehörigen des Regiments 98, die Salminger regelrecht ‚vergötterten', hätten Stettner ‚sozusagen verantwortlich gemacht für Salmingers Tod, da dieser Tod ohne die Versetzung aus der Division und ohne den Abschiedsabend […] nicht eingetreten wäre.' Die ‚Abwehrstellung' des 98. Regiments gegenüber Stettner habe sich zudem noch ‚versteift', weil dieser Salmingers Initiative zur Auflage eines Fonds für Waisenkinder der Gefallenen unterbunden hatte. Dafür seien bereits 500.000 Reichsmark

---

[498] Vgl. Richter, Heinz: General Lanz, Napoleon Zervas und die britischen Verbindungsoffiziere. In: Militärgeschichtliche Mitteilungen 46 (1989), H. 1, S. 111-138, hier: S. 111.

unter den Soldaten gesammelt worden.[499] Die Soldaten des Gebirgsjäger-Regiments 98 „haben eine Sauwut auf Stettner, der auf Befehl Lanz auch nicht an der Beisetzung teilnehmen durfte. Wahrscheinlich wird Lanz ihm den Hals brechen", heißt es in einem Feldpostbrief des Majors d. Res. Dr. Carl Schulze.[500] Tatsächlich war Lanz außer sich vor Wut gewesen, als ihn am späten Vormittag des 1.10. die Nachricht von Salmingers Tod erreichte. Seinem Adjutanten Matthias Starl diktierte Lanz den berüchtigten Korps-Tagesbefehl vom 1. Oktober 1943 mit seiner Aufforderung zu massiven Vergeltungsmaßnahmen:

Generalkommando XXII. (Geb.) A. K.   *K.H.Qu., den 1.10.1943*

Der Kommandierende General

Korps-Tagesbefehl!

Meiner alten 1. Gebirgsdivision spreche ich mein herzliches und tiefes Mitempfinden aus zu dem schweren Verlust, den sie durch den heute Nacht von Banditenhand gefallenen Kommandeur des Gebirgsjäger-Regiments 98, Oberstleutnant Salminger, erfahren hat.

---

[499] Meyer 2008, S. 481. Hier findet sich der Hinweis, dass Hitler aus seinen persönlichen Mitteln jeweils 5.000 Reichsmark für Salmingers Söhne Helmuth und Hermann bewilligte, um ihnen eine Berufsausbildung zu erleichtern. Hermann Salminger prägte fast ein Vierteljahrhundert die Mittenwalder Ortspolitik mit. Von 1996 bis 2008 leitete er als hoch angesehener engagierter Bürgermeister die Geschicke Mittenwalds. Der Altbürgermeister und Ehrenvorsitzende des Rettungsvereins Oberes Isartal erhielt für seine besonderen Verdienste den Goldenen Ehrenring und wurde mit der Goldenen Ehrennadel des Marktes Mittenwald ausgezeichnet. (Vgl. Merkur v. 30.11.2018). 2006 erzielte die Versteigerung der Orden, Briefe und des Fotoalbums seines Vaters durch das Auktionshaus Thies 35.000 Euro. (Meyer 2008, S. 482.)

[500] Feldpostbrief von Carl Schulze an Alwin Meier vom 14.11.1943, nach: Kaltenegger: Pössinger 2018, S. 113.

Salminger war ein in hundert Schlachten im Westen und Osten bewährter Bataillons- und Regimentskommandeur, dessen vorbildlich tapfere und einsatzfreudige Führerpersönlichkeit in den Herzen seiner Gebirgsjäger und in den Annalen seines Regiments für alle Zeiten fortleben wird.

In ehrfurchtsvollem und dankbarem Gedenken, senkt das XXII. Gebirgskorps seine Fahnen über dem Soldatengrab dieses tapferen Kommandeurs.

Ich erwarte, dass die 1. Gebirgsdivision diesen ruchlosen Banditenmord an einem unserer besten Kommandeure in einer schonungslosen Vergeltungsaktion in 20 km Umkreis der Mordstelle rächen wird.

Der Kommandierende General:

[gez. Lanz]

Am Sonntag, dem 3. Oktober, wurde Josef Salminger auf dem deutschen Soldatenfiedhof in Preveza beerdigt. Am selben Sonntag wurde gegen die Dörfer Stroumi und Lyngiades nach Artillerievorbereitung eine Vergeltungsaktion durchgeführt, nachdem zwischenzeitlich zwei neuerliche Mordanschläge gegen den Feldwebel Sickinger von der Feldgendarmerie und einen deutschen Kradfahrer verübt und in den Ortschaften zugleich „verstärkter Tragtierverkehr" der Andarten festgestellt worden waren. Die Andarten waren Meister darin, im unwegsamen Gelände des Epirus, das für blitzartige Attacken und schnelle Rückzüge wie geschaffen war, nadelstichartige Anschläge gegen die Okkupationsmacht durchzuführen. In der Folge entwickelten die Deutschen die Paranoia, in jedem Bergdorf ein Widerstandsnest zu sehen, das von Partisanen gesäubert werden müsse. *Im Rahmen der von Lanz befohlenen Sühnemaßnahme wählte man die Ortschaft Lyngiades, um ein Exempel zu statuieren.* Lyngiades ist ein kleines

Bergdorf im Pindus-Gebirge auf 900 Metern Höhe. Es liegt wie ein Höhenbalkon am Hang jenseits des Ioannina-Sees auf der steil abfallenden Südseite des Mitsikeli-Gebirges. Von Lyngiades hat man einen erhabenen Blick auf Ioannina, und auch von der Stadt aus ist der „Balkon" Lyngiades mit bloßem Auge gut erkennbar. Das dort erfolgte deutsche Massaker an den Zivilisten von Lyngiades wurde nicht vom Gebirgsjäger-Regiment 98 begangen, sondern vom Gebirgsjäger-Feldersatz-Bataillon 79 der 1. Gebirgs-Division unter dem Hauptmann Alfred Schröppel. Ermordet wurden 82 arg- und wehrlose Zivilisten, allesamt keine Partisanen, darunter 34 erschossene Kinder unter elf Jahren. Mit Ausnahme der Kirche und des Schulgebäudes wurden alle Häuser und Hütten der insgesamt 237 Einwohner niedergebrannt, von denen die meisten sich nicht im Ort, sondern bei der Walnuss- und Maisernte befanden. Das weithin sichtbare, rauchende Lyngiades sollte als Zeichen der Abschreckung fungieren. Für das verübte Verbrechen verantwortlich war der Divisionskommandeur Walter Stettner, der aus einer vermeintlichen Wiedergutmachungsaktion gegenüber dem Regiment 98 heraus gefordert hatte, Lyngiades als Vergeltung für Salmingers Tod zu vernichten.

„Am 4. Oktober erfolgte die notwendig gewordene Stellenneubesetzung beim Gebirgsjäger-Regiment 98: Major Harald von Hirschfeld wurde Salmingers Nachfolger als Regimentskommandeur. Hirschfeld hatte sich damit gegenüber dem ranghöheren Ersten Generalstabsoffizier der 1. Gebirgs-Division, dem erkrankten Oberstleutnant Karl Wilhelm Thilo, durchgesetzt.

Nach einer Statistik vom 11. November 1943 setzte sich die damalige 1. Gebirgs-Division landsmannschaftlich zusammen aus 12.657

Bayern und Schwaben, 3.401 Österreichern, 1.551 Rheinländern, Westfalen und Hessen, 1.463 Schlesiern und Sudetenländern, 761 Pfälzern, Badenern und Elsässern [vgl. Foto des Gedenksteins der Gebirgsjägerkameradschaft Pfalz], 701 Sachsen, Thüringern und Anhaltern, 482 Berlinern, Pommern, Hannoveraner und Hanseaten [sic!] sowie 441 Ostpreußen, Danzigern und Westpreußen. Dies ergab eine Stärke von 21.457 Mann und zeigt einmal mehr, wie schwankend die Divisionstruppenstärke aufgrund von Neuausrichtung, Umgruppierung, Zuführungen und Abgängen ausfiel."[501]

Zwischen dem 18.10. und 9.11.1943 ließ Hauptmann Alois Eisl, der Kommandeur des II./98, sein Bataillon als Vergeltungsmaßnahmen gegen die Andarten ganze Ortschaften in Flammen aufgehen und Zivilisten erschießen.[502] Bei den *Unternehmen „Panther", „Leopard", „Tiger", „Puma" und „Hubertus"* wurden in diesem Zeitraum etwa 130 Ortschaften in Mitleidenschaft gezogen und 1014 Elas-Angehörige getötet (bei 18 deutschen Gefallenen).[503] Nachdem das Regiment 98 auf der Westseite des Metsovo-Passes im Raum Aidonochori-Konitsa-Arta als „Marschgruppe Nord" vorgegangen war, übernahm Klebes 12./98 die Sicherung des Metsovo-Passes. General Lanz lud am 11. November zum Abschiedsabend seines Gebirgs-Korps in Griechenland. Hierzu waren General Stettner als Divisionskommandeur sowie die Regimentskommandeure Remold und Hirschfeld eingeladen. Unbedrängt von Partisanenangriffen begann dann am 12.11.1943 ab 05.00 Uhr der Abmarsch der ersten Einheiten der 1. Gebirgs-Division

---

[501] Lanz 1954, S. 318.
[502] Vgl. Meyer 2008, S. 504.
[503] Vgl. ebd., S. 534.

über den jüngst eroberten Katara-Pass zum 215 Kilometer entfernten Bahnhof von Larissa, von wo aus die Gebirgsjäger per Zugtransport in ihren neuen Einsatzraum verlegt wurden.

„Als die 1. Gebirgs-Division am 6. Juli 1943 griechischen Boden betrat, gehörten ihr etwa 24.000 Mann mit 5.400 Tieren an. Nun waren es nach vielfältigen Truppenverschiebungen genau 24.635 Mann, einschließlich 1964 russischer und 2.356 italienischer ‚Hiwis' sowie – aufgrund der reichen Beute an italienischen Mulis – 8.762 Tiere, die Griechenland den Rücken kehrten."[504] Bis zum Abzug von Lanz' XXII. Gebirgs-Armee-Korps nach dem 11. Oktober betrug die Bilanz in ganz Epirus mindestens 2.614 gezählte griechische Opfer, 315 zerstörte Dörfer und Siedlungen und 45 gefallene Deutsche, darunter auch Angehörige des Regiments 98.

Im Zusammenhang mit den Umständen und Folgen von Salmingers Tod und allen von deutschen Einheiten in Griechenland verübten Massakern soll hier die Einschätzung des bereits erwähnten Hauptmanns Matthias Starl (geb. am 3.7.1914 in Passau, gest. am 6.11.2004 in Landsberg a. Lech), dem damaligen O1 des XXII. Gebirgs-Armee-Korps, wiedergegeben werden. Diese stammt aus den 1990er-Jahren. Starl erhielt am 26.2.1945 das Ritterkreuz und war von 1956 bis 1970 Offizier der Bundeswehr, zuletzt Oberstleutnant: „Erwähnenswert erscheint mir hier die Einstellung der griechischen Bevölkerung zu den kriegführenden Parteien des 2. Weltkriegs. Der Großteil der griechischen Bevölkerung stand zweifellos während des Krieges auf Seiten der Alliierten. Ein nicht unerheblicher Teil allerdings auf Seiten der

---

[504] Ebd., S. 536.

Achsenmächte. Der Großteil der Griechen aber war gegen den Kommunismus und den Deutschen gegenüber freundlich gesinnt, konnte aber der deutschen Wehrmacht nicht verzeihen, daß sie den Italienern geholfen hatte Griechenland zu besetzen, was die Italiener, die bei den Griechen nicht beliebt waren, alleine nie fertiggebracht hätten. – Positiv für die hungernde griechische Bevölkerung allerdings wirkte sich die italienische Besatzungspolitik aus. Die Olivenbauern Korfus z. B., die vor dem Kriege in der Lage waren einen Großteil ihrer Olivenernte aus Korfu zu exportieren, behaupteten, daß es unmöglich sei, einen Ertrag mit unter den Olivenbäumen angebauten Getreide zu erzielen. Die italienische Besatzung aber zwang diese Bauern mit geliehenem Saatgetreide, dieses in den Olivenhainen anzubauen. Die Olivenbauern erzielten damit eine überdurchschnittlich große Getreideernte. Die Bevölkerung konnte damit zusätzlich ernährt werden. Als dann die deutsche Besatzung die Italiener ablöste, hörten die Bauern mit dem Getreideanbau schlagartig auf und die Griechen hungerten wieder. Deutschland war keine gute Besatzungsmacht."[505] Die Reihe deutscher Übergriffe, brutaler Aktionen und Massaker, die von deutschen Gebirgsjägern insbesondere auch des 98. Regiments in Griechenland verübt wurden, ist zu ergänzen durch Erkenntnisse einer wissenschaftlichen Studie des Militärgeschichtlichen Forschungsamts aus dem Jahr 2008, das unzweifelhaft weit entfernt von einer „Reinwaschung" deutscher Schuld im Zweiten Weltkrieg ist, interessanterweise aber von einem „Spezialfall Gebirgstruppe in Griechenland" ausgeht: „Es bleibt eine unrühmliche Liste von Übergriffen und brutalen Aktionen, an denen auch die Gebirgsjäger beteiligt gewesen sind", stellt das Papier zunächst fest, um dann fortzufahren: „Es war

---

[505] Starl, Matthias: Erlebnisse während des Zweiten Weltkrieges. O. O. u. J.

Teil eines fast unübersichtlichen Bürgerkrieges, bei dem die kommunistischen Andarten den Widerstand gegen die italienisch-deutsche Besatzungsmacht gleichzeitig als Klassenkampf führten." [506] Dieser Bürgerkrieg endete erst 1949 mit der Niederlage der Kommunisten. In der Stellungnahme wird ferner festgestellt: „Das MGFA beabsichtigt, eine vorliegende Dissertation zum Partisanenkrieg in Griechenland zu veröffentlichen, die gestützt auf griechische Quellen gleichsam die andere Seite zum Buch von Hermann Meyer analysiert. *Es zeigt sich, dass die schlimmsten Verbrechen von Griechen an den eigenen Landsleuten verübt worden sind* – ein Tabu, das erklärt, weshalb noch heute in der Erinnerungspolitik ‚linker' Gruppierungen auch in Griechenland vorzugsweise die deutschen Verbrechen angeprangert wurden."[507] „Während des Zweiten Weltkriegs kämpften auf dem Balkan Serben gegen Kroaten, Christen gegen Moslems, Albaner gegen Montenegriner, und schließlich bekämpften und töteten sich auch Angehörige der gleichen [griechischen] Nation, ja sogar der gleichen Sippe und Familie: Kommunisten und Antikommunisten standen einander gegenüber, ideologische Loyalität und Familienbande stießen auf furchtbare Weise an- und aufeinander. Kommunistische Söhne erschossen ihre monarchistischen Väter, um ihre Treue zur Ideologie zu beweisen."[508] Vor diesem Hintergrund kommt die Stellungnahme des MFG in der Beantwortung einer Kleinen Anfrage der Linkspartei an das Bundesverteidigungsministerium 2008 zu dem Schluss: „Deshalb kann eben nicht wie in Punkt 22 (der Kleinen Anfrage der Linkspartei, d. Red.) von einer ‚verbrecherischen Geschichte der Gebirgstruppen'

---

[506] Vgl. Kellerhoff, Sven Felix: „Die schlimmsten Verbrechen begingen Griechen an Griechen". In: Die Welt v. 7.5.2008
[507] Vgl. ebd.
[508] Kaltenegger 1981, S. 325.

gesprochen werden. Auch der pauschale Begriff einer ‚verbrecherischen Kriegführung' ist untauglich, wenn es um die moralische Bewertung von historischen Ausschnitten geht."[509] *Nach neueren Erkenntnissen ist aber richtig und wichtig, dass das, was damals als Sühnemaßnahmen bezeichnet wurde, heute nachgewiesene Kriegsverbrechen der Deutschen waren.* Auch können heute keine Zweifel mehr bestehen an dem, was die überlebenden griechischen Zeitzeugen in den sehenswerten Doku-Filmen „Der Balkon"[510] von Chrysanthos Konstantinides (2020) und „Griechenlands vergessene Dörfer"[511] (2024) von Axel und Daniel Milz berichten. Die Präsenz der traumatischen Geschehnisse war noch zu greifen, als knapp siebzig Jahre nach Ende des Zweiten Weltkriegs der deutsche Bundespräsident Joachim Gauck nach Lyngiades reiste, um der ermordeten Opfer zu gedenken. Am dortigen Mahnmal bat das deutsche Staatsoberhaupt für die Deutschen um Vergebung für das Massaker von 1943: „Mit Scham und Schmerz bitte ich im Namen Deutschlands die Familien der Ermordeten um Verzeihung. Ich verneige mich vor den Opfern der ungeheuren Verbrechen, die hier und an vielen Orten zu beklagen sind."[512]

---

[509] Kellerhoff, Sven Felix: „Die schlimmsten Verbrechen begingen Griechen an Griechen". In: Die Welt v. 7.5.2008.

[510] https://www.bpb.de/mediathek/video/515302/der-balkon-wehrmachtsverbrechen-in-griechenland/ (20.9.2024)

[511] https://www.youtube.com/watch?v=bpyJ-prVzN8&t=64s (20.9.2024)

[512] https://www.bundespraesident.de/SharedDocs/Reden/DE/Joachim-Gauck/Reden/2014/03/140307-Gedenkort-Lingiades.html (20.9.2024)

Zum ehrenden Gedenken
an
Josef Salminger
Oberst in einem Geb.=Jäg.=Regt.
Kriegsteilnehmer an allen Fronten
Inhaber des Ritterkreuzes, des Deutschen
Kreuzes im Gold, des E.K. I u. II, des Inf.-
Sturmabzeichens, d. Verwundetenabzeichens
und anderer Auszeichnungen

welcher am 30. Sept. 1943 an einer
Verwundung, herbeigeführt durch
Überfall der Banden, im 41. Lebens-
jahre den Heldentod gestorben ist.

Barmherziger Jesus, gib ihm die ewige Ruhe!

Druck: J. Bosch, Landshut

32   Sterbebild von Oberst Josef Salminger (1903-1943).

16. Letzter Abstieg. Vom Kessel von Belgrad bis zur Kapitulation

Die 1. Gebirgs-Division mit den Regimentern 98, 99 und 100 fungierte auf dem Balkan stets als *Krisenfeuerwehr* und war dort vor allem im Kampf gegen die Partisanen (im „Bandenkampf") eingesetzt, einen oft unsichtbaren Gegner mit schmutzigen, heimtückischen Kampfmethoden, die mit Fortgang des Krieges immer brutaler wurden. Dies führte dazu, dass die deutschen Gebirgsjäger faktisch niemandem mehr trauen konnten und es zu den Exzessen der geschilderten „Sühnemaßnahmen" kam.

Anfang 1944 zeigte sich die von Josip Broz Tito geführte und von den Alliierten unterstützte jugoslawische *„Volksbefreiungsarmee"* – Titos *Partisanenbewegung der Roten Brigaden („Četniks")* – derart erstarkt, dass das V. SS-Gebirgs-Armee-Korps (Obergruppenführer und General der Waffe-SS Arthur Phelps) mit der 1. Gebirgs-Division und anderen Wehrmachtsverbänden in den Unternehmen „Adler" und „Kugelblitz", „Schneesturm" und „Waldrausch" den kroatischen Küstenstreifen freikämpfen und Titos Hauptstreitkräfte schlagen sollte. Der „Edelweiß-Division", unterstützt durch ein Regiment „Brandenburger", und der SS-Division „Prinz Eugen" kam die Hauptlast der erbitterten Gefechte zu, die oft im Nahkampf ausgetragen wurde und bei denen beide Seiten keine Gefangenen mehr machten. Die Regimenter der 1. Gebirgs-Division erreichten zunächst Visegrad und sperrten die Übergänge über die Drina. Danach sollten im Raum Mirkonnjic Grad-Travnik-Kupres-Glamocs und Montenegro Titos Truppen gestellt und vernichtet werden. Durch wiederholtes geschicktes Ausweichen des Feindes nach Westen gelang es den Deutschen allerdings nicht, ihn zur Entscheidungsschlacht zu stellen. Nach wochenlangen Kämpfen, ziellosem Umheroperieren und Gewaltmärschen im winterlichen Hochgebirge waren die Gebirgsjäger – übrigens noch immer in ihren Tropenuniformen – abgekämpft und völlig erschöpft. *Doch am 16. März 1944 wurde die 1. Gebirgs-Division gleich weiter nach Ungarn verlegt,* das bereits deutliche Zeichen von Kriegsmüdigkeit erkennen ließ, um an der handstreichartigen Besetzung des Landes im Rahmen der *Operation „Margarethe"* teilzunehmen. Unter dem Oberbefehl von Generalfeldmarschall Maximilian von Weichs sollte Lanz' XXII. Gebirgs-Armee-Korps die südliche Kampfgruppe bilden, um den Abfall des einstigen Bündnispartners zu verhindern, die 450.000 Mann der ungarischen Armee zu entwaffnen und die ungarische Führung wieder für Deutschland zu gewinnen. Nach einem Ultimatum Hitlers kapitulierte Ungarns Staatschef, Reichsverweser Admiral Miklós Horthy, sodass die deutschen Truppen vom 16. bis 19. März kampflos und ohne Verluste Ungarn besetzen konnten. An der Spitze der „Edelweiß-Division" nahm die 12. Kompanie des Gebirgsjäger-Regiments 98 die Stadt Pécs (Fünfkirchen) ein und sorgte dort wieder für „klare Verhältnisse".

Nach dem 31. März wurde das Gebirgsjäger-Regiment 98 wieder an die alten Abschnitte nach Griechenland verlegt und dort zur Partisanenbekämpfung bis zum 20. Juli 1944, dem denkwürdigen Tag des Stauffenberg-Attentats auf Hitler in dessen Führerhauptquartier „Wolfsschanze" in Ostpreußen, eingesetzt. Die *Unternehmen „Gamsbock" und „Steinbock"* (Mai bis Juli 1944) gegen die Partisanen wurde von den vier Kampfgruppen Daumiller, Will, Hirschfeld und Malter durchgeführt, wobei das „Spitzenbataillon" der Kampfgruppe Hirschfeld in Südalbanien im Raum Korce aus Major Klebes III./98 bestand. Hirschfeld befahl, „in der kargen Gebirgslandschaft mit Höhen von mehr als 2.000 Metern, ‚über alle Hindernisse hinweg', bis nach Crovode [sic!] am Fuß des westlich von Berat gelegenen Tomorrit-Gebirge vorzustoßen. In hochsommerlicher Hitze kamen die Gebirgsjäger unter großen körperlichen Anstrengungen dem Auftrag nach und erreichten Çorovodë, ungeachtet des feindlichen Flankenfeuers' am 6. Juni."[513] Die bestens ausgerüsteten und von Deutschen anerkennend beurteilten „Roten Brigaden" gingen zum Gegenangriff über, sodass Hirschfeld nach der Schlacht davon sprach, *seit Charkow-Barwenkowo kein ähnliches Nachtgefecht und Vernichtungsbild* erlebt zu haben. Die Partisanen hätten den „fanatischen Angriffsgeist" im III./98 angestachelt, was mit dem in Russland gleichzusetzen gewesen sei. Die Partisanen erlitten durch die Gebirgsjäger 1.124 gezählte Tote (bei 36 eigenen Gefallenen), das Gros der Roten Brigaden flüchtete – ein durchschlagender Erfolg vor allem für die Kampfgruppe Hirschfeld, der am 22.9. aus der 1. Gebirgs-Division ausschied, am 1.12. zum Generalmajor befördert wurde und so im Alter von 31 Jahren zum jüngsten General im deutschen Heer aufstieg.[514] „Das Schicksal ereilte Harald von Hirschfeld am 18. Januar 1945. Auf der Straße von Tarnów nach Krakau wurde sein Kübelwagen von einem Tiefflieger angegriffen. Durch einen Bombensplitter tödlich verletzt, starb er auf dem Weg ins Feldlazarett in den Armen seines Adjutanten Vetter [...] er wurde ‚mit allen militärischen Ehren in deutscher Erde' beigesetzt und posthum zum

---

[513] Meyer 2008, S. 568.
[514] Vgl. ebd., S. 568-571.

Generalleutnant befördert."[515] In der nachträglichen Sicht von General *Lanz zählten die Operationen „Gamsbock" und „Steinadler" zu den erfolgreichsten in seiner an „Höhepunkten" nicht armen militärischen Karriere.* Am Ende hatten 2.500 Albaner, 1.000 Griechen und hundert Gebirgsjäger bei diesen Operationen ihr Leben verloren.[516] Unrühmlicher schlägt für Lanz die Tatsache zu Buche, dass im Befehlsbereich seines XXII. Gebirgs-Armee-Korps von März bis Juni 1944 die Deportationen der jüdischen Bevölkerung erfolgten und Lanz, der nicht nur von den Einheimischen als „König von Epirus" bezeichnet worden war, hierbei trotz Indizien für seine gewisse Widerständigkeit keine gänzlich unschuldige Rolle spielen konnte.

Inzwischen gingen die Gebirgsjäger im Rahmen der *Operation „Rübezahl"* auf den gleichen Wegen in den „Schwarzen Bergen" gegen die Roten Brigaden der Tito-Partisanen vor, die sie anderthalb Jahre zuvor im Unternehmen „Schwarz" beschritten hatten. Sie besetzten den Bahnhof von *Mitrovica*, standen alsbald an den Flüssen Tara und Piva, auf dem karstigen *Hochplateau der Sinjajevina-Plana* und nach halsbrecherischem Abstieg in der *Tara-Schlucht*, doch erneut war alle Mühsal vergebens, da die äußerst beweglichen Partisanen sich spurlos zu entziehen verstanden.

Infolge des allgemeinen Rückzugs musste Griechenland schließlich mit Führerbefehl vom 3. Oktober 1944 gänzlich von sämtlichen deutschen Truppen geräumt werden – die katastrophale Großlage nach der Landung der Alliierten in der Normandie und am Südabschnitt

---

[515] Ebd., S. 571.
[516] Vgl. ebd., S. 581.

der Ostfront machte dies für die Wehrmacht alternativlos. Zurück blieben im Besatzungsbereich des XXII. GAK nach 16-monatiger Besatzungszeit 1.328 tote Deutsche, etwa 315 furchtbar verwüstete Ortschaften, 2.600 Griechen und 1.000 Südalbaner, meist Zivilisten. Nach Inkrafttreten des kollaborativen „Stillhalteabkommens" mit Napoleon Zervas war ähnlich im südalbanischen und westmazedonischen Raum verfahren worden.

Nach Abschluss der Operationen „Gamsbock" und „Steinadler" wurde die 1. Gebirgs-Division Ende Juli aus Griechenland und Südalbanien abgezogen. Sie schied aus dem Verband des XXII. Gebirgs-Armee-Korps aus und sollte sich zunächst südlich von Skopje erholen. Oberstleutnant Karl Eisgruber wurde zum Nachfolger Hirschfelds bestimmt und mit der Führung des Gebirgsjäger-Regiments 98 betraut. Major Reinhold Klebe wurde zur Ausbildung des Offiziersnachwuchses ins heimatliche Mittenwald und Luttensee versetzt. Sein Nachfolger wurde Hirschfelds Adjutant Walter Hölz, während Hauptmann Sigwart Göller am 27.8. die Führung des II./98 und Hauptmann Matthias Starl das I./98 übernahm. Da sich „Michl" Pössinger, seit 1.10.1944 zum Major befördert, ebenso wie Klebe und Lanz nicht mit Stettner verstanden, wurde Pössinger aus „seinem" Regiment 98 abkommandiert. Als Bataillonskommandeur übernahm er die Führung des II./Grenadier-Regiments 1128 der 578. Volksgrenadier-Division in Ostpreußen inmitten des Kessels Heiligenbeil/Königsberg, wo sein Verband von der russischen Übermacht eingekesselt wurde und er zahllose von den Russen eingeschlossene Zivilisten aus ihren Dörfern rausholte, bevor sie von der Front überrollt wurden. Pössingers Schilderungen seiner persönlichen Erlebnisse und der abscheulichen Greuel, die über die Landsleute kam, nachdem sie unter die Russen gefallen waren, sollen an dieser Stelle nicht ausgeführt werden – dies ist in Baders Pössinger-Biografie[517] erschütternd dokumentiert. „Für seinen selbständigen Entlastungsangriff und Durchbruch bei Allenstein wurde dem 26jährigen Major am 28. Februar 1945 das Eichenlaub verliehen. Anfang Mai 1945 erhielt er die Nahkampfspange in Gold. Bei Kriegsende übergab er die Stadt Garmisch-Partenkirchen den Amerikanern und wurde am 12. Mai 1945 aus der Gefangenschaft entlassen. Nach dem Krieg war er Kaufmann und wurde am 26. April 1956 als Major in die Bundeswehr übernommen und am 1. Juni 1958 zum Oberstleutnant befördert. Von Oktober 1961 bis Oktober 1965 war er Lehrgruppenkommandeur an der Gebirgs- und Winterkampfschule in Mittenwald und anschließend bis März 1975 Kommandeur des VKK (Verteidigungskreiskommando) 653 in Murnau. Am 31. März 1975 wurde er aus dem Heeresdienst entlassen."[518]

Die Truppenteile der 1. Gebirgs-Division wurde aus der Operation „Rübezahl" herausgelöst, was im Zusammenhang mit dem Zusammenbruch der deutschen und rumänischen Armeen im Südabschnitt der Ostfront stand: *„In der ‚Hölle von Rumänien' hatte die Rote Armee in wenigen Tagen ‚über 20 deutsche Kampfeinheiten, die ca. 250.000 Mann umfaßten' vernichtet und damit der Wehrmacht Verluste zugefügt, die mit denen von Stalingrad vergleichbar sind."*[519]

---

[517] Vgl. Bader 1998.

[518]   https://www.lexikon-der-wehrmacht.de/Personenregister/P/PoessingerM.htm (21.9.2024)

[519] Meyer 2008, S. 649.

Das Gebirgsjäger-Regiment 98 wurde jetzt in *Montenegro, Bosnien und quer durch Serbien* zur Bekämpfung der Tito-Partisanen eingesetzt. Die Kriegsführung dieser straff organisierten, durch britisches Kriegsmaterial und die luftüberlegene RAF unterstützten Gegner wurde immer heimtückischer. Hinter der Front führten Tito-Verbände einen gnadenlosen Kampf, während die sowjetischen Divisionen der Roten Armee tief nach Serbien eindrangen. Am 5. September erreichten die Gebirgsjäger nach Gewaltmärschen durch das in Flammen stehende Land die Stadt Nis. Die 1. Gebirgs-Division hatte den 150 km langen Abschnitt südlich von Turnu Severin am Donaubogen bis nach Zajecar zu sichern. Im September 1944 wurde das Gebirgsjäger-Regiment 98 zwischen Vlasotince und Zajecar an der jugoslawisch-bulgarischen Grenze breit auseinandergezogen, was sich freilich zulasten der Schlagkraft und Verteidigungsfähigkeit des Regiments auswirkte. Am 25.9. überschritt die Rote Armee die Donau, nachdem zwei Regimenter der roten 74. Division von den Gebirgsjägern noch zerschlagen werden konnten. Es zeigte sich jedoch, dass dies tatsächlich der letzte ‚große Erfolg' der 1. Gebirgs-Division im Zweiten Weltkrieg war. Nachdem man durch Generalfeldmarschall von Weichs' *fatale Fehlentscheidung* die Division zu lange im Moravia-Tal beließ, standen die zersplitterten Gebirgstruppen östlich und südlich Pozarevac ab jetzt einem vier- bis fünffach überlegenen Feind gegenüber, der fortan das Heft des Handelns in seinen Händen hielt. Vom 15.-17. Oktober erfolgte der Stoß auf Belgrad. Am 15.10. stießen die sowjetischen Panzer- und Infanterieverbände bis zum Belgrader Bahnhof vor, wodurch die 1. Gebirgs-Division in eine höchst fatale Situation geriet. Stettner musste im Widerspruch zu seinen Weisungen den beabsichtigten Durchstoß auf Belgrad am 17.10. aufgeben, obwohl mit äußerstem

Einsatz gekämpft wurde. Stettner sah sich veranlasst nochmals umzugruppieren, um in der Früh des 18.10. aus Bereitstellungen in der Linie Bolec-Vrcin über das *Höhengelände des Avala* auf Topcider vorzustoßen, wobei die „Angriffsgruppe Wittmann" mit dem Gebirgsjäger-Regiment 98 direkt auf das Angriffsziel Avala und die nordöstlich gelegenen Höhen angesetzt wurde. Es zeigten sich alsbald jedoch ungewöhnliche Schwierigkeiten, sodass die vom Gegner immer stärker besetzte Höhenstellung mit den vorhandenen Kräften und Mitteln nicht mehr zu gewinnen war. Im „schwersten Entschluss seines Lebens"[520] entschloss sich Stettner nun zum Durchbruch nach Westen, um eine drohende Umfassung zu verhindern.[521] *Doch genau dies geschah – die 1. Gebirgs-Division wurde eingekesselt. Alle Verbindungen waren abgebrochen.* Stettner war orientierungslos hinsichtlich der Lage außerhalb der Umklammerung und musste mit seiner Hauptkampfgruppe aus 12.000 schlecht versorgten, hungernden, wegen Schlafmangels völlig übermüdeten und nach Gewaltmärschen ausgezehrten Männern hinhaltenden Widerstand leisten. Weit und breit war keinerlei Hilfe zu erwarten. „Was hier an Tapferkeit, an Mut der Verzweiflung, an Kameradschaft und Nächstenliebe geleistet wird, vermag keine Feder zu beschreiben. Viel stilles Heldentum sieht diese grauenhafte Nacht."[522] „Weichs irrte jedoch, als er die 1. Gebirgs-Division als ‚verloren' betrachtete. Für [Generalleutnant August] Wittmann ‚grenzt es ans Wunderbare', daß trotz der ausgefallenen

---

[520] Äußerung Stettners gegenüber seinem Ic, Oberleutnant Dr. Rothfuchs", gegen 21.00 Uhr. Vgl. Wittmann, August: Der Weg zum bitteren Ende. In: Lanz 1954, S. 278-299, hier: S. 286.

[521] Vgl. https://www.lexikon-der-wehrmacht.de/Gliederungen/Gebirgsjagerregimenter/GJR98.htm (20.10.2024)

[522] Ebd., S. 286.

Kommunikationssysteme alle Kampfeinheiten am Avala-Berg in der Nacht vom 17. auf den 18. Oktober aus ihren Angriffsstellungen zum Durchbruch gen Westen umgruppiert werden konnten. Um 22.30 Uhr traten sie in mehreren Angriffskeilen an. Sämtliche Fahrzeuge, etwa 1.500 Lastwagen, alle Geschütze und alle nicht auf Tragtiere verlastbaren Geräte wurden unbrauchbar gemacht. Die Verwundeten ließ man unter der Obhut von Sanitätspersonal zurück in der Hoffnung, der Gegner werde ‚die Genfer Konvention respektieren', so Wittmann 1954.[523] *„Schwer lastet auf allen der Gedanke, daß unsere Verwundeten, soweit sie nicht gehfähig sind, nicht mitgenommen werden können. Sie müssen unter der Obhut des Oberarztes Dr. Marte und einiger Sanitäter vor Belgrad zurückgelassen werden [...]."*[524] *Unter dem Druck der Ereignisse wurde in dieser existenziellen Situation das eherne Gesetz der Kameradschaft („Keiner bleibt zurück") gebrochen.* Was dies für das tatsächliche Schicksal der Zurückgelassenen bedeutete, musste jedem klar sein. In unzähligen Berichten haben Gebirgsjäger später ihre Eindrücke vom Grauen dieser Tage, insbesondere der Nacht vom 17. auf den 18. Oktober, niedergeschrieben. Das Wort ‚Wunder' wurde darin auch von ihnen immer wieder bemüht. Im Süden des Avala-Berges hielten entlang der einzig möglichen Rückzugsstraße die Einheiten der Regimenter 98 und 99 den Feind trotz unablässigen Feuers in Schach. Die Offiziere, allen voran Hölz, Feser, Göller, Major Siegfried Dodel[525] vom Regiment 99 und Eisl, verhielten sich selbstlos und taten alles, um ihren Soldaten das Leben zu retten. Eisl, der ‚Retter von

---

[523] Vgl. Ebd., S. 653.
[524] Wittmann in Lanz 1954, S. 286.
[525] Der Kriegsgefangene Dodel wurde an Heiligabend von Tito-Partisanen in einer Kiesgrube erschossen, nachdem er sich bei einem Gefangenenappell als Stabsoffizier bekannt hatte.

Belgrad', wie Ehemalige ihn heute [2008] noch nennen, leitete ‚auf einem Schimmel reitend, ohne Rücksicht auf Feind und Feuer' den Durchbruch. Nur noch mit Handgranaten, Pistolen und wenigen Maschinengewehren bewaffnet, *gelang somit der Masse der Kampfgruppe der Ausbruch aus der Umkesselung.*[526] *Allerdings blieben 5.000 Gebirgsjäger im Kessel südlich von Belgrad zurück. Sie erlitten ein entsetzliches Schicksal.* Der Angehörige der amerikanischen Militärmission Charles W. Thayer durchfuhr am 19. Oktober das Kampfgebiet – an diesem Tag wurde die Division erneut eingeschlossen –, wo er Unmengen toter deutscher Soldaten sah und Zeuge war, „wie Partisanen und Russen ‚mit den Resten aufräumten' und versprengte deutsche Soldaten, die sich ergeben wollten, reihenweise kaltblütig niederschossen. Tatsächlich folgten dem brutalen Besatzungsregime der Deutschen unbeschreibliche Szenen der Rache. In der Hauptstadt soll es sogar zu Pfählungen gekommen sein."[527] Auch Generalleutnant Walter Stettner Ritter von Grabenhofen wird seit dem 18. Oktober 1944 am Berg Avala vermisst. Welches konkrete Schicksal ihn ereilte, konnte nie ermittelt werden und bleibt unbekannt.

Das Gros der Gebirgsjäger auch des Regiments 98 konnte sich in einer Meisterleistung aus taktischer Finesse und kompromissloser Entschlossenheit schließlich aus der prekären Lage im Kessel von Belgrad befreien und die russischen Linien seit dem 18. Oktober unter enormen Verlusten durchbrechen.[528] Hauptmann Matthias Starl berichtet so beispielsweise, dass kein einziger seiner „alten" Kompaniechefs

---

[526] Vgl. ebd., S. 653f.
[527] Ebd., S. 654.
[528] Vgl. https://www.lexikon-der-wehrmacht.de/Gliederungen/Gebirgsjagerregimenter/GJR98.htm (21.9.2024)

den Ausbruch überlebte, und auch er kommt zu dem Urteil, dass es das Verdienst von Major Alois Eisl war, die Division unter großen Verlusten an Menschen und Material in letzter Minute aus dem Kessel von Belgrad herauszuführen, wofür ihm das Ritterkreuz verliehen wurde.[529] Am 23.10. hatten die ersten aus dem Kessel ausgebrochenen Edelweiß-Truppen das Dorf Čerín südwestlich von Essig (heute Osijek) erreicht, ehe sich die nur noch 7.000 Mann der Gebirgsjäger-Regimenter 98, 99 und 100 sowie andere „Reste" der ehemaligen Kampfgruppe Stettner am 22.10. im Raum Mitrovica sammeln konnten. Zuvor waren sie über die Save auf allen möglichen Untersätzen vom Holzbett bis zum Scheunentor geflüchtet. Wittmann schreibt: „Äußerlich zerschunden und zerfetzt, körperlich bis zum Letzten ausgepumpt, ziehen die Einheiten der 1. Geb.Div. unter Aufbietung ihrer ganzen Kraft [...] in Sabac ein. Niemand hat mehr an die Existenz der Division geglaubt. Am 21.Oktober 1944 ist sie dem Leben wiedergegeben, so hart sie auch der Totalverlust an schweren Waffen, Geräten und Fahrzeugen traf, so furchtbare Lücken der Tod in ihre Reihen riß. Viele unserer besten Kameraden, unserer bewährtesten Führer müssen wir beklagen. Etwa 5.000 blieben im Kessel von Belgrad [...]."[530] Als die Rote Armee völlig überraschend ihre Kräfte aus Serbien nördlich nach Ungarn abzog, konnte die Heeresgruppe E doch noch relativ geordnet nach Jugoslawien zurückgeführt werden, woran General der Gebirgstruppe Hubert Lanz allergrößten Anteil hatte.

---

[529] Vgl. Starl, S. 65f.
[530] Wittmann in Lanz 1954, S. 289.

Generalfeldmarschall Maximilian von Weichs bezeichnete diese Operation als eine „in der Kriegsgeschichte wohl einzigartige Truppenleistung"[531].

Am 23.10. wurde Belgrad von den deutschen Truppen geräumt, nachdem sich die Stadtväter Belgrads für den ungestörten Durchmarsch verbürgt und Lanz im Gegenzug sein Ehrenwort gegeben hatte, die große Vardar-Brücke im Stadtzentrum nicht zu sprengen. Der schutzlosen Landser in ihren zerschlissenen Uniformen und durchgebluteten Verbänden zogen auf Ochsenkarren ihre verwundeten Kameraden hinter sich her, während sie mit Heckenschützen-Feuer von den Dächern und Häusern belegt wurden. Gleichwohl hielt sich Lanz an sein gegebenes Wort, die Vardar-Brücke nicht zu zerstören. Bis zum 21. November 1944 schlossen sich jetzt die Stellungskämpfe gegen die Divisionen Titos hinter der Drina an. Vom Bataillonsführer-Lehrgang kommend, fuhr Hauptmann Matthias Starl am 28.10.1944 gemeinsam mit Leutnant Hornsteiner von Vincovice über Brčko nach Bjieljina zur Division, wonach er am 29.10. das inzwischen von Major Eisgruber geführte Regiment 98 erreichte: „Offen konnte ja keiner von uns aussprechen, was er in seinem Innersten dachte, daß Deutschland diesen Krieg nicht mehr gewinnen könne und es für uns Offiziere nur noch darauf ankäme, das Vertrauen unserer Soldaten zu unserer taktischen Führung möglichst zu bewahren und nicht in russische Gefangenschaft zu gelangen."[532] Am 30.11. lag das II./98 (Hauptmann Sigwart Göller) bei Zwornik, circa 35 km südlich von Janja entlang des Westufers der Drina. Es hatte rechts Anschluss zum III./98, das inzwischen

---

[531] Meyer 2008, S. 656.
[532] Starl, S. 67.

von Hauptmann Walter Hölz geführt wurde. Frisch zum neuen Kommandeur des I./98 berufen, berichtet Hauptmann Starl über den desolaten Zustand seines Bataillons: „Die drei Jägerkompanien wiesen Kompaniestärken von je ca. 50 Mann auf, die 4. Kompanie fehlte ganz. Als Kompaniechefs standen zur Verfügung Leutnant Luck Mayr, Hauptmann Böhm und Lt. Steinhäuser, als Bataillonsadjutant Lt. Willi Küchlein und als Bataillonsärzte Oberarzt Dr. Schleuning und Unterarzt Dr. Topp. Am 5.11.1944 verlegte das I./98 in den neuen Raum Jordan-Briboj. Der Gefechtsstand befand sich in Colopek, die 1. Kompanie war in Jardan, die 2. Kompanie in Colopek und die 3. Kompanie in Cucis Kula.

Die militärische Großlage in Südosteuropa stellte sich derweil wie folgt dar: Hitler hatte die Räumung Griechenlands, Südalbaniens und Südmazedoniens von der deutschen Besatzung befohlen, die Alliierten waren in Patras auf der Peloponnes und in Piräus gelandet, Tito begann die Staatsgewalt in Jugoslawien zu übernehmen und bei Osijek hatte die Rote Armee bereits die Drau nach Süden überschritten.

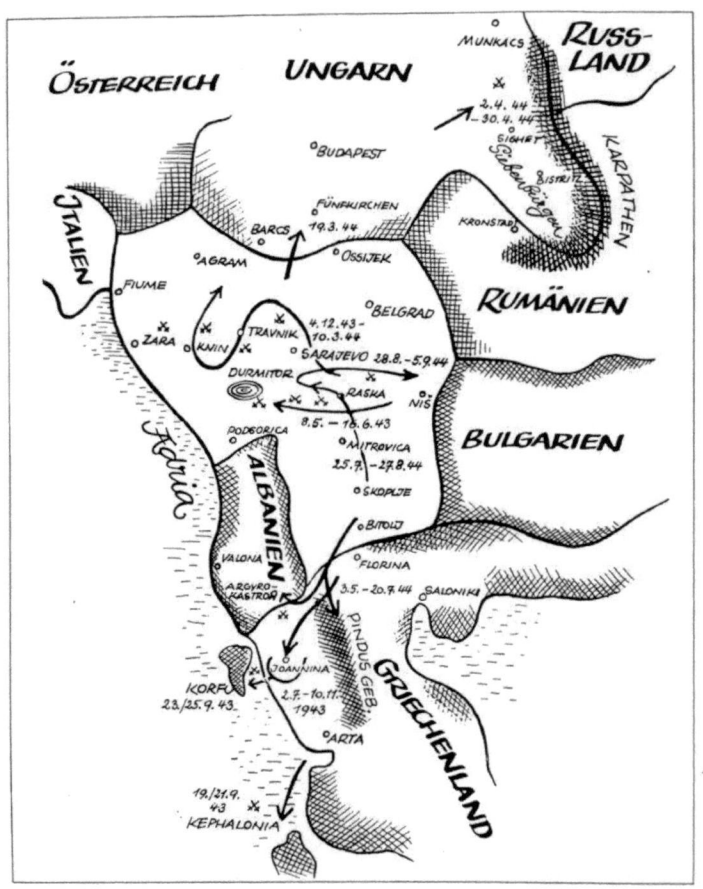

33   Kartenskizze: Einsatzwerdegang des 98. Regiments 1943-1944.

Der Druck der ostwärts der Drina aufmarschierenden Tito-Divisionen verstärkte sich laufend. Am 17.11. kämpfte das I./98 den Weg zur zerstörten Drina-Brücke bei Ljubovija westlich des Flusses frei, die bis 20.11. durch das Pionier-Bataillon der „Edelweiß-Division" instandgesetzt wurde, jedoch bei der Überfahrt des ersten deutschen Panzers absackte, was die erhoffte Panzerunterstützung vereitelte. Konnte am 23.11. ein nächtlicher Angriff von 500 Partisanen auf Starls I./Gebirgs-jäger-Regiment 98 abgewiesen werden, so wurde doch die Lage für die 1. Gebirgs-Division bedrohlich, da die Russen nordwestlich bei Apatin und Betina Brückenköpfe über die Donau bilden konnten. Sie erhielt den Auftrag, über *Vucovar-Moslavina* im Raum nördlich Szigetvar den Durchbruch der Sowjets westlich von Fünfkirchen aufzuhalten, wobei das I./98 am 25.11. gegen drei russische Regimenter bei deren *Brückenkopf Apatin* eingesetzt wurde. Am 30.11.1944 nach Moslowina an die Übergangsstelle der Drau nach Ungarn verlegt, überraschte in Szalanta ein feindlicher Gegenangriff das I./98, dessen 3. Kompanie die Situation abfangen, den Gegner werfen und die Lage wieder herstellen konnte. Matthias Starl: „Mit einem Nachtangriff meines Pionierzuges, der ‚Feuerwehr' des Bataillons, der von dem bekannt draufgängerischen Oberfeldwebel Max Weinfurter geführt wurde, wurde dieser Einbruch wieder bereinigt. Gegen 03.00 Uhr früh erschien Major Spindler, mein Bataillon war dem Geb.Jäg.Rgt. 99 unterstellt, und gab den Absetzbefehl."[533] Am 6.12.1944 wurde die I./98 wieder dem Gebirgsjäger-Regiment 98 unterstellt, das nun mit dem Regimentsgefechtsstand, Regimentseinheiten und den Bataillonstrossen in Böhönye lag. Dem Gebirgsjäger-Regiment 98 mit dem I./98 (Hauptmann Matthias Starl), II./98 (Hauptmann Nehauser) und III./98 (Hauptmann Walter Hölz) gelang es am 4.12. zwischen dem Balaton und der Drau in Linie der Ortschaften Kadarkut, Kubas und Nagybajom *den russischen Vormarsch zum Stehen zu bringen* und bis zum 13.1.1945 örtliche Feindangriffe und -einbrüche zu bereinigen, wobei sich die 2./98 unter dem als „schneidig" beschriebenen

---

[533] Ebd., S. 73.

Oberleutnant Werner, der durch die Schule des Majors Harald von Hirschfeld gegangen war, bei Csikota Pasta besonders auszeichnete. Generalleutnant August Wittmann, der nach dem Belgrader Kessel mit der Führung der 1. Gebirgs-Division beauftragt worden war, General Lanz, Oberst von LeFort (Kommandeur GebArtRgt. 79) und Major Backofen (GebArtRgt. 79) sowie der am 12.12. zum Oberstleutnant beförderte Karl Eisgruber besuchten bis zum 15.12.1944 das I./98, wo man das weitere Vorgehen besprach und am 19.12. einen schweren russischen Artillerieüberfall überstand. Nach der letzten Kriegsweihnacht 1944 verblieb die I./98 mit kurzen Unterbrechungen zur Ablösung anderer Wehrmachtseinheiten *bis 13. März 1945 im Raum Nagybajom.* Dort stand man der sowjetischen 73. Garde-Schützen-Division gegenüber, wie der Divisionstagesbefehl vom 31.1.1945 des seit 27.12.1944 neuen 48-jährigen Divisionskommandeurs, Generalleutnant Josef Kübler (der Bruder des „Latschen-Nurmi" Ludwig Kübler), dokumentiert. Von nun an bis zur Kapitulation in Österreich kam es zu einer Reihe erfolgreicher Abwehrkämpfe der dezimierten 1. Gebirgs-Division. Dies war sowohl der guten taktischen Führung der übergeordneten 6. Armee unter General der Panzertruppe Hermann Balck als auch dessen geschickter Verhandlungstaktik mit den Amerikanern anlässlich der Kapitulation Anfang Mai 1945 an der Demarkationslinie bei Liezen an der Enns zu verdanken.[534] „Andererseits aber bis heute noch nicht begreiflich ist, warum die Sowjets so zögerlich waren, wenn sie auf den harten hinhaltenden Abwehrkampf der 1. GD stießen. Ein weiterer Grund, der sich immer wieder positiv auf das erfolgreiche Absetzen vom Feind auswirkte, war die Euphorie der Russen. Wenn sie ihr befohlenes Angriffsziel erreicht hatten, gingen

---

[534] Vgl. ebd., S. 87.

sie in Auswertung ihres Erfolgs zur ausgiebigen Plünderung, Vergewaltigung und Schändung der Zivilbevölkerung über und wurden
dadurch über Gebühr aufgehalten.

Anfang März [12.3.] erfolgte die Umbenennung der 1. Gebirgs-Division in
1. Volks-Gebirgs-Division. Am 6.3.1945 sollte parallel zu dem an diesem
Tag beginnenden Angriff Richtung Budapest der 6. SS-Panzerarmee
unter Sepp Dietrich auch das GJR 98 nach Osten angreifen."[535] Vom 6.
bis 22. März 1945 dauerte die Frühjahrsschlacht am Plattensee (Balaton) an, dem mit fast achtzig Kilometer Länge größten Binnen- und
Steppensee Mitteleuropas. Parallel zu den festgelaufenen SS-Verbän-
den, blieben jedoch auch die 98er im Csikotawald hängen. Am 13.3.
wurde das Gebirgsjäger-Regiment 98 per LKW nach *Hollád südlich des*
Plattensees verlegt, wo tags darauf das I./98 als Angriffsspitze und
Schwerpunktbataillon im deckungslosen, von Verteidigungsgräben
durchzogenen Gelände im *Raum Kéthely* zum Angriff angesetzt
wurde. Eisgruber, Hölz, Göller und Starl waren sich nach der Ge-
lände- und Lagebeurteilung einig über die Aussichtslosigkeit des Angriffs, der dann auch tatsächlich im massiven Sperrfeuer der Sowjets
abgebrochen werden musste. Die sowjetischen Verbände, die durch
Überläufer von der deutschen *Offensive „Frühlingserwachen"* südlich
des Plattensees informiert waren, gehörten zur 3. Ukrainischen Front
unter Marschall Tolbuchin, die insgesamt aus 5 Armeen mit über
400.000 Mann, 6.890 Geschützen, 407 Panzern und 965 Flugzeugen bestand.[536] Gegen diese gewaltige Übermacht gelangen den Deutschen
in schweren Kämpfen noch immer Einbrüche von vier bis fünf

---

[535] Ebd.
[536] Vgl. ebd., S. 94f.

Kilometern, doch hatte „Frühlingserwachen" keinerlei Erfolgsaussichten. Am 27. März 1945 musste das Regiment 98 unter ständigem
Kämpfen von Zalaszentgrot-Janoshaza auf die Linie Otvös-Hosszu-
peresztegt ausweichen und konnte bis 30.3. die Höhen um Kam noch
gegen alle Angriffe verteidigen. Ein letztlich aussichtsloser „Pyrrhus-
sieg". *„Den ins Verderben voranstürmenden Gebirgsjägern konnte die Artillerie keinen wirksamen Feuerschutz mehr gewährleisten, sodaß in dem drei
Tage währenden Gemetzel allein das 98. Regiment ‚fast 1.000 Mann' verlor.
Die Deutschen erreichten mit ihrer letzten großen Offensive nichts mehr.
Mit einer Übermacht von nicht weniger als 42 Divisionen brach die Rote
Armee Mitte März in die deutschen Stellungen ein."*[537]

Am 29. März gingen die sowjetischen und bulgarischen Truppen zwischen Drau und Plattensee zum Gegenangriff über. Die Großlage und
weitere Entwicklung, die man als *Endkampf um die Heimat* titulierte,
fasste Matthias Starl zusammen: „Zwischen 16.3. und 14.4.1945
durchbrachen die Truppen der Roten Armee die deutschen Abwehrstellungen südlich und nördlich des Plattensees, im Raum Györ
(Raab) sowie die Waagstellung nördlich der Donau. Nach der Besetzung Wiens und St. Pöltens (15.4.) kam die Front mit Ausnahme des
Nordabschnitts bis zum Waffenstillstand am 7.5.1945 zum Stehen."[538]
Für die Gebirgsjäger und das 98. Regiment zeitigte dieses irrsinnige
Blutvergießen im Raum Kethely so einige *Folgen*: Regimentskommandeur Oberstleutnant (später Oberst) Karl Eisgruber wurde seines
Dienstes enthoben, der so fragwürdige wie unbeliebte und an „Hals-
weh nach dem Ritterkreuz leidende" Major Heinz Groth mit der

---

[537] Meyer 2008, S. 659.
[538] Starl, S. 96f.

Führung des Regiments 99 in der nunmehr *zur 1. Volks-Grenadier-Division umbenannten „Edelweiß-Division"* beauftragt, Divisionskommandeur Josef Kübler wieder durch Generalleutnant August Wittmann, seinen Vorgänger auf diesem Kommando, ersetzt und das I./98 von General Hubert Lanz „zur Rehabilitation" befohlen (wofür er später bei Starl Abbitte leistete).

Die 1. Volks-Gebirgs-Division wurde im Norden des Plattensees auf die letzten noch fahrenden Züge verladen, um unweit der Grenze zu Österreich entlang des genannten Flusses Raab eine neue Verteidigungslinie zu beziehen – als Teil von Hitlers propagandistisch überhöhten und zurechtphantasierten „Alpenfestung". Der baldige Verlust dieser Verteidigungsstellungen an der Raab führte dazu, dass die 1. Volks-Grenadier-Division am Ostersonntag, dem 1. April 1945, die *Reichsgrenze* in der Oststeiermark überschritt und in die „*Reichsschutzstellung*" an der Mur zwischen Strem und Eisenberg zurückgeführt wurde. „Ihren letzten Kampf soll die 1. Gebirgs-Division in den Bergen bestehen, denn der neue und letzte Auftrag lautet: ‚Verteidigung im Wechselgebiet'. […] Am 19.4. trifft als erster Verband die Gruppe Eisgruber (Regiment 98) im Raum nördlich Pöllau ein und wirft den Feind über den Lafnitzgrund bei Vorau zurück."[539] Das Gebirgsjäger-Regiment 98 hielt erbittert die Stellungen bei *Kemeten*, wo selbst der General Lanz mit dem Gewehr in der Hand seine Männer führte. Auch das II./98 verlegte am 19.4. über Pöllau nach Norden. Die 1. Gebirgs-Division löste die 117. Jäger-Division am Semmering ab, der durch die Kampfgruppe Oberst Raithel besetzt wurde. Jetzt, auf heimatlichem Boden, kam es auch zu *Fällen von Fahnenflucht* bei der

---

[539] Wittmann in Lanz 1954, S. 294.

13./98, wonach jedwede Disziplinlosigkeiten und Auflösungserscheinungen mit Erschießung geahndet werden sollten. Von tatsächlichen Hinrichtungen ist jedoch nichts überliefert. Offiziere wie Starl gaben ihren Männern das persönliche Versprechen, alles zu tun, keinen „Jager" in russische Gefangenschaft fallen zu lassen, was gut ankam und das ohnehin große Vertrauen in die traditionelle Gebirgskameradschaft und die mittlere Führungsebene erneut stärkte.[540] *Am 13. April fielen weitere 180 Männer.* Am 25. April wurde Groths Kampfgruppe in das Wechsel-Gebirge östlich der Fischbacher Alpen zurückgenommen, wo es zu weiteren Kämpfen mit den sowjetischen Verbänden kam und einer Reihe feindbesetzter Gipfel (wie den 1.745 m hohen Hochwechsel) wieder die Sowjetflagge entrissen wurde.[541] Am 3.5. baute das I./98 die neue HKL im *Feistritztal* auf und griff noch von dort Richtung Semmering (nach Norden) an, wo der Feind durch 98er-Gebirgsjäger nach Osten zurückgeworfen werden konnte. „Gefühlsmäßig lag etwas Bedrückendes in der Luft. Zwar wurde bei einem Besuch von General Wittmann, zusammen mit Major [Anton „Toni"] Leeb, bereits davon gesprochen, daß das *Hochwechsel- und Semmering-Gebiet* vermutlich geräumt werden müsse. [...] Ernst wurde die Situation eigentlich erst, als ein am 6./7. Mai 1945 auf den Semmering angesetzter Verbindungsspähtrupp meldete, daß von der Gruppe Oberst Raithel nichts mehr zu sehen sei und der Russe bereits auf dem Semmering zu sehen wäre. [...] auch am 7.5.45 hatte ich immer noch keinen Hinweis auf eine Kapitulation. Laut meinem Tagebuch griff die 1. Kompanie sogar noch einmal an."[542] Lediglich bei

---

[540] Vgl. ebd., S. 101f.
[541] Vgl. Meyer 2008, S. 660.
[542] Starl, S. 103f.

Kaltenegger ist zu lesen: „Am 7. Mai 1945 erhielt die Erste den Befehl, sich am 8. Mai bis 21.00 Uhr hinter die Enns abzusetzen."[543] Das II./98 sicherte zu diesem Zeitpunkt noch den Pfaffensattel gegen den bereits über den Semmering vorgestoßenen Feind.[544]

Die *Großlage* zur selben Zeit: Nach einem massiven Trommelfeuer der sowjetischen Verbände in den frühen Morgenstunden des 8. Mai 1945 informierte Marschall Tolbuchin über die Inkraftsetzung der bedingungslosen Kapitulation der Deutschen Wehrmacht am 8. Mai 1945 um 23.00 Uhr. Die deutschen Gebirgsjäger-Verbände, die die *Kapitulationsnachricht im Bergwald des Hochwechsels* erreichte, wurden ultimativ aufgefordert, sich bis zum Morgen des 9. Mai 1945, 09.00 h Z-Zeit, zu ergeben. Über die tatsächliche aktuelle Großlage und die Kapitulationsverhandlungen war man bei der 1. Gebirgs-Division zu diesem Zeitpunkt allerdings nicht orientiert, es gab Missverständnisse und sich widersprechende Befehle. Noch am 1. Mai erging von Generaloberst Lothar Rendulic der Befehl, den Amerikanern lediglich hinhaltenden Widerstand, den Sowjetverbänden jedoch entschiedensten Widerstand entgegenzusetzen, da es zur Umkehr der Bündnisse kommen könnte. General Lanz, der sich bei der Kapitulation bei Bad Aibling befand, erhielt Hinweise von den Westalliierten, er solle die Wehrmachtskader sammeln, um gemeinsam „gegen die Bolschewisten" zu kämpfen. Parallel zu dieser Situation befahl Generalleutnant August Wittmann jetzt der Truppe, sich in Gewaltmärschen nach Westen durchzuschlagen, bis Fühlung mit den US-Streitkräften möglich sein würde, und keinen einzigen deutschen Soldaten in russische

---

[543] Kaltenegger: Stammdivision 1981, S. 347.
[544] Vgl. Wittmann in Lanz 1954, S. 294.

Feindeshand fallen zu lassen. Ein Wettlauf mit der Zeit begann. Die Räumung des Feistritztals, wo die Soldaten des abgeschmolzenen Gebirgsjäger-Regiments 98 gewissermaßen bis zur letzten Stunde den Frontabschnitt ihrer 1. Gebirgs-Division hielten, erfolgte ohne größeren Feindwiderstand, da sich die Russen im kollektiven Siegestaumel befanden. Als letzte Einheit des Gebirgsjäger-Regiments 98 räumte die 1. Kompanie unter Oberleutnant Werner Möller mit dem Pionierzug des I./98 die vorbereiteten Tal- und Straßensperren. Major Heinz Groht vom Regiment 99 befahl indes, „vor der nachrückenden Roten Armee über den Paß St. Katherine am Hauenstein und durch das große Mürz-Tal bei Krieglach nach Bruck an der Mur zu entkommen. Wie viele Männer auf ihrer Flucht durch das eiskalte Wasser der Mürz und die tief verschneiten Berge der Mürztaler- und Murtaler Alpen umgekommen sind, kann nicht annähernd beziffert werden. In Brück sorgte Göller unter Androhung von Waffengewalt dafür, daß die Gebirgsjäger im letzten noch verkehrenden Eisenbahnzug in Richtung Hieflau an der Enns [und weiter Richtung Bruck-Leoben] weitertransportiert wurden. Da die Amerikaner alle Übergänge über den Fluß gesperrt hatten, versuchten nicht wenige, die andere Uferseite schwimmend zu erreichen. Sie *ertranken ,massenweise'* in der zu dieser Jahreszeit Hochwasser tragenden Enns – ,wobei die Amerikaner ruhig zusahen' [...]"[545]„Als General Balck am 8. Mai an die Enns kam, verweigerten die Amerikaner der 6. Armee den Übergang über die Enns mit der Begründung, daß die 6. Armee nur gegen die Russen gekämpft habe und gar kein Grund bestünde für die Amerikaner, die Kapitulation anzunehmen. General Balck löste dieses Dilemma in Art des Gordischen Knotens und erklärte dem amerikanischen General

---

[545] Meyer 2008, S. 662.

Gen. McBride, daß dann eben die 6. Armee die 80. am. Division angreifen würde, um der Forderung gerecht zu werden, daß man gegenüber dem Gegner kapitulieren müsse, gegen den man gekämpft habe."[546] *„Von Bruck an der Mur rückte die Division in mehreren Marschgruppen […] über die Linie Hieflau-Liezen an der Enns hinter die amerikanische Demarkationslinie."*[547] Dahin schafften es schließlich auch die meisten Männer der 1. Gebirgs-Division – über eine unzerstörte Brücke im Laufe des 9. und 10. Mai, wo sie von amerikanischen Truppen entwaffnet und in das etwa zehn Kilometer südlich von Hitlers Geburtsort Braunau gelegene *Kriegsgefangenenlager Mauerkirchen* überstellt wurden.

Der schreckliche Krieg, von dem jeder seit langem wusste, dass er für Deutschland aussichtslos verloren gehen würde, war nun endlich tatsächlich vorbei. Zur Erleichterung darüber, dass jetzt die Waffen schwiegen und das jahrelange irrsinnige Töten und Sterben nunmehr ein Ende hatten, gesellte sich das bittere Gefühl der Niederlage. Es sollte dauern, bis man den 8. Mai 1945 auch als Tag der Befreiung von dem menschenverachtenden Regime des Nationalsozialismus begreifen konnte. Gerade bei den Gebirgsjägern, und gerade in Anbetracht ihrer – im Wortsinne – menschlichen Verluste. Lakonisch blickte später Michael Pössinger auf seine Kriegserlebnisse zurück, die er mit Ausnahme seines Ostpreußen-Einsatzes mit dem Werdegang „seines" 98. Regiment verband: „Erst die ‚lustigen' Einmärsche in Österreich und im Sudentenland, dann die Hurra-Feldzüge gegen Polen und Frankreich. In Rußland nahm der Krieg dann schon gewaltige

---

[546] Starl, S. 111.
[547] Kaltenegger: Stammdivision 1981, S. 347.

Ausmaße an, wurde immer härter und kippte nach den Kämpfen im Kaukasus und am Kuban. Im Partisanenkampf auf dem Balkan standen wir Gebirgsjäger bereits der Heimtücke und der Grausamkeit als Mittel der Kampfführung gegenüber, aber Ostpreußen war ein Inferno, wahrlich die ,Krönung des Schreckens' in diesem so opferreichen Krieg. Jetzt aber waren es Zigtausende von unbewaffneten, wehrlosen Zivilisten, die ihr Blutopfer bringen mußten."[548]

Der Regimentsstab des Gebirgsjäger-Regiments 98 und Oberstleutnant Karl Eisgruber marschierten durch das Gesäuse-Gebirge nach Liezen und versuchten über Bad Aussee-Bad Ischl nach Salzburg und Bayern zu kommen, wobei die Offiziere, wie Starl entrüstet festhielt, in Bad Aussee von der dortigen Bevölkerung bespuckt wurden. Im *Gefangenenlager Burghausen* war die Verpflegung schlecht, die Behandlung der deutschen Kriegsgefangenen durch die US-Army jedoch korrekt. Ende Mai lagen die aus Rosenheim stammenden Entlassungspapiere für die in die amerikanische Kriegsgefangenschaft geretteten Soldaten auch des Gebirgsjäger-Regiments 98 vor. „Bis Mitte Juli 1945 sind alle Einheiten aufgelöst und auch die Letzten entlassen."[549]

Hinter den tapferen Gebirgssoldaten im Zeichen des Edelweißes, die die 68 Monate des Zweiten Weltkriegs in Europa überlebten, lagen alle 2.078 Kriegstage, die sie mit nur ganz wenigen Ruhetagen im Fronteinsatz durchleiden mussten. Vom Freitag, den 1. September 1939, bis zum Mittwoch, den 9. Mai 1945, waren sie als Gebirgsjäger

---

[548] Bader 1998, S. 136f.
[549] Wittmann in Lanz 1954, S. 294.

in heikle Einsätze befohlen worden – regelmäßig an Brennpunkten des Kampfgeschehens, meist als Speerspitze an der Ostfront oder Krisenfeuerwehr in Südosteuropa, und immer an Orten, wo man stirbt. Für den einzelnen Kriegsteilnehmer wurde diese Zeit zum einschneidenden, tief prägenden, oft traumatisierenden Erlebnis. Tod und Leid, Gewalt und Grausamkeiten, Not und Entbehrung und all' das Elend – für was?

17. Epilog

In der Rückschau drängt sich die Frage auf, wieso nicht nur die Soldaten des Gebirgsjäger-Regiments 98 und der 1. Gebirgs-Division bis zum bitteren Ende weiterkämpften, sondern wieso generell so viele Deutsche – Wehrmacht, Waffen-SS, das letzte Aufgebot aus alten Volkssturmmännern und verblendeten HJ-Pimpfen – verzweifelt bis zum ultimativen Untergang fochten. Noch in der schlimmsten Agonie gab es für die Deutschen kein Nachgeben, kein Verhandeln und keine Kapitulation. Das Zweifeln am „Endsieg", der ja allerspätestens seit Sommer 1943 illusorisch geworden war, galt in Hitlers Augen als Verrat. Hitler selbst betrieb in der Schlussphase des Krieges durch sinnlose Haltebefehle und das Verheizen ganzer Divisionen und Armeen die zynische Inszenierung eines „heroischen Untergangs", wobei das Schicksal des deutschen Volkes in diesem apokalyptischen Szenario für ihn keine Rolle spielte.[550] Die rigide Losung der Nationalsozialisten lautete also *„Sieg oder Untergang"*, und die Mehrheit der Deutschen folgten Hitler und dem Regime auf diesem Weg. Das hat es in anderen Kriegen und bei anderen Nationen in dieser Dimension und Konsequenz nicht gegeben und *markiert die zweite Singularität in der deutschen Geschichte der Jahre 1933 bis 1945: Eine Nibelungentreue bis in den eigenen Untergang.*

Warum aber kämpfte man weiter, als der Krieg schon verloren und das eigene Schicksal vermeintlich besiegelt war? Geschah dieser je eigene, verzweifelte Endkampf rein aus der Angst heraus, die eigenen Taten könnten einen einholen oder aus Furcht vor einer gänzlich

---

[550] Vgl. Förster 2025, S. 965

ungewissen Zukunft? Monokausale Begründungen oder Pauschal-
antworten greifen hier sicherlich zu kurz. Für die über 12 Millionen Deutsche beispielsweise, die zwischen 1944 und Kriegsende der
Flucht und Vertreibung aus den deutschen Ostgebieten zum Opfer
fielen – über 600.000 von ihnen starben dabei –, spielten die unmittelbaren Repressions- und Gewalterfahrungen eine entscheidende Rolle.
Den Massenvergewaltigungen durch Soldaten der Rote Armee fielen
etwa zwei Millionen deutsche Frauen und Mädchen zum Opfer. Das
Verüben von Massenverbrechen sexueller Gewalt war fester Bestand-
teil der sowjetischen Kriegsführung. Viele Deutsche führten auch
sonst die erlittenen Opfer und persönlichen Verluste für ihren bis zuletzt geführten Kampf bis in den Untergang an. Die Millionen Väter,
Brüder, Söhne konnten doch „nicht umsonst" gefallen sein. Man
schaue sich *exemplarisch* die zum Teil sehr persönlich gehaltenen Ge-
denktafeln an der Kriegergedächtniskapelle in Garmisch-Partenkirchen an oder lese die Texte der Sterbebilder der im Zweiten Weltkrieg
gefallenen Söhne Mittenwalds im nördlichen Kirchhof von „d'Mitta-
woida Kurch" St. Peter und Paul, dem Wahrzeichen des Ortes, um
eine Vorstellung vom Leid der Hinterbliebenen zu gewinnen. Seit
Goebbels' am 18.2.1943 ausgerufenem „totalen Krieg" hatte sich eine
Demagogie entfaltet, die nach der Katastrophe von Stalingrad und
den schließlich 500.000 Toten des alliierten Bombenkriegs zur Be-
schwörung einer Schicksalsgemeinschaft und zur Ausbildung einer
gewissen allgemeinen Wagenburgmentalität führte. Letztlich wurde
dies nur möglich, weil die totalitäre NS-Diktatur (trotz der seit 1943
zunehmend um sich greifenden Kriegsmüdigkeit) von einer Mehrheit
der deutschen Bevölkerung – die meisten waren Mitläufer – bis zum

Schluss mitgetragen wurde. Der Historiker Götz Aly spricht zurecht von einer *Komplizenschaft von Führung und Volk*.[551]

Sozialpsychologisch betrachtet, war es tatsächlich vor allem die Angst, die deshalb die Deutschen im aussichtslos gewordenen Krieg zusammenhielt: die Angst vor der Niederlage, die Angst vor dem Terror von Gestapo, SS und fliegenden Standgerichten der Feldgendarmerie („Kettenhunde"), die Angst vor der meist gänzlich ungewissen Zukunft, die Angst vor der drohenden Sühne für die deutschen Verbrechen, über die man in weiten Teilen der Bevölkerung entgegen allen Schutzbehauptungen tatsächlich Bescheid wusste – oder Bescheid wissen konnte, wenn man nur wollte. Den Deutschen war also klar, was sie getan hatten, in welche Bestialität sie gesunken waren und dass sie dafür irgendeine Art der Vergeltung zu erwarten hatten. *Zurück blieb ein Land, eine Welt, ein bisheriges Leben in Trümmern. Und ein moralisch bankrottes Deutschland mit dem Stigma, das Land der verantwortlichen Täter zu sein.* Die Befreiung vom Nationalsozialismus leitete in Bayern und überall in Deutschland einen politischen, gesellschaftlichen und wirtschaftlichen Neuanfang ein, der viel Kraft kosten und viele Jahre in Anspruch nehmen sollte, letztlich aber jenen humanitären, liberalen und demokratischen Werten zum Durchbruch verhalf, die das Leben in unserer alles andere als selbstverständlichen Demokratie seither prägen und lebenswert machen. Sie gegen die inzwischen massiven demokratiefeindlichen Bestrebungen im Inneren und

---

[551] „Wir haben den Judenmord organisiert, ihr habt es gewusst und mitgemacht. Jetzt gibt es nur noch gemeinsam siegen oder gemeinsam untergehen." (Götz Aly in der ZDF-Dokumentationsreihe „Der deutsche Abgrund: Völkermord 1942-44". https://www.zdf.de/dokumentation/zdfinfo-doku/krieg-und-holocaust-der-deutsche-abgrund-voelkermord-1942-1944-100.html (28.8.2023)

den massiven Bedrohungen von außen zu sichern und zu verteidigen, bleibt die Aufgabe von uns Bürgern, Demokratiefreunden, Europäern. Unserer ertüchtigten demokratischen Bundeswehr kommt hierbei eine entscheidende Aufgabe zu, denn ohne Sicherheit ist alles andere nichts und kann es keine Freiheit geben.

„Während des gesamten Krieges haben die Gebirgsjäger [der 1. (Volks-)Gebirgs-Division bzw. des Gebirgsjäger-Regiments 98] zu Fuß, per Lastwagen und auf der Bahn in den einzelnen besetzten Ländern insgesamt *eine mittlere Wegstrecke von rund 32.000 Kilometer* zurückgelegt."[552] Wenngleich für das Gebirgsjäger-Regiment 98 keine gesonderten Daten vorliegen, kann für seine 1. Gebirgs-Division bilanziert werden, dass durch diese im Kriegsverlauf *alleine in der Sowjetunion etwa 60.000 Menschen getötet oder verwundet wurden. Auf der Grundlage der offiziellen Kriegstagebücher dürften im Kriegsverlauf etwa 11.000 „Jager" gefallen und etwa 35.000 zum Teil mehrfach verwundet worden sein.* Informationen über die Anzahl der aufgrund von Krankheit verstorbenen oder verunglückten Gebirgsjäger und darüber, wie viele in Gefangenschaft umgekommen sind, den Freitod gewählt oder von der Militärgerichtsbarkeit zum Tode verurteilt und hingerichtet wurden, sind nicht bekannt. Nachdem 1949 die letzten Kriegsgefangenen aus Jugoslawien in die Heimat zurückgekehrt waren, galten 1954 noch *2.816 Mann als vermisst.*

Festzuhalten ist des Weiteren, dass „mit ihrer Verlegung auf den Balkan und ihrem Einsatz in der Partisanenbekämpfung, bei der Entwaffnung der inzwischen abtrünnigen italienischen Streitkräfte sowie

---

[552] Meyer 2008, S. 660ff.

den Rückzugsgefechten 1944/45 eine *beispiellose Kette von Verstrickungen und Beteiligungen"*[553] *des Gebirgsjäger-Regiments 98 und eine zum Teil skrupellose Kriegsführung der „Edelweiß-Division"* zu konstatieren ist. Hierfür waren insbesondere jene Offiziere verantwortlich, die wie Josef Salminger, Harald von Hirschfeld oder Reinhold Klebe überzeugte und fanatische Anhänger des Nationalsozialismus waren. Bis dahin hatte sich der häufig als Speerspitze eingesetzte und besonders befähigte Eliteverband der Deutschen Wehrmacht von Kriegsbeginn an nahezu pausenlos kämpfend an vorderster Front befunden. Allein im Krieg gegen die Sowjetunion und später als eingeschlossene Truppe im Belgrader Kessel verlor die 1. Gebirgs-Division mehr Soldaten durch Tod oder Verwundung als zu Beginn des „Unternehmens Barbarossa" in ihren Reihen gestanden hatten. *Die außerordentliche Tapferkeit, die herausragenden Leistungen und enormen persönlichen Entbehrungen der geschundenen Soldaten mit dem Edelweiß, die vom ersten Kriegstag 1939 bis teilweise zwei Tage nach der Kapitulation 1945 diesen fürchterlichen Krieg bis zum Letzten erleiden mussten, stellen einen Extremfall menschlicher Kapazität dar. Sie sind militär- und kriegsgeschichtlich mitunter ohne Parallele.* Mit aller Entschiedenheit und unter Aufbietung der letzten persönlichen Reserven wurde der Abwehrkampf[554] in Rumänien, Jugoslawien und Ungarn noch zu einem Zeitpunkt geführt, als längst alles aussichtslos verloren war – man aber trotzdem

---

[553] Zimmermann, John: Rezension zu Hermann Frank Meyer, Blutiges Edelweiß. In: Militärgeschichtliche Zeitschrift 67 (2008), S. 565.

[554] Es existieren Parallelen hier zu den Schlachten von Stalingrad, Rshew und Kursk, vor allem zum Ausbruch aus dem Kessel von Tscherkassy, zu „Bagration", den Endkämpfen von Ostpreußen über Schlesien bis zu den Seelower Höhen vor Berlin. Allerdings hatte man es bei diesen kriegsgeschichtlichen Beispielen mit einem Gegner zu tun, der weit überwiegend als offizieller Kombattant zu erkennen war.

nicht davonlief und sich entschlossen weigerte, Kameraden und Zivilisten einfach ihrem Schicksal zu überlassen.

Heute gehört es bei zahlreichen Truppenverbänden zur üblichen militärischen „Folklore", sich selbst als Elite zu betrachten und entsprechend prätentiös zu gerieren. *Sucht man hingegen das historisch dokumentierte und empirisch beglaubigte Muster einer im Kampfeinsatz bewährten tatsächlichen Elitetruppe, kann es zu den Gebirgsjägern der Deutschen Wehrmacht keine zwei Meinungen geben.* Diese Männer, die meisten von ihnen waren im Krieg gerade einmal zwischen 20 und 22 Jahren alt, gaben tatsächlich alles, was sie konnten – fernab jeder Verklärung und Verherrlichung, denn dazu sind die Abgründe ihrer Taten zu tief und die Verwerflichkeit der deutschen Kriegsführung und ihrer Ziele zu himmelschreiend.

Während die Ehemaligen der Erlebnisgeneration naturgemäß herausstellen, dass die harten und zähen „98er Jäger" ein verschworener Haufen größter Kohärenz und Kameradschaft waren, bei dem jeder für jeden eingestanden und dem anderen den Rücken gestärkt hat, muss mit heutigem Wissen die Ambivalenz ihres Werdegangs gesehen und eine grundsätzlich kritischere Betrachtung an den Tag gelegt werden. Die ausgeprägten Wertvorstellungen von Kameradschaft, Tapferkeit oder Ehre sind das Eine – die auffällige Verstrickung gerade von Eliteverbänden wie dem Gebirgsjäger-Regiment 98 in Maßnahmen der Repression und des Verbrechens sind das Andere. Verantwortliche Führer des Regiments von Schörner bis Hirschfeld bieten selbst in ihrem persönlichen Kriegswerdegang Beispiele sowohl für Gewaltakte als auch für ein hohes Maß an Fürsorge und Verständnis für ihre Soldaten – ein weiterer Hinweis auf die ambivalenten

Ausprägungen und negativen Erscheinungen, die besagtes Elitebe-
wusstsein hervorrufen oder zumindest begünstigen kann.[555] *Denn die
schlagkräftige und „hinlangende" Eliteeinheit war, wie wir gesehen haben,
de facto auch ein „Hitlersches Regiment" (Salminger), welches im Kontext
der Kriegsführung gegen Andarten, Partisanen und Zivilisten phasenweise
Züge einer Raub- und Mordbrenner-Truppe nach Landsknechtmanier ausbildete.*

Dass über die Verbrechen der Täter in den Reihen des Verbands jahr-
zehntelang eine Mauer des Schweigens, Vertuschens und der Erinnerungslücken errichtet wurde, und dass sie nach dem Krieg von bun-
desdeutschen Gerichten nicht adäquat abgeurteilt wurden, ist
schändlich. *Kriegsverbrechen ohne Verantwortliche und ohne Sühne.* Als
Apologie für die verübten Exzesse untauglich, aber ihrer Erklärung
und Einordnung zumindest dienlich sind Berichte der ehemaligen
Soldaten, die darauf hinweisen, dass man seinerzeit im Kriegseinsatz
meist todmüde und überreizt war. Dieses strukturelle, permanente
Schlafdefizit ließ häufig keine Kraft mehr für seelische Bewegungen
oder ethisch gebotenes Handeln. Die Soldaten befanden sich häufiger
in außerordentlich schwierigen persönlichen Entscheidungslagen
und hatten tagtäglich den Irrsinn des Krieges mit seiner konstruierten
Feindschaft und seinen politischen Intentionen in ihrem eigenen Blut
auszubaden. Auch wenn wir *heute* aus unserem behaglichen Sessel
oder verkopften Seminar leicht die höchsten Ansprüche stellen, sollten wir uns gleichwohl vor Augen führen, dass die Kriegsumstände
der damaligen Zeiten fundamental andere waren. Nur wenige hatten

---

[555] Vgl. Kinzinger, Rudolf (Hrsg.): Landsknecht oder idealistischer Trottel? Als Gebirgsjäger im GJR 100. Teil 1 (1937-1940). Norderstedt 2014, S. 11f.

seinerzeit den Mut, sich bei eigener Lebensgefahr den angeordneten Befehlen zu verweigern, und alle waren von der entgrenzten Kriegsführung, den schier übermenschlichen Strapazen und Entbehrungen so abgestumpft und verroht, von den andauernden Kampfhandlungen, dem ständigen Töten und der permanenten Todesangst so traumatisiert, dass sich viele zur Durchführung auch der unverhältnismäßigsten und schlimmsten „Sühnemaßnahmen" vollauf berechtigt sahen. Man muss das Übersteigen fast aller physischen und psychischen Kapazitäten, den phasenweisen Verlust der humanen Orientierung und insofern die eigene Zerrüttung der Soldaten aufgrund der Leiden und Qualen, denen sie ja auch selbst unmittelbar ausgesetzt waren, als Erklärungsansatz für ihre inhumanen Taten in den Blick nehmen. Zugleich darf nach allgemeiner Lebenserfahrung unterstellt werden, dass jedem Täter vor seinem eigenen Gewissen gleichwohl klargewesen sein dürfte, dass er bei der Anordnung und Verübung von Grausamkeiten, bei der Tötung von Alten, Frauen und Kindern oder von entwaffneten Kriegsgefangenen moralisch verwerflich und verbrecherisch handelte.

Ans Ende dieser Abhandlung zum Gebirgsjäger-Regiment 98 von 1937 bis 1945 und seinen Soldaten mit dem weißen und so blutigen Edelweiß – den Mannschaften, Unteroffizieren und Offizieren – möchte ich drei abschließende Gedanken stellen und dabei mit Michl Pössinger beginnen, der in seinen späten Jahren resümierte: *„Die Kameradschaft und die vielen Opfer, die wir alten Gebirgsjäger in harten Tagen tragen mußten, wären freilich eines besseren Zieles wert gewesen."*[556] Gerade die Debatte um Pössingers postume Ehrung zeigt, dass die

---

[556] Bader 1998, S. 204.

Auseinandersetzung mit der Vergangenheit lebendig ist, selbst wenn sie von Dissonanz begleitet ist. Es wird insbesondere auf die lokale Ebene und vielleicht auch auf Publikationen wie diese ankommen, wenn es darum geht, unsere Erinnerungskultur zukunftsfähig zu machen.

Im Talmud findet sich die vielzitierte Sentenz *„Erinnerung heißt das Geheimnis der Erlösung."* Wenngleich Erinnern immer auch ein „seltsames Vergessen" (Uwe Timm) bedeutet, so erfordet es doch immer eine informierte und kritisch-reflexiven Vergangenheitsvergegenwärtigung. Und es gilt gerade für unsere überkomplexe, von multiplen Krisen, basalen Umbrüchen und fundamentalen Unsicherheiten geprägte Gegenwart zu ergänzen: *Gemeinsames Erinnern ist die wohl beste Prävention gegen den Krieg.* In diesem Sinne sind die Worte des Bürgermeisters von Ioannina, Moises Elisaf (1954-2023), die er 2023 in Lyngiades fand, ein Vermächtnis: „Es ist heute mehr denn je unsere Pflicht, die Entscheidungen der Vergangenheit in den Dienst unserer Zukunft und insbesondere in die Zukunft unserer Kinder zu stellen."[557]

Das Opfer der Gebirgssoldaten und das Leid ihrer Opfer mahnen uns gleichermaßen zum Frieden. Menschenwürde ist kein Konjunktiv und darf niemals wieder zu einem werden.

---

[557] https://www.youtube.com/watch?v=bpyJ-prVzN8&t=179s

34 Gedenkstein für die Gefallenen auf der Nordseite der kath. Pfarrkirche „St. Peter und Paul" in Mittenwald (2022).

35 Die Kriegergedächtniskapelle am Kramerplateau in Garmisch (2024).
Links Alpspitze, Waxensteine und Zugspitze (2.962 m).

36 „Den Kameraden der Gebirgstruppe": Gedenkstein bei Ruppertsberg/Pfalz, errichtet von der Gebirgsjäger-Kameradschaft Pfalz im Jahr 1985 (2021).

Anhang

Schematische Gliederung der 1. Gebirgs-Division

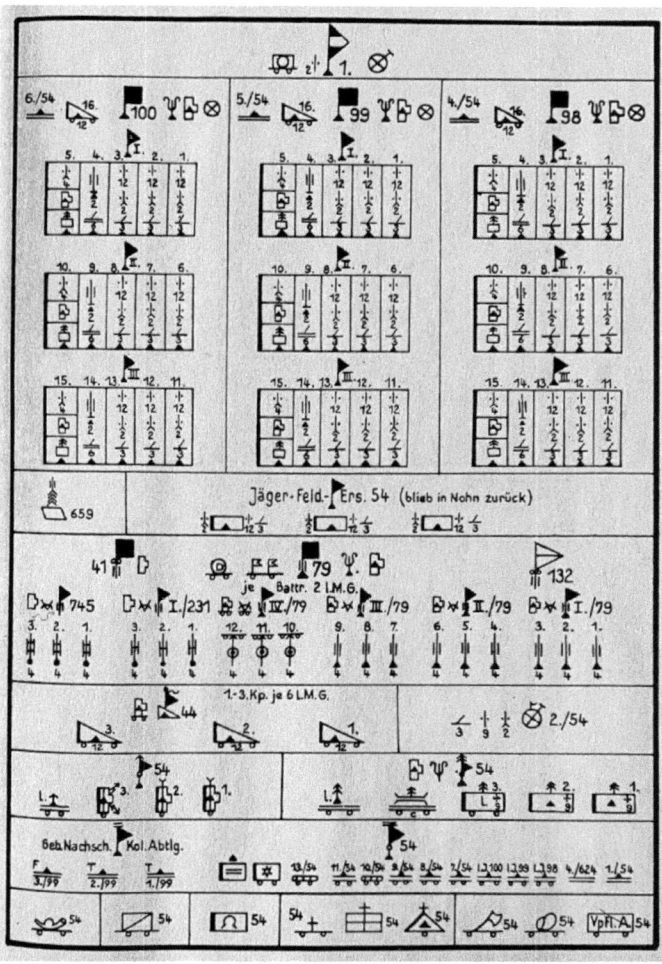

37   Schematische Gliederung der 1. Gebirgs-Division mit ihren Truppentei-
     len (1939).

Nur für den Dienstgebrauch.

Einheit	Nummerierung	Takt. Zeich.	Offz. u.ä.m.	Tragt.	Fahrz.	LKW PKW Kräd.	J.G.	Gr.W s l	MG s l	Pak
Rgt.-Stab	98		50 3(7)		7(1) 8					
Rgt.-N.Z.			81 21(1)		1					
(Pak)-Kp.	16		170	5(36) 31					4	12
l.Inf.Kol.(mot.)			47	16(2) 3						
Btl.-Stab	III II I		40 5(11)		2(1) 5					
Geb.Jäger Kp.	11. 6. 1.		229 40(10)	4 4 2				3	2 9	
"	12. 7. 2.		229 40(10)	4 4 2				3	2 9	
"	13. 8. 3.		229 40(10)	4 4 2				3	2 9	
(Schwere) G.Jäg.Kp.	14. 9. 4.		272 96(23)	4 4 4		2	6			
(Stabs)-Kp.	15. 10. 5.		244 53(16)	5 7 7					4	
Jetzige Gesamtstärken des Btl.:			1243 354 21	25(1) 22		2	6 9	10	27	
Frühere Gesamtstärke (zum Vergleich):			1090 249 34	13 7		–	– –	12	27	
Jetzige Gesamtstärke des Rgt.:			4077 1094 63	103(42) 109		6	18 27	30	85	12
Frühere Gesamtstärke (zum Vergleich):			3729 803 112	46 58		6	– –	36	85	12

38 Schematische Gliederung des Gebirgsjäger-Regiments 98.

Schematische Gliederung einer Gebirgsjäger-Kompanie (GebJägRgt. 98)

39 Schematische Gliederung einer Gebirgsjäger-Kompanie (1939).

Übersicht der Gesamtverluste der 1. Gebirgs-Division während des Zweiten Weltkriegs

(für das Gebirgsjäger-Regiment 98 liegen keine separaten Daten vor):

Feldzüge/Operationsgebiet	Gefallene	Verwundete
Polen 1939	405	918
Frankreich 1940	446	1.363
Jugoslawien 1941	6	9
Sowjetunion 1941-1943	4.174	13.420
Montenegro 1943	43	196
Griechenland und Südalbanien 1943/44	ca. 1.000	ca. 3.000
Jugoslawien/Ungarn 1943/44	150	400
Jugoslawien/Ungarn/Österreich 1944/45	ca. 5.000	ca. 15.000

Übersicht über die von der 1. Gebirgs-Division zurückgelegten Wegstrecken (in Kilometern):

Kriegsschauplatz	Marschstrecke zu Fuß	Lkw	Bahn
Polen	475	260	250
Frankreich	1.810	445	2.950
Jugoslawien	410	1.880	2.000
Sowjetunion	4.955	ca. 1.000	925
Balkan und Griechenland	5.125	890	6.980
Ungarn und Österreich	620	ca. 500	ca. 500

Übersicht über die Kommandeure des Gebirgsjäger-Regiments 98

Regiments-Kommandeur:

Zeitraum	Dienstgrad Name des Kommandeurs	Höchste Auszeichnung
Gründung 1937 – Mai 1940	Oberst Ferdinand Schörner	RK, Eichenlaub, Schwerter, Brillanten
Mai 1940 – August 1942	Oberst Egbert Picker	RK
August 1942 – Oktober 1942	Major Josef (Sepp) Salminger (i. V.)	RK, DKiG
Oktober 1942 – Dezember 1942	Major Dr. Erich Lawall (i. V.)	RK, DKiG
Dezember 1942 – April 1943	Major Karl Eisgruber (i. V.)	RK, DKiG
April 1943 – Oktober 1943	Oberstleutnant Josef (Sepp) Salminger	RK, DKiG
Oktober 1943 – August 1944	Oberstleutnant Harald von Hirschfeld	RK, Eichenlaub, DKiG
August 1944 – Oktober 1944	Major Alois Eisl (i. V.)	RK, DKiG
Oktober 1944 – Ende	Oberst Karl Eisgruber	RK

Regimentsadjutant:

Zeitraum	Dienstgrad Name	Höchste Auszeichnung
September 1939 – Januar 1940	Hauptmann Julius Wölfinger	RK
Januar 1940 – März 1942	Hauptmann Anton (Toni) Leeb	RK
März 1942 – August 1942	Hauptmann Claus Honigmann	unbek.
Oktober 1942 – Dezember 1942	Hauptmann Martin Hörmann	unbek.
Dezember 1942 – Juli 1943	Hauptmann Matthias Starl	RK (inoffiziell)
Juli 1943 – September 1943	Hauptmann Carl Rall	RK
September 1943 – November 1943	Hauptmann Walter Hölz	RK
November 1943 – Oktober 1944	Hauptmann Karl Neuhauser	unbek.
November 1944 – Ende	Hauptmann Weiss	unbek.

Bataillons-Kommandeur I./Gebirgsjäger-Regiment 98

Zeitraum	Dienstgrad Name	Höchste Auszeichnung
September 1939 – Oktober 1939	Oberstleutnant Dr. Franck	unbek.
November 1940 –	Major	unbek.

Mai 1941	Christl	
Mai 1941 – Februar 1942	Major Julius Wölfinger	DKiG
März 1942 – Oktober 1943	Major Friedrich (Fritz) Bader	RK, DKiG
Oktober 1943 – Juli 1944	Hauptmann Michael (Michl) Pössinger	RK, Eichenlaub, NKSiG
August 1944 – Oktober 1944	Major Raimund Feser	DKiG
November 1944 – Ende	Major Matthias Starl	RK (inoffiziell)

Bataillons-Kommandeur II./Gebirgsjäger-Regiment 98

Zeitraum	*Dienstgrad* *Name*	*Höchste Auszeichnung*
September 1939 – Juni 1940	Major Egbert Picker	RK
Juli 1940 – Juli 1941	Major Rädler	unbek.
Juli 1941 – September 1941	Major Karl Eisgruber	RK (inoffiziell)
Oktober 1941 – August 1942	Major Baumgartner	unbek.
August 1942 – November 1942	Major Harald von Hirschfeld	RK, Eichenlaub
Dezember 1942 – April 1943	Major Josef Reisinger	unbek.
April 1943 – August 1944	Major Alois Eisl	RK, DKiG

August 1944 - Ende	Major Sigwart Göller	RK

Bataillons-Kommandeur III./Gebirgsjäger-Regiment 98

Zeitraum	Dienstgrad Name	Höchste Auszeichnung
September 1939 – Mai 1941	Oberstleutnant Adalbert von Taysen	DKiG
Mai 1941 – Oktober 1942	Major Josef (Sepp) Salminger	RK, DKiG
Oktober 1942 – Mai 1944	Major Reinhold Klebe	DKiG
Mai 1944 – Ende	Major Walter Hölz	RK

Weitere Verleihungen des Ritterkreuzes für Angehörige des Gebirgsjäger-Regiments 98

Dienstgrad bei Auszeichnung	Name	Auszeichnung
Major	Wilhelm Spindler	RK, Eichenlaub
Oberleutnant	Hans Daumiller	RK
Oberfeldwebel	Johann Friedrich Wilhelm Hengstler	RK
Obergefreiter	Franz Doff	RK
Obergefreiter	Peter Grübl	RK

STUDIE
Generalfeldmarschall Ferdinand Schörner (1892-1973)

Revision einer Unperson

Ferdinand Schörner, „ein Bayer von robuster Konstitution und sanguinischem Temperament"[558], war der einzige Generalfeldmarschall der Wehrmacht, der aus der deutschen Gebirgstruppe hervorgegangen ist. Als Träger des Eichenlaubs mit Schwertern und Brillanten zum Ritterkreuz des Eisernen Kreuzes war er zugleich ihr höchstdekorierter Soldat. Lediglich 26 andere von rund 18 Millionen deutschen Soldaten der Jahre 1935 bis 1945 erhielten diese höchste Tapferkeitsauszeichnung.[559] Unter den insgesamt etwa dreitausend Wehrmachtsoffizieren aller Teilstreitkräfte, die bis Kriegsende einen Generalsrang erreichten, polarisiert bis heute wohl niemand so sehr wie Ferdinand Schörner. Offizierskameraden und militärische Untergebene hassten ihn entweder abgrundtief oder aber sie verehrten ihn über alle Maßen. „Während etwa der spätere Bundesverteidigungsminister Franz Josef Strauß nach der Rückkehr Schörners aus sowjetischer Haft forderte ‚Nie wieder Schörners in einer deutschen Armee!', stellte noch 1976 ein Hagiograph Schörners mit Bedauern fest: ‚Ich hatte nie die Ehre,

---

[558] Toland, John: Das Finale. Die letzten hundert Tage. München/Zürich 1968. S. 13f.
[559] Oberst Hans-Ulrich Rudel, Schlachtflieger der Luftwaffe, erhielt diese Auszeichnung als einziger in der Verleihungsstufe mit einem goldenen Eichenlaub.

unter diesem großen Heerführer zu kämpfen.'"[560] Von solch verklärendem Pathos wäre die breite westdeutsche Nachkriegsgesellschaft der Fünfziger- und Sechzigerjahre mehr als nur befremdet gewesen, denn für sie war der hochgradig umstrittene Schörner eine Reiz- und Hassfigur. Zu ostentativ hatte der überzeugte Nationalsozialist seine hitlertreue Haltung stets in den Vordergrund gerückt.

40   Ferdinand Schörner als Generaloberst, Winter 1944/45.

---

[560] Steinkamp, Peter: Generalfeldmarschall Ferdinand Schörner. In: Gerd R. Ueberschär (Hrsg.): Hitlers militärische Elite. 68 Lebensläufe. 2., durchges. u. aktualisierte Aufl. Darmstadt 2011, S. 507-516, hier: S. 507.

Schörner galt als „Befehlshaber anderen Typs, fanatisch loyal aus tiefsitzender nationalsozialistischer Überzeugung"[561], und als ein Mann, der an den ‚Triumph des Willens' glaubte."[562] Sein vergleichsweise später Beitritt zur NSDAP am 1. Januar 1943 erfolgte vor dem Hintergrund der militärischen Lage als entsprechendes Signal nach außen. Dass er gerade einmal vier Wochen später bereits das Goldene Parteiabzeichen verliehen bekam, – ein durchaus ungewöhnlicher Vorgang –, war wiederum ein symbolischer Akt, der die vermeintliche Einheit zwischen Partei und Staat manifestieren sollte.[563] Solche Akte kamen häufiger vor. Im konkreten Fall wollte das NS-Regime nach der Katastrophe von Stalingrad Schörners Loyalität herausstellen und ihn als Gegentypus zu Walther von Seydlitz und Friedrich Paulus auf das Schild heben. Untermauert wurde dies am 1. Februar 1944, als er zum Chef des neu geschaffenen Nationalsozialistischen Führungsstabes des Heeres ernannt wurde. Ziel dieser Institution war es, Nationalsozialistische Führungsoffiziere (NSFO) auszubilden, die nach ihrer Installation alle Heereseinheiten durchideologisieren und dadurch die Kampfmoral der Truppe heben sollten. – In der Praxis waren die NSFO bei der Truppe schließlich so wenig willkommen und unbeliebt wie die Politruks bzw. politischen Kommissare bei der Roten Armee, die für die Nazis unverhohlen als Rollenmodell der NSFO fungierten. Schörner, der als kurzzeitiger Chef des NS-Führungsstabes des Heeres für die entsprechende Schulung der Truppenoffiziere verantwortlich war, konnte in dieser Funktion jedoch nicht

---

[561] Kershaw, Ian: Das Ende. Kampf bis in den Untergang. NS-Deutschland 1944/45. München 2011, S. 82.

[562] Ebd.

[563] Vgl. Schönherr, Klaus: Ferdinand Schörner – der idealtypische Nazi-General. In: 1995, S. 497.

reüssieren. Ohnehin war in der Realität die Bedeutung der NFSOs eher symbolischer Natur; für die Ideologisierung der Truppe spielten sie eine eher geringe Rolle, denn hierfür waren hauptsächlich die jungen Männer verantwortlich, die alle Jugendgliederungen der NSDAP durchlaufen hatten und in der Spätphase des Krieges das geistige Fundament des Nationalsozialismus in die Truppe brachten.[564] Nach einem schweren Konflikt mit Hitlers Sekretär Martin Bormann, als Reichsleiter mächtigster Parteibonze und einflussreicher Strippenzieher in Hitlers privater Umgebung[565], legte Schörner das Amt des NSFO nach nur zwei Wochen[566] aus Protest nieder. Als Generaloberst der Wehrmacht war Schörner nicht willens, sich von dem abstoßend gewöhnlichen Bormann, einer gefährlichen grauen Eminenz, ins militärische Handwerk pfuschen zu lassen. Signifikant und hochgradig aufschlussreich an dieser Episode ist hier die generelle Haltung Schörners. Sein Auftreten als Gefolgsmann, seine persönliche Ergebenheit gegenüber Hitler kannte durchaus eine Reserve, denn im Zweifel stand für ihn alles andere hinter dem stark ausgebildeten Selbstbewusstsein des militärischen Führers und seinem Berufsethos zurück. Dies machte den Willensmenschen Schörner zu einer Ausnahmeerscheinung unter den Armee- und Heeresgruppenführern der Wehrmacht.

Hitlers Wertschätzung für Schörner nahm hierdurch jedoch überraschenderweise keinen Schaden, im Gegenteil. In fachlicher und

---

[564] Vgl. Epkenhans, Michael/Hagemann, Frank (Hrsg.): Militärgeschichte. Von der Frühen Neuzeit bis in die Gegenwart. Braunschweig 2021, S. 351.
[565] Vgl. Görtemaker, Heike B.: Hitlers Hofstaat. Der innere Kreis im Dritten Reich und danach. 2., durchges. Aufl. München 2019, S. 296.
[566] https://de.wikipedia.org/wiki/Ferdinand_Sch%C3%B6rner (1.9.2020)

persönlicher Hinsicht wuchs das Vertrauen sogar noch, je prekärer sich die Kriegslage insbesondere im Osten entwickelte. Nach Eduard Dietl, Hitlers Lieblingsgeneral und Duzkamerad, avancierte mit Schörner ein weiterer Gebirgsjägergeneral zu einem ausgesprochenen Favoriten und „besonderen Liebling"[567] Hitlers. Er wurde dessen „Lieblingskommandeur und der Letzte, dem er – nämlich am 5. April [1945] – den Stab eines Feldmarschalls überreichte".[568]

Mit seiner fokussierten, entschlossenen und konsequenten Führung sowie seinem hohen militärischen Können gelang es dem kompromisslosen Schörner als „Feuerwehr" des Öfteren, militärisch schier Unmögliches doch noch möglich zu machen und so die in ihn gesetzten hohen Erwartungen zu erfüllen. In der letzten Kriegsphase war er einer der ganz wenigen, die mit ihrer Expertise überhaupt noch zu Hitler durchdrangen. Auf Schörner hörte der zunehmend realitätsferne Oberste Befehlshaber mit der zynischen Spielernatur – zumindest in Grenzen – noch, und Schörner konnte sich sogar mehrfach Eigenmächtigkeiten herausnehmen, ohne dass dies zu den sonst üblichen Konsequenzen (mindestens Enthebung vom Posten und Versetzung in die „Führerreserve", denkbar auch Degradierung, KZ-Haft oder Tod) geführt hätte. Hitler zog ohnehin moderne Haudegen-Generale mit bürgerlichem Hintergrund wie Guderian, Rommel, Balck oder Model den dünkelhaften Angehörigen des konservativen altpreußischen Offiziersadels vor. Wenn dann bürgerliche Kommandeure wie die Troupiers Dietl und eben auch Schörner noch zupackende Tatmenschen bayerisch-alpenländischer Herkunft waren,

---

[567] Toland 1968, S. 13f.
[568] Ebd., S. 423.

bedeutete dies gegenüber Hitler sowohl „atmosphärisch" als auch psychologisch ein Prä. Wurden Generalfeldmarschälle wie Manstein von Hitler stets formell und ranggemäß mit „Herr Feldmarschall" angesprochen, ist es überliefert, dass sich Hitler bei Schörner häufiger der jovialen Anrede „Herr Schörner" bediente. In seinem politischen Testament bestimmte Hitler diesen „Herrn Schörner" zum letzten Oberbefehlshaber des Heeres, der – welch Ironie der Geschichte – 1923 noch als Hauptmann im Freikorps Epp aktiv an der Niederschlagung des Hitler-Putsches vor der Münchener Feldherrnhalle beteiligt gewesen war.

Für Schörners erst Anfang der Dreißigerjahre einsetzende Hitler-Gefolgschaft waren im Wesentlichen zwei Einflussfaktoren ausschlaggebend. In erster Linie zu nennen ist hier eindeutig sein früh ausgeprägter, entschiedener Anti-Bolschewismus. Während der Weimarer Republik hatten Kommunisten reichsweit zahlreiche Schießereien, Anschläge und politische Morde verübt, sodass nicht nur Schörner den Kommunismus sowjetischer Prägung als echte Bedrohung erlebte. Der Putsch der sozialistischen Arbeiter- und Soldatenräte 1918 in Sachsen war ihm als entsprechendes Menetekel erschienen. Als Angehöriger des nationalkonservativen Freikorps seines früheren Kommandeurs, „des in Bayern zu einer mythischen Heldengestalt verklärten"[569] Franz Xaver Ritter von Epp[570], beteiligte sich Schörner 1919 an der Niederwerfung der Münchener Räterepublik sowie im Jahr darauf an den Kämpfen gegen die kommunistischen Unruhen im

---

[569] Görtemaker 2019, S. 43.
[570] General Ritter von Epp wurde Hitlers Reichsstatthalter in Bayern von 1933 bis 1945. Epps Adjutant war der 1934 liquidierte SA-Chef Ernst Röhm.

Ruhrgebiet. Er wurde zu jenem erbitterten Feind des Kommunismus, der er zeitlebens bleiben sollte. Philipp Freiherr von Boeselager, Mitverschwörer des 20. Juli 1944 gegen Hitler, fand zur allgemeinen Furcht vor der kommunistischen Gefahr den Erklärungsansatz, dass bei der Wahl zwischen nationalem Sozialismus auf der einen und internationalem Sozialismus auf der anderen Seite die meisten Deutschen angesichts der von Kommunisten verübten Anschläge die vermeintliche Sicherheit des nationalen Sozialismus favorisierten.[571] Schörner jedenfalls sah in Hitler zuerst und vor allem die Inkarnation eines radikalen Anti-Bolschewismus und wurde primär deshalb zum Gefolgsmann des Führers und Obersten Befehlshabers. Ein antisemitisches Movens spielte für Schörners Hitlerismus' hingegen keine erkennbare Rolle.[572]

Der zweite Einflussfaktor, der bei dem nationalkonservativen *Soldaten* Schörner wirkmächtig wurde, war das bei Militär und Nationalsozialismus gleichermaßen integrale Narrativ des „Kampfes". Dieses wiederum korrespondierte mit den außenpolitischen Ambitionen Hitlers, der in der Wahrnehmung der Wehrmacht das personifizierte Versprechen für ein goldenes Zeitalter des Soldatentums war – mit besten Karrierechancen für loyale Offiziere.

Während des Krieges lösten Schörners häufiges Auftauchen in der Hauptkampflinie, aber auch seine Kontroll- und Inspektionsflüge

---

[571] Vgl. https://www.youtube.com/watch?v=8m30j5RoBoc (10.9.2020)

[572] Bei Dietl verhielt sich dies anders. Er ließ sich vom NS-Regime noch 1944 auf dem Münchner Odeonsplatz propagandistisch vor den Karren spannen und exponierte sich dort als entschiedener Antisemit. Paradoxerweise erhielt Dietl nach dem Krieg gewissermaßen Generalabsolution, während Schörner zum Verfemten wurde.

(„Terrorflieger", „wilder Ferdinand") mit dem Fieseler Storch bei Truppenteilen und Stäben seiner Einheiten hinter der Front regelmäßig Furcht bei allen Soldaten aus, weil jedermann in Uniform wusste, dass Schörner Schlendrian[573], Laxheiten und Nachlässigkeiten nicht durchgehen ließ und jedwede Drückebergerei – oder vielmehr das, was er dafür hielt – drakonisch und mit aller Konsequenz sanktionierte. Schörners Credo, wonach die Truppe vor der eigenen Führung mehr Furcht haben müsse als vor dem Feind, wirkte.[574] Nichts aber nahm und nimmt man diesem „elenden Schuft, erbärmlichen Lump und feigen Verräter" in die Öffentlichkeit so übel wie die *vermeintliche* Tatsache, dass er sich *vor* der erfolgten Kapitulation am 9. Mai 1945 in Zivilkleidung zu den Amerikanern abgesetzt hätte. Nach Lesart seiner zahllosen Kritiker hatte ausgerechnet der fanatische Feldmarschall damit seine Soldaten im Stich gelassen, um der sowjetischen Kriegsgefangenschaft zu entgehen. Die Amerikaner lieferten Schörner an die Russen aus, und so konnte sich der mit Abstand prominenteste unter den letzten Kriegsheimkehrern aus der Sowjetunion 1955 auch zehn Jahre nach Kriegsende der Verachtung breiter Bevölkerungs- und Veteranenkreise sicher sein. Nachdem alsbald auch ein deutsches Gericht Schörner den Prozess wegen Totschlags und Beihilfe zum Totschlag gemacht hatte, er in Landsberg am Lech inhaftiert und ihm seine Pensionsansprüche aberkannt worden waren, stand das bereits seit 1954 von publizistischen Kampagnen insbesondere

---

[573] Pössinger erinnert sich diesbezüglich: „[...] Regimentskommandeur Schörner hatte in punkto Anzugsordnung kein Pardon gekannt. Wehe, wenn er einen Soldaten ohne Wickelgamaschen erwischte! Er wurde überhaupt schnell wütend." (Bader 1997, S. 33)
[574] Auch der Großvater des Autors, Karl Wagner (geb. 1920 in Neunkirchen/Saar, gest. 1998 in Speyer), bestätigte dies. Er erlebte im Winter 1944/45 als Oberfeldwebel seiner mit Jagdpanzern 38t „Hetzer" ausgerüsteten Panzerjägerabteilung Schörner an der Ostfront in seinem Element.

des „Spiegel" befeuerte moralische und gesellschaftliche Urteil über
den Generalfeldmarschall fest: Der „unbelehrbare Nazi-General"
(Steinkamp), „Hitlers brutalster Feldmarschall" (Mazower), „Bluthund" („Der Spiegel"), „Landserschreck" und „feige Verräter" war
ein „Ungeheuer in Uniform" (Franz Josef Strauß) und eine verfemte
Unperson.

Dieses früh Prägekraft entfaltende und noch heute wirkungsmächtige
Paradigma wird allerdings in seiner Einseitigkeit Schörners ambiva-
lenter Gesamtpersönlichkeit kaum gerecht. Wenn man einmal nicht
zu rein moralischen Höhenflügen abhebt (das Notwendige zum Nationalsozialismus und seinen Anhängern wurde insbesondere in der
obigen Einleitung zu „Das Gebirgsjäger-Regiment 98 (1937-1945)" bereits gesagt) und evidenzbasiert vorgeht, kommt man nicht umhin,
das geläufige Urteil über Schörner zumindest in Teilen zu revidieren.
Blicken wir also auf seinen Werdegang auf der Grundlage der empi-
rischen Fakten, und zwar unter der *Berücksichtigung des spezifischen
Referenzrahmens „Krieg".* Im Kriegskontext nämlich verschieben sich
die sonst üblichen Maßstäbe oft zwingend. *Inter arma silent leges* können wir schon seit Cicero wissen: Der Krieg schreibt immer seine eigenen Gesetze. *Situative ad hoc-Entscheidungen unter höchstem Druck
zeitigen weitreichendste Auswirkungen,* und ein von den Umständen her
bestimmtes militärisches Handeln oder Unterlassen entfaltet irrever-
sible Tragweiten, weil es stets mittelbar oder unmittelbar um Exis-
tenzfragen und um menschliche Opfer geht. Mit Blick auf den militärischen Befehlshaber, bei dem hierfür die Entscheidung und Verantwortung liegt, werden diese Evidenzen nicht immer oder nicht klar
genug gesehen und deshalb nicht entsprechend veranschlagt.

Als Sohn des Polizeioberinspektors und späteren Polizeikommissärs Johann Schörner und seiner Frau Anna, geborene Bauer, entstammte der am 13. Juni 1892 in München geborene und katholisch getaufte Ferdinand Schörner aus kleinbürgerlich-altbayerischen Verhältnissen. Er wollte ursprünglich Lehrer werden, weshalb er sich nach der Volksschule, dem Wechsel auf das humanistische Münchener Luitpoldgymnasium und dem dortigen Abitur zu einer Dienstzeit als Einjährig-Freiwilliger beim Infanterie-Leib-Regiment der Bayerischen Armee verpflichtete. In dieser Elitetruppe der „Leiber", dem Garderegiment der bayerischen Könige, war Schörner einer der ganz wenigen Einjährig-Freiwilligen, die nicht dem Adel angehörten, was einer späteren Offizierslaufbahn eigentlich im Wege stand. Bei Ausscheiden zum Vizefeldwebel d. R. befördert, studierte er anschließend in München, Lausanne und Grenoble Neue Sprachen (Romanistik) und Philosophie. Studienaufenthalte führten ihn auch nach Paris und Florenz, was von einer gewissen Aufgeschlossenheit des sprachbegabten Studenten zeugt.[575]

Der Ausbruch des Ersten Weltkriegs vereitelte die Fortführung der universitären Bildung Schörners, der während des gesamten Krieges der 12. Kompanie des Infanterie-Leibregiments angehörte und bereits von den schweren Lothringer Grenzschlachten an durch außergewöhnliches Draufgängertum auffiel. Aufgrund seiner soldatischen Leistungen und seines persönlichen Einsatzes ohne Rücksicht auf die Schonung seiner Person wurde er unter Verleihung von Tapferkeitsauszeichnungen zum Leutnant d. R. befördert. Das Regiment kam am 19.5.1915 vom Stellungskrieg an der Westfront in den Verband des

---

[575] Vgl. Schönherr 1995, S. 498.

Deutschen Alpenkorps an der Seite der Österreicher zum Einsatz gegen die Italiener im Tiroler Grenzbereich, im Pustertal und vor allem in den Sextener Dolomiten. Für Schörner bedeutete die in den Dolomiten geforderte Kampfweise militärisches Neuland. „Aber gerade im Gebirgskrieg zeigte Schörner sein außerordentliches soldatisches Talent, das allerdings infolge seines übersteigerten Ehrgeizes beträchtliche negative Auswirkungen zeigen sollte. Vom Tiroler Kriegsschauplatz wechselte das Infanterie-Leibregiment im Oktober 1915 an die serbische Front."[576] Einen Tag, bevor das abermals an die Westfront verlegte Alpenkorps am 22.6.1916 vor Verdun angriff, wurde Schörner beim Sturm auf die Festung Fleury durch einen Granatsplitter schwer verwundet und kehrte nach dieser zweiten Verwundung erst nach Ablauf von drei Monaten zur Truppe zurück. Der nächste Einsatz führte das bayerische Infanterie-Leib-Regiment nach Rumänien, wo nach Sturm und Durchbruch durch die Karpaten heftige und siegreiche Kämpfe – unterbrochen durch ein weiteres blutiges Intermezzo im Westen – folgten. Auf Schörners eigenen Entschluss stürmte seine 12. Kompanie in Rumänien einen kleinen Brückenkopf und hielt diesen gegen die anstürmende Übermacht, bis endlich Verstärkungen ankamen. Am 24. Oktober 1917 begann am Isonzo, wo die Italiener, die sich 1915 der Entente angeschlossen hatten, ihre stärksten Truppen massiert hatten, die erbittert geführte 12. Isonzo-Schlacht gegen die besten Einheiten der Bayern und Österreicher, unter ihnen die Gebirgssoldaten des Deutschen Alpenkorps. Noch in der Abenddämmerung des ersten Angriffstages gelang es Leutnant Schörner mit seiner Kompanie, den strategisch bedeutsamen Mt. Kolowrat (Höhe 1114) in einer extremen Gewaltanstrengung zu nehmen, die bei seinen

---

[576] Ebd., S. 499.

Männern aufgrund von physischer Erschöpfung zu Ausfällen und ei-
nem Toten führte. Für die „überragende Tapferkeit und selbststän-
dige Führungsleistung"[577] dieser Waffentat wurde der 25jährige
Schörner als einziger Leutnant der bayerischen Infanterie für den
Pour le Mérite vorgeschlagen, den er am 5.12.1917 aus den Händen
Kaiser Wilhelms II. erhielt.[578]

Der selten verliehene Pour le Mérite („Blauer Max") war die höchste
Tapferkeitsauszeichnung im Ersten Weltkrieg, machte Schörner zu einem Kriegshelden und beförderte seinen Nimbus als Haudegen und
Fels in der Brandung. Neben ihm erhielt übrigens auch der damalige
württembergische Oberleutnant Erwin Rommel für die Erstürmung
des Monte Matajur am Isonzo diese hohe Auszeichnung. Beide Soldaten waren und blieben bis zu Rommels erzwungenem Suizid 1944 von
persönlicher Missgunst getriebene Rivalen. Abermals an der Westfront, wurde Schörner am 13.2.1918 in den aktiven Offiziersstand versetzt und am 15.7.1918 zum Oberleutnant befördert, nachdem er bei
der Erstürmung des Kemmel, einem Berg inmitten der flandrischen
Tiefebene an der Somme, zum dritten Male schwer verwundet worden war. „Kurz vor Kriegsende stieß er wieder zu seinem Regiment,
das in Bulgarien und Serbien den Rückzug der deutschen Truppen
deckte. Am 28.11. traf das III. Bataillon/Infanterie-Leib-Regiment mit
Schörner in voller Ordnung wieder in München ein."[579]

---

[577] Kaltenegger: Schörner I 2014, S. 98.
[578] Vgl. Hodurek, Herbert/Huber, Bernd: Ein kleines Edelweiß. Ein Gebirgsjäger im Einsatz vom ersten bis zum letzten Tag. Salzburg 1997, S. 100.
[579] Ebd.

Nach dem Waffenstillstand 1918 und seiner bereits skizzierten Zeit beim Freikorps Epp trat Schörner 1920 in die Reichswehr ein. Mit ihm, dem bayerischen Oberleutnant, und den württembergischen bzw. preußischen Hauptleuten Erwin Rommel und Ernst Busch – alle drei spätere Feldmarschälle Hitlers, unter ihnen Busch als überforderte Fehlbesetzung – wurden einige der erfahrensten Krieger in die Reichswehr übernommen, aber nicht gezielt bevorzugt.[580] Im Anschluss an den erfolgreichen Generalstabsoffizierslehrgang wurde Schörner Adjutant des Wehrkreisbefehlshabers von München, General von Lossow. „Ab Oktober 1925 im Reichswehrministerium in Berlin beschäftigt und im Sommer des folgenden Jahres zum Hauptmann ernannt, heiratete er 1927 Liselotte Karboschewsky (11.3.1909 - 8.4.1949), die Tochter eines Berliner Industriedirektors. Aus dieser Ehe gingen die beiden Söhne Hans Ferdinand (11.10.1928 - 31.10.1950) und Peter (geb. 2.1.1939) sowie die Tochter Anneliese (geb. 22.2.1931) hervor.[581] 1926 wurde Schörner Kompaniechef beim bayerischen Jäger-Bataillon 21. Von 1928 bis 1931 führte er die 10. Gebirgsjäger-Kompanie in Kempten im Allgäu. Hier sorgte der zwei Jahre ältere Eduard Dietl für den „Rechtsruck" der Offiziere, sodass auch Schörner während der Kemptener Zeit sukzessive auf „den Wellen der braunen Bewegung zu schwimmen begann".[582] Nach Ablegung der französischen und italienischen Dolmetscherprüfung und dank seiner

---

[580] Vgl. Neitzel, Söhnke: Deutsche Krieger. Vom Kaiserreich zur Berliner Republik – eine Militärgeschichte. 2. Aufl. Berlin 2020, S. 101.

[581] Hans Ferdinand Schörner starb bereits im Alter von 22 Jahren an den Folgen seiner angeborenen Epilepsie. Peter Schörner war Student der Rechtswissenschaften; er nahm sich das Leben. Vgl. Heerespersonalakte 8 NaraT78 R893 (dort ist statt Hans Ferdinand fälschlich „Johann" eingetragen) und Angaben auf dem Grabstein des Familiengrabs Schörner auf dem Mittenwalder Friedhof.

[582] Kaltenegger: Schörner I 2014, S. 139.

vorzüglichen Italienischkenntnisse wurde er anschließend als Verbindungsoffizier zu den italienischen Alpini und sodann zur Generalstabsausbildung an die Kriegsschule der Infanterie nach Dresden berufen.[583] Im August 1934 wurde Schörner Major und nach einer Zwischenverwendung als Taktiklehrer an der Kriegsschule kam er am 14. Mai 1936 ins Reichskriegsministerium zur 3. Abteilung des Generalstabs des Heeres, wo sein Aufgabenbereich in der Analyse ausländischer Heeresstreitkräfte bestand.[584]

Am 1. März 1937 zum Oberstleutnant befördert, wechselte Schörner zurück in den Truppendienst und wurde gemäß Stellenbesetzung am 12.10.1937 erster Kommandeur des neu aufgestellten Gebirgsjäger-Regiments 98 in Mittenwald. Seine Erkennungsmarke lautete „-1-Geb.Jäg.Rgt.98".[585] „Schörner erwies sich dabei als besonders harter, aber auch äußerst fürsorglicher Vorgesetzter und kameradschaftlicher Soldat, der sein Regiment zu einem Eliteverband formte. Getreu seiner Devise ‚Schweiß spart Blut' kümmerte er sich um jedes Detail in der Ausbildung."[586] Anekdotische Randnotiz: Tschiang Kai Schek, der nationalchinesische Oberbefehlshaber der chinesischen Armee und Gegenspieler Mao Tse-tungs, schickte seinen Sohn Chiang Wei-kuo, genannt Wego, zur fundierten Offiziersausbildung bei der deutschen Gebirgstruppe ausgerechnet zu Schörners Regiment, wo er als

---

[583] In einem Brief vom 3.3.1961 an den Amerikaner Bumball kokettiert Schörner mit seiner Polyglottie: „Ich bitte Sie, auf Englisch zu schreiben. Ich darf sagen, dass ich diese Sprache, ebenso wie Französisch und Italienisch – in diesen beiden Sprachen war ich geprüfter Dolmetscher – literarisch beherrsche."

[584] Vgl. ebd., S. 508.

[585] Thomas, Franz/Wegmann, Günter (Hrsg.): Die Ritterkreuzträger der Deutschen Wehrmacht. Teil VI: Die Gebirgstruppe. Bd. 2: L-Z. Osnabrück 1994, S. 320.

[586] Hodurek/Huber 1997, S. 101.

„Schörners Chinese" in Garmisch und Mittenwald einige Berühmt-
heit erlangte.[587] Als Regimentskommandeur bei den Gebirgsjägern
zeigte sich Schörner als geradlinige, jedoch überehrgeizige und enorm
fordernde Führerpersönlichkeit. Er war seinem Regiment zwar ein
unhinterfragtes militärisches Vorbild, entwickelte und kultivierte jedoch auch derartige persönliche Marotten, die ihn insbesondere bei
seinem Stab keineswegs zu einem Sympathieträger werden ließen.
Für seine Offiziere war er ein sehr unbequemer Vorgesetzter. Schörner galt als äußerst anspruchsvoll und konnte in seinem ausgeprägten
Geltungsdrang ätzend pedantisch werden. Furchtsame Gemüter forderten ihn zu jeder erdenklichen Schikane heraus, doch vor den gewiss wenigen Soldaten, die sich ihm schlagfertig widersetzten, hatte
er offenkundigen Respekt. Ihm imponierte es, wenn jemand so „gera-
deheraus und schneidig" war wie er selbst. Für „seine Jager", über die
er im Übrigen bis zuletzt nichts kommen ließ, setzte er sich mit der
ganzen Kraft seiner Autorität ein. Soldaten aller Ränge, die ihn tatsächlich näher und länger kannten, stellten heraus, dass er der Kame-
radschafts- und Fürsorgesorgepflicht in außergewöhnlichem Maße
nachkam und ein Herz für den einfachen Soldaten hatte. Michl Pössinger erinnert sich hierzu: „Er war ein ,g'scherter Hund', da gibt's gar
keinen Zweifel, auch gefürchtet, aber für seine Jager, die an der Front
im Einsatz waren, hat er alles gemacht. Da hat er den menschlichen
Kontakt gesucht und ist auch mal mit der letzten Flasche Schnaps da-
hergekommen, um sie moralisch wiederaufzurichten."[588] Andere
Landser schätzten an Schörner besonders, dass er sich in seinem

---

[587] Vgl. Kaltenegger: Schörner I 2014, S. 154-156.
[588] Bader 1998, S. 20.

Bereich um die bestmögliche Verpflegung[589] seiner Männer persönlich kümmerte. In der Garnison am Karwendel aber, wo er im damaligen Viererspitzweg 4, Fernsprecher 351, wohnte[590], war der Gebirgsjäger-Kommandeur wegen seiner Anflüge von Selbstherrlichkeit *„als der liebe Gott von Mittenwald"*[591] bekannt. Großen Wert legte er auf eine stets absolut tadellose, geschniegelte Uniform. – Kleidung als äußeres Statement einer inneren Haltung und auch als Ausdruck einer Überkompensation von Minderwertigkeitsgefühlen, die Schörner hinsichtlich seiner kleinbürgerlichen Herkunft und gegenüber dem traditionellen Offizierskorps zeitlebens hegte.[592] Mit übertriebenem Kasinogetue konnte er nichts anfangen, zumal er selbst kaum Alkohol trank. Seine Reserviertheit gegenüber der preußischen Offizierskaste behielt er stets bei. Schörners Führungsstil im Krieg bezeichnete der Biograf Erich Kern als „unerbittlich", betonte dabei jedoch, dass Schörner nie etwas von seinen Soldaten forderte, was er nicht selbst leistete.[593] Insgesamt repräsentierte der unbequeme und von vielen gefürchtete Schörner trotz seiner Charakterdefizite dezidiert jenen *Soldatentypus, bei welchem der Mann die Uniform und nicht etwa die Uniform den Mann machte. Schörner war Soldat aus Berufung und nicht Soldat aus Beruf.*

Für Wesen und Wirkung Schörners sind nicht zuletzt die ungestellten, während des Kriegs entstandenen Fotoaufnahmen aufschlussreich. Sie zeigen seine kernige, stets straffe Statur, die Stärke und

---

[589] „Ohne Mampf kein Kampf", der lockere Spruch im Soldatenjargon, enthält eine nicht zu unterschätzende Wahrheit.

[590] Vgl. Schörners Heerespersonalakte 8 Nara T78 R893

[591] Der Spiegel v. 9.2.1955

[592] Vgl. Schönherr 1995, S. 503.

[593] Vgl. Kern, Erich: Generalfeldmarschall Ferdinand Schörner. Ein deutsches Soldatenschicksal. 4. Aufl. Rosenheim 1993, S. 18.

Selbstsicherheit ausstrahlt. Die klar konturierte, von Falten durchzogene Gesichtsphysiognomie spiegelte nach übereinstimmenden Aussagen selbst in sehr kritischen Situationen Straffheit, Klarheit und Ruhe aus.[594] Schörner war ein abgeklärter Tatmensch mit einer klaren, konzentrierten und auch jenseits des militärischen Telegrammstils präzisen Sprache. Seiner gewandten, jedoch schnörkellosen schriftlichen Diktion merkt man zuweilen den verhinderten Philologen an, während die Bassstimme des Kommandeurs mit der Nickelbrille auch schneidend werden konnte, je stärker seine Äußerungen ins Apodiktische changierten. Und das war häufiger der Fall, einschließlich wütender Entgleisungen.

Schörner nahm mit seinem Gebirgsjäger-Regiment 98 an den Einmärschen 1938 in Österreich und 1939 im Sudetenland teil und kämpfte im Polenfeldzug im Verband der „Edelweiß-Division". Sein befohlenes „schärfstes Vordringen"[595] bei der „Sturmfahrt auf Lemberg" führte das Gebirgsjäger-Regiment 98 an der Spitze seiner Division weit dem rechten Flügel des deutschen Ostheeres voraus – mit einem Vorsprung von bis zu 120 Kilometern vor allen übrigen Verbänden.[596] In einem späteren Vortrag vor italienischen Alpini-Kommandeuren wies er unter Hinweis auf die 1.400 Toten und Verwundeten der 1. Gebirgs-Division darauf hin, dass der Polen-Feldzug „kein Spaziergang" war, und er lobte die Leistungen der polnischen Offiziere sowie

---

[594] Vgl. etwa ebd., S. 49.

[595] Vgl. Schörners Befehl v. 12.9.1939 „Verfolgungstruppen 1. Gebirgsdivision, Verfolgungsbefehl Nr. 1" (u. a. in Kaltenegger: Schörner I 2014, S. 188)

[596] Pössinger spricht in der Rückschau gar von 150 Kilometern Vorsprung zur Nachbardivision. Vgl. Bader 1998, S. 23.

die außerordentliche Tapferkeit der einfachen polnischen Soldaten.[597]
Nach der Teilnahme an Kampfhandlungen im Westen, wurde Schörner vom Regiment 98 abberufen und erhielt den Auftrag, in gerade einmal acht Tagen[598] die 6. Gebirgs-Division durch den Wehrkreis XVIII aufzustellen und marschbereit zu melden. Dies erfolgte in Innsbruck, wo Schörner beim „Anschluss" 1938 noch einmarschiert war, unter maßgeblicher Beteiligung von Schörners 1. Generalstabsoffizier, Hauptmann i. G. Georg Gartmayr (dem späteren zweiten Kommandeur der 1. Gebirgsdivision der Bundeswehr). Schörners mithin ureigenste 6. Gebirgs-Division wurde auf dem Truppenübungsplatz Heuberg bei Stetten am Kalten Markt zu einem Verband formiert, der – nach der Vorgabe ihres Kommandeurs – im Zeichen des *Gelben Edelweiß*[599] Österreicher, Südtiroler, Bayern und Deutsche aus anderen Teilen des Reichs versammelte und später als überaus schlagkräftiger Verband zwischen Kreta und Murmansk an nicht nur klimatisch äußerst heterogenen Kriegsschauplätzen kämpfte. Vorwärts getrieben von einem Gebirgsjägerkommandeur, dem schier alle Mittel recht waren, um Erfolg[600] zu haben, kam es zu letzten Verfolgungskämpfen in Frankreich, wo die 6. Gebirgs-Division schließlich in die Normandie verlegte. Dort wurden die angelaufenen Einsatzvorbereitungen für das geplante „Unternehmen Seelöwe", der Invasion Großbritanniens,

---

[597] Vgl. Neitzel 2020, S. 133.

[598] Ruef, Karl: Gebirgsjäger zwischen Kreta und Murmansk. Die Schicksale der 6. Gebirgsdivision. 3. Aufl. Graz/Stuttgart 1984, S. 7.

[599] „Als Divisionszeichen wählte Schörner ganz bewusst das ‚Gelbe Edelweiß'. Er verband damit zweierlei: zum einen wollte er unbedingt das Edelweiß als äußeres Zeichen seiner Elitetruppe und als Schrecken des Feindes, zum anderen wollte er als seine Lieblingsfarbe das Gelbe." (Kaltenegger: Schörner I, 2014, S. 207.)

[600] „Auf unbequeme Fragen, sofern diese überhaupt gestellt wurden, reagierte er [Schörner], wenn er schlecht gelaunt war, schroff, knallhart und verletzend." (Kaltenegger: Schörner I, 2014, S. 207.)

abgebrochen, sodass man sich dann im niederösterreichisch-steiri-
schen Grenzgebiet in einer intensiven Winterausbildung auf künftige
Szenarien vorbereitete. Wie bereits in Innsbruck, zog sich Schörner
auch hierbei den Spott der Offizierskameraden zu, weil er sich im
Wissen darum, dass der Teufel im Detail steckt, noch um die kleinsten
Dinge selbst kümmerte. Diese für seine zahllosen Kritiker peinliche,
in ihren Augen für einen Kommandeur nachgerade unwürdige Pe-
danterie kann man indes auch anders begreifen: Aus den Erfahrungen
des Ersten Weltkriegs und in der Antizipation dessen, was auf seine
Männer noch zukommen würde, wusste Schörner, worauf es ankam.
Es war mithin nicht alles Geltungsdrang und Marotte eines „Barras-
bocks", es ging ihm auch darum, der Sorgfaltspflicht gegenüber den
Soldaten seines Verbandes nachzukommen, selbst wenn er sich
dadurch bei seinen Stabsoffizieren „zum Hirsch'n" machte.

„Da sich die Lage am Balkan für die Achsenmächte krisenhaft entwickelt hatte, wurde die 6. GD zunächst nach Rumänien verlegt und erhielt dann den Auftrag, von der bulgarischen Grenze aus die griechischen Grenzbefestigungen (Metaxas-Linie) zu durchbrechen."[601]
Noch in Rumänien erließ Schörner einen Sonderbefehl, „demzufolge
ein Unteroffizier wegen Selbstverstümmelung und Nichtbefolgung
eindeutiger Befehle zum Tode verurteilt worden war – er hatte sich
den Tripper geholt. Dieser Befehl musste nachweislich allen Soldaten
zur Kenntnis gebracht werden."[602] Jener als Drohung und eigentlich
zur reinen Abschreckung gedachte Befehl (den besagten Unteroffizier
gab es nachweislich nicht), wurde später „vielfach zum Bumerang für

---

[601] Hodurek/Huber 1997, S. 101.
[602] Ruef 1984, S. 89.

Schörner. Denn er musste sich nicht selten für ‚Tote' verantworten, die nie existiert haben – ausgenommen in seinen gnadenlosen Befehlen."[603] Zur ganzen Wahrheit allerdings erfahren wir unten mehr. Am 2. März 1941 setzten die Gebirgssoldaten der 6. Geb.-Div. über eine achthundert Meter lange Pontonbrücke über die Donau nach Bulgarien über. Im folgenden Vorstoß durch Griechenland Richtung Athen brach nach einer Reihe von Zwistigkeiten Schörners Rivalität mit General der Gebirgstruppe Julius Ringel offen aus. Ringel kommandierte die parallel eingesetzte 5. Gebirgs-Division und war, wie dies überall in der Literatur herausgestellt wird, wegen seiner betont väterlichen und gütigen Art und seines Mottos „Hurra, die Gams!" bei seinen Soldaten äußerst populär. Den von persönlicher Missgunst getragenen Wettlauf mit Ringel um den Durchbruch der als infanteristisch uneinnehmbar geltenden Metaxas-Linie entschied Schörners 6. Gebirgs-Division für sich. Die Besetzung der strategisch wichtigen Bergpässe des griechischen Hochgebirges innerhalb von nur 24 Stunden darf zu den größten Truppenleistungen des Krieges gezählt werden. Nach erfolgreichem Durchbruch der griechischen Hauptverteidigungslinie im bis 2.000 m hohen Belasica-Gebirge, trieb Schörner seine Soldaten weiter vorwärts durch Thessalien, er selbst stets an der Spitze seiner Marschkolonne und in der vordersten Linie (andernorts eine heroisierende Propagandaphrase, traf dies auf Schörner tatsächlich zu). Durch einen umfassenden Angriff der Gebirgsjäger auf die letzte Verteidigungsstellung der Engländer an den geschichtsträchtigen Thermopylen[604]

---

[603] Kaltenegger: Schörner I, 2014, S. 213.

[604] Bei der Thermopylen-Schlacht im Altertum haben im Jahr 480 v. Chr. dreihundert tapfere Spartaner unter Leonidas das gewaltige, vielfach überlegene Heer der Perser unter Xerxes I. aufgehalten. In Friedrich Schillers „Der Spaziergang" (1795) finden sich

errang man den entscheidenden Sieg über den Feind. Der Weg zur Einnahme von Athen war freigekämpft und stand nunmehr offen (die Griechen hatten bereits nach dem deutschen Durchbruch durch den Rupelpass und der Einnahme Salonikis am 20.4.1941 kapituliert).[605] Seit 1.8.1940 Generalmajor, wurde Schörner am 20.4.1941, dem Geburtstag Hitlers, mit dem Ritterkreuz ausgezeichnet. In der Begründung der Verleihung heißt es u. a.: „Vor Morgengrauen des 06.04.1941 durch überraschenden Vorstoß hat Generalmajor Schörner, Kommandeur 6. Gebirgs-Division, die feindliche Postierung in fast 2.000 m Höhe auf der schneebedeckten Belasica-Planina überrannt. Dort zwei Bunkerlinien der Metaxas-Linie durchbrochen und ist frühzeitig mit der ganzen Division im Tal vor der Feindlinie der Krusa-Planina erschienen. Am 08.04.1941 auf eigenen Entschluß überraschend den Gegner im Nordteil der Krusa-Planina angegriffen, zurückgeworfen und in Richtung Saloniki vorgestoßen. Diese Aktionen haben im Zusammenwirken mit der weiter westlich vorstoßenden 2. Panzer-Division zum Fall von Griech.-Mazedonien wesentlich beigetragen."[606]

Zum Zeichen des Sieges beim „Feldzug der 21 Tage" über Griechenland ließ Schörner am 27. April 1941 um 08.10 Uhr von einem Spähtrupp[607] der Vorausabteilung der 6. Gebirgs-Division unter Oberleutnant Elsnitz[608] auf der Akropolis die Hakenkreuzflagge hissen. Am selben Tag zog Schörner als „Sieger von Athen" und neuer

---

hierzu die berühmten Worte: „Wanderer, kommst du nach Sparta, verkündige dorten, du habest uns hier liegen sehn, wie das Gesetz es befahl."
[605] Vgl. Hodurek/Huber 1997, S. 101.
[606] Thomas/Wegmann 1997, S. 317.
[607] Vgl. Tagesbefehl Schörners vom 29.4.1941. In: Kaltenegger: Schörner I, 2014, S. 230.
[608] Vgl. Aschenauer, Rudolf: Der Fall Schörner. Eine Klarstellung. München 1961, S. 48.

Stadtkommandant in die griechische Hauptstadt ein. An der Spitze der deutschen Siegesparade marschierten Schörners und nicht Ringels Gebirgsjäger an Generalfeldmarschall List vorbei. In dessen dienstlicher Beurteilung vom 20. März 1941 heißt es über Schörner: „Impulsive Soldatennatur. Ausgeprägtes Geltungsbedürfnis. Neigt dazu, den Bogen zu überspannen. Unerschrocken und tapfer v[or] d[em] Feind bestens bew[ährt]."[609] Beim abschließenden „Unternehmen Merkur" (20.5.-1.6.1941), der Luftlandeoperation von Fallschirm- und Gebirgsjägern zur Besetzung der noch von den Briten gehaltenen Insel Kreta, hatte Schörners Gebirgsjägerkontingent, das hierfür Ringels schließlich siegreicher 5. Gebirgs-Division unterstellt worden war, einen sehr hohen Preis zu zahlen. Schörner tobte darüber, dass „seine Jager" für Ringels falsche Kräfteeinteilung auf der Insel des Minotaurus verbluteten und sein Rivale auch noch mit dem Siegeslorbeer geschmückt wurde.

---

[609] Steinkamp, Peter: Generalfeldmarschall Ferdinand Schörner. In: Hitlers militärische Elite. 68 Lebensläufe. Hrsg. v. Gerd R. Ueberschär. 2., durchges. u. bibliographisch aktualisierte Aufl. Darmstadt 2011, S. 507-515, hier: S. 508.

41   Schörner als General der Gebirgstruppe und „Sieger von Athen", Grie-
     chenland 1941.

Nach einer Zwischenstation am Semmering erfolgte die Verlegung
der aufgefrischten 6. Gebirgs-Division an die 800 Kilometer lange Eismeerfront, wo es dem operativ überforderten Dietl und seinen alsbald
herausgelösten Verbänden der 3. Gebirgs-Division in drei verlustreichen Angriffen auf Liza nicht gelungen war, den bedeutendsten,
ganzjährig eisfreien sowjetischen Hafen Murmansk zu nehmen, wo

die anglo-amerikanischen Geleitzüge immer größere Mengen an Rüstungsgütern für die Sowjetunion anlandeten. Mit dem Eintreffen der 6. Gebirgs-Division bestimmte fortan der energiegeladene Schörner das Geschehen, er war insofern der richtige Mann an der exponierten Front. Seine Division zog kämpfend in ein faktisches Nichts, denn in der arktischen Tundra war keine Winterstellung vorhanden, sieht man einmal von wenigen Steinriegeln und kleinen Erdlöchern ab. Angesichts der Verhältnisse stellte Schörner den „Wert des Lebens eines jeden Einzelnen" in den Vordergrund und schrieb sich und seinen Offizieren die „Ausbildung und Erziehung der uns anvertrauten Soldaten" auf die Fahnen.[610] Ganz in seinem Element, hatte Schörner in weiser Voraussicht persönlich dafür gesorgt, dass jeder seiner Eismeerkämpfer in voller Winterausrüstung an der Nordfront antreten konnte, und er kam auch sonst der Fürsorgepflicht gegenüber seinen Untergebenen mit Priorität nach. *Vor allem aber gab Schörner sich keiner Illusion hin.* Er wusste, dass er dazu verdammt war, mit seinen Männern mitten in der Arktis überwintern zu müssen. Aus diesem Grund forcierte er den rechtzeitigen Stellungsbau mit aller Schärfe und kämmte die rückwärtigen Dienste zu deren Unmut und Entsetzen radikal aus. Dadurch wurde die bislang friedliche Etappe zur Front. Schörner in aller Klarheit: *„Die grundsätzlichen Überlegungen auf dem Gebiete der Versorgung hießen: ,Erstmals in der Kriegsgeschichte geht eine Division kämpfend in den arktischen Winter. Der Kampfraum entspricht in seinem klimatischen und geländemäßigen Charakter den alpinen Verhältnissen zwischen zwei- und dreitausend Metern Höhe. Die Polarnacht und windausgesetzte Seite treten erschwerend hinzu. Eine Anlehnung an feste*

---

[610] Vgl. Sonderbefehl Schörners vom 16. Mai 1943 nach Kaltenegger: Schörner I 2014, S. 237.

Unterkünfte entfällt gänzlich. Der Nachschub zur See über das Nordkap ist
bedroht; das Meer unmittelbar in der Flanke der Division wird vom Feind
beherrscht. Die nächste und nicht voll ausreichende Versorgungsbasis für die
Masse der verstärkten Division liegt in Petsamo und ist durch eine einzige
Nachschubstraße von 50 km Länge erreichbar. [...] Die Transportaufgabe
muss an die Spitze aller Erwägungen gestellt werden. [...]'"[611] Folglich
setzte Schörner durch ein Heer von Feldgendarmen eine eiserne Verkehrsdisziplin auf der Eismeerstraße zwischen Rovaniemi und
Petsamo in Finnisch-Lappland durch. Einer ungeheuren Sisyphos-Ar-
beit gleich, musste die *„Lebensader Eismeerstraße"* immer wieder frei-
geschaufelt werden, ehe der nächste Schneesturm wieder alles ver-
wehte. In wochenlangen Strapazen konnte so jedoch tatsächlich die
neuralgische Nachschublogistik gesichert werden. „Nur ein bis ins
Kleinste durchdachtes Nachschubsystem, eine eiserne Disziplin unter
General Schörner sowie die Zähigkeit und der Lebenswille der Männer ermöglichten es, die Front zu halten. Eine Leistung, die selbst die
Finnen, die mit Gelände und Klima vertraut waren, für unmöglich
hielten. Nicht nur der Kampf mit dem Gegner, sondern noch mehr die
feindliche Natur verlangten den letzten Einsatz von jedem Einzelnen."[612] Als Kommandierender General schickte Schörner General
Ernst Schlemmer wegen dessen vermeintlich lascher Führung „in die
Wüste", während die 6. Gebirgs-Division zusätzlich zum Abschnitt
der 3. Gebirgs-Division auch Schlemmers 2. Gebirgs-Division ablöste.
Schörner gab seine berüchtigte Parole *„Arktis ist nicht!"* aus und häm-
merte sie regelrecht jedem Soldaten ein. Die Losung prangte als Schild

---

[611] Ruef 1984, S. 232f.

[612] Kornprobst, Johann: Erinnerungen an die Kämpfe an der Eismeerfront. In: Die Gebirgstruppe (1975), H. 4, S. 20

sogar in den Sanitätsbereichen. Durch die Mischung aus strikter Befehlsgebung, straffer Führung und persönlichem Vorleben gelang es Schörner, sowohl die schweren Novemberkämpfe als auch die mit besonderer Härte geführten Angriffe der Russen vom 20. Dezember bis zum Jahresende 1941 abzuweisen. „Der General war hart und streng. Hinter jeder seiner Maßnahme steckte aber ein tieferer Sinn und stand letzten Endes der Begriff ‚Front'. Der Mann in der Stellung vorne lebte vom harten Durchgreifen, und mit der Front lebte das gesamte Gebirgskorps. Manch Unschuldiger wurde durch die strengen Maßnahmen getroffen. Daß der einfache Mann aber mit Hingabe am Kommandierenden hing, bewies die Tatsache, daß man vielfach nur vom ‚Ferdl' sprach."[613] Im Gespräch mit seinen Gebirgsjägern, die Schörner durch kameradschaftliche Loyalität, Umsicht und persönliches Vorbild für sich einnahm, drückte das von ihm gewählte „Ihr", „Wir" und „Unser" die Achtung vor seinen Männern aus. *Daher verehrten die meisten Gebirgsjäger „ihren eisernen Ferdl" trotz seiner rücksichtslosen Durchsetzung der Notwendigkeiten.*[614] Sie verstanden ihren General und folgten ihm geradezu blind durch dick und dünn im Bewusstsein, dass kein anderer Offizier sie besser hätte durch die Extremsituationen führen können. Hans Brandner, als Schörners Ic der Urheber der Parole „Arktis ist nicht!", der es unter seinem Kommandeur auch persönlich nicht immer leicht hatte, verteidigte diesen jedoch stets gegenüber lamentierenden Offizieren: „Aber ich schimpfe nicht über ihn, sondern sage, er ist der richtige Mann in unserer Lage. Denn es ist ja Wurst, ob die Front deswegen hält, weil die Männer den Ferdinand

---

[613] Kern 1993, S. 99. Soldaten der Etappe, die den Krieg eher als Job begriffen und sich entsprechend gerierten, hassten Schörner freilich.
[614] Vgl. ebd., S. 100 sowie Kaltenegger: Schörner I, 2014, S. 243.

mehr fürchten als die Russen. Die Hauptsache ist doch, dass die Front hält!"[615] Adolf Maile, Oberst a. D., rekurriert in seinem Urteil über Schörner auf bereits angesprochene Aspekte: „Schörners Qualitäten als militärischer Führer jener Zeit sind unstrittig. [...] Er war ein Mann, der straffste Disziplin forderte, bei deren Durchsetzung er infolge der ihm eigenen Spontaneität gelegentlich erheblich danebengriff, was ihm in der ihm unterstellten Generalität vielfach zu negativem Urteil gereichte. Duckmäuser mochte er nicht. Wer ihm klar und frei entgegentrat, den anerkannte er. Sobald man bei ihm bei Mißgriffen oder gar Entgleisungen standhaft entgegentrat, lenkte er ein. Eine Stärke von ihm war es, im Gefecht vorn zu sein und von dort zu führen, was dank seines hervorragend eingearbeiteten Stabes möglich war. Er hatte ein Gespür, stets dort aufzutauchen, wo es brannte, wo Unordnung war und wo es Nachlässigkeit und Liederlichkeit abzustellen galt. [...] Wenn Märchen über ihn erzählt wurden und werden, habe ich immer wieder festgestellt, daß die Erzähler solcher Stories ihn nicht einmal vom Sehen kannten, ihn aber dennoch munter diffamierten. Denen trete ich noch heute entgegen."[616]

Am 22. Januar 1942 wurde Schörner zum Kommandierenden General des Gebirgs-Korps Norwegen ernannt (ab 4.11.1942 Umbenennung in XIX. Gebirgs-Armee-Korps) und am 28. Februar mit Wirkung vom 15.1.1942 zum Generalleutnant befördert. Direkt nach seiner Kommandoübernahme räumte er „den Laden" gehörig auf. Oberst Christian Philipp[617], wie Schörner und Dietl ein ehemaliger Angehöriger

---

[615] Ebd., S. 244.
[616] Kern 1993, S. 117f.
[617] Der stramme Nationalsozialist Philipp war ein früherer SA- und SS-Ausbilder.

des Freikorps Epp, wurde an seiner Stelle mit der Führung der 6. Gebirgs-Division beauftragt. An diesem 15. Januar gab der Vorgesetzte Dietl eine Beurteilung Schörners ab: „Sehr tüchtig, tatkräftig, hält die Truppe in straffer Zucht. [...] Rücksichtslos gegen sich selbst. Darf manchmal sein Temperament und Selbstbewusstsein etwas mehr zügeln [...]."[618]

Nachdem sich die feindlichen Angriffsabsichten immer stärker verdichtet hatten, kam es im Frühjahr 1942 zu einer sowjetischen Großoffensive gegen das Gebirgskorps, das sich unter Schörners Maxime *„Bauen heißt Leben"* in Riegelstellungen an der Liza eingegraben hatte, um gegen den erfolgenden Beschuss durch sowjetische Schiffsartillerie sowie Schlachtflieger- und Panzerangriffe gewappnet zu sein. „Der General sagt: Bauen ist notwendig zum Leben. Aber Leben ist noch kein Sieg. Drum: wenn schon Verteidigung, dann nicht in ergebener Erwartung, sondern aktiv. Was ihr da baut, ist euer letzter Rückhalt. Aber der Kampfraum liegt davor. Drum: *Ausfall und immer wieder Ausfall!"*[619]

Die entbrennende, erschreckend brutale Abwehrschlacht bei Temperaturen von minus 42 Grad, oft im unmittelbaren Nahkampf mit der Infanterie und einsickernden sowjetischen Ski-Jagdkommandos, wurde für die deutschen Verbände bald zu einer Zerreißprobe. Ziel der massierten sowjetischen Übermacht war es, das Gebirgs-Armeekorps durch Umfassung abzuschneiden und vollständig zu vernichten. „Sein eigenes Waterloo vor Augen, stemmte Schörner sich mit

---

[618] Steinkamp 2011, S. 508.
[619] Kern 1993, S. 86.

seiner ganzen Tatkraft der bereits eingeleiteten sowjetischen Einkesselung entgegen. So entwickelte sich eine *Winterschlacht*, die, obwohl
der Kalender bereits den Wonnemonat Mai anzeigte, aufgrund der
klimatischen Verhältnisse in der erbarmungslosen Arktis zu *einer der
härtesten des Zweiten Weltkriegs* gezählt werden muss."[620] Laut Wehrmachtsbericht vom 22. Mai 1942 griff der Feind zwischen 26. April
und 14. Mai 1942 an der Murmanfront mit 37 Bataillonen und schweren Waffen sowie einer angelandeten Marinebrigade mit sechs Bataillonen an, wobei 125 Angriffe geführt und von den alpenländischen
Gebirgstruppen abgewiesen wurden.[621] Schörners rücksichtsloser
Führungsstil – *angesichts der Umstände galt ihm jede Disziplinlosigkeit als
ein Verbrechen* –, die von ihm vorsorglich maximal forcierte Skiausbildung jedes Gebirgsjägers sowie der geschickte Einsatz seiner verbissen agierenden Kampfgruppen („Wir Gebirgsjäger sind doch keine
Arktisidioten!"; „Sollens keema. Mir gebm ums Varegga net auf!"),
konnten dem geballt angreifenden Feind schließlich entgegen jeder
Wahrscheinlichkeit Einhalt gebieten. Doch gab Schörner nach dem
Krieg zu, dass die Kämpfe im April/Mai 1942 im Raum Murmansk –
Petsamo die größte Krisenlage heraufbeschworen hätten, die er persönlich während des Krieges erlebt habe.[622] Nach ihrer Schlappe bei den
Frühjahrskämpfen unternahmen die Sowjets jedenfalls über zwei
Jahre lang – bis zum Oktober 1944 – keine entscheidenden Angriffe
mehr im hohen Norden. Noch in Finnland erhielt Schörner am 1. Juni
1942[623] seine Ernennung zum General der Gebirgstruppen. In der Fol-
gezeit gelang es dem „Sieger von Athen", der nun zum „Helden der

---

[620] Kaltenegger: Schörner I 2014, S. 264.
[621] Vgl. ebd., S. 267.
[622] Ruef 1984, S. 304 .
[623] Thomas/Wegmann 1997, S. 323.

Arktis" geworden war, bis zum 25.10.1943 die Murmansk-Front zu stabilisieren und zu konsolidieren. Schörners Handeln an der Front und in der Kriegspraxis hatte die Beurteilung seiner Persönlichkeit durch General der Gebirgstruppe Karl von Le Suire vom 1. April 1942 vollauf bestätigt. In ihr heißt es: „Temperamentvolle, geradlinige Persönlichkeit. Tapferer, kaltblütiger Soldat mit stets positiver Einstellung auch zu schwierigen Aufgaben."[624] Generaloberst Dietl urteilt in einem Privatschreiben an den Chef des Heerespersonalamts, Schörner sei eine „ungewöhnlich harte u. energische Pers., trotzdem sehr fürsorglich f. d. Kämpfer an der Front. Sein Verhalten gegenüber dem Offz. Kps. bedarf nach wie vor der Aufsicht, zeigt jedoch nicht mehr die frühere Schroffheit u. Sprunghaftigkeit."[625]

Im Sommer 1943 verschlechterte sich die deutsche Gesamtlage im Südabschnitt der Ostfront gefahrvoll, sodass bald die gesamte Ostfront in Bewegung geriet. In dieser Situation beorderte Hitler Schörner von der Eismeerfront nach der Südukraine in den Raum Nikopol. „Dieser deutsche Brückenkopf am Ostufer des Dnjepr schützte die Südflanke der in dem von Nikopol nach Osten vorspringenden großen Dnjeprbogen stehenden deutschen Panzerarmee, deckte die kriegswichtigen Manganerzgruben von Nikopol und Kriwoi Rog. Gleichzeitig gab der Brückenkopf die Chance für einen deutschen Angriff aus ihm heraus nach Süden, um notwendigenfalls die Verbindung zur [auf der Krim abgeschnittenen] 17. Armee

---

[624] Germandocsinrussia Findbuch 1245, Akte 47, S. 87f.
[625] Heerespersonalakte Schörner 8 Nara T78 R893

wiederherzustellen. Sein Besitz war also zumindest zeitlich bedingt von großer operativer Bedeutung."[626]

„Mit Wirkung vom 1.10.1943 wurde er [Schörner] zum Kommandeur des XXXX. Panzer-Korps bestellt. Wenig später wurde er Befehlshaber der ‚Gruppe Schörner' bzw. Armee-Abteilung Nikopol, mit dem klaren Auftrag, den Brückenkopf [mit seinen 9 Divisionen] um jeden Preis zu verteidigen und so der deutschen Kriegswirtschaft das Erzgebiet von Nikopol zu erhalten. Schörner stattete den Fronttruppen in seinem neuen Befehlsbereich unverzüglich Besuche ab, um sich einen unverfälschten Eindruck von der Lage zu verschaffen. Er baute zwischen dem 26.10 und dem 19.11.1943 eine geordnete Front auf."[627]
„Vom November 1943 bis Ende Januar 1944 richteten sich heftige, fast pausenlos geführte Angriffe gegen die Armee-Abt., die als besondere taktische Schwierigkeit das starke Hindernis des Dnjepr nicht vor der Front, sondern in ihrem Rücken hatte. In schweren Kämpfen wurden bis Ende Januar 1944 alle Angriffe dreier sowjetischer Armeen abgewiesen und der Brückenkopf in seiner ganzen Ausdehnung behauptet."[628] Schörners persönlicher Einwirkung auf dem Gefechtsfeld war es wiederholt zu verdanken, dass die Front gehalten und feindliche Einbrüche bereinigt werden konnten. Ihm war der Ernst der Lage klar bewusst, als Anfang Februar 1944 der Feinddruck die Räumung des Dnjepr-Bogens erzwang. Zur erfolgreichen Deckung der nötig gewordenen Absetzbewegungen fasste er entgegen dem ausdrücklichen Führerbefehl den Entschluss, den Brückenkopf Nikopol zu räumen.

---

[626] Kern 1993, S. 124.
[627] Hodurek/Huber 1997, S. 102f.
[628] Aschenauer 1961, S. 52.

„Er selbst blieb vorne bei seiner Truppe. Mit gezogener Pistole stand er an der Dnjeprbrücke und schickte persönlich leer zurückfahrende Fahrzeuge, selbst Stabsoffiziere, über den Strom zurück, um Truppen und Verwundete mitzuführen."[629] Allein aus Nikopol mussten 1.800 Verwundete[630] abtransportiert werden, doch der Erfolg gab Schörner recht: „Es gab keine Auflösungserscheinungen und es blieben auch keine Soldaten und Verwundeten zurück. Schörner gelang es sogar noch, den Sowjets den Sprung über den Strom zu verwehren. Am 17.2.1944 wurde ihm für diesen Einsatz das Eichenlaub verliehen."[631] Die Befreiung seiner Truppen aus der gefährlichen Umklammerung im Brückenkopf von Nikopol brachte Schörner den Dank der Frontsoldaten ein. In einer dazugehörigen Mitteilung heißt es: „Besondere Schwierigkeiten bereiteten bei der Räumung des Brückenkopfes, die am 04.02.1944 begann, die unvorstellbar schwierigen Wege und Geländeverhältnisse. Die Führung und das persönliche Eingreifen des Kommandierenden Generals, der stets an den Brennpunkten des Kampfes zu finden war, ermöglichten durch die Tapferkeit und Hingabe der Truppen die planmäßige Ausführung der befohlenen Bewegungen."[632] Mit Blick auf Wesen und Charakter Schörners fällt die aspektreiche Beurteilung durch General Hans-Valentin Hube besonders treffend aus. Hube, der mit Führerbefehl die 1. Panzer-Armee kommandierte, stuft Schörner als Oberbefehlshaber einer Armee für „voll geeignet" ein und empfiehlt ihn für eine entsprechende Verwendung: „Unverbrauchte Pers. Ein harter, enschl. Soldat, der im Brückenkopf Nikopol Führung u. Truppe seinen eisernen Willen aufzwang. Führte

---

[629] Hodurek/Huber 1997, S. 102f.
[630] Vgl. Aschenauer 1961, S. 53..
[631] Hodurek/Huber 1997, S. 102f.
[632] Thomas/Wegmann 1997, S. 318.

sein Kps. wendig u. einfallsreich. *Wird jede Krisenlage bis zum äußersten durchstehen.* Unermüdl. tätig im Erhalt der Disziplin u. i. größtmöglicher Fürsorge f. d. Truppe. Hervortretendes Org. Tal. Körperlich überdurchschnittlich leistungsfähig. Tritt f. d. ns. Staat besonders tatkräftig ein. Die von Gen.Obst. Dietl geltend gemacht[e] Sprunghaftigkeit gegen das Offz. Kps. ist nicht in Erscheinung getreten."[633]

Nicht lange nach Schörners Rettung der Lage bei Nikopol entstand ein neuer Brennpunkt, als die Rote Armee Kriwoj Rog zurückeroberte, da die Gruppe Schörner fast alle schweren Waffen verloren hatte.[634]

Schörner wurde mit Wirkung zum 1. März 1944 zum Generaloberst befördert und übernahm am 31.3.1944 als Oberbefehlshaber die Heeresgruppe Südukraine als Nachfolger des wegen Meinungsverschiedenheiten mit Hitler abgesetzten Generalfeldmarschalls Ewald von Kleist. Schörner setzte bei Hitler durch, was von Kleist verweigert worden war: „Kaum hatte Schörner sein Kommando angetreten, da drohte der nach der Katastrophe von Stalingrad neu aufgestellten 6. Armee im Raum Odessa neuerlich die Vernichtung. Gleichzeitig war die Lage auf der Krim unhaltbar geworden. Trotz Hitlers Befehl, Sewastopol unbedingt zu halten, leitete Schörner die Maßnahmen ein, die zur Rückführung der Krimkämpfer nötig waren. […] Der Großteil der Verteidiger Sewastopols konnte vor Gefangenschaft bzw.

---

[633] Heerespersonalakte Schörner 8 Nara T78 R893
[634] Vgl. Schönherr, Klaus: Der Rückzug der Heeresgruppe A über die Krim bis Rumänien. In: Die Ostfront 1943/44. Der Krieg im Osten und an den Nebenfronten. Hrsg. i. A. d. Militärgeschichtlichen Forschungsamtes von Karl-Heinz Frieser. München 2007 (= Das Deutsche Reich und der Zweite Weltkrieg ; Bd. 8), S. 451-492, hier: S. 477.

sicherem Tod gerettet werden. Schörner scheute sich auch nicht, Kommandeure, die seinen Ansprüchen nicht gerecht wurden, sofort zu ersetzen [etwa die Generale Frießner und Hansen[635]] – dies sollte sich nach dem Krieg noch rächen."[636] Schörner, der in zähen Abwehrkämpfen sich wie Model den Ruf eines „Stehers" erworben hatte, dokumentierte mit seinen operativen Fähigkeiten, dass sein bis heute kolportiertes „Steher"-Image allerdings doch ein zu sehr vereinfachendes Klischee ist. Als erfahrenem Frontgeneral war ihm nämlich stets klar, dass mit reiner Verteidigung der sowjetrussische Gegner nicht zu besiegen oder gar zu vernichten sein würde, da dieser die dann zwingenden Abnutzungsverluste leichter und länger kompensieren könnte. Deswegen setzte Schörner wie schon in der Arktis auf *bewegliche Verteidigung und Gegenangriff nach Schwerpunktbildung.* Nach dem massiven Durchbruch der Sowjets am 4. April 1944, der die neue 6. Armee spaltete, befahl er, die Truppen Malinowskis in den Flanken anzugreifen, um die durchbrochenen Teile abzuschneiden, niederzukämpfen und eine deutsche Sicherungslinie aufzubauen, was den von ihm befehligten Verbänden gelang.[637] Es kann somit festgehalten werden, dass Schörner seine Heeresgruppe bis Sommer 1944 in schweren Rückzugskämpfen nach Rumänien zurückführte, wo es ihm gelang, eine neue Abwehrfront aufzubauen.

Nach dem gescheiterten Attentat vom 20. Juli 1944, dem Hitler nur leicht verletzt entging, zeigen Filmaufnahmen[638], wie die die Spitzen

---

[635] Vgl. Kaltenegger: Schörner II 2014, S. 50f.

[636] Hodurek/Huber, S. 103.

[637] Vgl. Schönherr 2007, S. 485.

[638] Vgl. Spiegel TV-Produktion von Michael Kloft (2019): „Hitlers Hofstaat. Teil 2: Der Gipfel der Macht", ausgestrahlt auf ZDFInfo 2020, Minute 37:22 bis 38:07. In Hitlers

von Partei, SS und Wehrmacht Hitler im Führerhauptquartier Wolfs-
schanze ihre Aufwartung machen, um ihn ihrer Ergebenheit zu versi-
chern. In zwei Wochenschau-Sequenzen, darunter einem längeren
Close-up, sieht man inmitten der ansonsten betreten dreinblickenden
Mischpoke den aufgeräumten, Selbstbewusstsein ausstrahlenden
Schörner im Gespräch mit Himmler und dessen Schergen Fegelein.

42   Schörner im Gespräch mit RFSS Himmler (re) und Hermann Fegelein
     (Mitte) in der „Wolfsschanze", unmittelbar nach dem Attentat auf Hitler
     am 20. Juli 1944.

Entourage sind (neben anderen) Himmler, Göhring, Goebbels, Speer, Bormann, Brandt,
Fegelein, Guderian und Schörner zu sehen.

Die bereits herausgestellte und eindeutig belegte Hitlergefolgschaft Schörners war indes komplexer als das geläufige Klischee. In militärischen Belangen nämlich, seinem ureigensten Sprengel, zeigte sich Schörner als emanzipierter Kommandeur, der in seinem Befehlsbereich nicht dazu bereit war, sich von Hitlers Weisungen ins Handwerk pfuschen und dadurch das Notwendige vereiteln zu lassen. *Diese frappierende innere Unabhängigkeit Schörners gegenüber Hitler* wird in der allgemeinen Wahrnehmung und öffentlichen Bewertung seiner Person nicht gesehen oder nur unangemessen gewürdigt. So zeigt Schörners Befehl zur eigenmächtigen Räumung Sewastopols im Frühjahr 1944, dass er, auf dessen Schultern eine enorme Verantwortung lag, sich in militärischen Belangen nicht in seiner selbstständigen Initiative irritieren ließ.[639] Dass er es ablehnte, sich wie „ein Paulus" in Stalingrad zu verhalten, rettete das Leben und die Gesundheit zehntausender Landser.

Nachdem die Front der Heeresgruppe Südukraine stabilisiert war, wartete auf Schörner als „Feuerwehr" schon die nächste Aufgabe. Inzwischen hineingewachsen in die Rolle eines Heerführers und noch immer ausgestattet mit robuster physischer Konstitution, eisernen Nerven und sanguinischem Temperament, sollte er das Baltikum gegen die heftigen Angriffe der Roten Armee verteidigen und wurde hierfür am 23.7.1944 zum Oberbefehlshaber der in Kurland kämpfenden Heeresgruppe Nord. „Der neue Oberbefehlshaber war von Hitler mit ungewöhnlicher Machtfülle ausgestattet worden. Er nutzte sie sogleich und setzte jene Rückzugsmaßnahmen durch, um deren Genehmigung sein Vorgänger [General der Infanterie Frießner] vergeblich

---

[639] Vgl. hierzu etwa: Aschenauer 1961, S. 43f.

gebeten hatte. Hierbei stellte er den erstaunten ‚Führer' vor vollendete Tatsachen."[640]

„Schörner bemühte sich unverzüglich um Hitlers Erlaubnis[641] für nötige Frontverkürzungen bzw. Räumungen. Als er diese nicht erhielt, entschloß er sich dennoch zur Räumung Narwas, da ein sowjetischer Durchbruch nicht mehr aufgefangen werden konnte. Unter gleichzeitigen Gegenangriffen des III. SS-Panzer-Korps stabilisierte er die Front wieder. Schörner gelang es, zunächst die Straßen- und Bahnverbindungen zwischen den Heeresgruppen Nord und Mitte wieder freizubekommen und dabei die sowjetische 51. Armee und die 2. Garde-Armee einzuschließen und zu zerschlagen."[642] Mit nur zwei abgekämpften Armeen und einer Handvoll Panzerbrigaden konnte Schörner drei sowjetische Heeresgruppen mit zwanzig Armeen hinhaltenden Widerstand aufzwingen. Dafür erhielt Schörner am 28.8.1944 die Schwerter zum Eichenlaub des Ritterkreuzes. Aus estnischen Hafenstädten konnten von der Marine jetzt noch rund 109.000 Personen über See evakuiert werden. Wenngleich Schörner den Verlust des Baltikums nicht verhindern konnte, gelang es ihm doch, ähnlich wie zuvor in Bessarabien (Moldawien) zwischen der Südukraine und Rumänien (nämlich zwischen Dnjestr und Pruth im Raum Jassy), die

---

[640] Frieser, Karl-Heinz: Die Rückzugskämpfe der Heeresgruppe Nord bis Kurland. In: Die Ostfront 1943/44. Der Krieg im Osten und an den Nebenfronten. Hrsg. i. A. d. Militärgeschichtlichen Forschungsamtes von Karl-Heinz Frieser. München 2007 (= Das Deutsche Reich und der Zweite Weltkrieg; Bd. 8), S. 623-678, hier: S. 633.
[641] Da Schörners Ziel, Estland zu räumen, von Guderian nicht genehmigt wurde, flog Schörner am 16. September ins Führerhauptquartier „und hielt dort einen derart dramatischen Lagevortrag, daß Hitler bereits nach 15 Minuten die Genehmigung zur Räumung Estlands und des nördlichen Lettlands erteilte." (Ebd., S. 639.)
[642] Hodurek/Huber, S. 103.

russische Offensive erheblich zu verlangsamen, eine *stabile Abwehr-front in Kurland* aufzubauen und die Masse seiner Verbände der Vernichtung durch die sowjetische Übermacht zu entziehen.[643] Dennoch musste nach dem Abfall Finnlands die Heeresgruppe Nord schließlich in einen Brückenkopf um Riga zurückgenommen werden (14.-26.9.1944). Sie wurde dabei endgültig von den Verbindungen abgeschnitten und musste fortan über See versorgt werden. Die Halbinsel Sworbe ließ Schörner entgegen Hitlers starrsinnigem Haltebefehl räumen – ein Freimut, den man Schörner offenbar nur wegen des wie immer vollen Einsatzes seiner Person durchgehen ließ.[644] Die Konzentration seiner sämtlichen Verbände um Riga hatte bei Stalins Stawka die Veränderung der gesamten Offensivplanung erzwungen, nämlich die Verlagerung der sowjetischen Hauptstoßrichtung von Norden (Richtung Golf von Riga) nach Westen (auf Memel).

43 Schörner als Generaloberst mit den verliehenen Schwertern zum Eichenlaub des Ritterkreuzes, November 1944.

---

[643] Vgl. Schönherr 1995, S. 505.
[644] Vgl. Aschenauer 1961, S. 56f.

Als Hitler das hartnäckige Halten von Riga um jeden Preis einforderte, flog Schörner am 11. Oktober zu ihm ins Hautquartier und erreichte die Genehmigung, nach Kurland auszuweichen. „Es soll nicht
unerwähnt bleiben, daß Schörner bereits vorher eigenmächtig den
Rückzug der 16. Armee aus der lettischen Hauptstadt Riga eingeleitet
hatte."[645] Der Militärhistoriker Sönke Neitzel weist darauf hin, dass
die Wehrmachtsführung seit August 1944 in Anbetracht der militärischen Gesamtlage ihre Soldaten kaum mehr noch zum Angreifen
brachte, was General von Rothkirch und Trach als „stummen Streik"
der Truppe einordnete.[646] *Rückzug wurde allenthalben zur Devise. Anders
das Stellen, Standhalten und Schlagen des Feindes unter Schörners Führung*: In den Monaten November und Dezember 1944 hielt seine nun-
mehrige Heeresgruppe Kurland in drei Winterschlachten gegen weit
überlegenen Feind ihre Stellungen und konnte der Roten Armee
schwere Niederlagen beibringen. „Die deutschen Verluste an Gefallenen, Verwundeten und Vermissten betrugen etwa 120.000 Mann, auf
sowjetischer Seite waren sie vermutlich mehr als dreimal so hoch."[647]
Wie schon die Hekatomben an russischen Verlusten etwa bei Rschew,
so blieben auch diese gewaltigen Verluste weiße Flecken in der ver-
zerrenden Kriegsgeschichtsschreibung Moskaus, da sie freilich nicht
in die manipulativ überhöhte, „heroische" russische Geschichtsmy-
thologie passten. Die im Fokus stehende „Festung Kurland" bestand
„aus einer nach Süden hin offenen Halbinsel mit den Eckpfeilern Li-
bau an der Ostseeküste und Tuckum an der Rigaer Bucht. Sie mußte

---

[645] Vgl. Friesner 2007, S. 643f. (nach: Grier Hitler's Baltic Strategy 1944-1945. Ph.Diss.
Chapel Hill 1991, S. 136.)
[646] Vgl. Neitzel 2020, S. 215.
[647] Veser, Reinhard: In Hitlers und Stalins Fängen. In: Frankfurter Allgemeine Zeitung
v. 29.3.2025

entlang einer 240 Kilometer langen Landfront verteidigt und entlang einer 240 Kilometer langen Seefront gegen feindliche Landungsversuche gesichert werden."[648] Dies gelang Schörners Heeresgruppe mit ihrer theoretischen Ist-Stärke von 500.000 Mann, deren lediglich etwa 250.000 Mann Fronttruppen zumeist aus „ausgekämmten" Wehrmachtssoldaten aller möglichen Verbände, Waffengattungen und Teilstreitkräfte bestand. Im Rahmen dieser „Auskämmungen" statuierte Schörner im November und Dezember 1944 alle erdenklichen Exempel gegen eigene „undisziplinierte" Soldaten, die er mit Bestrafungen überzog wegen Ungehorsams, unterlassener Ehrenbezeugungen oder Verstößen gegen Verkehrsdisziplin und Logistik (in der Regel durch tagelangen Stubenarrest und anschließende „Bewährung").[649] Genau wie auch der General der Panzertruppe Hermann Balck, sollte Schörner als inzwischen *personifizierter Schrecken der Ostfront"* seiner rigiden Linie bis zur Kapitulation treu bleiben. Auf der anderen Seite war es Schörner beispielsweise ein persönliches Anliegen, an der Beerdigung von achtzehn gefallenen einfachen Soldaten am 13.12.1944 teilzunehmen.[650] *Hunderttausende deutscher Soldaten und vor allem auch zahllose Zivilisten – man muss von etwa zwei Millionen Menschen ausgehen – konnten jedenfalls durch seine bravouröse Operationsführung noch vor der sicheren sowjetischen Internierung gerettet werden.* Dafür wurde Schörner am 1.1. 1945 als 23. Soldat der Wehrmacht mit den Brillanten zum Eichenlaub mit Schwertern zum Ritterkreuz

---

[648] Friesner 2007, S. 657.

[649] Vgl. exemplarisch den Tagesbefehl Schörners als OB der HGr Südukraine v. 15.7.1944 sowie seine Befehle als OB der HGr Nord v. 6.11.1944 und v. 6.12.1944 an das AOK 16

[650] Germandocsinrussia Findbuch 12482, Akte 426, S. 31 (die Beerdigung fand in Mazbites, 6 km nordwestlich Frauenburg statt)

ausgezeichnet. In der pathostriefenden Propaganda- und Durchhalte-
meldung aus Berlin vom 3.1.1945 heißt es dazu: „Wenn Generaloberst
Schörner nunmehr als 23. Soldat der deutschen Wehrmacht mit den
Brillanten ausgezeichnet worden ist, so bildet das die Anerkennung
für eine Reihe schwerster und ganz besonders erfolgreicher Abwehr-
schlachten, in denen sich die unter seinem Befehl kämpfenden Truppen gegen vielfache Übermacht an Menschen und Material behauptet
haben. […] Generaloberst Schörner war die Seele dieses heroischen
Abwehrkampfes. Er hat es verstanden, die von ihm geführten Truppen bis zum letzten Mann mit seinem Geist zu erfüllen. Selbst immer
wieder in vorderster Linie, in ständiger Fühlung mit dem Mann im
Graben, hat er durch seinen persönlichen Einfluß jedem einzelnen
Soldaten seinen eisernen *Willen* zum unerschütterlichen Widerstand
eingeimpft. Daneben hat er die Taktik des Abwehrkampfes unter Zusammenwirken aller Waffen zur Meisterschaft entwickelt."[651]

Die ungeschminkte Gesamtlage an der Front – nicht nur im Osten –
war für die Wehrmacht indes längst eine ausnahmslos verzweifelte.
Schörner war sich darüber im Klaren, wenngleich er den Anschein er-
weckte, als gäbe es für ihn keinen Zweifel am doch noch siegreichen
Ausgang es Krieges. *Die Macht der Wirklichkeit sollte ihm zeigen, wo seine
Grenzen lagen.* Wegen seiner bewiesenen Herstellung geordneter Verhältnisse bei der Heeresgruppe Nord wurde er am 17.1.1945 mit der
Führung der Heeresgruppe Mitte beauftragt. Sechs Monate zuvor war
es der sowjetischen „Operation Bagration", die die deutsche Heeres-
gruppe Mitte zerschlagen sollte, in nur zehn Wochen gelungen, 500
Kilometer nach Westen bis an die Weichsel vorzustoßen, was zur

---

[651] Thomas/Wegmann 1997, S. 318.

größten Niederlage der gesamten deutschen Militärgeschichte führte.[652] Jetzt, im Januar 1945 war der Zentralabschnitt der Ostfront unter noch extremeren Druck geraten. In diese Situation waren es nicht zufällig zwei Gebirgsjägergenerale, die es mit den Armeen und Fronten der sowjetischen Marschälle aufnehmen mussten: Generaloberst Schörner als Oberbefehlshaber der Heeresgruppe Mitte und Generaloberst Lothar Rendulic als Oberbefehlshaber der Heeresgruppe Weichsel bzw. (ab April) Süd. Rendulic, ein eher professoraler Österreicher mit Charme und Lebensart[653], verkörperte so ziemlich den Gegenentwurf zum zupackenden Schörner. Beide indes konnten der gewaltigen Übermacht des Feindes personell wie materiell nichts entgegensetzen, doch angestachelt von Schukows Siegesbefehl an die vorpreschenden Sowjetarmeen prägte sich vor allem bei Schörner *grimmige Kampfentschlossenheit* aus, die er auch seinem letzten Aufgebot in Form immer neuer Durchhalteparolen einbläute. *„Es gibt keine verzweifelten Situationen, sondern nur verzweifelte Menschen, und dazu gehört kein anständiger Soldat!"*[654] Indes: „Der russische Vormarsch hatte an der ganzen Front eingesetzt, kaum noch aufgehalten von einigen Widerstandsinseln. Hinter der zerbrochenen Front floh die Zivilbevölkerung. Auch Schörner blieb nichts anderes übrig als schrittweise zurückzugehen."[655] „Sein linker Flügel war von Schukow bereits zerschlagen, sein rechter wurde von Konjew aufgerollt. Schörner war überall, an der Front und im Hinterland; er wechselte Kommandeure

---

[652] Vgl. Kellerhoff, Sven Felix: Warum Stalin 1944 den Krieg nicht beendete. In: Die Welt v. 25.6.2014 bzw. https://www.welt.de/geschichte/zweiter-weltkrieg/article129441875/Warum-Stalin-den-Krieg-1944-nicht-beendete.html (16.10.2020)
[653] Vgl. Toland 1968, S. 13.
[654] Vgl. Kaltenegger: Schörner II, 2014, S. 92.
[655] Hodurek/Huber, S. 104.

aus, reorganisierte den Nachschub und rüttelte jede Einheit auf, die er besuchte. [...] Die Soldaten und die jüngeren Offiziere hatten noch nie den Befehlshaber einer Heeresgruppe so weit vorne gesehen. Er drohte, jeden auf der Stelle erschießen zu lassen, der die Flucht ergriff; er versprach die beste Verpflegung und Bekleidung nach vorn zu schaffen. Kameradschaftlich klopfte er den Soldaten auf die Schulter, was die Offiziere alter Schule geschmacklos fanden; er verteilte Rüffel an hohe Offiziere und Süßigkeiten an seine Landser. *Für Hitler war Schörner, was Marschall Ney für Napoleon gewesen war: Am 27. Januar bildete die Heeresgruppe Mitte dank Schörners unorthodoxen Methoden tatsächlich wieder eine geschlossene Front,* schwankend und lückenhaft zwar, aber immerhin eine Front, die dem gewaltigen Ansturm der Russen standhielt. Eines schaffte freilich auch Schörner nicht – das riesige Loch zu schließen, das Schukow zwischen ihm und Rendulic aufgerissen hatte."[656] „Da Schörner wusste, dass [...] Oberschlesien so oder so verloren war, entschloss er sich nach eingehendem Abwägen des Für und Wider [und einem Blitzbesuch bei der 17. Armee ; JCW], das Industriegebiet ohne eine vorherige Genehmigung des Führers aufzugeben und die 17. Armee [...] bis zur Oder zwischen Ratibor und Cosel zurückzuführen."[657] Generalleutnant Wolfdietrich von Xylander, Schörners Stabschef, nahm als mitstenographierender Ohrenzeuge das umgehend eingehende Telefonat des Führerhauptquartiers entgegen. Darin sagte Schörner laut Xylanders Stenoprotokoll mit fester Stimme: „Mein Führer, ich habe soeben die Räumung des oberschlesischen Industriegebietes befohlen. Die Truppe hat sich seit vierzehn Tagen dort erbittert geschlagen, sie kann nicht mehr. Wenn

---

[656] Toland 1968, S. 13f.
[657] Kaltenegger: Schörner II, 2014, S. 92.

wir nicht räumen, verlieren wir eine ganze Armee, der Weg nach
Mähren wird frei. Wir gehen auf die Oder zurück, dort wird gehalten."[658] Trotz der Erwartung, dass Hitler sich diese erneute Eigen-
mächtigkeit Schörners nicht bieten lassen würde, antwortete dieser
nach sekundenlanger Stille: „Ja, Schörner, wenn Sie meinen. *Sie führen ja schon richtig.*"[659] Bei jedem anderen General oder Ratgeber Hitlers wäre dies wohl undenkbar gewesen. Schörner gehörte zu diesem
Zeitpunkt offenkundig das unbedingte Vertrauen Hitlers.

Im Brennpunkt der Kämpfe stand fortan die infolge der Flüchtlings-
ströme zur Millionenmetropole angewachsene schlesische Hauptstadt Breslau, die einen besonders wichtigen Infrastrukturknoten-
punkt darstellte. Breslau war außer Dresden die einzige deutsche
Großstadt, die bis Februar 1945 noch nicht durch Bombardements
angloamerikanischer Geschwader heimgesucht worden war. Die
Stadt wurde eingeschlossen, zur „Festung Breslau" erklärt und von
Januar bis zum 6. Mai 1945 verbissen verteidigt.[660] Diese Aufgabe wie
auch die Verteidigung des gesamten oberschlesischen Industriege-
biets übertrug Schörner der 17. Armee. Durch *Einforderung von Fanatismus und der Androhung und Ausführung drakonischster Strafmaßnah-
men gegen eigene Soldaten* konnte Schörner die Front einigermaßen stabilisieren. Am 30.3.1945 erteilte Hitler General Burgdorf den Befehl,
Schörner seine besondere Anerkennung für die bisherige Führung der

---

[658] Ebd., S. 93.
[659] Ebd.
[660] „Die Zahl der Drückeberger nimmt wieder in erschreckendem Maße zu. Daher hat
jeder Truppenverband jeden Tag eine rückwärtige Linie zu befehlen, hinter die sich
kein Soldat ohne schriftlichen Befehl begeben darf. Wer hinter dieser Linie ohne einen
solchen Befehl angetroffen wird, ist vom nächsten Vorgesetzten auf der Stelle zu erschießen." (Thorwald, Die große Flucht, S. 98ff.)

Heeresgruppe Mitte (die Umbenennung der Heeresgruppe A in Mitte war am 25.1.1945 erfolgt) auszusprechen.[661] Schörner seinerseits geizte nicht mit Lob der einzelnen Gebirgs-, Panzer- und Panzergrenadier-Divisionen, die der roten Übermacht die Stirn geboten, sie aufgehalten und zum Teil zurückgeschlagen hatten, während er die 715. ID, das GrenRgt 574 und das SturmRgt 1 des „Davonlaufens" bezichtigte und dies nach Kräften sanktionierte.[662] In seinem Kommandobereich ließ Schörner eine *Reihe standgerichtlicher Todesurteile* durch Erschießen oder Aufhängen vollstrecken und in Tagesbefehlen Offiziere und Truppe über die Identität der Hingerichteten sowie das erkannte Urteil informieren. Diese Abschreckungsmaßnahme funktionierte im gewünschten Sinne.[663] Im Chaos des Rückzugs sollte unter allen Umständen die Ordnung aufrechterhalten und vor allem bis zur letzten Patrone gekämpft werden.[664] Das, was darüber hinaus jedoch nur „als massive Drohung gedacht gewesen war, um die Truppe einzuschüchtern, verwandelte sich durch eine zynische Von-Mund-zu-Mund-Propaganda zu imaginären Todesurteilen, deren vermeintliche Opfer in Adenauers Bundesrepublik erst nach und nach eine fidele

---

[661] Notizen nach Führer-Vortrag am 30.3. des Adj. d. Chefs des Genst. d. Heeres.

[662] Befehl Schörners als OB der Heeresgruppe Mitte v. 31.3.1945.

[663] Von Schörner unterschriebene Tagesbefehle mit aufgeführten Todesurteilen liegen vor vom 22.4.1944, 12.8.1944, 12.12.1944 und 27.3.1945. Ohne Bezug auf Schörner führt Felix Röhmer in seinem Artikel „Weitergekämpft bis fünf nach zwölf" in der Süddeutschen Zeitung vom 8.5.2015 zur *globalen* Dimension von Desertationen aus: „Wohl bis zu zehntausend Wehrmachtssoldaten wurden in der Endphase von den Standgerichten exekutiert – jeder wusste, dass Fahnenflucht lebensgefährlich war. Dies trug wesentlich dazu bei, dass es kein neues 1918 gab. Die Wehrmachtsführung registrierte, dass die Moral zwar schwand, die Soldaten aber weiter mitzogen." Röhmers Behauptung („wohl bis zu zehntausend") wird nicht näher belegt, es handelt sich offenkundig um eine Schätzung.

[664] Vgl. Neitzel 2020, S. 215.

Auferstehung feierten."[665] Nun wurde „die Lage an der Nahtstelle zur Heeresgruppe Weichsel bedrohlich, die von [dem militärisch und strategisch völlig inkompetenten] Himmler geführt wurde. In der dort bestehenden Frontlücke stieß die Rote Armee nahezu ungehindert nach Westen. Schörner versuchte der Roten Armee in deren Flanke Schläge zu versetzen. Zwischen dem 2. und 6.3.1945 tobte die Schlacht von Lauban, das zurückerobert wurde. Dabei gelang es, der 3. Garde-Panzer-Armee schwere Verluste zuzufügen."[666] Goebbels hob zu einem Lobgesang auf Schörner an, den Hitler am 5. April aufgrund seiner Führungs- und Verteidigungsleistung in Schlesien zum Generalfeldmarschall beförderte. Die von vielen erhofften Wunder konnte freilich auch der *Feldmarschall der letzten Stunde"* nicht vollbringen.

---

[665] Kaltenegger: Schörner II 2014, S. 97f.
[666] Hodurek/Huber 1997, S. 104.

44   Schörner als Generalfeldmarschall im niederschlesischen Lauban, März
      1945.

Untergangsstimmung griff Platz, viele wollten endlich Schluss ma-
chen mit dem zunehmend als völlig sinnlos betrachteten Sterben.
Ohne Schörner auf den dreizehnhundert Seiten seiner „Deutschen
Militärgeschichte" (2025) auch nur einmal zu nennen, schildert der
Historiker Stig Förster die menschenverachtende Fratze des verbre-
cherischen NS-Regimes in dessen Agonie: „In den letzten

Kriegsmonaten kam es zu einem *regelrechten Amoklauf des Regimes*. [...]
Sie [die eingerichteten „fliegenden Standgerichte" ; J.C.W.] verhäng-
ten mindestens 3.000 Todesurteile, die sofort vollstreckt wurden. Weitere Tausende wurden vom Volksgerichtshof, anderen Gerichten und
der Militärjustiz zum Tode verurteilt. Es entstand geradezu ein
‚*Durchhalte-Terrorismus*‘, an dem sich fanatische Nationalsozialisten
und Zivilpersonen auch mit Lynchmorden beteiligten. Die ‚*Endpha-
senverbrechen*‘ richteten sich gegen angebliche Wehrkraftzersetzer und
Deserteure ebenso wie gegen Zwangsarbeiter, KZ-Häftlinge und
sonstige missliebige Personen. In den letzten Kriegswochen wurden
Soldaten und Zivilisten, die sich dem Wahnsinn des Endkampfes wi-
dersetzt hatten, zur Abschreckung an Bäumen und Laternenpfählen
aufgeknüpft. Weite Teile der nationalsozialistisch geprägten ‚Volksgemeinschaft‘ billigten die Verbrechen. In diesem *Klima der Angst*
brauchte es sehr viel Mut, um gegen die Fortsetzung des Kampfes und
der sinnlosen Zerstörung einzutreten."[667] Doch sah man sich insgesamt zum Durchhalten gezwungen, um nicht jetzt schon die umfassende Totalkatastrophe eines Finis Germaniae zu erleiden. Eine neue
sowjetische Offensive, die auf Troppau abzielte, brachte zwischen
dem 12. und 29. April die 1. Panzerarmee in arge Bedrängnis. Die 3.
und 4. Sowjetische Panzerarmee aus Konjews 1. Ukrainischen Front
hatten am 17. April an Schörners Nordflanke zwischen Cottbus und
Spremberg einen tiefen Einbruch erzielt.[668] Schörners Heeresgruppe,
die noch immer über 1.200.000 Mann umfasste, musste sich in das Pro-
tektorat Böhmen und Mähren zurückziehen, wo im Kampfabschnitt
zwischen Brünn und Mährisch-Ostrau die Durchbruchsversuche der

---

[667] Förster 2025, S. 994f.
[668] Vgl. Toland 1968, S. 392.

Sowjets in heftigen Kämpfen scheiterten. „Um das Industriegebiet von Mährisch-Ostrau in Schlesien zu retten, verteidigte er dieses mit seinen Truppen in einer 20tägigen Schlacht und brachte den Sowjets eine schwere Niederlage bei. Der sowjetische Vormarsch wurde zeitweilig gestoppt und verlangsamt [...]."[669] Nach Schörners Rückeroberung des Einbruchsraums Bautzen sinnierte der realitätsferne Hitler: „An der ganzen Front zeigte sich nur ein Mann als wirklicher Feldherr – Schörner."[670] Im Mai 1945 bekannte der sowjetische Marschall Iwan Stepanowitsch Konjew nach dem Sieg über Nazi-Deutschland: *„Wenn Schörner nicht gewesen wäre, wären wir nach Bayern durchmarschiert."*[671] Am 23. April flog Schörner nach Berlin, wo er im Führerbunker von Hitler mit gewohnter Herzlichkeit begrüßt und sogleich mit einer besonderen Aufgabe betraut wurde: „Er solle den Befehl über die Alpenfestung übernehmen und sie ausbauen. Das deutsch-österreichische Alpengebiet solle möglichst schnell befestigt und mit den besten verfügbaren Streitkräften besetzt werden, erklärte Hitler. Es solle das letzte Bollwerk gegen den Bolschewismus werden. Schörner verließ den Führerbunker und wurde anschließend von Goebbels und Dr. Naumann über die Lage orientiert. Der Propagandaminister erklärte, ein ähnliches Projekt werde im Norden von Dönitz verwirklicht, und zwar um den Kaiser-Wilhelm-Kanal. Der Aufbau der beiden ‚Reduits' sei von großer politischer Bedeutung, und es sei äußerst wichtig, in den beiden Gebieten strikte militärische Disziplin aufrecht zu erhalten. Sollte es notwendig werden, vor dem Westen zu kapitulieren, würden die Truppen fest in der Hand ihrer Kommandeure sein, da es

---

[669] Stockert, Peter: Ferdinand Schörner. In: Ders.: Die Brillantenträger der deutschen Wehrmacht 1941-1945. Zeigeschichte in Farbe. Selent 2010, S. 154f.
[670] Irving nach Kern 1993, S. 218.
[671] Kern 1993, S. 6.

Eisenhower den deutschen Stäben ‚zweifellos' erlauben würde, den
Befehl weiter auszuüben. Wenn die Bevölkerung in den Ländern des
Westens die ‚skandalösen Vereinbarungen' von Jalta so gut kennen
würde wie er, fuhr Goebbels fort, wenn sie wüßte, daß man den Russen den größten Teil Osteuropas überlassen wolle, würde sie Truman
und Churchill zwingen, Rußland anzugreifen. Führende alliierte Militärs seien sich jetzt schon klar darüber, daß nur die Deutschen die
Rote Armee besiegen könnten, und sie würden die Hilfe deutscher
Truppen im nördlichen und im südlichen Reduit zweifellos dankbar
annehmen." Goebbels' Vermischung von tatsächlichen Überlegungen
der Westalliierten mit wirklichkeitsfremden Schlussfolgerungen für
die Bedeutung einer „Alpenfestung" und das gesamte weitere Schicksal der deutschen Seite sollte für Schörner noch fatale persönliche
Auswirkungen zeitigen. Zunächst aber glaubte man am 27. April mit
erstarkter Hoffnung an das Gerücht und die Unmöglichkeit, dass
Schörners Heeresgruppe die Situation zwischen Bautzen und Dresden klären und nach Norden vorstoßen würde, um Berlin zu entsetzen.

„Noch am 28.4.1945 wurde Schörner von Hitler in seinem politischen
Testament zum *Oberbefehlshaber des Heeres der Deutschen Wehrmacht* ernannt. Zwar war seine Heeresgruppe Ende April 1945 noch kampf-
kräftig, dennoch mußte Schörner nun danach trachten, möglichst
rasch die Linien der Westalliierten zu erreichen, um seine Soldaten
und die fliehende Zivilbevölkerung der russischen Gefangenschaft zu
entziehen. Dies setzte neben der planmäßigen Räumung zähen Widerstand gegenüber den Sowjets voraus."[672] Längst ging es nicht mehr

---

[672] Hodurek/Huber 1997, S. 104.

um den „Endsieg", von dem die Nazi-Propaganda seit Anfang 1943 schwadronierte, und auch nicht mehr um die Aufrechterhaltung eines schon zusammengebrochenen Systems. *Der Sinn und die Verpflichtung zum Kampf bis zum Letzten bestand nur noch darin, das Vordringen der Roten Armee durch hinhaltenden Widerstand zu verlangsamen, um Hunderttausende, ja Millionen Flüchtlinge aus Ostpreußen, Kurland, Pommern und Schlesien sowie freilich die Wehrmachtstruppen selbst vor dem Zugriff der Sowjets zu retten. Eingetreten war inzwischen die quantitativ größte Flüchtlingsbewegung der Geschichte.* Schörners Plan bestand nach Hitlers Suizid am 30. April 1945 deshalb darin, „in einem geordneten Rückzug, vom rechten Flügel beginnend, in Richtung auf die bayerische Grenze über die alliierte Demarkationslinie auszuweichen, die über Chemnitz, Karlsbad, Pilsen und Budweis verlief. Nach der Unterrichtung, die er auf diesen Plan hin vom OKW am 4. Mai 1945 unterhielt, standen ihm hierfür etwa 8 Tage, d. h. die Zeit bis zum 12. Mai zur Verfügung. So lange sollte die Unterzeichnung der Kapitulation hinausgezögert werden."[673] Denn dass es militärisch für die Wehrmacht nur noch um Kapitulation gehen konnte, aber vorab Schörners Heeresgruppe zunächst die Hauptsorge gelten musste, war von Dönitz am 3. Mai 1945 offen festgestellt worden: „Die Gesamtlage erfordert an sich Kapitulation, sie ist aber unmöglich, weil dann Schörner mit seiner Armee voll den Russen in die Hand fallen würde."[674] Nach der Rücknahme des Frontbogens südöstlich von Mährisch-Ostrau kam es bei Olmütz noch zu erbitterten Kampfhandlungen. „Am 5.5. brach der Aufstand der Tschechen aus, dessen grausamsten Begleiterscheinungen die politischen Beziehungen noch

---

[673] Aschenauer 1961, S. 62.
[674] Kershaw 2011, S. 502.

heute [Publikationsjahr 1997] belasten."[675] Die Tschechen nahmen nun blutig Rache an den Deutschen. Der Aufstand in Prag und andernorts veranlasste die Sowjets von Norden aus Sachsen in Richtung Prag anzugreifen und zwang Schörner, alle Rückzugswege nach Westen und zwar in Hauptrichtung Südwest zu verlegen. Dadurch verschärfte sich die Lage für seine Truppen weiter. Am selben Tag richtete Schörner sich in einem Aufruf beschwörend an seine Soldaten. Darin heißt es:

„Der Krieg geht seinem Ende zu. Entsprechend dem Befehl des [...] Obersten Befehlshabers der deutschen Wehrmacht, Großadmiral Dönitz, gilt es so lange weiterzukämpfen, bis wertvollste [sic!] deutsche Menschen geborgen sind. Nach Erfüllung dieser Aufgabe ist es meine Absicht, Euch, meine Soldaten, geschlossen und in stolzer Haltung in die Heimat zurückzuführen. Diese hohe Aufgabe der Führung kann nur mit einer gehorsamen und schlagkräftigen Truppe durchgeführt werden. Wir dürfen in diesen schwersten Tagen unseres Reiches die Nerven nicht verlieren und nicht feige werden [...] Sechs lange Jahre haben wir zusammengehalten und dem Feind getrotzt. In den letzten Wochen dürfen wir der Welt kein Bild der Auflösung bieten und die jetzt angebahnten Verhandlungen dadurch zerschlagen. Jede unerlaubte Entfernung, jeder Versuch aus eigener Kraft den Weg in die Heimat zu finden, ist ehrloser Verrat am Kameraden, an unserem Volk und muß entsprechend geahndet werden. [...] Unsere Disziplin und unsere Waffen in der Hand sind für uns das Unterpfand, anständig und tapfer aus diesem Kriege zu gehen. Unsere Ehre und der Heldentod so vieler unserer Kameraden verpflichten uns dazu. Nur wer sich selbst aufgibt, ist wirklich verloren! Soldaten meiner Heeresgruppe! Wir haben zusammen so manche schwere Krise an

---

[675] Hodurek/Huber 1997, S. 104.

manchem Frontabschnitt des Ostens gemeistert. Ihr könnt das Vertrauen zu
mir haben, daß ich Euch auch aus dieser Krise herausführe; und ich habe das
Vertrauen zu Euch, daß Ihr zu Volk, Staat und Staatsführer steht. [...]."[676]

„Am 6.5. begann der konzentrische Angriff der 1., 2. und 4. Ukrainischen Front (= Heeresgruppe) gegen die Heeresgruppe Mitte. Der
Übertritt der Heeresgruppe zu den Westalliierten wurde von diesen
unterbunden [...]."[677]

Am 8. Mai ließ Schörner den Chef des Stabes seiner Heeresgruppe,
Generalleutnant Oldwig von Natzmer, allen Truppen und Stäben die
Tatsache des Waffenstillstands mitteilen, nachdem der von Amerikanern zu ihm eskortierte Oberst Wilhelm Meyer-Detering die Unver-
meidlichkeit der Kapitulation erklärt und Schörner mit dem Placet
der Amerikaner befohlen hatte, dass sich seine Truppen nach Westen
durchschlagen sollen.[678] Schörner befahl die Kampfhandlungen mit
Beginn des 9. Mai einzustellen und er gab allen Truppen und Stäben
explizit freie Hand, sich auf eigene Faust noch so weit wie möglich
nach Westen abzusetzen. Es müsse alles und ohne Rücksichten versucht werden, möglichst viele Menschen vor der russischen Gefangenschaft zu bewahren.[679] Hierzu erläutert der US-Historiker John Toland: „In Schörners Stab hatte mancher das Gefühl, betrogen worden
zu sein, aber Schörner nahm es gelassen. Er gab Anweisung, die Heeresgruppe in kleine Verbände aufzulösen, die versuchen sollten, sich

---

[676] Kern 1993, S. 228f.
[677] Hodurek/Huber 1997, S. 104.
[678] Vgl. Kershaw 2011, S. 507f.
[679] So die Aussage Natzmers. Vgl. Aschenauer 1961, S. 90f.

nach Westen abzusetzen; dabei sollten sie so viele Zivilisten wie möglich mitnehmen."[680]

Mit Wirkung vom 9. Mai 1945, 00.00 Uhr, trat die bedingungslose Kapitulation Deutschlands in Kraft. Die Soldaten der Wehrmacht legten ihre Waffen nieder. Schörner, der noch einmal im allerletzten Wehrmachtsbericht des OKW herausgestellt wurde, hatte das Rennen gegen die Uhr verloren. Mit dem Stichtag 9. Mai waren neben Kampfhandlungen aber insbesondere auch jegliche Marschbewegungen verboten. Damit waren Schörners Pläne, in einem letzten Kraftakt die Absetzbewegungen seiner Heeresgruppe Mitte und der deutschen Flüchtlinge bis hinter die amerikanischen Linien zu sichern, nunmehr Makulatur geworden.[681]

Es wurde bereits deutlich, dass Schörner mit jenen Offizieren, die sich in seiner Wahrnehmung auf Kosten anderer selbst einen schlanken Fuß machten, unnachsichtig umging, was dazu führte, dass sie ihm später so einiges anhängten. Nicht zu ihnen gehörte Schörners Generalstabschef Oldwig von Natzmer. Dennoch hielt es sein vertrautester Mitarbeiter nach dem Krieg für opportun, ein Zerwürfnis mit Schörner zu behaupten und massive Unwahrheiten über seinen früheren Chef in Umlauf zu bringen. Als man diesen auf Nimmerwiedersehen im sowjetischen Gulag wähnte, verbreitete vor allem Natzmer jene Legenden, die das extreme Negativbild der öffentlichen Meinung gegenüber Schörner bestimmte. Insbesondere Natzmers 1949 aufgestellte *Behauptung* von Schörners Verlassen der Truppe durch

---

[680] Toland 1968, S. 558.
[681] Vgl. Kaltenegger: Schörner II, 2014, S. 141.

angeblich feige Flucht am 8. Mai noch *vor* der Kapitulation sowie weitere unrichtige Darstellungen „vergifteten nicht nur die sogenannte ‚öffentliche Meinung', sondern auch die Auffassung der ehrbewußten Soldaten und Kameraden, die sich nicht mit der Materie befassen konnten."[682] Natzmer musste dieses Märchen, das auch als Quelle der 1949/50 erschienenen populären Bücher Jürgen Thorwalds[683] ihre Wirkung entfaltete, in der protokollarischen Einvernehmung im Bundesinnenministerium vom 21.2.1956 als unwahr zurücknehmen.[684] Nunmehr stand für jedermann der 9. Mai 1945 als tatsächliches Datum von Schörners Abflug fest. Doch dies implizierte ein weiteres wesentliches Faktum, das seine Gegner geflissentlich ignorierten: „Aus dem Storchenflug am 9. Mai 1945 zu einem neuen Auftrag, der sich später als unerfüllbar herausstellte, ein ‚unerlaubtes Verlassen der Truppe', eine ‚Dienstpflichtverletzung' oder ein ‚menschliches Versagen' konstruieren zu wollen, ist widersinnig. Schörner war weder rechtlich befugt noch in der Lage, irgendwelche Führungsmaßnahmen zu treffen. Jeder führungsmäßige Einfluß hätte auf Grund der Kapitulationsbestimmungen nur dazu geführt, den ganzen Verband den Russen zu übergeben, und gerade das war es, was mit allen Mitteln verhütet werden sollte."[685] Kurz: Da Schörner *nach* der Kapitulation mit Wirkung zum 9. Mai 1945 über gar keine Befehlsgewalt mehr verfügte, konnte er auch niemand mehr im Stich lassen, zumal insofern auch kein Truppenkörper mehr bestand, als sich alles auf der Flucht nach Westen zur amerikanischen Demarkationslinie befand. Überdies

---

[682] Aschenauer 1961, S. 72f.
[683] 1949/50 erschien Thorwalds Buch „Die große Flucht" – aufgeteilt in die zwei Bände „Es begann an der Weichsel" und „Das Ende an der Elbe".
[684] Vgl. Kern 1993, S. 259.
[685] Aschenauer 1961, S. 78f.

konnte Schörner für sich geltend machen, dass noch am 8. Mai 1945 zwischen dem Wehrmachtsführungsstab und amerikanischen Offizieren ein Agreement ausgehandelt wurde, wonach die Wehrmachtstruppenteile im Raum Pilsen/Erzgebirge nach erfolgter Kapitulation noch bis zum 11. Mai hinhaltenden Widerstand gegen die sowjetischen Verbände leisten sollten, um den Abfluss von Teilen der Heeresgruppe nach Westen zu ermöglichen und sich in amerikanische Kriegsgefangenschaft zu retten. Der entsprechende Sonderbefehl von Generaloberst Alfred Jodl vom 8. Mai verbot es in diesem Fall, dass Schörner und sein Stab über den Kapitulationstermin hinaus überhaupt in Erscheinung treten durften.[686] „Damit war Schörner nicht nur durch die bedingungslose Kapitulation, sondern auch durch diese ‚Sonderanweisung' jede weitere Führungsbefugnis über die Heeresgruppe Mitte nach dem 8. Mai 1945 entzogen worden."[687]

Der Feldmarschall gab seine letzten Befehle aus und bereitete alles vor, um nach Tirol zu fliegen, gemäß Hitlers Befehl, das Kommando über die vermeintliche „Alpenfestung" zu übernehmen. Er verabschiedete sich sodann auf dem Luftwaffengefechtsstand in Podersam vom Luftflottenchef seiner Heeresgruppe, General der Luftwaffe Hans Seidemann, dessen Stab sowie Generalleutnant Oldwig von Natzmer *in offizieller und soldatisch einwandfreier Form.* Er bat um Überlassung eines Verbindungsflugzeugs vom Typ Fieseler Fi 156 Storch, um seinen oben schon dargelegten letzten Auftrag zu erfüllen, den auch ein Funkspruch des Luftflottenkommandos 4 vom 7. Mai dokumentiert: Schörner sollte sich schnellstmöglich in den Alpenraum zu

---

[686] Vgl. Kaltenegger: Schörner II 2014, S. 141.
[687] Ebd.

Generalfeldmarschall Kesselring begeben, dort noch ausloten, was es mit der besagten „Alpenfestung" als Widerstandsbollwerk auf sich habe und *ob deutsche Kräfte für einen möglicherweise beabsichtigten Frontwechsel der Westalliierten gegen die Sowjetunion bereitständen.* Denn genau damit rechnete Schörner für den Fall des weiteren Vordringens der Sowjets nach Westen, was zuletzt auch Goebbels und Großadmiral Karl Dönitz, Hitlers Nachfolger, ihm gegenüber als wahrscheinliches Szenario mitgeteilt hatten. Biograf Kaltenegger ergänzt: „Dabei ist es von Bedeutung, dass Schörner aus seiner Sicht und Lage heraus den Auftrag, ,den er bei seinem letzten Besuch im Führerhauptquartier zu Berlin am 24. April 1945 empfing, nämlich die Alpenfront zu übernehmen und zu organisieren, für begründet und sinnvoll' hielt."[688] Während am Ende der ebenfalls mit den Brillanten zum Ritterkreuz dekorierte General der Panzertruppe Dietrich von Saucken ostentativ sein bekanntes „Mein Platz ist bei meinen Soldaten!" herauskehrte, wählte Schörner eine andere soldatische Variante: Aus der Verantwortung und Verpflichtung, die er seinen Truppen gegenüber empfand, wartete Schörner mit dem weisungsgemäßen Abflug aus Böhmen Richtung Alpen bis *nach* der Kapitulation. *Der Abflug erfolgte am 9. Mai 1945 um 03.00 Uhr nachts. Die übliche Kolportage vom „feigen Verräter Schörner, der seine Soldaten schändlich im Stich gelassen" habe, wird daher auch durch die x-te Wiederholung nicht wahrer, sie bleibt sachlich falsch und unhaltbar.* Allerdings tat nun der Feldmarschall an jenem 9. Mai 1945 etwas, was ihm später massiv angekreidet und aus nachvollziehbaren Gründen extrem übelgenommen wurde: „Er zog seine Uniform aus und einen dunklen Zivilanzug an."[689] Seine

---

688 Kaltenegger: Schörner II 2014, S. 149.
689 Kern 1993, S. 233.

Feldmarschallsuniform und das große Gepäck sollte mit seinem Fahrer nachkommen, der den Versuch unternahm, Mittersill im Salzburger Land zu erreichen. Wegen der feindlichen Luftüberlegenheit musste der Pilot, Oberfeldwebel Richard Mock[690], die langsame Leichtmaschine mit Schörner sowie seinem Stabsschreiber und Vertrauten, Oberfeldwebel Karl Gastl an Bord, sehr tief fliegen. Dabei konnte die Möglichkeit einer Notlandung über dem tschechischen Aufstands- bzw. Partisanengebiet und in einer Gegend, die die alliierten Spitzen bereits erreicht hatten, nicht ausgeschlossen werden. Für Kritiker ohne Kenntnis der Gesamtsituation und der Details muss der Flug in Zivilkleidung gerade bei einem Mann vom Schlag und Charakter Schörners de facto als „äußerst dubios"[691] erscheinen. *Er war jedenfalls ein verhängnisvoller Fehler*, und es kann nicht wundernehmen, dass gerade dieser Tatbestand nach dem Krieg von jenen Offizieren gegen ihn immer wieder in Anschlag gebracht wurde, denen er im Krieg „auf die Füße getreten" war. Sie warfen Schörner vor, seinen Kommandoposten ohne Nachweis verlassen zu haben, dass ein übergeordneter Befehl dies gerechtfertigt hätte, was durch Schörners Verkleidung als Zivilist bestätigt zu werden schien. Schörners Apologet Kern nimmt ihn allerdings auch hier in Schutz: „Nur ein Narr hätte in dieser Lage anders gehandelt als Schörner: Seines Kommandos war er enthoben; er durfte gar keine Befehle mehr erteilen. Er hatte nur noch eine einzige Chance: zu erkunden, ob an der Alpenfestung etwas zu realisieren war. Das erhoffte er von Kesselring zu erfahren. Bei einer eventuellen Notlandung in voller Feldmarschalluniform durch

---

[690] Ebd., S. 230ff.
[691] Steinkamp 2011, S. 506.

die Gegend zu flüchten, verbot sich dabei von selbst."[692] Der Historiker Ian Kershaw hingegen urteilt in Bekräftigung des gängigen Para-
digmas etwas steil und genau genommen sogar unzutreffend, Schörners Gründe, sich dergestalt nach Österreich zu begeben und die Realität hinter der Alpenfestungsfiktion zu eruieren, zeigten, dass er
„selbst noch zu diesem Zeitpunkt einem Befehl Hitlers zu folgen bereit war."[693] Der Fieseler Storch landete unbehelligt zunächst oberhalb
von Mittersill zu einem Zwischenstopp. Im Pinzgau erfuhr Schörner
von der Gefangennahme Guderians durch die Amerikaner und be-
schaffte sich einen Trachtenanzug, um unerkannt zu bleiben. Dann
flog er bis Maria Alm bei Saalfelden, wo zwar Kesselrings Befehlszug
stand, es laut Schörners Anwalt Dr. Rudolf Aschenauer in der Hektik
dieser Tage aber zu keiner Besprechung mehr zwischen den Feldmarschällen gekommen sei. Weshalb, bleibt unklar. Nachdem er sich von
der Sinnlosigkeit seines Auftrags vor Ort überzeugt hatte (die als Reduit nach Süden hin konzipierte, lediglich rudimentäre „Alpenfestung" entpuppte sich unterm Strich als schieres Phantom) und er einige Tage in einer Almhütte in Göriach genächtigt hatte, bereitete
Schörner am 15. Mai 1945 *von sich aus* dem ganzen Spuk ein Ende.
„Aber im Gegensatz zu Hitler und Goebbels, zu Göring und dem Ritter von Greim, zu Himmler und anderen SS-Führern; aber auch zu
Rommel und von Kluge, zu Model und weiteren Armeeführern der
Wehrmacht, die keinen Ausweg mehr sahen, schied der von den Alliierten wie eine Stecknadel gesuchte Schörner nicht freiwillig aus
dem Leben, sondern stellte sich den Amerikanern."[694] Er tat dies

---

[692] Kern 1993, S. 233.
[693] Kershaw 2011, S. 509.
[694] Kaltenegger: Schörner II 2014, S. 149. Er stellte sich der amerikanischen 42. Infanterie-
Division („Rainbow-Division") der 7. US-Armee. Der unzuverlässige und einseitige

allerdings erst zum letztmöglichen Zeitpunkt, als für ihn keine anderen Optionen mehr bestanden. Vermochte sein Flug in Zivil einen gewissen Opportunismus nicht zu verbrämen, fand Schörner in eigener Sache und in Beurteilung der Aussichtslosigkeit seiner Situation zu jener ihm eigenen Konsequenz, die er auch stets von seinen Truppen in aller Unerbittlichkeit eingefordert hatte.

Wikipedia-Eintrag zu Schörner, der eine erforderliche Quellenkritik vermissen lässt, verortet die Übergabe an die Amerikaner chronologisch und topographisch *unzutreffend* im böhmischen Bad Welchow (Velichovky).

45   Ferdinand Schörner als Feldmarschall mit Brillanten und letzter Oberbe-
      fehlshaber des Heeres der Deutschen Wehrmacht, Farbporträt mit Auto-
      graph, 1945.

Die Amerikaner lieferten Schörner im Juni 1945 kurzerhand an die
sowjetischen Behörden aus. Schörner wurde daraufhin zunächst im
Kriegsgefangenenlager Krasnogorsk bei Moskau interniert, dann in

die berüchtigte Lubjanka des sowjetischen Geheimdienstes nach Moskau gebracht, wo er als Faustpfand Stalins keinerlei Privilegien erhielt. Ein KGB-Oberst äußerte beim Gefangenenverhör des Oberfeldwebels Wilhelm Hopp im Sommer 1945: „Wenn ihr zehn von Schörners Fähigkeiten und Leistungswillen gehabt hättet, wäret ihr heute nicht unsere Kriegsgefangenen."[695] Ein vergiftetes, wenngleich aufschlussreiches Lob. Erst nach sieben Jahren in sowjetischen Gefängnissen und isoliert von der Umwelt, wiederholter Einzelhaft von bis zu sechs Wochen, nach Einkerkerung im „Kältekeller" in der Butyrskaja und nach mehrmonatiger Einpferchung in einer Sammelzelle mit 35 Mördern und Geisteskranken, verurteilte ihn das Oberste Militärgericht in Moskau am 8. Februar 1952 in einem stalinistischen Kriegsverbrecherprozess zu 25 Jahren „Erziehungslager" und Inhaftierung in Vladimir, 200 km östlich von Moskau. „Hier wurde er wegen seines Eintretens für Mitgefangene wiederholt mit Nahrungsentzug bestraft; und im Winter 1953/54 bekam er keine Winterkleidung, nur Leinenwäsche und die übliche Häftlingskleidung. Erst im Januar 1954 erhielt Schörner die erste Post […]."[696] Darin erfuhr er, dass zwischenzeitlich sowohl seine Frau Liselotte durch Selbstmord am 8.4.1949 aus dem Leben geschieden als auch sein ältester Sohn Hans Ferdinand am 31.10.1950 an den Folgen einer Epilepsie verstorben waren. Unter den gegebenen Umständen muss dies eine weitere schwere Prüfung für Schörner gewesen sein. Gegen das Militärgerichtsurteil legte er bei Stalin persönlich Beschwerde ein, worauf tatsächlich und unerwartet das verhängte Strafmaß auf eine Haftstrafe von zwölfeinhalb Jahren halbiert wurde. Ebenso überraschend wurde

---

[695] Kern 1993, S. 6.
[696] Vgl. Stockert 2010, S. 155.

Schörner Mitte Dezember 1954 aus der Haft entlassen, die er dank seiner Konstitution ungebrochen überstand, und er konnte in die DDR
ausreisen. Dort bemühten sich ehemalige Wehrmachtsgeneräle, die
zum kommunistisch-antifaschistischen „Bund Deutscher Offiziere"
übergetreten waren, sowie hohe Vertreter Ulbrichts und der sowjetischen Botschaft um Schörners Verbleiben in der DDR. In Kenntnis seiner militärischen Fähigkeiten beabsichtigten sie, ihn zu instrumenta-
lisieren: Analog zu Paulus sollte er gegen die westdeutsche Wiederbewaffnung agitieren und sich darüber hinaus am Aufbau der NVA
beteiligen. Trotz aller Angebote und Zugeständnisse lehnte dies
Schörner rundweg ab. Er wurde im Januar 1955 in die Bundesrepublik
überstellt und reiste nach München, wo die Familie, die nunmehr nur
noch aus ihm, seiner Tochter Anneliese und dem Sohn Peter bestand,
eine Wohnung in der Schwabinger Herzogstraße 60 bezog. In München brach im Kontext der aufgeladenen Wiederbewaffnungsdebatte
ein Sturm der Entrüstung gegen Schörner los, der als Verfemter mit
den Schmähungen besagter Pressekampagne, einem regelrechten
Spießrutenlaufen und 1957 sogar mit einem tätlichen Angriff vor seinem Haus konfrontiert war.[697]

---

[697] Am 10. Oktober 1957, dem dritten Verhandlungstag, kam es im Hausflur beim Verlassen seiner Wohnung zu einer handgreiflichen Attacke auf Schörner (vgl. Kaltenneg-
ger: Schörner II 2014, S. 190). Der ehemalige Oberschütze Roderich Böttner aus Bergen
im Chiemgau, im Krieg an der Eismeerfront eingesetzt und nunmehr in der Organisation der Internationalen Kriegsdienstgegner engagiert, versetzte dem als „vogelfrei" erachteten Schörner einen Faustschlag ins Gesicht im Bereich seines linken Auges und
streckte ihn zu Boden. In einer Schörner am Folgetag zugegangenen Karte begründete
Böttner seine Tätlichkeit damit, sie sei „im Namen der ermordeten Kameraden" erfolgt,
wegen Schörners vermeintlicher Flucht und weil er Böttner persönlich schwer persönlich beleidigt habe.

Am 28. Januar 1955 leitete die Staatsanwaltschaft München ein Ermittlungsverfahren gegen Schörner wegen NS-Gewaltverbrechen ein.
„Vorgeworfen wurde ihm, er habe ohne kriegsgerichtliche Verfahren
Soldaten, die er für straffällig hielt, eigenhändig erschossen oder deren Hinrichtung befohlen. Zudem habe er rechtswidrig in kriegsgerichtliche Verfahren eingegriffen und die Höhe des Strafmaßes befohlen sowie unerlaubt Degradierungen vorgenommen."[698] Hunderte
von Anzeigen gingen ein, da ein allgemeiner Aufruf über die Tages-
presse ergangen war, Zeugen *gegen* den Spätheimkehrer Schörner zu
finden. „Nach derartigen Aufrufen meldeten sich Hunderte von De-
nunzianten und Ehrabschneidern […], von nicht beförderten Offizieren und verkannten Führern zu Wort. Andererseits erhielt Schörner
trotz der allerorten entfachten Hysterie von all jenen Unterstützung,
die ihm ihr Überleben […] verdankten. […] In den regionalen und
überregionalen Zeitungen hielten sich Pro und Contra die Waage."[699]
Dutzende Zeugen gaben alle möglichen Anschuldigungen zu Proto-
koll. Darunter auch die bis zu seinem Lebensende erhobenen und sich
noch heute hartnäckig haltenden Vorwürfe, Schörner habe zahlreiche
Deserteure von fliegenden Henkerkommandos an Ort und Stelle willkürlich aufhängen lassen. Alle diese Vorhaltungen wurden juristisch
sorgfältig untersucht und mit ausführlichen Würdigungen bedacht.
Von schließlich 88 untersuchungswürdigen und gerichtsfesten Anschuldigungen blieben zwei umstrittene Fälle übrig, die zunächst
weitere Ermittlungen erforderten. Bei allen anderen 86 Fällen wurde
entweder auf fehlende strafrechtliche Relevanz oder Verjährung erkannt, die Rechtmäßigkeit von Schörners Handlungen vor dem

---

[698] Steinkamp 2011, S. 510.
[699] Vgl. Kaltenegger: Schörner II, S. 180.

Hintergrund des damals geltenden Kriegsrechts bestätigt oder aber die Unglaubwürdigkeit der unzuverlässigen Zeugen gerichtlich festgestellt, sodass am 23. Mai 1955 das Verfahren gegen Schörner eingestellt wurde. Parallel zu den noch laufenden Ermittlungen leitete das Bonner Innenministerium über den Bundesdisziplinaranwalt ein Disziplinarverfahren gegen Schörner ein wegen seines Abflugs am 9. Mai, mehrerer Degradierungen und Eingriffen in Kriegsgerichtsverfahren. Hintergrund war es, Schörners Versorgungsansprüche als Generalfeldmarschall zu vereiteln. Der Bundestag beschloss am 13. Juli 1955 eine rückwirkende Änderung der Bundesdisziplinarordnung, die als *Lex Schörner*[700] bekannt wurde und heute als „Maßnahmegesetz" hinterfragt wird. Die zuständige Bundesdisziplinarkammer sah das Rückwirkungsverbot verletzt und legte den Fall dem Bundesverfassungsgericht vor, das im Sinne des Bundesdisziplinaranwalts entschied[701], Schörner keine Versorgungsansprüche zu gewähren. Erst 1963 gewährte Bundespräsident Heinrich Lübke Schörner einen Teil seiner Pension.

Nach Abschluss der Ermittlungen in den beiden noch offenen Fällen erhob die Staatsanwaltschaft München am 31. August 1956 Anklage gegen Schörner wegen Totschlags und versuchten Totschlags. „Es wurde ihm zum einen vorgeworfen, am 24. März 1945 bei Groß-Gorschütz in der Nähe von Mährisch-Ostrau den Obergefreiten Walter

---

[700] Während Steinkamp schreibt, Schörner und seine Anwälte hätten die Entscheidung zu einer „Lex Schörner" „stilisiert" (vgl. Steinkamp, S. 511), ist es tatsächlich so, dass die rechtsgeschichtlich prominente Lex Schörner die *offizielle Bezeichnung* selbst der BVerfG-Entscheidung ist.
[701] Vgl. BVerfG-Urteilsbegründung unter:
https://www.sevat.unibe.ch/dfr/bv007129.html#Rn020 (13.10.2020)

A.[rndt] ohne Kriegs- oder Standgerichtsverfahren zum Tode verurteilt zu haben, da dieser betrunken am Steuer seines Lastwagens eingeschlafen war [und jener LKW die rettende Straße blockierte]. Zum anderen wurde Schörner angeklagt, am 22. März 1945 den Kommandanten der Festung Neiße, Oberst Georg Sparre, und dessen vermeintlichen Stellvertreter [Major Jüngling[702]] ohne Verfahren zum Tode verurteilt zu haben, da sie die Stadt weitgehend kampflos der Roten Armee überlassen hatten. Diese hatten nur überlebt, da ein mit der Durchführung der Hinrichtung beauftragter General den Befehl absichtlich verschleppt hatte"[703], wobei es Schörner war, der später den Major Jüngling begnadigt hatte.[704]

Im Vorfeld des Schwurgerichtsprozesses vor dem Landgericht München I, der vom 1.-15.10.1957 unter dem Vorsitz des Landgerichtsdirektors Dr. Ludwig Graf geführt wurde, organisierten sich mit dem Angeklagten identifizierende Kameradschaften ehemaliger Gebirgsjäger, bei denen Schörner höchstes Ansehen und gar Verehrung genoss, Unterschriftenlisten, Petitionen und Leserbriefe gegen den Prozess. „Schörner selbst war über die Anklage ebenso empört, wie er von der Richtigkeit seines Handelns überzeugt war: ‚Heute muß in einer Zeit bürgerlicher Ruhe, die hierfür zu großen Abstand hat, über damals notwendige härteste Maßnahmen entschieden werden. Mit der Zukunftsentwicklung haben sich die Auffassungen geändert. *Heute gilt als rechtswidrig, was damals ein Gebot der Stunde war! Mein Verschulden ist, dass der Krieg verloren ging [...]."*[705] Generalleutnant a.

---

[702] Bild-Zeitung v. 2.10.1957
[703] Steinkamp 2011, S. 511.
[704] Vgl. Wer half Schörner? Der Spiegel 42/1957 v. 15.10.1957
[705] Ebd., S. 512.

D. von Natzmer sagte als Zeuge im Prozess aus, dass Schörner Freude daran gehabt habe, Furcht und Schrecken zu verbreiten, um die erwünschte pädagogische Wirkung zu erzielen, ohne dass er bösartig, böswillig oder herzlos gegen die Truppe eingenommen gewesen sei, und dass die vorgenommenen Ordensentziehungen oder Degradierungen hinterher wieder abgebogen worden seien, was Schörner durchaus gewusst und stillschweigend geduldet habe. Die Staatsanwaltschaft forderte für den Angeklagten schließlich eine Strafe von acht Jahren Zuchthaus und sechs Jahren Ehrverlust. Da nicht ein einziger Zeuge gefunden wurde, der unter oder außerhalb des Eids bekundet hätte, dass die Exekutionen in Wirklichkeit überhaupt stattgefunden haben, forderte Verteidiger Dr. Franz Moser nicht ohne den Hinweis, dass *Schörners Handeln juristisch objektiv gerechtfertigt* war, Freispruch wegen Verletzung des elementaren Rechtsgrundsatzes „In dubio pro reo".[706] *Das Gericht folgte diesem Plädoyer nicht. Es verurteilte Schörner im Sinne der Anklage wegen verübten Totschlags und versuchten Totschlags zu insgesamt vier Jahren und sechs Monaten Freiheitsstrafe.* Das Strafmaß blieb damit unterhalb des von der Staatsanwaltschaft Geforderten. „Strafmildernd wurde berücksichtigt, daß dem Angeklagten militärische Verdienste und persönliche Tapferkeit nicht abzusprechen sind."[707] In den inkriminierten Fällen war vor bzw. im Prozess nicht ein Belastungszeuge gefunden worden. Juristisch besonders fragwürdig war die Causa Walter Arndt, die zum Verdikt des verübten Totschlags geführt hatte. Mehrere Zeugen hatten außerhalb der Hauptverhandlung teilweise unter Eid berichtet, dass der

---

[706] Die Ausführungen Dr. Mosers im Schlussplädoyer sind nicht unwert, gelesen zu werden. Sie sind vollständig dokumentiert in: Kern 1993, S. 331-377.
[707] Ebd., S. 378.

vermeintlich erschossene Arndt gar nicht exekutiert, sondern vielmehr noch im August 1945 gesehen worden war. Arndt sei vor Kriegsende nach Westen geflüchtet, von den Amerikanern an die Franzosen übergeben und nach zwei Fluchtversuchen aus dem Kriegsgefangenenlager Rennes geschnappt worden.[708]

Der damals 68-jährige Schörner trat seine Haft am 4. August 1958 in der Justizvollzugsanstalt Landsberg am Lech an, in der u. a. schon der seliggesprochene Jesuitenpater Rupert Mayer und auch Hitler nach seinem dilettantischen Putschversuch 1923 eingesessen hatten. Schörners Strafe wurde mit Wirkung vom 4. August 1960 aus Gesundheitsgründen zur Bewährung[709] ausgesetzt. Der über seine Haft höchst Verbitterte kämpfte weiter um seinen Ruf. Bereits im Schlusswort seines Prozesses am 7.10.1957, in welchem er jede Schuld von sich wies, verwies Schörner auf das *Inter arma silent leges* und berief sich in pronociert soldatischer Haltung auch auf *übergeordnete Pflichten*:

„Meine Aufgabe war es, zweieinhalb bis drei Millionen Deutsche zu retten. Ich mußte die Ordnung der in panikartiger Auflösung befindlichen Heeresgruppe Mitte wiederherstellen. Das war nur möglich, weil ich das unbegrenzte Vertrauen zu meinen Frontsoldaten hatte. Ich habe in diesen Tagen Bekenntnisse des Vertrauens und des Dankes erhalten, und ich muß schon sagen, daß ich darauf stolz bin. Wer kann heute beurteilen, was damals der Befehlshaber tun durfte und mußte, um in dieser entsetzlichen Not eingreifen zu können. Wenn dieser mein Einsatz ein Verbrechen sein soll, dann kann ich nur sagen,

---

[708] Vgl. ebd., S. 329f.
[709] Die Bewährungsfrist lautete bis 1.8.1965.

ich habe meine harte Pflicht getan, oder das, was ich für meine Pflicht hielt. Ich werde dafür die Verantwortung tragen. Sonst habe ich nichts mehr zu sagen."[710]

Schörner kämpfte vergeblich um ein Wiederaufnahmeverfahren, die beantragte Revision wurde abgelehnt, und er blieb auch nach dem Prozess unbeirrt bei *seiner* Sichtweise: „Im Kern handelt es sich um einen eminent *politischen* Prozess – und aufgeben werde ich nie. Dies sei allen Freunden und alten Kameraden versichert. Und es handelt sich um den klärenden Prozess für die Ehre der Deutschen Wehrmacht des Zweiten Weltkriegs."[711]

Im gängigen Narrativ kommt Schörner unterm Strich zu schlecht weg, war er doch zahllosen Vorwürfen auf der Grundlage angereicherter Unterstellungen, kolportierter Halbwahrheiten sowie Miss- und Umdeutungen ausgesetzt, die über das ihm ja tatsächlich Vorzuwerfende hinausreichten und Züge einer Hetze annahmen. So war er nach dem Krieg für viele auch eine ideale *Projektionsfläche und Stellvertreterfigur*, um kommod von den eigenen braunen Verstrickungen, der eigenen Schuld und dem eigenen Versagen abzulenken und um ihr Mütchen zu kühlen. „Die Ächtung […] auch einzelner besonders fanatischer Wehrmachtsgeneräle wie Ferdinand Schörner war zweifellos eine unhistorische Reduktion von Verantwortung und Schuld. Als *Verkörperung des Bösen* waren diese aber *nützliche Antipoden*, von denen sich die politisch durchaus diverse Gesellschaft abgrenzen konnte, um das Narrativ vom tapferen Soldaten hochzuhalten, der in

---

[710] Hodurek/Huber 1997, S. 105.
[711] Steinkamp 211, S. 513 nach: BA/MA Freiburg, N60/47: Rundschreiben v. 28.1.1965

einem sinnlos gewordenen Krieg missbraucht wurde. Darin konnten sich beinahe alle wiederfinden."[712] In einer Zeit, wo es auch für damalige Vertreter der Bundesregierung politisch opportun war, den öffentlichen Anti-Schörner-Diskurs zu befeuern, stand man bequem auf der richtigen Seite, während der „geradlinige" Schörner gesellschaftlich erledigt war. Er hatte nach dem Krieg die Verachtung zahlreicher Kameraden zu ertragen, gleichviel, ob gerechtfertigt oder nicht. Vor allem die von einstmals untergeben Offizieren kolportierte und als Akt der Feigheit und Quelle ihrer Nachteile behauptete Aufgabe seines Kommandopostens hing ihm bis zuletzt an.

Neben seiner Geradlinigkeit und seinem Stehvermögen, waren es die unerschöpflichen physischen und psychischen Kräfte, die den *Willensmenschen* Schörner auszeichneten. Die dargelegten negativen Charaktereigenschaften, darunter seine häufig entgrenzte, zuweilen brutale Rücksichtslosigkeit, bleiben davon unbenommen. *Als Truppenführer beanspruchte er die Formel „Außergewöhnliche Verhältnisse erfordern außergewöhnliche Maßnahmen" allzu oft*, was zahlreiche Schicksale verursachte, die auf sein persönliches Konto gehen. Wenn festgestellt wird, dass unter Schörner fanatische „Disziplin ohne Beispiel" noch herrschte, als sich andernorts bereits alles in Auflösung befand[713], muss man auch dahinter das große Leid und die unnötigen Opfer sehen, die ihm und seinem Fanatismus anzurechnen sind (man denke etwa an von ihm rigoros „ausgekämmte" Lazarette).

---

[712] Vgl. Neitzel 2020, S. 256.
[713] Vgl. Kern 1993, S. 199.

Gerade in der Schlussphase des Krieges hatten zahlreiche Soldaten und höhere Offiziere massiv unter Schörners überharten Maßnahmen zu leiden, vor allem wenn diese nicht seinen „Jagern" angehörten. Gegen die hochdekorierten Generäle Smilo von Lüttwitz und Walter Fries, beide Träger des Ritterkreuzes mit Eichenlaub und Schwertern, brachte er ein Verfahren vor dem Reichskriegsgericht ins Rollen, das jedoch mit Freisprüchen endete. Noch kurz vor Kriegsende drohte Schörner dem ebenfalls hochbewährten Schwerterträger Georg Bochmann mit dem Kriegsgericht, als dieser undurchführbare Angriffsbefehle verweigerte. Hier blieb es bei der Drohung. In einer Reihe anderer Fälle hatten die von Schörner angestrengten Kriegsgerichtsverfahren jedoch Todesstrafen zur Folge, wobei einzuräumen ist, dass diese zuvor alle als rechtmäßig erkannt wurden.

„Schörner war zweifellos ein harter, von seiner soldatischen Aufgabe besessener Mann. Sein Ruf als brutaler Offizier ging aber von seinen Stäben aus. Er wurde dort wenig geliebt, denn sein Herz gehörte dem Soldaten an der Front. Die Legende von seiner ‚Unmenschlichkeit' verbreiteten seine Stabsoffiziere."[714] Dies stimmt im Kern, denn besagte Stäbler waren die maßgeblichen Multiplikatoren für die veröffentliche und die breite öffentliche Meinung. Zwar hatten zahlreiche andere Wehrmachtsangehörige unter Schörners rigorosem Agieren zu leiden gehabt, doch meldeten sich zahlreiche Fürsprecher, die Schörner als Mensch und Kommandeur höchsten Respekt und Hochachtung zollten, und die felsenfest davon überzeugt waren, ihm und seiner harten, ja unbarmherzigen Führung ihr Leben zu verdanken.

---

[714] Vgl. Ziesel, Kurt: Der rote Rufmord. Eine Dokumentation des Kalten Krieges. Tübingen 1962. [o. S.]

Zu konzedieren ist unterm Strich daher sicherlich, dass es sich bei Schörner *im außermoralischen Sinne* um *eine Ausnahmepersönlichkeit* von einigem Kaliber handelte und sich schwierige Ausnahmepersönlichkeiten in ihrer Umgebung per se keine Freunde machen, sondern diese vor allem zu Kritik herausfordern. Doch war nicht alles Legende, was über ihn behauptet wurde. Noch als sich in den letzten Kriegswochen alles in panischer Auflösung befand und Deutschland in apokalyptische Agonie geriet, während sich Hitler vor seinem feigen Selbstmord in zynischen Untergangsphantasien und Nero-Befehlen erging, focht der bei Freund und Feind gefürchtete „Feldmarschall der letzten Stunde" einen solch kompromisslosen Kampf, als könne er der längst besiegelten Niederlage durch rücksichtslosen Einsatz und eine übermenschliche Kraftanstrengung doch noch irgendwie entgehen. Er wurde später nicht müde zu erklären, dass es in der Schlussphase des Krieges nur noch deshalb um das Hinauszögern der Niederlage gegangen sei, um so viele Menschen wie möglich vor Tod oder sowjetischem Zugriff zu retten, und dass diesem Ziel sein ganzes Trachten gegolten habe. Wiewohl sich Schörner im Klaren darüber war, dass er in jedem Fall mit der Person Hitlers sowie dem NS-Regime auf Gedeih und Verderb verbunden sein würde, blieb er mit Blick auf sein eigenes Schicksal unverzagt. „Er hatte auf eine Karte gesetzt, auf eine große Karte Hitler. Die Karte hatte nicht gestochen – und jetzt kam die große Rechnung."[715]

Welches Fazit seiner militärischen Führer- und Gesamtpersönlichkeit kann also gezogen werden? Ob als Regiments- und Divisions-Kommandeur bei den Gebirgsjägern, in immer höherwertigen Verwendungen und

---

[715] Thorwald, Jürgen: Die große Flucht. München/Zürich 1979, S. 469.

schließlich als Heerführer setzte Schörner sich mit fragwürdigen, häufig überharten Methoden und aller Energie für die militärische Sache ein. Als Offizier blieb er während seiner ganzen Wehrmachtskarriere[716] und selbst als Feldmarschall und letzter Oberbefehlshaber des Heeres *ausnahmslos Frontgeneral,* weshalb er so wenig ein politischer General einer Positionselite wie Etappenhengst, Kasinolöwe oder Schreibtischtäter war. Schörner repräsentierte als Soldat des Ersten Weltkriegs und im höchsten Offiziersrang des Zweiten Weltkriegs gleichermaßen den *Typus des Vollblutsoldaten und Kämpfers.* Häufig selbst direktem Feindfeuer ausgesetzt und stets rücksichtslos gegen seine eigene Person, führte er als einer der wenigen Befehlshaber von ganz vorne und stand als Feldmarschall im Graben des Gebirgsjägers an der Front. Man mag ihn als fanatischen Durchhaltegeneral bezeichnen, der er definitiv war, aber eine Betrachtung aus der Zeit heraus ergibt, dass die Kriegsnotwendigkeiten nicht nur ihn zum Durchhalten und radikalen Agieren zwangen, sondern – im höchst eigenen Interesse – jeden Soldaten oder Kriegsflüchtling im Osten in der Endphase des Krieges. Der Unterschied zu letzteren: Der exponierte Schörner trug die Verantwortung und war als Truppenführer und Oberbefehlshaber entsprechend angreifbar. Seine aktenkundige Radikalität war also sicherlich seinem Charakter und den Entstellungen einer *Déformation profesionelle* geschuldet, sie war in hohem Maße aber eben auch eine Resultante aus dem Gesetz des Krieges, der *eo ipso* brutal und menschenverachtend ist.

„Er ist immer wieder als ‚reiner' Steher hingestellt worden, der Hitlers Konzept der starren Verteidigung in sklavischem Gehorsam

---

[716] Mit Ausnahme von rund zwei Wochen beim OKH.

umgesetzt habe. Seine Feldherrnkunst soll angeblich nur darin bestanden haben, durch drakonische Maßnahmen Soldaten vor dem Davonlaufen abzuschrecken, daher auch der wenig schmeichelhafte Beiname ‚wilder Ferdinand'. Doch ein eingehendes Aktenstudium ergibt ein erheblich differenzierteres Bild, wie auch aus der neueren Untersuchung [2007] des amerikanischen Militärhistorikers Howard Davis Grier hervorgeht. Dieser bezeichnet Schörner als *,talented commander'* und verweist darauf, mit welch erstaunlichem organisatorischen Geschick er eine Reihe schwierigster Rückzugsoperationen im Baltikum […] durchgeführt habe. Das Ausweichen einer gesamten Heeresgruppe mit einer halben Million Mann angesichts eines in der Motorisierung weit überlegenen Gegners hätte bei einer weniger gelungenen Regie leicht in einer Katastrophe enden können. Ebenso wendet sich Grier gegen das gängige Klischee von Schörner als devotem Gefolgsmann Hitlers, der kritiklos dessen Befehle durchgeführt habe. *In Wirklichkeit zeigte dieser Härte nicht nur nach unten, sondern auch nach oben.* So gab es in jener Phase des Krieges nur wenige deutsche Generale, die sich bei Fehlentscheidungen Hitlers derart resolut querlegten, und noch weniger Generale, die sich sogar noch durchsetzen konnten. Schörner besaß jedenfalls einen ‚eigenen Kopf' und war alles andere als ein Jasager. Kein anderer militärischer Führer […] wagte es derart häufig, gegen Hitlers Befehle zu verstoßen, wenn diese offensichtlich falsch waren. Die eigenmächtige Räumung der Halbinsel Sworbe beispielsweise stellte einen Akt offenen Ungehorsams dar."[717] Aus Sicht selbst der sowjetischen Marschälle war Schörner der eindeutig beste deutsche Frontgeneral des Krieges. Dabei verlief die Karriere des einzigen Feldmarschalls der Wehrmacht, der zu

---

[717] Frieser 2007, S. 665f.

Kriegsbeginn noch keinen Generalsrang innehatte, bis 1940 in völlig normalen Bahnen. Schörners spätere vorzugsweisen Beförderungen zum Generalmajor und Kommandierenden General entsprangen ausschließlich eigener persönlicher und militärischer Leistung und nicht der Loyalität zu Hitler.[718] Ein Urteil, dem sich der amerikanische Historiker und Pulitzer-Preisträger John Toland anschließt.[719]

Es ist deutlich geworden, dass Schörner *eine widersprüchliche, äußerst kontroverse Person und eine Figur moralischer Indifferenz* war. Er „sah sich dem nationalsozialistischen Deutschland ebenso verpflichtet wie zuvor dem Kaiserreich und der Weimarer Republik. Daher hatte er keine Skrupel, zu versuchen, mit NS-Propaganda den Kampfgeist zu stärken und äußerste Einsatzbereitschaft zu verlangen. Ungeachtet divergierender Bewertungen seiner Persönlichkeit hat S. in beiden Weltkriegen herausragende militärische Leistungen bewiesen."[720] „Seinem Stehvermögen – auch gegenüber Hitler – verdanken tausende Leben und Gesundheit."[721] Hinsichtlich der Flüchtlinge und Zivilpersonen, die ihr Leben Schörners drakonischen Maßnahmen und tapferen Truppen zu verdanken haben, wird man von wenigstens mehreren hunderttausend Personen sprechen müssen. Allerdings: „Bis zuletzt wurde keine selbstkritische Äußerung Schörners über seine Rolle im ‚Dritten Reich'" bekannt."[722] Finanziell unterstützt von ehemaligen Kameraden und Bewunderern, starb der „bis zuletzt

---

718 Vgl. Aschenauer 1961, S. 41.

719 Vgl. Toland, John: The Last 100 Days. The Tumultuous and Controversial Story of the Final Days of World War II in Europe. New York 2014.

720 Gießner, Klaus-Volker: Schörner, Johann Ferdinand. In: Neue Deutsche Biographie (NDB). Bd. 23. Berlin 2007, o. S.

721 Hodurek/Huber 1997, S. 105.

722 Manig, Bert-Oliver: Der Bluthund ist zurück. In: Die Zeit 37/2005.

ungebrochene" und vitale Schörner am 2. Juli 1973 im Alter von fast 81 Jahren. *Er war der einzige, der es vom Kriegsfreiwilligen und einfachen Soldaten des Ersten Weltkriegs zum höchsten militärischen Rang im Zweiten Weltkrieg gebracht hatte und dabei sowohl nach Beförderungs- als auch Sterbedatum der letzte Feldmarschall der Deutschen Wehrmacht blieb.* Am 5. Juli 1973 fand das Begräbnis Schörners auf dem Friedhof von Mittenwald statt, der oberbayerischen Marktgemeinde und alten Garnison seines Gebirgsjäger-Regiments 98. Während gläubige Nationalsozialisten wie die ehemaligen Fallschirmjäger-Generale Bernhard Ramcke und Kurt Student – beide mit nur geringen Führungsfähigkeiten und verantwortlich für Kriegsverbrechen ihrer Einheiten – vor und nach ihrem Tod von der Bundeswehr geehrt wurden, gab es 1973 nur zu Hitlers ehemaligem Durchhaltemarschall Ferdinand Schörner und zur Waffen-SS eine konsequente Abgrenzung (wobei mit lupenreiner Weste auch niemand aus der Gründergeneration der Bundeswehr aus dem Krieg gekommen war).[723] Verteidigungsminister Georg Leber (SPD) verbot jedenfalls Angehörigen der Bundeswehr die Teilnahme in Uniform an Schörners Begräbnis, und auch eine Teilnahme in Zivil war nicht erwünscht.[724] Zahlreiche seiner ehemaligen

---

[723] Vgl. Neitzel 2020, S. 277

[724] Vgl. Anordnung des Bundesministeriums der Verteidigung vom 4.7.1973 nach: Kaltenegger: Schörner II 2014, S. 213. Hinweis: Beim Begräbnis des ebenfalls 1973 verstorbenen Generalfeldmarschalls Manstein gab es militärische Ehren und sogar eine Rede des Generalinspekteurs der Bundeswehr, Armin Zimmermann. (Vgl. Rainer Blasius: Großvater grüßt Großadmiral. In: FAZ v. 19.10.2010). Manstein war 1949 von einem britischen Militärgericht in Deutschland als Kriegsverbrecher verurteilt worden. Ebenfalls war es Bundeswehrsoldaten erlaubt, an der Beisetzung des Generals der Panzertruppe Hasso von Manteuffel 1978 teilzunehmen, obwohl dieser wegen Totschlags zu 18 Monaten Haft verurteilt worden war. (Vgl. Neitzel 2020, S. 674)

Soldaten aus Bayern, Österreich und Südtirol, darunter die Generale Lanz und Gartmayr, geleiteten Schörner auf seinem letzten Weg.

Vor dem Hintergrund des Karwendels liegt er begraben. Für die einen war er ob seiner Unerschütterlichkeit „unser eiserner Ferdl", für die anderen ein überambitionierter Selbstdarsteller, fanatischer Feldgendarm und verabscheuungswürdiger Menschenschinder. In jedem Fall war der so hitlertreue wie hartgesottene Schörner eine schwierige, eigenwillige und durchaus außergewöhnliche Persönlichkeit – und einer der größten deutschen Soldaten. Als solcher war er allerdings bis zuletzt ein uneingeschränkt loyaler Gefolgsmann Hitlers und ein äußerst harter, furchtloser Truppen- und Heerführer, der sich durch besondere persönliche Tapferkeit, Entschlusskraft und operative Begabung auszeichnete. Sein Führungsgrundsatz lautete, stets absolutes Selbstvertrauen und kühne Führung zu zeigen. Er ließ gegenüber seinen Soldaten jederzeit erkennen, dass er einen Plan A, einen Plan B und zur Not auch einen Plan C hatte und vermittelte ihnen durch seine gelassene Unerschütterlichkeit die Zuversicht, alles bedacht und unter Kontrolle zu haben, wodurch sich das entscheidende (Selbst-)Vertrauen einstellte. In Akten angstgetriebener, blanker Verzweiflung und „verzweifelter Selbstheroisierung" hatten Schörners Soldaten den Krieg *usque ad extremum* geführt und ertragen.

Angesichts der aufgefächerten Facetten und einer nicht von der Hand zu weisenden zeitgeschichtlichen Bedeutung verwundert es, dass fünfzig Jahre nach seinem Tod noch keine streng militärwissenschaftliche Biografie über Ferdinand Schörner vorliegt.[725] Empfindlich geworden für bestehende Schwarz-Weiß-Einteilungen, schien es insofern an der Zeit, dem Narrativ eines faktenbasierten „Grau" Geltung zu verleihen. Legende und Wirklichkeit, Apologie und Wahrheit bleiben mit Blick auf Schörners Biografie eng miteinander verwoben und nicht immer klar zu scheiden.

„Von der Parteien Gunst und Hass verwirrt, schwankt sein Charakterbild in der Geschichte."

(Friedrich Schiller, Prolog zu „Wallenstein")

---

[725] Auch der Wikipedia-Eintrag zu Schörner ignoriert relevante, substanziellen Quellen und Erträge, die bspw. bei Aschenauer und Kaltenegger dokumentiert sind.

46   Familiengrab Schörner, Mittenwald 2023.

Verzeichnis der verwendeten Literatur

(digitale Quellen sind in den Fußnoten nachgewiesen)

Adorno, Theodor W.: Was bedeutet: Aufarbeitung der Vergangenheit. In: Ders.: Gesammelte Schriften. Hrsg. v. Rolf Tiedemann. Bd. 10.2. Frankfurt a. Main 1977, S. 555-572.

Akten zur deutschen auswärtigen Politik 1918-1945. Serie D (1937-1945), Bd. 1: Von Neurath zu Ribbentrop (September 1937 – September 1938). Göttingen 1950, S. 25-32.

Anderson, Duncan/Clark, Lloyd/Walsh, Stephen: Die Ostfront 1941-1945. Barbarossa, Stalingrad, Kursk und Berlin. Wien 2002.

Arburg, Adrian von/Borodziej, Wlodzimierz/Kostjaschow, Jurij u.a.: Als die Deutschen weg waren. Was nach der Vertreibung geschah: Ostpreußen, Schlesien, Sudetenland. 10. Aufl. Reinbek b. Hamburg 2020.

Aschenauer, Rudolf: Der Fall Schörner. Eine Klarstellung. München 1961.

Bader, Josef: Michl Pössinger. Lebensbilder eines Gebirgsjägers. 2. Auflage. Grainau 1998.

Bauer, Josef Martin: Unternehmen Elbrus. Das kaukasische Abenteuer 1942. 4. Aufl. München/Wien 1977.

Beevor, Antony: Der Zweite Weltkrieg. 2. Auflage. München 2014.

Behr, Volker A.: Deutsche Auszeichnungen. Orden und Ehrenzeichen der Wehrmacht 1936-1945. Stuttgart 2012.

Benz, Wolfgang: Der Holocaust. München 1995. (= Beck'sche Reihe ; Bd. 2022/C.H. Beck Wissen)

Bethell, Nicholas: Der Angriff auf Russland. Amsterdam 1980. (= Der Zweite Weltkrieg ; Bd. 6)

Böhler, Jochen: Der Überfall. Deutschlands Krieg gegen Polen. Frankfurt a. Main 2009.

Borgstedt, Angela/Pfanz-Sponagel, Christiane (Hrsg.): Speyer 1933-1945. Die Domstadt im Nationalsozialismus. Münster 2024.

Bremm, Klaus-Jürgen: Die Waffen-SS. Hitlers überschätzte Prätorianer. Darmstadt 2018.

Brenneisen, Marco: Die Deportation der Jüdinnen und Juden aus der Vorderpfalz von Ludwigshafen in das Internierungslager Gurs. In: Die Tat im Bild. Die Deportationen von Jüdinnen und Juden aus der Pfalz nach Gurs. Fotografien aus Ludwigshafen vom 22. Oktober 1940. Hrsg. v. d. Stiftung Topographie des Terrors, dem MARCHIVUM u. dem Stadtarchiv Ludwigshafen. Berlin 2025, S. 26-51.

Broszat, Martin: Die Machtergreifung. Der Aufstieg der NSDAP und die Zerstörung der Weimarer Republik. 4. Auflage. München 1993.

Brunnenberg, Christian: Militärische Tradition in Deutschland. In: Geschichte betrifft uns 3 (2012), S. 1-4.

Bundespräsidialamt (Hrsg.): Rede von Bundespräsident Joachim Gauck während seines Staatsbesuchs in der Hellenischen Republik anlässlich der

Kranzniederlegung am Mahnmal des Gedenkortes Lingiades am 7. März 2014 in Lingiades/Griechenland. Berlin 2014.

Burdick, Charles B.: Hubert Lanz. General der Gebirgstruppe 1896-1982. Osnabrück 1988.

Chapoutot, Johann: Das Gesetz des Blutes. Von der NS-Weltanschauung zum Vernichtungskrieg. Darmstadt 2016.

Creveld, Martin van: Kampfkraft. Militärische Organisation und Leistung der deutschen und amerikanischen Armee 1939-1945. 4. Auflage. Graz 2009.

Creveld, Martin van: Strategisches Denken, Professionalität und militärische Verantwortlichkeit der Wehrmachtsführung. Einführende Bemerkungen. In: Die Wehrmacht. Mythos und Realität. Hrsg. v. Rolf-Dieter Müller u. Hans-Erich Volkmann. Sonderausgabe. München 2012, S. 175-181.

Epkenhans, Michael/Hagemann, Frank (Zentrum für Militärgeschichte und Sozialwissenschaften der Bundeswehr) (Hrsg.): Militärgeschichte. Von der Frühen Neuzeit bis in die Gegenwart. Braunschweig 2021.

Flügge, Manfred: Stadt ohne Seele. Wien 1938. Berlin 2018.

Förster, Jürgen: Die Wehrmacht im NS-Staat. Eine strukturgeschichtliche Analyse. München 2007.

Förster, Stig: Deutsche Militärgeschichte. Von der Frühen Neuzeit bis zur Gegenwart. München 2025. (= Historische Bibliothek der Gerda Henkel Stiftung)

Frei, Norbert: Der Führerstaat. Nationalsozialistische Herrschaft 1933 bis 1945. 3. Auflage. München 1993.

Fricke, Gert: Das Unternehmen des XXII. Gebirgsarmeekorps gegen die Inseln Kefalonia und Korfu im Rahmen des Falles „Achse" (September 1943). Ein Dokumentarbericht. In: Militärgeschichtliche Mitteilungen 1 (1967), S. 31-58.

Friedrich, Jörg: Das Gesetz des Krieges. Das deutsche Heer in Russland 1941-45. München 1996.

Frieser, Karl-Heinz: Die Rückzugskämpfe der Heeresgruppe Nord bis Kurland. In: Das Deutsche Reich und der Zweite Weltkrieg. Hrsg. i. A. d. Militärgeschichtlichen Forschungsamtes von Karl-Heinz Frieser. Bd. 8. Die Ostfront 1943/44. Der Krieg im Osten und an den Nebenfronten. München 2007, S. 623-678.

Frieser, Karl-Heinz: Blitzkrieg-Legende. Der Westfeldzug 1940. 4. Auflage. München 2012. (= Operationen des Zweiten Weltkriegs ; Bd. 2)

Frieser, Karl-Heinz: Die deutschen Blitzkriege: Operativer Triumph – strategische Tragödie. In: Die Wehrmacht. Mythos und Realität. Hrsg. v. Rolf-Dieter Müller u. Hans-Erich Volkmann. Sonderausgabe. München 2012, S. 183-196.

Führer, Christian: Das Kriegsende in Speyer. In: Speyer 1933-1945. Die Domstadt im Nationalsozialismus. Hrsg. v. Angela Borgstedt u. Christiane Pfanz-Sponagel. Münster 2024. S. 611-622.

Gebirgs-Jäger-Regiment 98 im polnischen Feldzug. September 1939. [83 S., o. weitere Angaben]

Gehring, Egid (Hrsg.): Der Stoß in Frankreichs Herz. Der Feldzug einer Gebirgs-Division in Frankreich [1. Gebirgs-Division]. München 1941.

Gersdorff, Rudolph-Christoph von: Soldat im Untergang. Frankfurt a. Main/Berlin/Wien 1979.

Gerstenberger, Friedrich: Strategische Erinnerungen. Die Memoiren deutscher Offiziere. In: Vernichtungskrieg. Verbrechen der Wehrmacht 1941 bis 1944. Hrsg. v. Hannes Heer u. Klaus Naumann. 10. Aufl. Hamburg 1997, S. 620-629.

Gerwarth, Robert: Reinhard Heydrich. Biographie. München 2011.

Gießner, Klaus-Volker: Schörner, Johann Ferdinand. In: Neue Deutsche Biographie (NDB). Bd. 23. Berlin 2007.

Görtemaker, Heike B.: Hitlers Hofstaat. Der innere Kreis im Dritten Reich und danach. 2., durchges. Aufl. München 2019.

Grier, Howard D.: Hitler's Baltic Strategy 1944-1945. Ph. Diss. Chapel Hill 1991.

Guderian, Heinz: Erinnerungen eines Soldaten. 18. Auflage. Stuttgart 2003.

Hartinger, Andreas: Bis das Auge bricht. Als MG-Schütze im Feuersturm der Ostfront 1943-45. Zürich 2019.

Hartmann, Christian/Hürter, Johannes/Lieb, Peter/Pohl, Dieter: Der deutsche Krieg im Osten 1941-1944. Facetten einer Grenzüberschreitung. München 2009. (= Quellen und Darstellungen zur Zeitgeschichte ; Bd. 76)

Hartmann, Christian: Halder. Generalstabschef Hitlers 1938-1942. 2., erw. u. aktualisierte Auflage. Paderborn u. a. 2010.

Hartmann, Christian: Wehrmacht im Ostkrieg. Front und militärisches Hinterland 1941/42. 2. Auflage. München 2010. (= Quellen und Darstellungen zur Zeitgeschichte ; Bd. 75)

Hartmann, Christian: Unternehmen Barbarossa. Der deutsche Krieg im Osten 1941-1945. München 2011. (= Beck'sche Reihe ; Bd. 2714/C. H. Beck Wissen)

Heer, Hannes/Naumann, Klaus (Hrsg.): Vernichtungskrieg: Verbrechen der Wehrmacht 1941 bis 1944. 10. Aufl. Hamburg 1997. (Lizenzausg.)

Heinemann, Winfried: Eduard Dietl – Lieblingsgeneral des „Führers". In: Die Militärelite des Dritten Reiches. 27 biografische Skizzen. Hrsg. v. Ronald Smelser und Enrico Syring. Frankfurt am Main 1995, S. 99-112.

Heyn, Oliver: Gipfelstürmer. Der Erste Weltkrieg ist die Geburtsstunde der deutschen Gebirgstruppe. In: DWJ (2023), H. 10, S. 50-57.

Hildebrand, Klaus: Das vergangene Reich. Deutsche Außenpolitik von Bismarck bis Hitler. 2. Aufl. Stuttgart 1996.

Hildebrand, Klaus: Das Dritte Reich. 6., neu bearb. Auflage. München 2003. (= Oldenbourg Grundriss der Geschichte ; Bd. 17)

Hodurek, Herbert/Huber, Bernd: Ein kleines Edelweiß. Ein Gebirgsjäger im Einsatz vom ersten bis zum letzten Tag. Salzburg 1997.

Howell, Esther-Julia: Bauen am Denkmal. Franz Halder, die Historical Division und die Legende von der „sauberen Wehrmacht". In: „So war der deutsche Landser". Das populäre Bild der Wehrmacht. Hrsg. v. Jens Westemeier. Bonn 2020, S. 41-62. (= Schriftenreihe der Bundeszentrale für politische Bildung ; 10615)

Hürter, Johannes: Hitlers Heerführer. Die deutschen Oberbefehlshaber im Krieg gegen die Sowjetunion 1941/42. 2. Auflage. München 2007. (= Quellen und Darstellungen zur Zeitgeschichte ; Bd. 66)

Hürter, Johannes (Hrsg.): Notizen aus dem Vernichtungskrieg. Die Ostfront 1941/42 in den Aufzeichnungen des Generals Heinrici. Darmstadt 2016.

Jasper, Gotthard: Die gescheiterte Zähmung. Wege zur Machtergreifung Hitlers 1930-1934. Frankfurt a. Main 1986. (= edition suhrkamp 1270. Neue Folge ; Bd. 270)

Jelinek, Gerhard: Es gab nie einen schöneren März. 1938. Dreißig Tage bis zum Untergang. Wien 2017.

Kaltenegger, Roland: Die deutsche Gebirgstruppe 1935-1945. München 1977.

Kaltenegger, Roland: Die Stammdivision der deutschen Gebirgstruppe. Weg und Kampf der 1. Gebirgs-Division 1935-1945. Graz/Stuttgart 1981.

Kaltenegger, Roland: Waffen und Ausrüstung der deutschen Gebirgstruppe im Zweiten Weltkrieg. In: Waffen-Arsenal. Sonderband S-31. Friedberg 1993.

Kaltenegger, Roland: Gebirgsjäger im Kaukasus. Die Operation „Edelweiß" 1942/43. Graz/Stuttgart 1997.

Kaltenegger, Roland: Gebirgsjäger 1939-1945. Die große Bildchronik. Stuttgart 2002.

Kaltenegger, Roland: Deutsche Gebirgsjäger im Zweiten Weltkrieg. Würzburg 2011.

Kaltenegger, Roland: Generalleutnant Egbert Picker. Vom Gebirgsjägeroffizier der Wehrmacht zum Kommandeur des deutschen Verbindungskommandos bei Mussolini. Würzburg 2013.

Kaltenegger, Roland: Generalfeldmarschall Ferdinand Schörner. Teil 1: Vom Pour le Mérite zum Ritterkreuz 1892-1943. Würzburg 2014.

Kaltenegger, Roland: Generalfeldmarschall Ferdinand Schörner. Teil 2: Vom Kommandierenden General zum Feldmarschall der letzten Stunde 1943-1973. Würzburg 2014.

Kaltenegger, Roland: Generalleutnant Harald von Hirschfeld. Vom Ausbildungsleiter des Sohns des chinesischen Marschalls Chiang Kai-shek zum jüngsten General des Heeres. Würzburg 2018.

Kaltenegger, Roland: Die Todesinseln des Ionischen Meeres. Das Drama von Korfu und Kefalonia in Dokumenten und Zeitzeugenberichten 1943-1944. 2. Auflage. Würzburg 2018.

Kaltenegger, Roland: Major Michael Pössinger. Vom Ritterkreuzträger des Frankreichfeldzugs zum Eichenlaubträger im Kampf um Ostpreußen. Würzburg 2018.

Kay, Alex J.: Das Reich der Vernichtung. Eine Gesamtgeschichte des national-sozialistischen Massenmordens. Darmstadt 2023.

Kern, Erich [d. i. Erich Knud Kernmayr]: Generalfeldmarschall Schörner. Ein deutsches Soldatenschicksal. 4. Aufl. Rosenheim 1993.

Kershaw, Ian: Hitler 1889-1936. Stuttgart 1998.

Kershaw, Ian: Hitler 1936-1945. Stuttgart 2000.

Kershaw, Ian: Das Ende. Kampf bis in den Untergang. NS-Deutschland 1944/45. München 2011.

Keßelring, Agilolf: Die Organisation Gehlen und die Neuformierung des Militärs in der Bundesrepublik. Berlin 2017.

Klebe, Reinhold: General Ludwig Kübler. In: Die Gebirgstruppe (1985), H. 2, S. 9–11.

Knab, Jakob: Generaloberst Eduard Dietl. In: Hitlers militärische Elite. 68 Lebensläufe. Hrsg. v. Gerd R. Ueberschär. 2., aktualisierte Auflage. Darmstadt 2011, S. 299-307.

Knigge, Volkhard (Hrsg.): Jenseits der Erinnerung – Verbrechensgeschichte begreifen. Impulse für die kritische Auseinandersetzung mit dem Nationalsozialismus nach dem Ende der Zeitgenossenschaft. Göttingen 2022.

Knigge, Volkhard: Äußere Angriffe – innere Erosionen. Deutsche Erinnerungskultur 2025. In: Aus Politik und Zeitgeschichte 75 (2025), H. 1-5. S. 47-53

Knopp, Guido: Der verdammte Krieg. Unternehmen Barbarossa. Überfall auf die Sowjetunion 1939-1941. München 1998. (Sonderausgabe)

Kräutler, Mathias/Springenschmid, Karl: Es war ein Edelweiß. Schicksal und Weg der Zweiten Gebirgsdivision. 5. Aufl. Graz/Stuttgart 1962.

Krumeich, Gerd: Als Hitler den Ersten Weltkrieg gewann. Die Nazis und die Deutschen 1921-1940. Freiburg 2024.

Lanz, Hubert: Gebirgsjäger. Die 1. Gebirgsdivision 1935-1945. Bad Nauheim 1954.

Lanz, Hubert: Wie es zum Rußlandfeldzug kam – und warum wir ihn verloren haben. München 1971.

Manstein, Erich von: Verlorene Siege. 19. Auflage. Bonn 2011.

Mazower, Mark: Griechenland unter Hitler. Das Leben während der deutschen Besatzung 1941-1944. Frankfurt a. Main 2016. (Übers. d. engl. Originalausg. v. 1993)

Mazower, Mark: Militärische Gewalt und nationalsozialistische Werte. Die Wehrmacht in Griechenland 1941 bis 1944. In: Vernichtungskrieg. Verbrechen der Wehrmacht 1941 bis 1944. Hrsg. v. Hannes Heer u. Klaus Naumann. 10. Aufl. Hamburg 1997, S. 157-190.

Masson, Philippe: Die deutsche Armee. Geschichte der Wehrmacht 1935-1945. Vorwort und Anmerkungen von Johann Adolf Graf Kielmansegg. 5. Auflage. München 2000.

Meißner, Hans-Reinhard: Die Wehrmacht. Aufbau, Strukturen, Feldzüge. Stuttgart 2015.

Meyer, Hermann Frank: Blutiges Edelweiß. Die 1. Gebirgsdivision im Zweiten Weltkrieg. Berlin 2008.

Militärgeschichtliches Forschungsamt (Hrsg.): Das Deutsche Reich und der Zweite Weltkrieg. Bd. 4: Der Angriff auf die Sowjetunion. Von Horst Boog u. a. 2. Auflage. Stuttgart 1987.

Militärgeschichtliches Forschungsamt (Hrsg.): Das Deutsche Reich und der Zweite Weltkrieg. Bd. 8: Die Ostfront 1943/44. Der Krieg im Osten und an den Nebenfronten. I. A. d. Militärgeschichtlichen Forschungsamtes hrsg. v. Karl-Heinz Frieser. München 2007.

Müller, Rolf-Dieter: Kriegsbeginn 1939: Anfang vom Ende des Deutschen Reiches. In: Aus Politik und Zeitgeschichte 59 (2009), H. 36-37, S. 21-27.

Müller, Rolf-Dieter: Hitlers Wehrmacht 1935-1945. München 2012. (= Beiträge zur Militärgeschichte – Militärgeschichte kompakt ; Bd. 4)

Müller, Rolf-Dieter/Volkmann, Hans-Erich (Hrsg.): Die Wehrmacht. Mythos und Realität. München 2012.

Müller, Rolf-Dieter: Die Wehrmacht – Historische Last und Verantwortung. Die Historiographie im Spannungsfeld von Wissenschaft und Vergangenheitsbewältigung. In: Die Wehrmacht. Mythos und Realität. Hrsg. v.

Rolf-Dieter Müller u. Hans-Erich Volkmann. Sonderausgabe. München 2012, S. 3-35.

Müller, Thomas/Schulz, Gerd M.: Die deutschen Gebirgstruppen. Geschichte. Ausrüstung. Vom Alpenkorps bis Afghanistan. Königswinter 2014.

Neitzel, Söhnke: Deutsche Krieger. Vom Kaiserreich zur Berliner Republik – eine Militärgeschichte. 2. Aufl. Berlin 2020.

Neitzel, Söhnke: Die Bundeswehr. Von der Wiederbewaffnung bis zur Zeitenwende. 3. Aufl. München 2025 (= C. H. Beck Wissen ; 2966)

Niedhart, Gottfried: Internationale Beziehungen 1917-1947. Paderborn u. a. 1989. (= UTB für Wissenschaft ; Bd. 1552)

[o. A.] Geschichte des Gebirgs-Jäger-Regiments 98. Berlin 1938. [Verlag Wilhelm Limpert; 9 Seiten]

Overmans, Rüdiger: Deutsche militärische Verluste im Zweiten Weltkrieg. 3. Auflage. München 2004. (= Beiträge zur Militärgeschichte ; Bd. 46)

Overy, Richard: Russlands Krieg 1941-1945. Reinbek b. Hamburg 2011.

Pemsel, Max: Der Feldzug gegen Polen. In: Hubert Lanz: Gebirgsjäger. Die 1. Gebirgsdivision 1935-1945. Bad Nauheim 1954, S. 49-71.

Pemsel, Max: Entstehung und Aufbau der deutschen Gebirgstruppe. In: Hubert Lanz: Gebirgsjäger. Die 1. Gebirgsdivision 1935-1945. Bad Nauheim 1954, S. 9-12.

Pemsel, Max: Gebirgsbrigade und 1. Gebirgs-Division 1935-1939. In: Hubert Lanz: Gebirgsjäger. Die 1. Gebirgsdivision 1935-1945. Bad Nauheim 1954, S. 13-48.

Poeppel, Hans/Prinz v. Preußen, Wilhelm-Karl/Hase, Karl-Günther v. (Hrsg.): Die Soldaten der Wehrmacht. 2. Auflage. München 1998.

Pohl, Dieter: Die Herrschaft der Wehrmacht. Deutsche Militärbesatzung und einheimische Bevölkerung in der Sowjetunion 1941-1944. München 2008. (= Quellen und Darstellungen zur Zeitgeschichte ; Bd. 71)

Prössel, Detlef: Sudeteneinmarsch 1938. Überblick der einmarschierenden Truppenteile des Heeres und der Luftwaffe in die zu besetzenden Gebiete der Tschechoslowakei im Oktober 1938, auch unter den Gesichtspunkten der damaligen Landesbefestigungen. Ahrensburg 2023.

Rass, Christoph: Menschenmaterial. Deutsche Soldaten an der Ostfront. Innenansichten einer Infanteriedivision 1939-1945. Paderborn 2003. (= Krieg in der Geschichte ; Bd. 17)

Reinhardt, Klaus: Die Wende vor Moskau. Das Scheitern der Strategie Hitlers 1941/42. Stuttgart 1972. (= Beiträge zur Militär- und Kriegsgeschichte ; Bd. 13)

Rendulic, Lothar: Soldat in stürzenden Reichen. München 1965.

Richter, Heinz: General Lanz, Napoleon Zervas und die britischen Verbindungsoffiziere. In: Militärgeschichtliche Mitteilungen 46 (1989), H. 1, S. 111-138.

Römer, Felix: Kameraden. Die Wehrmacht von innen. München/Zürich 2012.

Ruef, Karl: Odyssee einer Gebirgsdivision. Die 3. Geb. Div. im Einsatz. Graz 1976.

Schmidl, Erwin A.: März 38. Der deutsche Einmarsch in Österreich. Wien 1987.

Schminck-Gustavus, Christoph: Feuerrauch: Die Vernichtung des griechischen Dorfes Lyngiádes am 03. Oktober 1943. Bonn 2013.

Schönherr, Klaus: Ferdinand Schörner – Der idealtypische Nazi-General. In: Die Militärelite des Dritten Reiches. 27 biografische Skizzen. Hrsg. v. Roland Smelser und Enrico Syring. Frankfurt am Main 1995, S. 497-509.

Schramm, Percy E. (Hrsg.): Kriegstagebuch des Oberkommandos der Wehrmacht. Wehrmachtführungsstab. 8 Bände. Augsburg 2005.

Schreiber, Gerhard: Die italienischen Militärinternierten im deutschen Machtbereich 1943 bis 1945. Verraten – Verachtet – Vergessen. München 1990. (= Beiträge zur Militärgeschichte ; Bd. 28)

Schulte, Jan Erik/Lieb, Peter/Wegner, Bernd (Hrsg.): Die Waffen-SS. Neue Forschungen. Paderborn 2014.

Schulze, Carl: Edelweiß an Bergmütze. Gebirgsjägerbrigade 23 „Bayern". In: DWJ (2015), H. 3, S. 62-71.

Schuschnigg, Kurt: Im Kampf gegen Hitler. Die Überwindung der Anschlussidee. Wien/München/Zürich 1969.

Schwerin, Joachim von: Bewährung, Bedrängnis und Verhalten der Fronttruppe. Ein Bericht aus eigenem Erleben am Beispiel des Ostfeldzugs. In:

Die Soldaten der Wehrmacht. Hrsg. v. Hans Poeppel, Wilhelm-Karl Prinz v. Preußen, Karl-Günther v. Hase. München 1998, S. 159-177.

Shaw, John: Der russische Gegenschlag. Amsterdam 1982. (= Der Zweite Weltkrieg ; Bd. 18)

Shelah, Manacham: Die Ermordung italienischer Kriegsgefangener, September – November 1943. In: Vernichtungskrieg. Verbrechen der Wehrmacht 1941 bis 1944. Hrsg. v. Hannes Heer u. Klaus Naumann. 10. Aufl. Hamburg 1997, S. 191-207.

Smelser, Ronald/Syring, Enrico (Hrsg.): Die Militärelite des Dritten Reiches. 27 biografische Skizzen. Frankfurt am Main 1995.

Snyder, Timothy: Bloodlands. Europa zwischen Hitler und Stalin. München 2011.

Stahlberg, Alexander: Die verdammte Pflicht. Erinnerungen 1932 bis 1945. 12. Auflage. München 2002.

Starl, Matthias: Erlebnisse während des Zweiten Weltkrieges. Verwendungen und Erinnerungen während des Zweiten Weltkrieges. O. O. u. J.; 119 S.]

Steets, Hans: Gebirgsjäger bei Uman. Die Korpsschlacht des XXXXIX. Gebirgs-Armeekorps bei Podwyssokoje 1941. Heidelberg 1955. (= Die Wehrmacht im Kampf ; Bd. 4)

Steets, Hans: Gebirgsjäger in der Nogaischen Steppe. Vom Dnjepr zum Asowschen Meer. August – Oktober 1941. Heidelberg 1956. (= Die Wehrmacht im Kampf ; Bd. 8)

Steets, Hans: Gebirgsjäger zwischen Dnjepr und Don. Vom Tschernigowka zum Mius. Oktober – Dezember 1941. Heidelberg 1957. (= Die Wehrmacht im Kampf ; Bd. 15)

Steinkamp, Peter: Generalfeldmarschall Ferdinand Schörner. In: Hitlers militärische Elite. 68 Lebensläufe. Hrsg. v. Gerd R. Ueberschär. 2., aktualisierte Auflage. Darmstadt 2011, S. 507-515.

Stiftung Topographie des Terrors/Marchivum/Stadtarchiv Ludwigshafen (Hrsg.): Die Tat im Bild. Die Deportationen von Jüdinnen und Juden aus der Pfalz nach Gurs. Fotografien aus Ludwigshafen vom 22. Oktober 1940. Berlin 2025.

Stockert, Peter: Die Brillantenträger der deutschen Wehrmacht 1941-1945. Zeitgeschichte in Farbe. Selent 2010.

Streit, Christian: Keine Kameraden. Die Wehrmacht und die sowjetischen Kriegsgefangenen 1941-1945. Stuttgart 1981.

Stühring, Henning: Als der Osten brannte. Erlebnisse aus dem Russlandfeldzug „Fall Barbarossa" 1941/42. Berlin 2011.

Stürmer, Michael: Die Grenzen der Macht. Berlin 1990.

Thilo, Karl Wilhelm: Der Einsatz auf dem Balkan. In: Lanz, Hubert: Gebirgsjäger. Die 1. Gebirgsdivision 1935-1945. Bad Nauheim 1954, S. 242-277.

Thorwald, Jürgen: Die große Flucht. München/Zürich 1979.

Töppel, Roman: Kursk 1943. Die größte Schlacht des Zweiten Weltkrieges. 2., durchges. Auflage. Paderborn 2017.

Toland, John: Das Finale. Die letzten hundert Tage. München/Zürich 1968.

Ueberschär, Gerd R. (Hrsg.): Hitlers militärische Elite. 68 Lebensläufe. 2., durchges. u. aktualisierte Auflage. Darmstadt 2011.

Ueberschär, Gerd R./Bezymenskij, Lev A. (Hrsg.): Der deutsche Angriff auf die Sowjetunion 1941. Die Kontroverse um die Präventivkriegsthese. 2., erw. Auflage. Darmstadt 2011.

Ulrich, Bernd: Stalingrad. München 2005. (= Beck'sche Reihe ; Bd. 2368/C.H. Beck Wissen)

Vogel, Winfrid: Der falsche Held. [über Eduard Dietl] In: ZEIT-Punkte 3 (1995), S. 54-57.

Wagener, Carl: Die Heeresgruppe Süd. Der Kampf im Süden der Ostfront 1941-1942. Friedberg 1980.

Wagner, Jürgen C.: Grenzüberschreitung. Karl Schall, das Mannheimer Pionier-Bataillon 33 und das Pionier-Bataillon 112 im militärgeschichtlichen Kontext 1935-1945 unter besonderer Berücksichtigung des Krieges an der Ostfront. 2., überarb. u. erweiterte Auflage. Neustadt a. d. Weinstraße 2018.

Wegner, Bernd: Deutschland am Abgrund. In: Das Deutsche Reich und der Zweite Weltkrieg. Hrsg. v. Militärgeschichtlichen Forschungsamt. Bd. 8: Die Ostfront 1943/44. München 2007, S. 1165-1224.

Wegner, Bernd: Hitlers Politische Soldaten: Die Waffen-SS 1933-1945. Leitbild, Struktur und Funktion einer nationalsozialistischen Elite. 9. Auflage. Paderborn 2010.

Wegner, Bernd: Anmerkungen zur Geschichte der Waffen-SS. In: Die Wehrmacht. Mythos und Realität. Hrsg. i. A. des Militärgeschichtlichen Forschungsamts v. Rolf-Dieter Müller u. Hans-Erich Volkmann. Sonderausgabe. München 2012, S. 405-419.

Wegner, Bernd: Defensive ohne Strategie. Die Wehrmacht und das Jahr 1943. In: Die Wehrmacht. Mythos und Realität. Hrsg. i. A. des Militärgeschichtlichen Forschungsamts v. Rolf-Dieter Müller u. Hans-Erich Volkmann. Sonderausgabe. München 2012, S. 197-209.

Weizsäcker, Richard von: Ansprache in der Gedenkstunde im Plenarsaal des Deutschen Bundestages am 8. Mai 1985. In: Erinnerung, Trauer und Versöhnung. Ansprachen und Erklärungen zum vierzigsten Jahrestag des Kriegsendes. Hrsg. v. Presse- und Informationsamt der Bundesregierung. Bonn 1985, S. 63-82.

Westemeier, Jens (Hrsg.): „So war der deutsche Landser." Das populäre Bild der Wehrmacht. Bonn 2020.

Wette, Wolfram: Die Wehrmacht. Feindbilder, Vernichtungskrieg, Legenden. Frankfurt a. Main 2002.

Williamson, Gordon: Deutsche alpine Eliteeinheiten 1939-1945. Gebirgsjäger und Skitruppen. Königswinter 2010.

Winkler, Heinrich August: Geschichte des Westens. Die Zeit der Weltkriege 1914-1945. Sonderausgabe. München 2016.

Wittmann, August: Der Weg zum bitteren Ende. In: Lanz, Hubert: Gebirgsjäger. Die 1. Gebirgsdivision 1935-1945. Bad Nauheim 1954, S. 278-299.

Ziesel, Kurt: Der rote Rufmord. Eine Dokumentation des Kalten Krieges. Tübingen 1962.

Sonstige gedruckte Textquellen und Dokumente

[o. Hrsg.] Germandocsinrussia Findbuch 1245, Akte 47

[o. Hrsg.] Germandocsinrussia. Findbuch 12482, Akte 426

[o. Verf.] Schörner. Der laute Kamerad. In: Der Spiegel Nr. 7/1955, S. 11-18

Bild-Zeitung v. 2.10.1957

Blasius, Rainer: In der Opferrolle. Deutsche in West und Ost verklären das Kriegsende 1945 gern zur „Stunde null". In: Frankfurter Allgemeine Zeitung v. 8.5.2015

Coenen, Andreas: „Unternehmen Barbarossa". Der deutsche Angriff auf die Sowjetunion 1941. In: Geschichte betrifft uns 5 (2006), S. 1-4.

Dahlkamp, Jürgen: Die letzte Schlacht. In: Der Spiegel 13/2013, S. 142-144.

„Dem Führer entgegen arbeiten". Der britische Historiker Ian Kershaw über das Zusammenspiel zwischen Hitler und den Deutschen sowie den Zusammenhang von Krieg und Holocaust. In: Der Spiegel 34/2000, S. 56-63.

Eich, Martin: Eigentlich kann sie so nicht weiter führen. Ein Gespräch mit Generalmajor a. D. Christian Trull über die Bundeswehr und über das Wesen des Soldaten. In: Frankfurter Allgemeine Zeitung v. 27.6.2017

Eichner, Solveig/Godt, Jo: Jugendarbeit und Nationalsozialismus. In: Panorama. Das Magazin des Deutschen Alpenvereins 76 (2024) H. 6, S. 48f.

O. Verf.: Geburtstagskind hat Garmisch gerettet. In: Merkur v. 13.8.2013

O. Verf.: Mittenwalds großer Tag. In: Innsbrucker Nachrichten Nr. 264 v. 14.11.1938

Heerespersonalakte Schörner 8. NARA T78 R893

Hellbeck, Jochen: Unermessliches Elend. In: Frankfurter Allgemeine Zeitung v. 21.6.2021

Hürter, Johannes: Verkürzter Weg zum Verbrechen. Wie verhielten sich die 18 Millionen Soldaten der Wehrmacht? Erfahrungen von der Ost- und der Westfront. In: Frankfurter Allgemeine Zeitung v. 10.4.2012

Hutter, Ludwig: Das Edelweiß am Dach Europas. In: Merkur v. 4.5.2009

Iken, Katja: „Alles, was vor die Mündung kommt, wird umgelegt". Wehrmachtmassaker auf Kefalonia. In: Der Spiegel v. 20.9.2018

Kaube, Jürgen/Hintermeier, Hannes: Vierzehn Millionen Opfer waren nicht überraschend. Im Gespräch: Die Historiker Ian Kershaw und Timothy Snyder. In: Frankfurter Allgemeine Zeitung v. 19.9.2012

Kaube, Jürgen: Ein Tag in Potsdam. In: Frankfurter Allgemeine Zeitung v. 22.8.2024

Kellerhoff, Sven Felix: „Die schlimmsten Verbrechen begingen Griechen an Griechen". In: Die Welt v. 7.5.2008

Kellerhoff, Sven Felix: Wie Hitlers Gebirgsjäger den Kaukasus stürmten. In: Die Welt v. 21.8.2012

Kellerhoff, Sven Felix: Gegen Charkow versprach Hitler „Wunderwaffen". In: Die Welt v. 4.3.2013

Kellerhoff, Sven Felix: Warum Hitler den Retter einer ganzen Armee feuerte. In: Die Welt v. 28.3.2014

Kellerhoff, Sven Felix: Warum Hitler Polen im September 1939 angriff. In: Die Welt v. 30.8.2014

Kellerhoff, Sven Felix: Sogar die Wehrmacht war vom Blitzkrieg überrascht. In: Die Welt v. 24.9.2014

Kellerhoff, Sven Felix: Die Wehrmacht warf ihren Fallschirmjägern „Landsknecht-Mentalität" vor. Ein Gespräch mit dem Militärhistoriker Peter Lieb über Kriegsverbrechen. In: Die Welt v. 8.7.2021

Koerfer, Daniel: Die große Vollmacht. Am 23. März 1933 gelang es Hitler, im Reichstag eine Mehrheit für sein Ermächtigungsgesetz zu bekommen. In: Frankfurter Allgemeine Zeitung v. 22.3.2013

Kornprobst, Johann: Erinnerungen an die Kämpfe an der Eismeerfront. In: Die Gebirgstruppe (1975), H. 4, S. 20.

Lory, Roland: Markt Garmisch-Partenkirchen will Michael Pössinger nicht ehren. In: Merkur v. 6.5.2020

Manig, Bert-Oliver: Der Bluthund ist zurück. In: Die Zeit 37/2005

Römer, Felix: Bis fünf nach zwölf. [...] Warum kämpfte die Wehrmacht weiter, obwohl längst alles verloren war? In: Süddeutsche Zeitung v. 8.5.2015

Schwarz, Karl-Peter: Der Betrug von München. In: Frankfurter Allgemeine Zeitung v. 23.9.2013

Seewald, Berthold: „Unternehmen Taifun" – Hitlers Blitzkrieg-Desaster. In: Die Welt v. 30.9.2011

Snyder, Timothy: Als Stalin Hitlers Verbündeter war. In: Frankfurter Allgemeine Zeitung v. 15.12.2014

Theißen, Hermann: Loukia Droulia und Hagen Fleischer: Von Lidice bis Kalavryta. In: Deutschlandfunk v. 6.11.2000

Trauner, Sandra: „Deutsche müssen keine Pazifisten sein". Anne Applebaum mit dem Friedenspreis des Deutschen Buchhandels ausgezeichnet – Plädoyer für eine Führungsrolle im Kampf gegen russische Aggression. In: Die Rheinpfalz v. 21.10.2024

Veser, Reinhard: Der Krieg im Osten. In: Frankfurter Allgemeine Zeitung v. 8.5.2015

Veser, Reinhard: Der Vernichtungskrieg. In: Frankfurter Allgemeine Zeitung v. 23.6.2021

Veser, Reinhard: In Hitlers und Stalins Fängen. In: Frankfurter Allgemeine Zeitung v. 29.3.2025

Wasselowski, Malte: Schörner, Ferdinand – Generalfeldmarschall. Eine Biografie. Hauptseminararbeit Universität Köln, Sommersemester 2000 [o. Verf.] Wer half Schörner? In: Der Spiegel 42/1957 v. 16.10.1957, o. S.

Wiegrefe, Klaus: Den Mann kannst du abschreiben. In: Der Spiegel Nr. 51/2002, S. 73f.

Wiegrefe, Klaus: Bestie und Unmensch. In: Der Spiegel Nr. 24/2011, S. 60-72.

Zimmermann, John: Rezension zu Hermann Frank Meyer, „Blutiges Edelweiß". In: Militärgeschichtliche Zeitschrift 67 (2008), S. 562-565.

Verzeichnis der verwendeten Literatur